"十一五"国家重点图书出版规划项目

现代西方道德教育研究丛书

Research Series of Modern Western Moral Education

丛书主编 戚万学

日本现代化进程中的道德教育

Moral Education During The Modernization of Japan

饶从满 著

山东人民出版社

Shandong People's Publishing House

序　言

　　系统地梳理与反思现代西方道德教育发展的历程、特点与规律虽然不是一种全新的方法，却也代表了一种研究范式的转变。事实上它既表明了东方文化的编史传统如何试图在各独立的道德教育现象中寻找道德教育发展一般特性的思想优势，也表明了中国道德教育试图吸纳人类所积累的一切先进文明成果的致思努力。这一客观的优势和主观的努力随着道德教育持续与深入的发展必将得到进一步的延续和拓展。在这一过程中，某些不与时代精神相合的解读立场将得到修正，一些更真实、更完整的信息和材料将得到充实和修复，视域的不断融合同时扩大了获得可靠资料的范围并且确立了更具有解释力的思想框架。这一西方道德教育研究的范式转换无疑具有积极的意义。然而，对于编年的道德教育研究来说，最自然的质疑是：它既非对道德教育发展史的研究，亦非对道德教育思想或道德教育专题的研究。探寻西方道德教育发展最一般的特征和内在逻辑，反映当今世界西方主要国家的道德教育理论和实践的整体面貌，展示 20 世纪西方道德教育发展演变的总体格局，由此显得仍然必要。

　　也许没有哪一个世纪能像刚刚离我们而去的 20 世纪那样，整个人类生活发生了如此翻天覆地的变化，也没有哪一个世纪的道德教育能像 20 世纪的道德教育这般充满了困惑、不安、挣扎与焦虑。随着现代性的开启与深入，人类的生存尺度、生存心态、价值追求和精神取向的深刻改变宣告了一种崭新的生活方式的开启。西方道德教育乃至世界道德教育都不得不以一种全新的眼光来反思、解释或批判这种生活方式所能达到的文明程度以及它有可能带来的文明危机。基于不同的知识结构与价值立场的各种"主义话语""权力话语"纠结缠绕，对这些道德教育知识、理念的审视与反省已经成了当下道德教育研究必须直面的境遇。无论这一境遇被捕捉为机遇或是挑战，未来中国乃至世界道德教育的发展将不得不取决于我们对历史资源反思的力度和深度,即我们必须要清楚,在过去的 100 年的时间里,我们的道德教育做了什么,哪些是该做而没做的,哪些是做了而不应做的,哪些是我们已经做得好的,哪些还可以做得更好。

事实上,回答以上任何一个问题都需要付出艰苦的致思努力,而对于某些问题,我们只能永远在追问而无法获得终极的答案。因此明智的选择可能在于,我们需要将那些已有的道德教育智慧放置在它应有的理论参照体系和时代精神框架之内,并从中找寻出其可能的普遍性。这也正是我们的学术旨趣和核心关切所在。我们不希望本套丛书在已经很丰富的研究成果中徒然增加一套的数量,我们希望我们所做的这一切努力能证明这样一个清楚的事实,即无论哪种道德教育思想,即使在当时看起来是何等的荒谬,但作为一个事实上存在的思想资源,至少它能够形成对我们当下思想的启发。我们并不苛责某个时代的道德教育思想并没有解决它那个时代的道德教育问题,而是试图去深入地探讨这种道德教育思想与当时时代精神状况的思想联系、它的来龙去脉,以此来形成我们对已有思想资源的整体观照。这种辩证历史唯物主义的原则是贯穿本套丛书所有著作的指导原则。

本套丛书的设计还基于如下假设,即虽然道德教育这一社会历史文本只有放置在具体的文化背景中才能得到完整和准确的解读,但我们相信道德教育作为一种社会实践活动,其理念、内容、策略仍是可以被借鉴的,因为无论道德教育是如何的特殊,道德教育所关心的永恒命题都是人类的尊严与福祉。"他山之石,可以攻玉。"更重要的是,在全球化、信息化的今天,我们也只有在了解其他文明成果的基础之上,才能在与其他文明类型的对话中作出得体的回应。

本套丛书从设计到出版,都基于我们作为道德教育研究工作者的学术责任,因此对以美国、日本、英国为代表的发达国家的道德教育发展的梳理并不仅仅是单纯的历史呈现,而是我们希望以对这些国家的道德教育的发展的反思来推动中国道德教育走向一个新的高度。作为后发的外生型现代化国家,中国不但面临着现代性中道德教育普遍的、深刻的、全面的挑战,也因自身的发展面临着一些独特的与文化心理相关的命题,因此我们希望能够辩证地对待西方道德教育的思想成果,并对之进行本土的创造性转化。为此,我们有意识地选择了当代道德教育研究的一些有代表性的问题进行比较系统的梳理与反思。

本套丛书是"十一五"国家重点图书出版规划项目,它由《20 世纪西方社会思潮与道德教育》(唐爱民)、《现代美国道德教育研究》(唐汉卫)、《20 世纪英国学校道德教育发展》(周洲)、《日本现代化进程中的道德教育》(饶从满)、《现代西方道德教育策略研究》(赵振洲)构成,各专著既自成一体、独具一格,在体例、写作意图和形式等方面又相互照应、密切关联,以共同描绘出 20 世纪的世界道德教育图景,从而使本套丛书浑然一体。《20 世纪西方社会思潮与道德教育》是本套丛书的总纲,意在从理论层面分梳当代西方道德教育发展诸思潮,重在哲学层面的反省;《现代美国道德教育研究》、《20 世纪英国学校道德教育发展》、《日本现代化进程中的道德教育》意在对美国、英国和日本的道德教育发展进行专深的研究;而《现代西方道德教育策略研究》则试图梳理影响 20 世纪道德教育的诸策略,以便为道德教育提供实践层面的佐助。各本专著在主要观点、思路构想和写作风格上均有所创新,力求不囿于先贤和俗见,从理论上开拓出新的视景,勾勒出西方道德教育的理论和实践框架。

本套丛书既名之为"现代西方道德教育研究丛书",我们即希望呈现于读者面前的文本具有研究性,具有学术性。作为具有研究性的文本,我们提出了"现代西方道德教育发展的总体格局和一般规律是什么"这个问题,并对之进行了系统的省思和批判;作为学术性文本,我们并不惮于表达我们的学术见解与观点,丛书中各本专著的作者作为他所处的道德教育研究领域的专家,将本着其学术良知,为其学术研究承担一切可能的责任。当然,丛书是否体现了思想性、知识性、学术性的统一,还有待于读者睿智的检验。"嘤其鸣矣,求其友声。"我们愿意以坦诚的态度面对一切得体的批评。

全套丛书由戚万学统稿、定稿。在丛书设计出版过程中,我们得到了山东人民出版社的大力支持,也得到了社会各方人士的鼎力相助,山东人民出版社副总编李运才先生更是对本丛书的出版、编辑付出了很多心血,在此一并表达我们的谢意。

戚万学

2010 年 6 月 19 日

目 录

1 序 言

1 第一章 导 论
1 第一节 日本道德教育与现代化关系研究的意义
11 第二节 日本道德教育与现代化关系研究的历史
21 第三节 本书的基本构想

30 第二章 前现代化时期的道德教育
31 第一节 江户时代的社会背景
40 第二节 江户时代的道德教育理念
49 第三节 江户时代的道德教育体制
58 第四节 江户时代道德教育的遗产

64 第三章 现代化启动期的道德教育
65 第一节 现代化的启动
73 第二节 立身出世主义道德教育理念的形成
83 第三节 修身教育的创始
90 第四节 效果分析

97 第四章 现代化起飞期的道德教育
98 第一节 现代化的起飞
109 第二节 国家主义道德教育理念的确立
126 第三节 修身教育体制的确立
149 第四节 效果分析

154 **第五章 现代化整合期的道德教育**

155 第一节 现代化的整合

172 第二节 家族国家主义道德教育理念的确立

183 第三节 修身教育体制的巩固与革新

200 第四节 效果分析

206 **第六章 现代化扭曲与中断期的道德教育**

206 第一节 现代化的扭曲与中断

217 第二节 极端国家主义道德教育理念的确立与失败

227 第三节 "皇国民炼成"道德教育体制

249 第四节 效果分析

253 **第七章 现代化再启动期的道德教育**

253 第一节 现代化的再启动

262 第二节 从《教育敕语》到《教育基本法》

275 第三节 由修身教育体制到全面主义道德教育体制

290 第四节 效果分析

294 **第八章 现代化再起飞期的道德教育**

294 第一节 现代化的再起飞

310 第二节 由和平民主主义到福利国家主义

330 第三节 从全面主义道德教育体制到特设道德教育体制

345 第四节 效果分析

351 **第九章 现代化成熟期的道德教育**

351 第一节 现代化的成熟

365 第二节 从福利国家主义到新国家主义

381 第三节 特设道德教育体制的充实与改善

396 第四节 效果分析

405　**第十章　结　语**

405　第一节　日本现代化进程中道德教育的特点

411　第二节　日本现代化进程中道德教育的作用

417　**参考文献**

438　**后　记**

教育与现代化的关系以及教育的现代化问题曾经是我们教育研究中炙手可热的话题。而今,在"后现代"、"后结构主义"、"后民族国家"之类话语占据主导的时候,再来谈论道德教育与现代化的关系之类的问题似乎给人有种跟不上潮流的感觉。但是,笔者认为,无论从我国的社会与教育现实,还是从我们的理论研究状况来看,道德教育与现代化关系之类问题的研究都是值得我们付诸心血的。正是基于这样的认识,本书尝试对日本道德教育与现代化的关系进行一个探讨。

第一节　日本道德教育与现代化关系研究的意义

作为研究日本道德教育与现代化关系的前提,有必要对研究日本道德教育与现代化关系的意义或价值作一阐明。在笔者看来,日本道德教育与现代化的关系研究至少蕴含三个特点:第一,它是从现代化角度研究道德教育;第二,它是从道德教育角度研究现代化;第三,它是对日本的一种个案考察。而研究日本道德教育与现代化关系的意义或价值也就蕴含在这三个特点之中。

一、从现代化角度研究道德教育的意义

现代化研究是近四十年来国际学术界逐渐衍生出的新兴边缘学科。促使其形成的基本动因和大背景是战后高科技革命带动的现代生产力的飞速发展和由第三世界工业化推进的世界现代化第三次大浪潮。世界经济、政治与各国社会发展的日益一体

化与全球化趋向,使以往社会科学分门别类的学科划分无法适应需要,于是现代化研究应运而生。①

关于现代化,学者们的解释是见仁见智,就连现代化的定义也难以达成共识。正所谓"横看成岭侧成峰,远近高低各不同"。学者们对现代化的解释众说纷纭固然与研究客体即现代化本身的复杂性和研究主体来自经济学、社会学、政治学、历史学和人类学等不同学科领域因而研究方法存在很大差异有关,但人们把对作为历史概念的现代化的探讨与作为普遍概念的现代化的沉思混为一谈也是一个重要原因。对此,日本学者十时严周早有所言:"现代化作为一个术语出现混乱的基本原因在于,人们把对'现代化'过程规律的探讨与'实现现代化'的规范性方向的探讨混为一谈。人们常常不去解释现代化过程的普遍规律,而是首先设定'实现现代化'的理想概念,然后根据人类社会变迁的特定的和理想的规范,从常识出发,断定一切人类社会从过去到现在都经历了这样一个特定的演进过程,甚至断定将来所有社会也将如此变迁。和进化论者一样,他们首先将关于人类社会变迁的特定原理作为大前提,在此前提下解释迄今为止以及未来人类社会变迁的秩序问题。按照某种特定的价值标准设定一种理想状态,然后不是去搞清这种价值标准的客观依据,而是主观将个人理想的观测与断断续续的经验贯穿起来:目前关于现代化理论的论战正是处于这种前科学的混沌状态。"②虽然这番话是对早期现代化理论缺陷的指摘,但是综观当今的现代化研究,仍然有许多研究者不自觉地就落入了上述的陷阱。

所幸的是,现代化研究中的上述缺陷很早而且为越来越多的人所认识。针对早期现代化理论框架的偏颇,美国普林斯顿大学国际研究中心主任、著名历史学家西里尔·E.布莱克(Cyril E. Black)教授提出了用比较历史的方法和跨学科的方法展开现代化研究的主张。他主持的研究小组首先对俄国和日本的现代化进行了比较,出版了《俄国和日本的现代化——一份研究报告》(1975年)和《现代化的动力》(1967年),为现代化研究指出新的方向,并大致反映了现代化理论主流

---

① 张少华:《美国早期现代化的两条道路之争》,北京大学出版社 1996 年版,第 4 页。
② [日]十时严周:《社会变迁与现代化——现代化理论的标准设定》,《庆应义塾大学研究生院社会学研究科纪要》,1964 年第 4 号。转引自:[美]塞缪尔·亨廷顿等:《现代化理论与历史经验的再探讨》,罗荣渠等译,上海译文出版社 1993 年版,第 389～390 页。

派的新近研究动向与水平。① 已故的罗荣渠教授在北京大学世界现代化进程研究中心所做的工作,则反映了中国学者的现代化研究水平。② 罗荣渠教授基于"历史学是各门社会科学的基础";"对于现代化的总体认识,对于现代化内涵的各种分歧看法与争论,只有对现代化的实际历史进程和大趋势有较好地把握之后,才有可能得到解决"这样的深刻认识,"从宏观历史学的角度,把现代化作为一个全球性大转变的过程,从传统农业社会向现代工业社会转变的大过程-进行整体性研究"③,开辟了中国现代化研究的宏观历史学派,把由布莱克教授等开创的比较历史学派推向了更高的层次。

依据比较历史学派特别是宏观历史学派的思想,"现代化"就不仅仅是社会学意义上用以分析社区性变迁的一般概念和方法,也不是用若干抽象变项构成的超时空分析架构,而是以世界各国现代化进程为研究客体,旨在揭示其内在规律的实证性研究方法;其研究范围在时空上与世界近、现代史和当代史大体重叠,但同时又着眼于当今与未来世界的发展趋向,是对整个世界的历史、现状和未来进行全方位研究的宏大领域。

现代化研究作为代表国际学术界最新发展方向的领域,已成为当前社会科学中极富活力和前途的学科成长点。它不但使社会科学的理论与现实之间形成契合,使之与中国及世界现代化的大潮更加贴近,而且使社会科学自身也在发生新的分化与整合,给老的人文学科注入新的活力。④ 现代化理论特别是比较历史学派现代化理论,无疑也给教育研究提供了一个新的理论框架,有人甚至认为"现代化框架对教育学科的研究要比它对各门社会科学的研究更为适用"。⑤ 然而迄今为止,从现代化角度对道德教育的研究,从已出版的成果来看,虽然不能说是空白,但也可以说是极度的贫乏。我认为从现代化角度研究道德教育对于道德教育研究方法的突破与创新具有以下两点重要意义,因而值得我们去尝试。

第一,由于现代化研究的总体框架中,史与论、宏观与微观、国别史与世界史

---

① 罗荣渠:《现代化新论》,北京大学出版社 1993 年版,第 34 页。

② 钱乘旦、杨豫、陈晓律:《世界现代化进程》,南京大学出版社 1997 年版,"代序"第 5 页。

③ 罗荣渠:《现代化新论》,北京大学出版社 1993 年版,序言第 2 页。

④ 张少华:《美国早期现代化的两条道路之争》,北京大学出版社 1996 年版,第 5 页。

⑤ 朱勃、王孟宪:《比较教育——名著与评论》,吉林教育出版社 1988 版,第 267 页。

研究有机地结合了起来,所以从现代化角度研究道德教育有助于改变传统道德教育研究中历史研究和比较研究存在的严重不足。传统的道德教育历史研究至少有如下不足:即重考据、轻分析,重史料、轻归纳,重微观研究、轻宏观研究的倾向;往往有以某种立论或观点套用和裁剪历史的现象;国别史研究相互隔绝,世界史又实际上成为国别史组合的状况。而在比较研究中往往又忽视了与历史的联系,只注意了对社会常态的研究,而忽视了对社会非常态的研究。可以说正是这种方法上的缺陷制约着历史研究和比较研究的展开,使得历史研究与比较研究,特别是历史研究与比较研究相结合的研究严重滞后于哲学、心理学、社会学等角度的研究。约翰·梅耶(Meyer, J.)等人在进行价值教育课程的国际比较时就从一个侧面揭示了这一不足。他们说:"尽管这一领域的研究者们对考察课堂层面的课程效果和采用更多的个案研究方法已给予了极大的关注,但对于其演进的历史和比较方面的概况却所知寥寥"。[①] 历史研究和比较研究是道德教育研究的两个重要维度。缺少这两个维度,我们就不可能对道德教育获得整体的、立体的理解。

第二,现代化研究的跨学科性质不但能使经济学、政治学、社会学、历史学、文化人类学等学科的研究方法和成果更多地被引入道德教育研究领域,更重要的是可以给道德教育研究提供多学科整合的基础与焦点,使道德教育研究在新的融通与整合中产生质的飞跃。正如美国学者埃利亚斯(Elias, J. L.)所指出的那样:"道德教育是一个跨学科的(interdisciplinary)研究领域,仅仅通过一门学科来探讨这一领域不仅是有限的,而且也是危险的。"[②]可以说正是有着这样的共识,从多学科整合的视角寻求道德教育研究之合理的方法论基础,是当代道德教育理论家孜孜以求的目标,也是未来理论研究的主要方向。然而也正如埃利亚斯所清醒地指出的那样:"跨学科的道德教育研究方法有着可以把诸多不同的视野包容进来的优势,但是若没有一些为各学科领域所共有、可作为统合焦点的中心问题的话,那么这一方法就有可能有点令人迷惑。"[③]也就是说,跨学科的研究并不是各学科视角的简单组合与拼凑,而是围绕着一个共同的主题,最大限度地调动各学

---

① Cummings, W. K., Gopinathan, S. & Tomoda, Y. (Eds.), *The Revival of Values Education in Asia and the West*, New York: Pergamon Press, 1988. p. 12.

②③ Elias, J. L. *Moral Education——Secular and Religious*. Florida: Robert E. Krieger Publishing Company, 1989. p. ix.

科领域的研究方法和成果,实现研究的合力。现代化这一全新的课题无疑可以给道德教育的多学科研究提供一个整合的基础,从而不仅可以带来道德教育研究领域和范围的扩展,而且也必然使道德教育研究达到前所未有的深度。

二、从道德教育角度研究现代化的意义

在战后的世界中,不论对学术界还是政治现实中的决策者来说,"现代化"、"教育与现代化"、"教育现代化"都是一个热门的题目。"教育有助于国家现代化",这是很多人根据经验推想,甚或根据直觉判断就会得出的一个结论,以至于有时候大家觉得无须追求这句话的证据。正是以这样的一种乐观的信心为背景和支撑,二战结束后世界各国特别是各新兴国家在热切追求经济和政治发展的过程中,无不大力扩张教育,从而才出现所谓"教育的年代"、"教育爆炸的年代"这样的说法。

难道"教育促进国家现代化"这一结论真的到了无需追究其证据和对其进行深入探讨的地步了吗? 西方"教育爆炸的年代"之后出现了"教育危机的年代",许多发展中国家在教育大扩张之后并未出现经济的腾飞和国家的发展,甚至产生了社会、政治动荡从而导致经济停滞或衰退的局面等等。这一系列事实告诉我们,事情远非想象的那么单纯。对于教育作用于现代化的方式及其性质进行全面而又深入的探讨甚为必要。

应该说,学术界一直没有放弃检验教育对现代化的功效。那么,迄今为止,学术界对于教育作用于现代化的方式等的解释又给人们展现了什么样的理论景观呢?

美国学者伯杰(Berger)关于现代化的"结构—制度论"与"社会—文化论"的两分型解释框架大体上也可以适用于人们关于教育在现代化过程中作用的观点的分析上。教育在一些人看来是为现代化提供一个基础的社会结构与制度之一部分,而在另一些人看来则主要是传授有助于现代化的那些价值观与态度的一种工具。虽然这两种解释并不是完全互不相容的,但它们却植根于不同的学科领域,其中经济学主导着前一种解释,而第二种观点则主要来自社会学、历史学、心理学和人类学领域。[①]

---

① Morris, P. & Sweeting, A. (Eds.), *Education and Development in East Asia*, New York: Garland Publishing, Inc., 1995. p. 5.

探明教育与经济发展的关系是教育经济学诞生以来的基本问题。应该检讨的问题也很多,而首先必须回答的就是教育与经济发展二者之间的关系是单纯的相关关系,还是因果关系,或者说是完全没有关系的问题。如果承认二者之间存在着某种关系,那么如果从教育投资的角度,着眼于教育更好地促进经济发展的话,紧接着就必须回答对谁、在何地、以何种内容、采用何种方式、进行多大程度的教育这一问题。具体地说就是:(1)为了经济发展的教育应该培养具有何种属性的人?(2)应该充实哪一阶段的教育,是初等教育还是高等教育?(3)是重点充实普通教育还是大力发展职业教育?(4)高等教育是以人文社会科学教育为中心,还是以自然科学教育为中心?(5)有限的资源是用来提高教育的质量,还是应该用于扩大教育的数量?(6)经济发展与教育的关系在发达国家和发展中国家是一样的吗?(7)教育的效果是短期的还是长期的?[①]

教育与经济发展之间的因果关系论受到人力资本理论的强大支持。在此基础上,教育经济学家对教育投资的收益与效果的研究广泛展开。据萨卡罗普洛斯(G. Psacharopoulos)的总结,主要结论如下:(1)教育投资的收益率是初等教育＞中等教育＞高等教育;(2)私人收益率＞社会收益率;(3)男子的收益率＞女子收益率;(4)在发展中国家,教育的收益率＞物力资本的收益率;(5)在发达国家,教育的收益率＜物力资本收益率;(6)在发达国家和发展中国家中,不平等的差距是人力资本＞物力资本;(7)在教育对经济成长的贡献方面,发达国家＜发展中国家。[②]但正如日本学者丸山文裕所指出的那样,通过教育的收益率检讨教育投资战略的方法本身尚存在诸多未解决的问题,比如:(1)从个人的教育与收入这一微观层次的关系是否可以推定教育与经济发展的关系?(2)即使教育可以对经济发展作出贡献,如何进行最佳教育投资依然是一个十分复杂的问题;(3)也有按照收益率高低不能决定投资重点的情况;(4)即使教育投资有效地进行了,也有产生进一步不平等的可能性。[③]而最大的问题还在于它倾向于忽略发展所处的社会政治背景。

---

① 丸山文裕「経済発展に対する教育の影響力」『大学論集』(広島大学大学教育研究センター編)第 28 集、1998 年 5 月、117～130 頁。

②③ 丸山文裕「経済発展に対する教育の影響力」。

对于经济学家强调教育对经济增长发挥直接作用的观点,历史学家首先从历史考证的角度对其提出了质疑。如他们指出,在发达国家中除了日本之外,北欧和美国等国家的工业化并没有被看做是与教育有紧密关系的,甚至在英国,教育发展是落后于工业化的。来自发展中国家的一些研究也支持着这一怀疑论。①

与经济学家强调教育对经济发展的贡献不同,社会学家主要着眼于教育对社会发展的功能。其中有两种观点最具代表性:一是狭义的"现代化理论"(或称"现代性论");二是"社会整合论"。"现代化论"从社会心理学的角度讨论教育对促进社会现代化的功能。现代性论者强调说,在任何社会和任何时代,人都是现代化进程中最基本的因素。只有国民在心理和行为上都发生了转变,形成了现代的人格,具备了注重效率、愿意开放接受新经验、重视计划、充满自信、独立于传统的权威等"现代性的精神",这个社会才能称作是真正的现代社会。而教育则是影响个人现代性最主要的因素之一,②教育促进现代化发展的逻辑大体上就是:学校教育(现代化组织之一)──→现代化价值观──→现代化行为──→现代化社会──→经济发展。由于"现代化论"者对学校教育中到底是哪些因素──教育内容、隐蔽课程、团体生活、科学化的规章和制度、伙伴影响──影响和塑造了学生的现代性,没有定论,从而最终不得不落入大量的教育投资──现代化教育──现代化意识和行为──现代化社会和经济发展这一逻辑架构之中,实际上与人力资本理论殊途同归。因此,难怪有人说"现代化理论"对教育作用的积极、乐观的看法实际上"类似于并强化着由人力资本理论所提供的见解"。③ 而对"现代化理论"最主要的批判还是来自对"现代性"定义的根本质疑。

社会学中的"社会整合论"最早是由迪尔凯姆提出的。在迪尔凯姆看来,教育中的变革跟随并反映着社会的变革。一般来说,大的经济变革总会导致社会混乱和冲突。解决的办法就是为社会发展一种有助于社会凝聚和整合的集团道德。而这正是国家的一个重要角色,教育亦正是发挥这一作用的主要手段。迪尔凯姆

---

① Morris, P. & Sweeting, A. (Eds.), *Education and Development in East Asia*, New York: Garland Publishing, Inc., 1995. pp. 10~11.

② [美]西里尔·E. 布莱克:《比较现代化》,杨豫、陈祖洲译,上海译文出版社 1996 年版,"评者前言"第 14~15 页。

③ Morris, P. & Sweeting, A. (Eds.), *Education and Development in East Asia*, New York: Garland Publishing, Inc., 1995. p. 11.

的这一观点至今依然有很强大的支持阵营。支持者多引证东亚国家的现代化经验;反对者则认为社会整合论解释不了英国现代化的经验,因为在英国是鼓励个性发展的。①

政治学家理所当然地关注教育与政治发展的关系。然而政治学领域里关于教育对政治发展,进而是对现代化的作用的看法也是复杂多样的。不过主要的观点仍然可分为两类:一种观点认为学校教育对现代化的作用主要在于促进民主政治价值观的形成与发展;而另一种观点则主张学校教育的主要作用体现在使政府作用合法化和维持基本上是一个威权主义国家的稳定。两种观点各有依据,各有其合理性,但也都具有无法解释的一些难点。对此,格林(Green, A.)可能提供了一个迄今为止关于教育与政治发展的最具综合性的理论解释。他认为大众教育制度的发展最好是参照国家建构过程来理解。比如在主要由于外部威胁(普鲁士)或革命(法国)而诞生的国家里,教育制度的发展则更多地重视其使国家与国民意识一体化的作用。相反,英国大众教育的滞后发展和缺乏统一的国民教育制度则被看做是国家不干涉作用的结果。②

有关教育与现代化关系之研究与讨论,虽成国际规模,而且在若干问题上已有深入进展,但大体上来说,截然不同的观点仍处胶着状态,相持而不相让。这一状况本身也揭示出研究客体——教育与现代化的关系所具有的复杂性。研究如此复杂的事物,自然需要多角度、多层次的专题研究以及在此基础上的综合研究。也就是说,要获得对教育与现代化关系的总体认识,必须有多角度、多层次的深入的专题研究作为整合的基础。然而对照目前的研究状况来看,显然存在着明显的不足,即对教育作用于现代化的社会政治维度研究在质和量上均明显落后于经济维度的研究。教育作用于现代化的社会政治维度的研究多停留在提出论点、撷取论据、进行理论辩难的阶段,虽然也提出诸多颇具启示意义、令人深思的观点,但总令人感到浮泛。论争中种种观点相异乃至截然相反,或许与缺乏众多的专题研究作为讨论的共同基础有关。因此,从道德教育角度研究现代化,亦即从社会政

---

① Morris, P. & Sweeting, A. (Eds.), *Education and Development in East Asia*, pp. 12~14.

② Morris, P. & Sweeting, A. (Eds.), *Education and Development in East Asia*, pp. 15~16.

治维度研究现代化、研究教育与现代化的关系,可以弥补对教育作用于现代化的社会政治维度研究的不足,从而有助于最终获得对教育作用于现代化的方式及性质的总体认识,进而也有助于我们对现代化有一个全面的具体把握。

三、对日本进行个案考察的意义

本研究并不是要对道德教育与现代化的关系进行一般性的论述,而是属于一种个案考察,即以日本道德教育与现代化关系作为重点解剖的对象。之所以如此做,是因为我深信,不进行个案研究会导致对事物个性或特殊性的忽视,从而也不会获得对事物的共性或普遍性的真切认识。现代化是由划分为不同层次的诸社会要素(经济、政治、科技、思想文化等)结构而成的社会系统的动态过程,它随时空的变化而变化,具有高度的复杂性。因此,道德教育与现代化的关系必然也是复杂多样的。在不同时空的现代化中,道德教育作用的程度及方式也是不同的。因此,要对如此复杂的关系有一个总体的普遍性认识,必须对道德教育在不同时空的现代化中的作用及其机制进行个案考察,在此基础上再加以抽象。当前有关道德教育与各国现代化的讨论不仅少,而且较多一般性的理论概述,缺少个案考察。时至今日,在国内外,从严格意义上讲,还没有一本专著对道德教育与国家现代化进行以实证考察为基础的研究。不能认识道德教育与国家现代化关系的特殊性,又怎能准确把握道德教育与现代化关系的普遍性呢?考察日本道德教育与现代化关系的意义首先即在于此。

之所以选择日本作为个案考察的对象,主要是因为日本的现代化与道德教育及其关系具有一定的典型性和代表性,便于我们透过其特殊性获得某些普遍性认识。具体地说:

第一,日本的现代化是外源型现代化的典型。综观世界各国现代化的启动,大体有两种类型:一类是内源现代化,即靠社会自身原始现代化因素的积累和创新形成的现代化,其外来影响居于次要地位。一类是外源型现代化,即在国际环境影响下,社会受外部冲击而引起内部的思想和政治变革并进而推动经济变革的现代化,其内部创新居于次要地位。前者以英国为代表,而后者则以日本为典型。日本是非西方国家中最早实现追赶型现代化的国家,更重要的是它作为后发展国家,走了一条同欧美先进国家不同的现代化道路。而教育(当然包括道德教育)在其现代化过程发挥了重要作用亦被作为其重大特点之一为人们所共识。因此,探讨日本道德教育与现代化的关系对于所有后发展国家的现代化来说均具有意义。

第二,日本是"东亚模式"的典型。说日本是"东亚模式"的典型主要体现在以下几方面:(1) 日本作为一个东亚国家,它与其他东亚国家和地区特别是"四小龙",拥有共同或相近的历史传统和文化背景;(2) 日本作为一个典型的后发展国家,其经济增长和工业化进程与战后东亚其他发展中国家和地区颇为相似,既面临着许多类似的问题,也具有许多类似的解决方式及其特征;(3) 日本是战后东亚地区连续性的后发展经济进程的起点。关于这一点,可从两方面来看:一方面,在制度或经济体制等方面,日本作为东亚地区唯一一个首先摆脱后发展阶段而成为发达国家一员的东亚国家,其成功的制度或体制方面的经验,对东亚其他后发展国家和地区起到了很大的示范作用,战后东亚经济后发展进程中存在着一种制度或体制的连续性。另一方面,从经济增长的角度来看,东亚地区具有明显的以日本为发端的经济增长的继起性和连续性。正是在此意义上,有人称日本是"东亚模式"的开创者。①"东亚模式"受到国际社会关注、激起人们思考与兴趣的是其现代化发展中传统和文化背景因素的作用。因此透过对日本道德教育与现代化关系的认识不仅可以把握东亚国家道德教育与现代化关系的共同特征,而且有助于纠正传统的西方中心的道德教育与现代化关系认识。

第三,日本现代化的历史可谓是成功与失败、发展与牺牲、进步与困境交织而成的一首二重奏。在诸多成功之中,最令人称羡的莫过于其现代化经济的高速生成与发展。现代化经济的高速生成与发展使日本由一个在近代以前的世界历史上"微不足道",对世界文明和人类命运的一般形成过程贡献不大,"取之甚多,而予之甚微"的落后的封建小国迅速成长为一个在当今号称"世界十分之一"的经济大国。在迄今为止的日本现代化史上,日本所遭遇的最大挫折,是它在第二次世界大战中的惨败。这场战争不仅给被侵略国家和人民带来巨大损失和难以弥合的心灵创伤,而且使日本几十年的现代化成果顷刻间化为乌有。而今出现的心灵荒废也被许多人认为是日本现代化所带来的负面影响,其影响甚至关系到日本的未来命运。这一充满二重性、富有"传奇"色彩的现代化历史为人们全面综合地把握道德教育与现代化关系的正反经验与教训提供了最好的素材。

基于上述原因,本研究将日本作为个案考察对象。需要说明的是,本研究并

---

① 李晓:《东亚奇迹与"强政府"》,经济科学出版社 1996 年版,第 4~5 页。

不打算涉及中国的道德教育与现代化关系问题。其中固然有着中国的情况较为复杂，可资参考的资料少以及时间、精力、能力有限等原因，同时还有这样一种潜在意图：对任何事物的比较或借鉴，与其进行生硬的对照，不如通过对参照系的深入透彻的分析，获得更为深刻的启发；况且所谓对照或比较，一旦触及政治、思想、道德等方面，一般总是见仁见智。所以通过对与中国拥有相近历史和文化背景，且已走完追赶型现代化历程的国家——日本的道德教育与现代化关系进行集中和深入的研究，也许会达到更为完美的以他山之石攻玉的目的。

第二节 日本道德教育与现代化关系研究的历史

道德教育与现代化的关系研究作为一个集合从道德教育角度研究现代化和从现代化角度研究道德教育双重特点的研究课题，具有重大的理论意义和实践价值。而日本充满二重性、富有"传奇"色彩的现代化历史又为人们全面综合地把握道德教育与现代化关系的经验与教训提供了最好的素材，因此，值得我们进行深入的探讨。而作为研究的基础和前提，首先有必要对学术界关于日本道德教育与现代化关系研究的历史作一考察。对历史的考察不仅可以使我们确知研究已达到何种层次与水平，而且有助于我们从中汲取经验教训，明确问题之所在，从而形成正确的构想与思路。

关于日本道德教育与现代化关系的讨论基本是在战后随着日本现代化研究的发展而逐渐浮出水面的，并且随着现代化研究范式的转变而呈现角度的位移。总的来说，战后学术界对于日本道德教育与现代化关系的讨论与研究大体上可以划分为三个不同的阶段。

一、政治民主化的视角与"对特殊性的否定性认识"期[①]

1945 年战败至 50 年代末是日本先后处于美国占领统治和所谓的"旧金山体

---

① 日本学者青木保将战后"日本文化论"发展分为"对特殊性的否定性认识"期、"对相对性的历史性认识"期、"对特殊性的肯定性认识"期、"从特殊到普通"期等四个时期。（参见［日］青木保：《日本文化论的变迁》，中国青年出版社 2008 年版，第 31 页）。本文借用前三个分期的用语来分析日本道德教育与现代化关系研究的变迁。

制"下的特殊时期。以美国为样板进行政治、经济、社会、文化各领域的民主化改革构成这一时期的基本特征。

从某种角度来说,世界现代化的研究是从对日本现代化的研究开始的。由于对日本现代化问题的研究而引起的世界现代化的研究早在1945年至50年代末这段时间里就有了一些成果,尽管由于资料和研究不够,对其论点阐述的说服力还不怎么强,但也可以看出其论点的基本倾向。一种观点是日本现代化失败论。认为虽然自明治维新以来,特别是在20世纪初的二十年里,日本的现代化建设有所发展和进步,但是后来日本军国主义势力膨胀,把日本引入战争深渊,致使日本现代化目标未能实现,得出日本现代化失败的结论。另一种观点则认为日本现代化基本获得"成功",为世界现代化历史发展开创了非欧美国家实现现代化建设的范例,具有世界历史意义。仅就当时的研究水平来看,日本现代化的"失败论"居多。[1]

由于"失败论"占上风,所以当时的研究主要是为了寻找证据来证明其现代化的缺陷,解释其沙文主义、军国主义和侵略战争的根源。在此研究中,主要有两种立场:一是马克思主义者的立场;二是"现代化论"者的立场。前者依据马克思主义的发展阶段说,认为日本社会基本处于资产阶级革命之前的前现代阶段;后者以发端于西欧的现代合理主义为评价标准看待日本社会,认为日本社会是市民社会和民主主义未发达的"前现代社会"。尽管"现代化论"与"马克思主义论"在根本上存在着相互对立的一面,但是在以"前现代的""封建遗产"、"非合理的"、"反民主主义的"等概念性标签粘贴日本社会这一点上,可以说是一致的。两种立场在当时均有巨大的影响,均从封建性社会关系、日本社会的前现代性和非合理主义中寻求战前日本"皇国史观"的天皇制和军部独裁的产生原因,并主张必须对其加以否定,重新以现代民主主义国家的身份扬帆远航。无论是马克思主义者,还是现代主义者,均把现代化即民主化作为共同的旗帜,批判日本社会的"后进性",实际上为日本指明了以欧美社会为样板的道路。[2]

在上述背景下,战前日本的教育尤其是道德教育被认为是失败的,失败的根源在于它是前现代的、非民主的,因此需进行彻底的批判和全面的民主化改革。

---

① 刘天纯:《日本现代化研究》,东方出版社1995年版,第29～34页。
② 青木保「日本文化論の変容」東京:中央公論社、1990年、53～63頁。

这一思想理所当然便成为当时学术界的主流。在教育领域中为这一思想打下基调、影响最大的正是为战后日本教育改革描绘了基本蓝图的《美国教育使节团报告书》(1946年3月)。该报告书以对战前日本教育中贯穿的天皇崇拜和军国主义、极端国家主义意识形态的批判为中心，对修身科教育、历史教育等加以否定，对双轨的、中央集权的、官僚支配的教育制度展开了猛烈的抨击，对不顾学生能力和兴趣差异的倾向和压制教师职业实践自由的做法亦进行了严厉的指摘，主张以民主主义教育原理与体制取代军国主义国家主义的教育原理与体制。① 该报告书的思想不仅为战后日本教育改革实践规定了方向，而且也极大地影响着日本学术界对战前日本教育的研究和评价。

需要指出的是，在这一时期里，日本之外的学术界对日本教育的研究除美国因其特殊身份而有所涉及之外，几乎没有什么探讨。而美国的研究也基本上处于《美国教育使节团报告书》的层次或延长线的位置，主要停留在对战前教育的批判②、对占领教育政策成果的回顾③或对媾和条约生效后日本教育走向的预测这样的水平上④。

总而言之，在战后初期的十几年里，在实际上是把现代化等同于"民主化"的思维范式下，"民主化"成为衡量一切的标尺。循此标尺，战前日本的道德教育自不待言，就连整个日本教育都被认为是反现代化的，因而被全面彻底地否定。因此，还谈不上从积极的意义上对日本道德教育乃至整个教育与现代化关系进行正面探讨。从政治民主化的视角认识日本道德教育乃至整个教育中的"否定性特殊性"是这一时期的主要特征。这一局面既是当时政治现实所规定的，也是当时理

① 奥田真丈監修『教科教育百年史・資料編』東京：建帛社、1985年、343～376頁。

② Civil Information and Education(CIE), *Education in Japan*. Supreme Ccmmander Allied Powers, General Headquarters,1946; Hall,R.K., *Education for a New Japan*. New Haven：Yale Universty Press,1949.

③ Trainor, J.C., *Education Reform in Occupied Japan：Trainors Memoir*. Tokyo：Meisei University Press, 1953; Orr, M.T., 'Military Occupation in Japan, 1945～1952,' in *Year Book of Education：1954*, pp.413～424, London：Evans.

④ Brickman, A.R., 'Teachers, the Union, and Politics in Japan,' *Schoo! and Society* 82(August 6), 1995, pp.33～37; Adams, Don., 'Rebirth of Moral Educaticn in Japan,' *Comparative Education Review*, Vol.4, 1960, pp.61～64.

论研究水平的真实反映。

二、经济发展的视角与"对相对性的历史性认识"期

20 世纪 50 年代末至 70 年代初是日本以持续的经济高速增长创造了所谓"日本奇迹"的时期。在此背景下,学术界对日本现代化问题的研究逐步走向深入和发展。与前一时期不同的是,尽管人们依然对现代化问题认识不一,但从已发表的观点变化来看,对日本现代化历史进程愈来愈倾向于肯定。虽然仍然存在着肯定日本现代化论者与否定或批判日本现代化论者的争论、相持的局面,但很明显,肯定日本现代化的"日本型现代化论"或"日本模式论"成为占主导地位的立场。①

"日本型现代化论"的首倡者为以美国学者赖肖尔(Reischauer,E. O.)为代表的西方学者。赖肖尔于 20 世纪 60 年代初发表的一篇文章典型地体现了"日本型现代化论"的主要思想倾向。他说:"我认为在世界历史上,已过去的 90 年的日本历史是最重要的。它是以西欧为样板的现代化的典型,也是现代化建设速度最快的唯一获得现代化成功的国家。尽管有军国主义等困难问题的影响,但是从整体来看还是获得很大成功。日本应当成为'后开发诸国'现代化的楷模。"②细细琢磨,"日本型现代化论"以下两个特点就会呈现在我们的面前:

第一,在现代化即经济现代化的思维范式下,突出经济的观点。在"日本型现代化论"中,日本作为欧美学生的身份和地位依然未变,所不同的是,以往被看成是问题成堆因而需要矫正的"坏学生"、"差学生",现在则被视为"好学生"、"模范生",其现代化模式也被认为可以向非社会主义国家推广。基于诱导第三世界国家走西方资本主义发展道路的政治意图,"日本型现代化论"者对日本现代化的研究自然放在了寻找日本现代化"成功"亦即经济飞速发展的奥秘上,至于现代化的缺陷则有意或无意地加以回避。

第二,它所使用的一般命题、模式、观念等均扎根于西方现代社会,是从西方现代化历史经验中抽象出来的发展图式。也就是说,它主要采用了西方现代化的范式、概念与"传统—现代"的两分框架来看待、分析日本现代化的经历。因此,它

---

① 刘天纯:《日本现代化研究》,东方出版社 1995 年版,第 35～43 页。
② 刘天纯:《日本现代化研究》,东方出版社 1995 年版,第 37 页。

在寻找日本经济发展的原因时主要是从寻找日本与欧美历史相似性的角度入手的,所得出的主要论点是:日本是欧美发达国家以外的、世界历史上唯一成功地实现了现代化的国家。作为一个成功的范例,它在世界历史上占有重要地位,必然会引起世人的高度重视。日本工业化成功的重要原因之一,是与日本前现代社会——封建制社会的官僚组织、议会制度、教育普及以及某些经济体制和分配制度内容中的积极因素所发挥的作用分不开的。也就是说,日本的封建社会同欧洲的封建社会有某些共同点或相似之处。或者说,日本封建社会与资本主义社会之间,存在某些相联系的特点。[①] 西方学者的"日本型现代化论"自诞生之日起就为日本国内学术界所重视,并引起了以对"封建制的再评价"为其象征的、对日本现代化历史进程的某些可能性进行积极的评价和日本相对于欧美的"历史相对性"的认识。

"日本型现代化论"的一个重要论点就是教育在日本现代化远程中发挥了重大作用,而其基础可追溯至近代以前的江户时代教育。正是受"日本型现代化论"把日本教育由一个在过去被认为是军国主义、极端国家主义的"帮凶"变为日本经济现代化的"功臣"的思想影响和指引,为寻找日本现代化成功的原因而重新评价日本教育与现代化关系并专题性地探讨日本教育发展进程的研究也不断涌现。英国学者多尔(Dore,R. P.)的《德川时代的教育》(1965 年)[②]、美国学者帕新(Passin,H.)的《日本社会与教育》(1965 年)[③]、文部省发表的教育白皮书《日本的成长与教育:教育的展开与发达》(1962 年)[④]和永井道雄的论文集《现代化与教育》[⑤]等堪称这一时期比较有代表性的力作。

在西方中心、现代化即经济现代化的思维框架内,日本教育与现代化的关系

---

① 刘天纯:《日本现代化研究》,东方出版社 1995 年版,第 37~38 页。

② Dore,R. P. , *Education in Tokugawa Japan*, London:Routledge and Kegan Paul,1965.

③ Passin,H. , *Society and Education in Japan*. New York:Teachers College Press,1965.

④ 文部省调查局:『日本の成長と教育』(1962 年)。中译本为:《日本的经济发展和教育》(吉林师大外国问题研究所日本教育研究室译),吉林人民出版社 1978 年版。

⑤ 永井道雄『近代化と教育』東京:東京大学出版会、1969 年。中译本为:《现代化与教育》(陈晖等译),吉林人民出版社 1990 年版。

研究实际上主要是从寻找日本教育与欧美发达国家教育的相似性或共性入手探讨日本教育与经济发展的关系的。这一特点自然也体现在对道德教育与现代化关系的认识上。透过多尔的著作和文部省白皮书的论述，我们不难发现这一点。

多尔不仅是英国从事日本研究的第一人，而且可以说是当今世界日本研究的最高权威。[①] 他身为社会学家，研究领域涉及社会各个领域，教育也是其重要贡献领域之一。他的教育代表作之一《德川时代的教育》的核心主张就是，德川时代的教育为明治以后的近代教育奠定了基础，从而为日本的现代化发挥了巨大作用。他在总结德川时代的教育遗产时，在强调德川时代教育特别是平民教育的普及与发展（即量的发展）对于现代化的促进作用的同时，尤为关注这种教育所带来的人们思想、观念、态度等的变化，认为正是这些变化构成了日本人承接现代化的心理、人格基础。多尔所指的观念、态度上的变化归纳起来不外乎就是两点：追求个人成功的欲望增强，为政治和民族的目标承担义务的观念的形成。他说，江户时代统治阶级的思想体系儒教虽然阐述的是身份制社会中的特殊主义伦理，但是却意外地具有普遍主义性质，有助于强化业绩取向。由于它本来就是以教授"人道"为其使命，所以并不排斥平民的学习；由于巫术性比较淡薄，容许基于客观的基准进行实绩评价。儒教所具有的这一两面性使其可以扮演调和个人成功与集团目标达成、使有秩序的竞争成为可能的思想体系的角色。儒教即使在明治时代依然有效的原因亦在这里。[②] 可见，多尔是要在日本儒教（前现代日本教育的主导思想体系）这一民族传统思想中寻找类似于西方发达国家的"现代性的精神"，从而说明为什么在亚洲各国中唯有日本维持了国家独立并成长为高度工业化国家这一问题。

文部省 1962 年的教育白皮书明确提出以人力资本理论为根据来研究日本教育问题，并自豪地得出结论说，日本"近代教育的发展及其在经济发展中所起的作用，以世界的眼光来看，可以说是一个最好的历史实例"。[③] 报告书在提请人们注

---

① 市川昭午『教育体系の日本的特质』東京：教育开发研究所、1988 年、11～13 頁。

② Dore, R. P., *Education in Tokugawa Japan*, London: Routledge and Kegan Paul, 1965. pp. 291～316.

③ ［日］文部省调查局：《日本的经济发展和教育》，吉林师范大学外国问题研究所日本教育研究室译，吉林人民出版社 1978 年版，第 9 页。

意日本经济增长主要归功于教育人才的储备、注意普通教育和技术教育水平、重视农村之同时,也从日本教育培养了适应日本资本主义发展的经济伦理的角度提出了道德教育与现代化的关系问题。白皮书指出:"日中战争之后,从明治三十二年前后开始,在修身教科书中涉及许多历史人物,讲授了勤勉、恭俭、节俭、养生和谦虚等道德项目。这些道德项目是近代资本主义发展时期的重要伦理,起着培植国民具有勤勉、节约和健康精神的作用,这对国家的发展来说是必要的。"①这种从经济伦理的角度来考察日本道德教育与现代化的关系,考察日本道德教育的经济功能的做法,实际上所遵循的正是由韦伯等人铺陈的新教资本主义伦理的思维架构。

总之,在经济高速增长时期里,以现代化即经济现代化的思想和对日本现代化的"历史相对性"的认识为基础和前提,日本道德教育与现代化关系开始被从积极意义上进行探讨。但这种讨论又因其囿于其经济主义视角和西方中心论思想而未能深入下去,大体上处于由对日本道德教育的"否定"(对特殊性的否定性认识期)走向"肯定"(即肯定性特殊性认识期)的过渡期。

三、文化主义视角与"对特殊性的肯定性认识"期

20 世纪 70 年代中期以来的时期是日本结束了追赶型现代化,形成经济、技术超过西欧、直逼美国的态势,从而被欧美各国作为强大竞争对手受到高度重视的时期,同时也是东亚地区的经济增长远远打破了西方工业化时代的历史纪录,在欧美发达国家陷入经济危机和拉美等发展中国家和地区面临经济停滞的情况下,日益显示出旺盛的增长势头,创造现代后进国家和地区经济增长奇迹的时期。

随着日本作为经济大国地位的确立及不断进步,把日本现代化与战后的经济发展联系起来观察和分析的人开始多了起来。由于把日本现代化与明治维新以来百年的历史结合起来研究的人多了起来,肯定日本现代化的人也就愈来愈多,对现代化内容的研究也更加细致和广泛。② 更为重要的是,"日本奇迹"冲击波的扩大,特别是"东亚奇迹"以对国际社会科学提出新的挑战的姿态影响着日本现代

---

① 〔日〕文部省调查局:《日本的经济发展和教育》,吉林师范大学外国问题研究所日本教育研究室译,吉林人民出版社 1978 年版,第 97 页。

② 刘天纯:《日本现代化研究》,东方出版社 1995 年版,第 43 页。

化研究范式的转换。

在对包括日本在内的东亚所创造的奇迹惊叹之余，一些欧美学者和东亚学者开始探索"东亚经济奇迹"的原因，"是什么力量将这些国家从沉睡的亚洲中突然唤醒？是谁给予他们'普罗米修斯之火'或'浮士德的野心'去主宰他们的环境呢？"（英国经济学家安东尼·沙泼森之语）。①

类似"东亚奇迹"这样复杂的社会现象，其形成原因自然也相当复杂，因而其解释自然也就众说纷纭，见仁见智。不过大体上形成两派主导的局面：一派强调结构、制度因素的突出作用，可称之为"结构——制度论派"或"政策论派"；另一派则认为社会和心理因素是发展的前提。例如雷丁（Redding，S. G.）便认为，政治和法律、经济和地理、社会和文化这三大类因素，都是经济成长的必要而非充分条件，但其中以社会和文化因素为基本。② 在上述对"东亚奇迹"的两种解释中，以对东亚文化传统因素作用的重新估价最具有挑战性，因为它涉及对三个根本性大问题的重新估价：首先是对传统与现代化关系的重新估价；其次是对儒家文化中有利于现代发展或适应于现代生活的合理性因素的重新估价；再次，是对现代西方文明中的现代性的重新估价。说到底是对战后几十年里占主导地位的西方现代化和发展理论的重新估价和挑战。③

"文化论派"的崛起与壮大同样也体现在日本现代化研究中。越来越多的研究者开始从文化主义角度探寻日本现代化的独特性，并以这种独特性来说明日本现代化成功的秘诀，从而使日本现代化研究进入了一个对日本现代化的"肯定性特殊性"加以全面认识的文化主义时代。大平首相的政策研究会于 1980 年发表的报告《文化时代的经济运行》象征着这一文化主义时代的基本趋向与特点。报告书写道："明治以来把自己的文化视为否定因素，把外国文化当作应该效仿的对象的倾向"，实际上是一种"对外劣等感"，应予以排除。为从其中解脱出来，有必要有意识地把握传统文化，"明确自己规范的本源"。那么，何为日本规范的本源呢？报告书接着写道："与欧美社会的'个人主义'相对应的是'极权主义'，而在日

---

① 金耀基：《儒教伦理与经济发展：韦伯学说的重探讨》，《现代化与中国文化研讨会论文汇编》，香港中文大学社会科学研究院社会科学研究所 1985 年版。
② 黄光国：《儒家思想与现代化》，巨流图书公司 1988 年版，第 5 页。
③ 罗荣渠：《现代化新论》，北京大学出版社 1993 年版，第 217～226 页。

本则是重视'人与人之间的关系',重视'个人与整体之间的关系'的'关系主义'。这构成了我们这个社会的文化特征。"另外,"在日本也很重视同事之间的心理和感情的细微变化,重视各自所处的地位,并以这种地位来自我约束,求得泰然自处,因此也可以说这是一个'关系社会'、'家社会'。"①

伴随"文化论"在日本现代化研究中的突飞猛进,日本教育与现代化关系研究也出现了一些新的变化,即日本教育传授有助于现代化的价值观和态度的功能被凸显,而且这里所说的有助于现代化的价值观和态度不再是被先入为主地与西方文化之瑰宝的"现代性"相联结,而更多的是与日本的传统、文化建立了联系。甚至在一些纯粹的"文化论"者那里,日本教育促进日本现代化的作用主要是通过传授有助于现代化的价值观、态度,特别是日本传统价值观和态度来发挥的。在此背景下,日本道德教育与现代化的关系问题受到前所未有的重视,道德教育的"特殊性"进一步获得肯定性认识。

赖肖尔在其《当代日本人:传统与变革》(1988 年)一书中就指出,"现代日本成功的最根本原因是日本的教育制度",日本现在的教育"尽管问题重重,考试制度还有不健康的影响,但是日本中小学教育在道德和效率方面仍然是高水平的,这是值得其他大多数发达国家羡慕的"。② 多尔在题为《东亚各国经济发展和儒教文化》的演说中就把学校中进行道德教育看成是包括日本在内的东亚经济发展的重要因素之一予以郑重指出。③

美国学者杜克(Duke,B. C.)在 1986 年发表的《日本的学校:对工业化美国的教训》一书中提醒美国注意:美国不仅仅是在同日本的工厂竞争,而且是在同日本的学校竞争,日本对美国的挑战主要是来自日本的学校而不是工厂。日本的学校是通过培养出忠诚的、勤勉的、读写能力强、有才能的劳动者,提高社会整体的效率性而为日本的现代化作出了巨大贡献。④ 法国学者考里诺在一篇文章中亦

---

① [日]丸山惠也:《日本式经营的明和暗》,刘永鸽译,山西经济出版社 1993 年版,第 8~18 页。

② [美]埃德温·奥·赖肖尔:《当代日本人》,陈文寿译,商务印书馆 1992 年版,第 150~166 页。

③ 『朝日新聞』1989 年 9 月 17 日。

④ Duke, B., *The Japanese School: Lessons for Industrial America*, New York: Praeger, 1986.

郑重指出,日本是一个十分重视"心灵教育"、"态度教育"的国家,这种教育通过培养具有勤勉性、协调性和进取精神的人发挥了促进日本社会经济发展的巨大作用。①

莫里斯(Morris,P.)和斯韦汀(Sweeting,A.)主编的《东亚的教育与发展》一书为我们展示了从文化主义角度分析教育与现代化关系的一场演习,最能代表这一时期文化主义研究的特点。该书研究日本教育与现代化关系的作者指出,那种在教育与经济、科技发展之间建立直接的因果关系的假定是相当简单化的。因此,他们强调应该从社会——文化的角度来解释日本教育对于现代化的作用,认为日本教育对现代化的贡献从根本上来说主要是在于强化和维持一种有助于现代化的文化体系,即培养民族认同意识、集团精神、坚忍不拔的毅力、平等主义精神、唯才主义态度等。②

总之,在最近的三十多年里,由于文化主义视角的引入,出于寻找"肯定性的特殊性"的目的,日本道德教育对现代化的作用被凸显,对于道德教育作用于现代化方式的认识也发生了变化。

四、先行研究的不足

由以上的研究史回顾,我们不难看出,随着日本现代化研究的不断深入和研究范式的变化,日本道德教育与现代化关系研究也逐渐引起人们的重视,而且研究也从不同的角度提出了诸多颇具启发意义、令人深思的观点。但从总体上来看,迄今为止的研究仍处于提出论点、撷取例证、进行理论辩难的阶段。截然不同的观点仍处胶着状态,相持而不相让。问题多多,难点多多,空白更多。

第一,在教育与现代化关系中道德教育与现代化关系的相对地位问题上,存在着"制度论派"与"文化论派"的相持与对立。在前者眼里,道德教育至多只是个边缘因素;而在后者看来,道德教育则是核心因素。

第二,在道德教育的评价问题上,存在着"成功论"与"失败论"的两极对立。

---

① ジャック・コリノー「初等中等教育の特徴(2)——心の教育——」『学校経営』1996 年 4 月号。

② Morris, P. & Sweeting, A.(Eds.), *Education and Development in East Asia*, New York: Garland Publishing, Inc., 1995. pp. 19~39.

前者从经济角度看待问题,侧重现代化的成功一面,而后者则主要从政治史、阶级关系角度研究问题,注重现代化的阴暗面。这两种倾向虽然在结论上大相径庭,但都有一个共同点,即把对自己不利的时期或一面作为一种例外而排除在考察对象之外,因而都不可能对道德教育的成败提供一个一以贯之的解释。前者无法解释失败的时期,后者无法阐明成功的原因。

第三,在阐明道德教育所培养的伦理精神时,多以罗列特性而告终,缺乏对要素、特性间的结构性说明和动态性历史考察。片断地罗列要素或增加要素的数量,虽然什么都能说明,而实际上却没有作任何系统的说明,既未揭示出日本精神的原理和逻辑,更未能说明历史发展的动态性特征,因而也就不能展现日本伦理精神的整体面貌。

第四,多停留在文化、国民性、伦理精神与现代化关系的讨论上,对道德教育作用过程缺乏实证性分析。这一精神是通过何种内容、以何种方式、在何背景下实现的这一方法论维度上的问题较少实证性分析和研究。如果说有某些伦理精神在日本现代化过程中发挥了作用,那么这些伦理精神是主要由学校教育培养的,还是由社会教育或家庭教育熏陶的呢? 是有意图的教育的产物,还是无意识的文化所形成的呢? 学校道德教育、社会教育、家庭教育三者在其中的关系是如何的呢? 如果说是学校道德教育发挥了主要作用的话,那么正规课程与潜在课程、直接道德教育与间接道德教育在其中又是什么关系呢? 道德教育的现实一定是道德教育政策的结果吗? 如果说政策意图与结果之间有歧义,那么其中的原因又是什么呢? 这些均是有待填补的空白。

第三节　本书的基本构想

一、本书的研究视野与方法

"评价造成经济成功的各种原因的相对重要性,是十分困难的,而且亦无多大的意义"。① 同样,评价日本道德教育在作用于日本现代化的教育中的相对重要

①　米国商務省編、大原進他訳『株式会社・日本-政府と産業界の親密な関係』東京:サイマル出版会、1984 年、14 頁。

性也是非常困难而且意义不大的。基于此,本研究不打算论及日本道德教育在日本现代化中的具体作用有多大、属不属于决定性的这一问题。不过仅就作用本身而言,是不能不看到的。事实上只有看到这种作用,加以分析和研究,才能较好地揭示出日本现代化发展的过程及其内在逻辑,才能全面地认识日本现代化的历史、特性、经验和教训;至于日本道德教育,也只有将其和日本现代化过程结合起来考察,才能更为全面、深刻地揭示出其作用的形式和发展的本质特征。故此,本研究选择以道德教育为中心来分析日本道德教育与现代化的共生互动关系;着重探讨道德教育对日本现代化的作用,但并不一味强调道德教育对现代化的单向作用,而是同时也强调道德教育对现代化发生作用时本身所受到的政治、经济、社会和文化因素的制约。需要指出的是,本研究探讨道德教育作用问题,不是先要去假定一个"无知之幕",而是要将道德教育置于特定的历史背景中进行三维立体考察。道德教育的这种背景,从共时意义上讲就是政治、经济、社会、文化基础和环境,从历时意义上讲,就是日本现代化发展的历史进程。所谓三维立体考察主要是指以下三个维度的研究:

第一,历时态的演变考察与分析。现代化发展具有阶段性。从现代化运动的时间特性来看,世界现代化乃至各国家的现代化都不可能在短短数年或数十年间不分阶段的一蹴而就,都将经历一个较长时间的曲折探索过程,在此期间社会经济的变革将是分阶段递次推进的。所以发展学家罗斯托以经济增长为轴心,把现代社会的形成(亦即现代化过程)分为"传统社会"、"为起飞创造前提条件"、"起飞"、"向成熟推进"、"高额大众消费"五个阶段(1975 年又增加"追求生活质量"作为第六个阶段)。著名的比较史学家布莱克在综合、归纳了世界各国现代化的历史进程后,以社会结构与政治现代化为轴心,提出了人类现代化运动一般要经历四个阶段的理论,即"现代性的挑战"、"现代化领导权力的巩固"、"经济与社会转变"和"社会的整合"。(在 20 世纪 70 年代的新著中,布莱克又将上述四分法改为三分法,即:"前现代时期"、"转变时期"、"高度现代化时期"。)由于现代化发展的阶段性,作用于现代化的道德教育也必然带有阶段性特征。也就是说,道德教育在现代化的不同阶段中作用的程度及形式都是有所不同的。这一方面是由于不同阶段的现代化对道德教育的内在要求不同所致,也是道德教育发挥作用的基础与环境发生变化的结果。对此,我们必须有一个清醒的认识。

历史无绝对的断层。在看到现代化与道德教育发展的阶段性亦即非连续性之同时,我们也应当通过发展的繁芜多样性把握住它的连续性。即使在乍看相互极端割断的变化中,也应当发现它们的连续性。曾任文部大臣的日本著名学者永井道雄关于日本现代化和教育的起飞与坠落的原因时所说的话很值得我们深思。他说:"即使一个国家的教育会适应时代而变化,但也不能脱离其基础,完全变成不同性质的东西。这样看来,把明治初期与昭和时期的教育完全割裂开来,强调一方是卓有成效的,而另一方是失败的,这在方法论上是说不通的。""若说起飞期的日本教育很出色,其后也正是教育促使了日本的坠落,这是不能否认的。"①"客观的研究方法应该去探求两者之间结构上的联系。这样,我们既可以从研究教育的跃进入手,顺藤摸瓜地研究僵局的问题,也可以把跃进与僵局当作表与里的关系辩证地提出假说。"②

为了把握日本现代化进程中道德教育的连续性与非连续性,历史的方法是必不可少的。历史的方法重视研究对象的复杂历史演变,注重研究对象在各个时代存在的具体条件、具体形态及其特点;它不把研究对象看成是一成不变与不可分解的一个整体的混沌表象,也不急于将其表述为与时间向度无关的、日若干定则构成的结构,而是将其看作一个自身不断发展,且受各种因素影响而发生历史变化的开放的体系。采用历史的方法考察日本道德教育与现代化的关系,首先便要考察处于某一发展阶段的道德教育与现代化的某一具体历史进程或事件的实在关联。然后才在诸多微观研究的基础上,进行宏观的把握,亦即在历史性的分解式研究的基础上再归纳取得有关道德教育与现代化关系的本质与规律性认识。

第二,共时态的结构分析与比较。现代化是一个全球性运动。回眸近两百年来的现代化进程,完全可以说它是由西欧大陆肇端随即向全球各个角落扩散,将世界各国卷入同一文明大潮的全球化进程。在西方现代化的初期,马克思主义创始人便已洞察到这一重要的特征。随着现代化的深入推进,到本世纪特别是第一次世界大战后,几乎再没有一个较重要的国家和民族可以游离于世界体系之外了。二次大战后具有"世界政府"意蕴的联合国的建立,使得全球性社会或世界体系得到组织结构上的公认。在现代化的冲击、分化和改组下,人类历史上孤立时代、单一中心时代结束了,今天任何一个国家、地区的社会发展都不可能孤立地进

① [日]永井道雄:《现代化与教育》,陈晖等译,吉林人民出版社1990年版,第3页。
② [日]永井道雄:《现代化与教育》,陈晖等译,吉林人民出版社1990年版,序第2页。

行,而要受制于其他国家和整个国际社会发展的进程。全球性的现代化要求各个国家在制订发展计划时将自己自觉纳入到整个国际秩序中去,从世界体系"地球大家庭"的新背景下考虑自己的现代化目标和战略方案。①

不过,由于创新性变革与传导性变革两种方式的不同,在实际的历史进程中,通向现代化的多样化道路可大致概括成两种不同起源,从而形成两种不同类型的现代化进程:一是内源型现代化,二是外源型现代化。由于通向现代化的道路不同,各国实现现代化的方式就各不相同,各国现代化的社会变革顺序与发展模式就各异。也就是说,现代化发展的两种起源对于不同国家的发展进程具有重要意义。与此同时,我们也应看到,这两种发展进程并不是完全对立的、纯粹的。无论是哪一种情况,发展只有在社会内部的发展潜力被广泛有效地动员起来时才有现实可行性。② 吉尔伯特·罗兹曼(Rozman, G.)所说的"无论对于现代化的先行者还是后来者而言,现代化过程实质上都是一种国内转变"③这句话也就是这个意思。同样,无论是哪种情况,它们都是国际的开放性的变迁,即使是内源的现代化也是处在国际性因素交互影响之下,不是封闭性的自我转变,任何国家都不可能单独实现向现代化社会的转变。在这个问题上,法国学者阿兰·图雷纳(Touraine, A.)的观点值得重视。他说:"不可以把内源发展和外源发展对立起来,仿佛这两种极端的类型纯而又纯。比较可取的方法是,假定一切成功的发展过程,无不把内部和外部因素统统作为经济和社会文化因素而结合起来。"④

以上的阐述不外乎是想说明这样一个问题:任何国家的现代化都是共性与个性的统一体,共性寓于个性之中。现代化个性的差异虽然取决于影响现代化进程诸因素的差异(其中特别是启动社会变迁的那些决定性因素是内在的还是外在的),但更为根本的是影响现代化的这些因素的结合方式上的差异。

现代化如此,道德教育也是如此。道德教育从根本上来说就是一种文化现象。日本著名学者源了圆关于文化的一段话很值得我们倾听。他说,文化"由各

---

① 叶南客:《三元革命、四个长波、五大特征》,载《南京师大学报》(社科版)1996年第2期,第3~9页。

② 罗荣渠:《现代化新论》,北京大学出版社1993年版,第123~125页。

③ [美]吉尔伯特·罗兹曼:《中国的现代化》,陶骅等译,江苏人民出版社1995年版,第17页。

④ [法]阿兰·图雷纳:《现代性与文化特殊性》,载《国际社会科学杂志》第7卷第1期。

种各样的要素组成。那么,是否把这些要素捏合起来便是文化了呢? 否,文化是一种微妙的活的东西,具有个性。世界上诸种文化的个性固然产生于其构成要素的差异,但解开文化个性差异之谜的更为重要的钥匙,是文化诸要素的不同组合方式"。①

基于现代化和道德教育的上述特点,我们在考察日本现代化进程中的道德教育,分析日本道德教育对日本现代化的作用时,就应该从特殊性与普遍性相统一的立场出发对日本道德教育及其对现代化作用之特质有一个逻辑的、结构性的把握。也就是说,必须按照日本人的思想表达方法,内在地去理解日本道德教育的固有逻辑与结构,同时以可比的方式去揭示日本道德教育的特质,以求接近现代化背景中道德教育的普遍性问题。因此,共时态的结构分析与比较将是本研究不可或缺的重要分析维度。

第三,运用重视教育过程的定性研究方法,实现背景研究与正文分析的结合。长期以来(特别是 20 世纪 70 年代末以前),国际上比较教育的许多研究倾向于几乎全部集中于教育投入与教育结果的定量分析,尤其是教育结果的定量分析。这些研究假定,教育结果,如现代人的态度或数学成绩水平,都可归因于学校所教的内容。除了一些例外,研究遵循着萨德勒(Sadler,M.)的传统,假定学校中不论进行什么都不重要,也不值得研究。这种忽视学校过程、教育过程的倾向自 20 世纪 70 年代末以来受到越来越多的批评。许多学者都雄辩地证明了依赖学业结果的数据不能把学校教育的结果与过程联系起来,并建议只有通过定性法,教育过程的性质及其结果才能为人们所理解。他们指出,学校所传授的内容不能减低到仅仅是正规的课程内容和教师的品质;教师和学生之间的相互作用,教育制度的结构以及学校"充满生气的文化"代表了一种产生学校教育的社会、文化和政治结果的强有力的要素。他们呼吁运用重视教育过程的定性研究方法,并要求把教育过程与更广泛的学校—社会关系的理论联系起来。②

重视教育过程的定性研究方法对于我们分析日本道德教育与现代化的关系

---

①　[日]源了圆:《日本文化与日本人性格的形成》,郭连友、漆红译,北京出版社 1992 年版,第 5~6 页。

②　Kelly, G. P. & Altbach, P. G., 'Comparative Education: Challenge and Response', *Comparative Education Review*, No. 1, 1986. pp. 89~107.

是极为恰当而且必要的。这不仅仅是因为重视教育投入与结果的定量分析方法不可能把握道德教育与现代化的关系,同时也因为重视教育过程的定性研究方法有助于实现正文分析与背景研究的结合。所谓正文即道德教育对现代化发生作用所借以的内部体制与机制,而背景则主要指道德教育发挥作用所赖以的外部条件与环境,主要包括两方面:一是政治、经济的体制基础;二是社会、文化环境。

道德教育能否对现代化发挥作用,可发挥多大作用,这在一定程度上当然取决于道德教育是否有明确的鼓励和促进现代化的目的。但有了目的是一回事,目的的实现又是另一回事。道德教育目的能否实现首先取决于其目的本身是否得当以及道德教育内容与方法等是否合理;同时也取决于道德教育的基础与环境是否发挥着有效支撑作用。因此,深入探讨道德教育的内部体制、机制和外部条件与环境对于我们全面深刻地认识道德教育与现代化的关系是必不可少的。运用重视教育过程的定性研究法,我们首先必须明确的就是日本道德教育是否从一开始就按照鼓励和促进现代化的目的来考虑和设计的。如果是的,那么紧接着就要考察这一目的是通过何种方式(主要是道德教育的内容与方法),在何种背景和条件下实现的问题。最后自然要对道德教育的效果作一整合分析。这样,正文分析与背景研究就为了达到明确日本道德教育作用于日本现代化的真实过程而结合了起来。

我们研究日本道德教育与现代化的关系,从根本上来说还是为了借鉴。而要使"借鉴"变得有用,就必须首先对研究对象进行左与右、前与后、内与外的综合考察与深入分析。这就是本研究作如上构想的最基本想法。

二、概念界定与结构设计

任何一种关于道德教育与现代化关系的研究,其根本点都在于对道德教育和现代化概念的界定。我们研究日本道德教育在日本现代化中的作用所面临的首先一个问题也自然是如何界定道德教育和现代化的概念。

关于道德教育的概念,我们可以首先把它界定为一种"旨在引导儿童向善"的活动。这一定义的好处在于,它不仅大体可以将道德教育与智育等其他各育作一区别,而且具有高度的概括性,因而具有普遍适用性,从而也可以使本研究避免在研究之前就匆忙在各种复杂的道德教育观中作一草率的选择。由于本研究的主要目的并不在于论述道德教育应该如何,而是首先要揭示日本道德教育观的面目。而这只有待研究之后才能获悉,是不宜"先入为主"地确定的。

虽然我们不宜"先入为主"地对道德教育的内涵作过细的界定,但却可以通过明确道德教育的外延来进一步划定我们的研究范围。我们一般把教育划分为学校、家庭、社会三个领域,对于道德教育来说,理想的状态当然是学校、家庭、社会的三位一体,而实际的道德教育效果的好坏在很大程度上也取决于三者之间的合作。因此,本研究将涉及学校道德教育、家庭道德教育、社会道德教育三个方面,但却是以学校教育为中心来进行分析的,而家庭和社会的教育更多是被作为学校道德教育的背景和基础来看待的。也有人把道德教育划分为三种形态:1. 无意识、非自觉地进行的教育;2. 有意识、自觉地进行的教育;3. 有计划、有组织地进行的教育。这三种形态的教育是相互联系、缺一不可的。① 那么我们探讨道德教育也对这三种形态予以通盘考虑,但同样,具体是以后两种形态为中心来进行考察的,而把第一种形态的教育作为道德教育的社会—文化背景来看待。此外,本研究所设计的道德教育主要是以义务教育阶段的道德教育为中心进行的,也就是说战前主要以小学道德教育为主,战后则主要以小学和初中阶段道德教育为中心。

现代化是一个包罗宏富、多层次、多阶段的历史过程,所以很难一言以蔽之。不过,正如罗荣渠所指出的那样:"从历史的角度来透视,广义而言,现代化作为一个世界性的历史过程,是指人类社会从工业革命以来所经历的一场急剧变革,这一变革以工业化为推动力,导致传统的农业社会向现代工业社会的全球性的大转变过程,它使工业主义渗透到经济、政治、文化、思想各个领域,引起深刻的相应变化;狭义而言,现代化又不是一个自然的社会演变过程,它是落后国家采取高效率的途径(其中包括可利用的传统因素),通过有计划地经济技术改革和学习世界先进,带动广泛的社会变革,以迅速赶上先进工业国和适应现代世界环境的发展过程。"②

从世界现代化的总体进程来看,现代化已经历了三次大浪潮。被卷进现代化世界大浪潮中的不同国家,按进入这一转变过程的先后分为三大批:第一批在 19 世纪前半叶赶上现代化的头班车,可称为现代化的"先行国"(first comers);第二

---

① 大田荘一『道德教育の研究』東京:大明堂、1963 年、56～58 頁。

② 罗荣渠:《现代化新论》,北京大学出版社 1993 年版,第 16～17 页。

批在 19 世纪后半叶赶上现代化的第二班车,可称为现代化的"后进国"(late comers);第三批是 20 世纪后半叶才开始搭上现代化快车,奋起直追,可称为现代化的"迟到国"(later comers)。在这三大批国家中,只有第一批是地道的内源型现代化,其他两批都是外诱型现代化,或内源—外诱混合型的现代化。[①] 循此区分,日本基本可称之为现代化的"后进国",但同时又具有现代化的"迟到国"的经验与特征。在第二次现代化浪潮中,非西方文明的国家只有日本通过制度重建迅速进入现代经济增长阶段,树立了军国主义式的工业化样板。但本世纪中叶它又因发动侵略战争失败从而导致它所建立的东洋帝国的破灭与现代化的中断。战后,在美国的干预与扶持下,日本走上了非军国主义的发展道路,经济迅速重新起飞,到 70 年代已进入西方工业发达国家的最前列。虽然日本战前和战后两个阶段的现代化可分别看作初级阶段的现代化(前期现代化)和高级阶段的现代化,但它又不同于西欧、北美国家初级现代化向高级现代化的直线发展,战后日本的现代化毕竟是在经历了现代化中断之后重新开始的,在一定程度上又具有重新启动的意义,因而难免带有"迟到国"的特征。这就使日本的现代化具有"后进国"与"迟到国"之间承上启下的特点,再加上其特殊的历史条件,日本现代化道路的形成与各国有很大的不同。

日本现代化起始于何时?又经历了哪些阶段?这是目前研究中颇有争议的问题。产生争论的原因之一就是,现代化是一个渐进的过程,很难确定一个明确的起始点。另外,现代化又是一个几乎包罗一切的整体变迁过程,研究者的侧重点不同,结论往往相差很大。依据上这宏观历史学的现代化定义,日本的现代化大体可分为三个大的阶段。这一三阶段划分基本与布莱克在《日本和俄国的现代化》一书中的划分是一致的,即:前现代化时期(或称现代性挑战期、现代化酝酿准备期,时间大约是从 17 世纪至 19 世纪 60 年代亦即整个江户时代);初级现代化时期(或称现代化转变期,时间大约是 19 世纪 60 年代末至 20 世纪 40 年代中期,包括明治、大正和昭和战前期);高级现代化时期(时间是 20 世纪 40 年代中期至 20 世纪末,包括昭和战后期和平成年代)。除此之外,在本研究中还将初级现代化时期又细分为启动期(1868 年至 1879 年左右)、起飞期(1879 年左右至 1905 年左右)、整合期(1905 年左右至 1931 年左右)和扭曲、中断期(1931 年～1945 年)

---

① 　罗荣渠:《现代化新论》,北京大学出版社 1993 年版,第 131～145 页。

四个阶段;将高级现代化又细分为再启动期(1945 年至 1950 年左右)、再起飞期(1950 年左右至 70 年代初)和成熟期(20 世纪 70 年代初至 20 世纪末)三个阶段。

依据上述阶段划分,本研究首先把日本道德教育放在日本现代化发展的各历史阶段中,分别从背景、理念、体制和效果四个方面进行具体的考察和分析,最后在此基础上总结日本道德教育的特点,并且对日本道德教育对日本现代化的作用进行结构性分析。

第二章

前现代化时期的道德教育

　　江户时代和明治时代的日本是前后两个相连接但却不同质的社会。日本经由明治维新步入现代化的轨道。明治维新是日本现代化进程中划时代的转折点，这在学界几乎是不争的事实。但是在相当长的一段时间里，学界存在一种倾向，即在高度评价明治维新和现代化的同时，却把 17 世纪末期以后的江户时代的日本看成是"处于停滞状态的封建国家"。[①] 然而，任何一个国家的发展都是连续性与非连续性的统一，即使存在断绝和飞跃，也是以连续和渐进为基础的。日本的明治时代乃至整个现代与江户时代之间的联系是不能割断的，明治维新的成功和日本现代化的快速推进，是日本社会内部各种因素长期酝酿和作用的结果。美国学者贝拉（Bellah，R.）指出："日本的成功并不能归因于人们所想象的日本人所具有的某种神秘的模仿能力，而要归因于为日后发展奠定了基础的前现代时期中的某些因素。"[②]日本前首相吉田茂也指出："我们如果把注意力仅仅局限于明治时期，那就不可能理解明治时代日本近代化的秘密。"[③]同样，我们在研究明治时代以来的现代日本道德教育时，如果把眼睛仅仅盯在明治以来的现代化时期，也就不可能理解日本现代化进程中道德教育的实质。这就是我们要考察江户时代道德教育的主要原因。

---

　　① 伊文成：《明治维新史》，辽宁教育出版社 1978 年版，第 37 页。
　　② 贝拉：《德川宗教：现代日本的文化渊源》，王晓山、戴茸译，三联书店 1998 年版，第 3 页。
　　③ 吉田茂：《激荡的百年史》，孔凡等译，世界知识出版社 1980 年版，第 17 页。

第一节　江户时代的社会背景

一、政治体制

从 1192 年到 1868 年,日本处于军事封建贵族(武士贵族)专政的武家统治时期,共经历了镰仓幕府(1192～1333)、室町幕府(1336～1573)、安土桃时代(1573～1598)和德川幕府(1603～1868)四个武家统治时代。德川幕府统治的 265 年间,武家统治发展到了顶峰,形成了组织严密的幕藩体制。

在幕藩体制下,幕府是国家的最高政权机关,将军是日本的最高统治者。德川家康夺取政权后,没收了丰臣氏和其他战国大名的领地,把最富庶和最险要的地区作为将军的直辖领地,称为"天领",其余的土地则分别赐予其他大名。幕府统辖着近 300 个封建领主"大名",大名的领地称为藩。大名的藩国分为三种:一种是与德川氏同族的大名,称为"亲藩",其领地都是比较富庶和重要的地区;一种是"谱代"大名(指 1600 年前属于德川氏部下的大名),称为"内藩",其领地也是较好的地区;第三种是"外样"大名(指德川氏在统一战争过程中征服的大名),称为"外藩",其领地多在边境或不重要的一般地区。为了钳制各藩,防止大名的叛乱,巩固幕府统治的中央政权,幕府实行了所谓的"参觐交代"制度,根据宽永年间制定的《武家诸法度》规定,大名要把妻子留在江户做人质,自己则必须定期到江户觐见将军,并且交替居住在本藩和江户。

江户幕府支配大名的统治原则是厉行兵农分离制度和石高制度。幕府禁止领主(武士)直接领有领地(农村)和对领民(农民)有从属关系,使领主与农村、农民和农业分离;幕府的直臣居住在江户,而各大名的家臣则居住在各藩的首府。武士的领地大小,无论是大名还是一般武士,都用"石高",即领地年贡的收获量来表示。石高不仅是计量领地大小的单位,还是幕府对各大名,大名对家臣分派军役、赋役的基准单位。兵农分离制度与石高制的实行,禁止的是领主与领民之间的主从关系,鼓励的是武士阶层内部领主与家臣之间的主从关系。另一方面,幕府也禁止农民迁往邻国他乡,把农民束缚于土地之上。

支撑幕藩体制的还有严格的身份制度。幕府把全国人划分为士(武士)、农、工(手工业者)、商和贱民(秽多、非人)五个等级,除了武士之外,其余都是被统治阶级,各等级之间不可逾越。据幕末人口统计,武士约占总人口的 6%～7%,农民约占总人口的 80%～85%,其下依次是商人(町人)为 5%～6%,秽多、非人等贱民为 1.6%,神官、僧尼为 1.5%。皇室、公卿、神官、僧侣等游离于士农工商等级身份制度之外,其重要性与幕藩领主实力的强弱成反比。[①] 需要指出的是,这一时期不仅在武士与农、工商之间有着严格的身份差别,而且在武士阶级内部也有着极其森严的身份等级制度,并且按血统和世袭的原则来加以维持。

德川幕府为了维持以小农自然经济为经济基础、以严密的身份等级制为统治工具的统治结构,还采取了两项重要措施:第一,对内,尊奉朱子学为正统官学。幕府尊奉朱子学,重在其天人合一的伦理纲常说教,以保持上下不违、贵贱不乱,维护幕藩体制。因为朱子学强调个人修养、安分守己、报效君父等主张,对维护幕府统治和封建秩序十分有利,所以幕府将其定为正宗官学,成为支撑幕藩体制的精神支柱、道德规范和价值准则。第二,对外,推行闭关锁国政策。德川幕府统治的 264 年里,有 220 多年是锁国时期(1603～1867)。其间,日本与外部世界的接触只限于与朝鲜、通过冲绳(琉球)与中国进行少数接触以及同长崎的荷兰小贸易商站和一些中国商人进行严密监督下的贸易。

在这一幕藩体制基础上,江户时期形成了一种所谓的二元政治结构。主要表现为:

第一,幕府集权与诸藩分权的二元政治结构。在整个江户时代,幕府将军在政治上通过强化幕府官僚机构、颁布法令、人身控制、区别对待等手段,加强对大名的控制;在经济上,通过颁发《领知朱印状》、《安堵状》等,有效遏制着大名的经济命脉;在军事上,拥有朝廷授予的统帅天下兵马之权,掌握最高军事指挥权。而且,幕府将军还垄断了外贸并把持着外交。[②] 幕府将军正是以强大的经济基础和军事实力为依托,对全国实行着"集权式"的统治。但是,分布在全国的各藩仍然保有很大的自治权力。诸藩大名在效忠将军、遵守幕府法度和完成幕府摊派的赋役的前提下,有相对的独立性。他们在自己的领地内,拥有独立的司法权、行政权和税收权等,并拥有自己的军队。各藩的内政不为幕府所干预。也就是说,在江

---

① [日]関口直太郎『日本の人口』東京:至文堂、1959 年、70 頁。转引自:宋成有:《新编日本近代史》,北京大学出版社 2006 年版,第 2 页。

② 宋成有:《新编日本近代史》,北京大学出版社 2006 年版,第 10～12 页。

户时代，幕府集权、支配全国与大名分权、坐镇地方相互制衡，形成了中央政权与地方政权各为一元的二元政治结构。①

第二，将军至强与天皇至尊的二元政治结构。幕府将军"至强"的一元，集中表现为以强大的经济、军事实力为后盾，掌握统治国家的实际权力，对天皇朝廷实施监控。天皇之所以"至尊"，一是因为儒学的君臣大义名分论、建国神话、神道信仰等传统因素还保留着影响，二是因为大权旁落数百年的天皇朝廷不但对将军无害而且有益。在幕府将军允许范围内的天皇的"至尊"主要表现为：（1）天皇具有至高无上的神格；（2）天皇拥有君臣名分上的优势；（3）天皇是"国体观念"的人格化。②

这种二元的政治结构具有双重性，在不同时期发挥不同作用：当幕府统治强大时，不仅维护了将军与大名等封建领主之间的权力均衡，而且也使至强与至尊从政治到精神均维持均衡状态，从而有利于国内局势的长期稳定；当幕府衰落时，均衡状态被矛盾四起的动荡局面所取代，此时不仅中下级武士以本藩为根据地发展为反幕的主要势力，而且身披神权外衣的天皇也成为与幕府将军抗衡的新权威。正如日本著名政治学者升味准之辅所指出的那样，幕府在建立幕藩体制时通过锁国、抑制大名和封存皇权冻结了"外国"、"西南外样雄藩"和"朝廷"三个可能颠覆幕藩体制基础的不稳定因素，而当这三个在建立幕藩体制时被死化的三个要素，以"黑船"来航为契机而活化起来的时候，幕藩体制就开始走向崩溃了。③

二、经济发展

幕藩体制不仅构成日本封建统治的政治制度，而且也是日本的封建社会经济形态。"这种以幕藩体制为特征的封建领主制，比之中世纪西欧各国的纯粹在地领主制，固然少了不少地方政权的'独立性'，但比之中国封建社会中那种高度中央集权的官僚地主制，又多了许多'灵活性'。尤其是其'不在地'式的经济统治和频繁的参觐轮换制度，从一开始便给农村经济中的自由种植和都市商人的活动留

---

① 沈仁安：《德川时代论》，河北人民出版社 2003 年版，第 56～57 页。
② 宋成有：《新编日本近代史》，北京大学出版社 2006 年版，第 16～18 页。
③ ［日］升味准之辅：《日本政治史》，董果良译，商务印书馆 1997 年版，第 1 册第 1～10 页。

下了很大的回旋空间。"①

在这种体制下,幕府"基本上要求的是个仅有极小发展的农业经济——一个武士管理的社会,由农民生产,商人搞流通"②。尽管这种偏重农业以至于忽略商业和工业的经济政策设想并不合时宜,但是在江户时代初期并未显出它的不足之处。在大约头一个世纪或较长的时间内,耕地面积不断扩大,由1600年的163.5万町步扩大到1720年的297万町步,几乎增长了一倍。与此同时,耕种、施肥和收获的农业技术也显著进步。耕地面积的增加和劳动生产率的提高,促进了稻米产量的大幅度增长,由1600年的1 850万石增加到1700年的2 579.6万石,增加了约40%。③ 正如美国学者霍尔(Hall, J. W.)所指出的那样:"18世纪的日本在任何亚洲国家中都称得上是个高效率、高生产的农业基地。"④劳动生产率的提高和农产品产量的增加,使得一般农户在交纳年贡和扣除基本生活消费之后,开始有了一部分剩余产品可用来出卖。而另据统计,领主剥夺农民的贡米中,有80%～90%投入商业市场。⑤ 这些都使商业经济的规模不断扩大。自17世纪末兴起的农民的商品生产及由此产生的资本主义生产方式的萌芽,进入18世纪后继续迅猛发展,至18世纪末,一些地区已基本进入工场手工业的发展阶段。⑥

德川幕府在建立统一的中央政权之后,基本消除了割据状态下的地区壁垒,商业活动发展为全国性的商业经济。其后由于交通的发展,尤其是环绕列岛各地区的东西两向海上航路相继开通,大阪江户之间的道路畅通无阻,更促成了商业经济在整个日本范围内的活跃。至18世纪初,以大阪为中心辐射各领国市场的全国性单一市场基本形成。全国范围内的商业经济也因此更加兴盛。工商业经济的发展促进了都市化的进程。至18世纪时,日本已经进入了一个以城市商业

---

① 吴廷璆:《日本近代化研究》,商务印书馆1997年版,第86～87页。

② [美]约翰·惠特尼·霍尔:《日本——从史前到现代》,邓懿、周一良译,商务印书馆1997年版,第152页。

③ 宋成有:《新编日本近代史》,北京大学出版社2006年版,第20页。

④ [美]约翰·惠特尼·霍尔:《日本——从史前到现代》,商务印书馆1997年版,第153页。

⑤ 高增杰:《东亚文明撞击——日本文化的历史与特征》,广西教育出版社2001年版,第204页。

⑥ 吴廷璆:《日本近代化研究》,商务印书馆1997年版,第88～92页。

经济为中心的新阶段。江户、大阪和京都作为全国"三都",成为商业经济的重要依托。这时,1/10 的人口居住在城市,过着完全城市化的生活。城市化的趋向是牺牲农村、发展城市,这就开始了脱离农业的现代趋向。①

然而必须指出的是,"幕末资本主义还处于发展初期的较低水平,远远没有达到引发资产阶级革命前夕的程度,与同时期的俄国也无法相比。"②对于江户时代日本资本主义的发展,富永健一的以下概括还是比较中肯的:

可以说,德川幕府虽然没有意识到,但却在这些方面为日本面向现代化的内生发展作了准备。但尽管如此,德川社会还是沉睡于传统社会的框架之内。由于锁国,外来的影响被限制在最小的范围内,因而缺乏革新的内发动机,虽然商业化有所进展,但是产业化却没有靠自力产生出来。特别是德川社会要从锁国的沉睡中觉醒需要西方发达国家的冲击这一特性,加上要从幕藩之中摆脱出来就需要借助作为古代遗制的天皇的力量这一特性,对明治维新以后日本现代化的形态产生了决定性影响。③

三、思想状况

"孤立往往导致文化上的停滞,但是,德川时代长期的和平稳定和经济增长却促成了名副其实的文化高涨。"④江户时代是学术思想流派活跃的文化时代。其特色主要体现在:"其一,旧学说不断分化,官学朱子学面临严重挑战。其二,新学说层出不穷,新人辈出,并通过师承关系,形成新型知识分子的集团力量和人才链。其三,各学派互联互动,交织融合,并顺应时代的需要,最终形成为近代日本国家发展战略提供基本思路的经世学派。"⑤

如前所述,儒学中的朱子学在江户时代被奉为"官学",成为江户时期占据统

---

① 　[美]约翰·惠特尼·霍尔:《日本——从史前到现代》,邓懿、周一良译,商务印书馆1997 年版,第 159 页。

② 　丁建弘:《发达国家的现代化道路》,北京大学出版社 1999 年版,第 669 页。

③ 　[日]富永健一:《日本的现代化与社会变迁》,李国庆等译,商务印书馆 2004 年版,第 103 页。

④ 　[美]埃德温·奥·赖肖尔:《当代日本人——传统与变革》,陈文寿译,商务印书馆1992 年版,第 59 页。

⑤ 　宋成有:《新编日本近代史》,北京大学出版社 2006 年版,第 33 页。

治地位的意识形态,构成江户时期思想文化的核心组成部分。旧学说的不断分化,主要表现为儒学其他学派对朱子学离心离德,并在争鸣中展开批判。

阳明学是传入日本的宋明理学的一种,但由于幕府一贯推崇朱子学在官方意识形态中的主导地位,使得阳明学作为异教而被禁止。但是,阳明学却以"自我的心理合一说"、"自尊无畏"的良知论以及"诚意"、"笃行"等学说顽强地在民间得以发展,出现了一批"倒幕派"的阳明思想家诸如佐藤一斋、吉田松阴、横井小楠、佐久间象山等。"'东洋道德、西洋艺术、精粗不遗、表里兼该'主张,打破朱子学者固守儒学的孤陋习气,开了吸收西方科学文化的新风,为开港倒幕做了准备"。①

四、教育发展

在日本,以开展教育为主旨的最初的学校教育机构设置于 670 年,而学校教育的广泛普及则是在进入江户时代之后的事情。德川家康凭借关原之战取得主导权之后,逐渐改变武治而实行文治政策。1605 年聘用儒家朱子学者林罗山为学事顾问。1630 年,德川家光又划拨资金和土地让林罗山开设林家塾。林家塾后来更名为昌平坂学问所(昌平簧),发展为幕府的直辖学校,并成为幕府直辖学校的中心校。在整个江户时代,除了昌平学问所之外,幕府还设置了 20 多所直辖学校,其中约有半数是教授洋学的。② 幕府的直辖学校政策是专以幕臣和陪臣子弟为对象而推行的,尽管后来也允许诸藩的家臣子弟入学,但是始终不允许庶民入学。

与此同时,各藩也纷纷设立自己的直营学校——藩校,以对藩士子弟进行教育。藩校中包括开展以儒学为中心的传统教育的学校(狭义的藩校)和幕末设立的医学校、洋学校、国学校等。江户时代前期,藩校的发展缓慢,1624 年至 1683 年期间,只有 7 所藩校,而且受昌平学问所的影响,以儒学为中心学科,并加上了武艺,以文武两道为教育理念。进入 1750 年之后,藩校急速增加,到幕府末期,藩校超过了 250 所(参见表 2-1)。③ 另一方面,藩校的教育方针,在享保(1716～1736)、宝历(1751～1763)年间,开始由人文主义向实科主义转变,教育内容也逐

---

① 韩东育:《徂徕学与日本早期近代化的思想启蒙》,《历史研究》2002 年第 5 期,第 72～73 页。
② 平田宗史『教科書でつづる近代日本教育制度史』京都:北大路书房、1992 年再版、23 页。
③ 平田宗史『教科書でつづる近代日本教育制度史』京都:北大路书房、1992 年再版、24 页。

渐带有实学倾向。[①] 藩校的发展速度以及教育内容的变化,在很大程度上反映了藩对于藩校的态度变化。在江户时代初期,学问的目标是个人的精神陶冶,而到了江户后期,则变成治国安民了。也就是说,进入 18 世纪中期之后,学校经营日益成为藩政的重要内容之一。[②] 有一点必须指出的是,藩校尽管是按照藩主的意志设置并由藩费支撑,而且以培养藩士为目的,但是,到江户时代末期也有不少藩校开始招收平民子弟入学。据考察,在全国 234 个藩中,除了 24 个情况不明之外,有 89 个藩禁止平民子弟入藩校,剩下的 120 个藩至少在原则上允许平民进入藩校学习。[③]

表 2-1　　　　　　　　　　藩校开设趋势

年代	年数	藩校数	年平均设校数
宽永—天和	60	7	0.12
贞享—宽延	67	34	0.5
宝历—安永	30	25	0.8
天明—享和	23	59	2.6
文化—天保	40	72	1.8
弘化—庆应	24	33	1.4
明治	4	48	1.2
合计		278	

资料来源:仲新監修『日本近代教育史』東京:講談社、1973 年、29 頁。

此外,还有一种与幕府或藩有某种联系的乡校或乡学,这类学校一般以下层武士和庶民的子弟为对象,教授日常生活所需的基本知识和道德修养。乡校从性质上来看实际上极其复杂多样。主要表现在:第一,从教育对象上来看,有只招收武士子弟的乡校,有兼收士族和庶民子弟的学校,也有只招收庶民子弟的机构;第二,从教育内容上来看,有实施与藩校几乎一样的汉学和武术教育的乡校,有教授汉学初步知识和普通学问的乡校,也有近似于寺子屋教授简单的普通知识的乡

---

① 石川謙『日本庶民教育史』東京:玉川大学出版部、1998 年新装版、81 頁。
② 石川謙『日本庶民教育史』東京:玉川大学出版部、1998 年新装版、138 頁。
③ 石川謙『日本庶民教育史』東京:玉川大学出版部、1998 年新装版、81～93 頁。

校;第三,从经费负担来看,有完全由藩费负担的乡校,有半藩费半民费支撑的乡校,也有完全由民费(即町村协议费和有志之士的捐款)维持的乡校;第四,从设置主体上来看,有完全由藩设立的乡校,有以藩为主体、乡村为辅助而设置的乡校,也有以乡村为主体、藩为辅助而设置的乡校;第五,从管理和统辖的面来看,既有由藩全面管理统辖的,有藩只是简单加以若干管理的,也有藩只是进行形式化管理而完全交给乡村自由运营的乡校。但根据仓泽刚的考察,乡校总体可以划分为三种类型:一是藩主导的乡校,很多是由藩设立的,专门对士族子弟进行汉学和武艺教育的;二是藩与乡村协作设立的乡校,兼收士族和庶民,对其施以汉学的初步知识和日常生活所必需的普通知识教育;三是在藩的鼓励下、由村干部发起、由乡村设立的人民主导的乡校,主要向农工商子弟教授日常生活所需的读写算方面的普通知识。无论哪种乡校,都与藩厅或藩校有一定的关系。从历史发展的角度来看,首先发展起来的是第一种类型的乡校,然后逐渐是第二和第三种类型的乡校。美国学者帕新认为,从质量和水平上来说,乡校处于寺子屋与藩校和私塾的中间位置,可以说属于中等教育机构。[①] 据《日本教育史资料》的统计,江户时代开设的属于庶民教育机构的乡校有 74 所。但据石川谦估计,这只不过是江户时代实际设立的乡校之一部分。[②]

除了上述与幕府或藩有一定关系的学校之外,江户时代还有属于私人性质的庶民教育机构私塾和寺子屋。江户时代,特别是进入江户中后期之后,各种学派林立,学者辈出。许多学者为了倡导和普及自己的学说,纷纷开设私塾,招收有志好学青年施以教育。寺子屋虽然也属于广义上的私塾,但是这里所说的私塾教授的是相对高深的学习内容,一般不属于初等教育层次。帕新认为,虽然私塾有包括小学程度在内的各种层次,但是其特点在于其主要针对武士子弟进行高等教育。[③] 私塾中有许多对庶民也是开放的。私塾的教育内容因学者的专攻而各异,但是讲授儒学的私塾为最多。私塾大小不等,有只有二三十人的,也有拥有数千学

---

① ハーバート・パッシン著、国弘正雄訳『日本近代化と教育』東京:サイマル出版会、1980 年、46 頁。

② 石川謙『日本庶民教育史』東京:玉川大学出版部、1998 年新装版、156 頁。

③ ハーバート・パッシン著、国弘正雄訳『日本近代化と教育』東京:サイマル出版会、1980 年、29 頁。

生的大私塾。据《日本教育史资料》的数字,江户末期,共有大约 1 50C 个私塾。①

寺子屋是以庶民为主要对象的私立初等教育机构。根据《日本教育史资料》,设置寺子屋最早的是在 1469 年。寺子屋起初发展缓慢,直到 1715 年日本全国才只有 94 所。自 1780 年左右开始,特别是进入 19 世纪之后,寺子屋数量急剧增加。到 1872 年《学制》公布之前,全日本共有 15 560 所寺子屋。② 去除明治初年建立的寺子屋,幕末的寺子屋数也超过 1 万所。江户时代的寺子屋绝大多数是自发产生的,其发展与普及也是自发性的。无论在寺子屋的设置上,还是在其经营中,藩几乎不加干涉。据《日本教育史资料》中的统计,在寺子屋的设置上,采用认可制的藩占 2.56%(6 个藩),采用申报制的占 3.42%(8 个),无须申报的占到 94.0%(220 个)。对寺子屋的经营采取放任主义态度的藩占到 91.73%(211 个),多少进行一些监督的只有 8.27%(19 个)。③ 藩的指导和监督主要限于所谓的城下町,散布在村落的寺子屋则几乎不受影响。④ 幕府对寺子屋实施干预和保护政策是从八代将军德川吉宗时期开始具体化的⑤。幕府对寺子屋进行干预,目的不在于提供经济资助,而是在于将寺子屋由作为教儿童习字的场所引向成为实施人伦道德教育的场所。⑥ 需要指出的是,尽管寺子屋在性质上属于庶民教育机构,但是由于其进行的是基础性质的教学,所以在进入 17 世纪中期之后,不少武士子弟也进入寺子屋学习。武士子弟在此接受基础教学之后,再去上藩簧、私塾或去武艺道场,钻研武士阶级所必需的知识和技术。对于武士子弟来说,寺子屋只不过是他们的补习学校或预备学校而已。⑦

从整个江户时代的日本教育来看,有两个特点值得关注:

第一,学校教育高度发展。江户时代,不仅武士和贵族子弟几乎都以某种形式上过一定时间的学,就连此前与学校教育无缘的庶民阶级也获得了接受教育的机会。据乙竹岩造的推测,19 世纪 60 年代日本庶民男子的平均就学率达到

① 平田宗史『教科書でつづる近代日本教育制度史』京都:北大路書房、1992 年再版、25 頁。

② 石川謙『寺子屋』東京:至文堂、1971 年、85～88 頁。

③ 石川謙『日本庶民教育史』東京:玉川大学出版部、1998 年新装版、250 頁。

④ 石川謙『日本庶民教育史』東京:玉川大学出版部、1998 年新装版、240 頁。

⑤ 德川吉宗自 1716 年担任第八代将军,1745 年让位。

⑥ 石川謙『日本庶民教育史』東京:玉川大学出版部、1998 年新装版、227 頁。

⑦ 石川謙『日本庶民教育史』東京:玉川大学出版部、1998 年新装版、251 頁。

40％。就学率的提升大幅提升了国民的识字率。尽管关于江户时代的国民识字率缺乏统计,但是丰富的间接证据足以支持人们得出这样的结论:在国民识字率方面,19世纪中期的日本几乎可以和世界任何国家比拟。[①]

第二,学校教育具有很强的阶级性。作为等级社会特点的反映,在江户时代,不同社会等级的子弟,分别在不同的教育机构就学,从而形成培养武士子弟的高层次教育机构(以藩校为中心)与开展庶民子女教育的低层次教育机构(以寺子屋为中心)并存的二重教育结构。不过,进入幕末之后,武士教育与庶民教育之间交流的机会不断增多。帕新的概括还是比较客观的,他说:"高等教育被认为是作为统治阶级的武士维持其实力和地位所必需的,所以这种教育由幕府来支持并加以规制。但是对庶民提供这种教育是不适当的。所以,虽然并没有禁止庶民的教育,但是幕府也不支持、不关心。担任幕府要职者认真地关注庶民教育是进入德川末期之后的事情。此时,尽管阶级差别依然严格,但是并不那么彻底。在德川末期,武士和庶民之间的交流很平凡。"[②]

第二节　江户时代的道德教育理念

关于江户时代的道德教育,首先有两点是可以确认的:第一,道德教育居于教育的核心地位。如上所述,江户时代的武士教育与庶民教育在制度上分属两个不同的轨道,在教育目的、内容和方法上也存在很大差异,但是共同之处在于均把道德教育置于核心地位。第二,忠孝道德在道德教育中居于核心地位。如前所述,江户时代的社会体制,是以上下贵贱之身份差别和士农工商四民之等级区分为基础的身份制社会。因此,维持这种身份等级制度为根本特征的幕藩体制社会秩序,是摆在幕府和各藩面前的最紧要课题。为此,当政者实施了各种巧妙的政治经济政策。但是仅仅依靠这些政策来维持、延续身份秩序,是不可能的。对于身份制社会秩序的维持和延续来说,人们是否认可、接受身份秩序的意识和精神态

---

① Dore, R. P. *Education in Tokugawa*. London: Routledge and Kegan Paul Ltd, 1984. p. 291.

② ハーバート・パッシン著、国弘正雄訳『日本近代化と教育』東京:サイマル出版会、1980年、20~21頁。

度也是一个不可忽视的因素。可以说，人们特别是被统治阶层的庶民接受、认可身份秩序的意识和态度，是支撑封建身份秩序的强大支柱。因此，幕府将朱子学作为统一思想的手段，作为指导幕府直辖学校和各藩藩校的教育理念。道德教育的根本理念无疑也是朱子学的儒教理论。因此，德川时代道德体系的核心是建立在士农工商四民等级秩序和家长制的"家"制度基础上的人伦关系，其中作为君臣主从关系和亲子关系的道德原则——忠和孝受到高度重视，并成为江户封建社会体制得以存续、稳定的伦理基础和精神支柱。

一、武士道德教育的理念

　　幕藩体制的承担者武士阶级的教育，主要围绕如何将支撑封建体制的忠诚和恩义之类道德规范传授给下一代这个中心展开。在一定意义上也可以说，武士教育就是道德教育。正如古川哲史所指出的那样，在日本历史上的武家社会中，人格价值一般被赋予优先地位，而且道德教育居于教育的核心地位。在把人格价值置于最优先地位方面，贵族社会、德川时代的庶民社会，以及明治之后的任何社会都无法和武家社会相提并论。[①]

　　江户时代初期，幕府为了加强对朝廷、大名、直属武士和寺院神社的控制，分别制定了以他们为适用对象的法律性规定，称之为"法度"。其中，1615 年制定的《武家诸法度》是幕府控制诸藩、确定幕藩体制基本结构的法规，共 13 条。最初制定的这一法规，主要是具体的行为规范和惩戒规则，但第三代将军德川家光对《武家诸法度》进行增补时，开始增加了道德训诫的内容。由此，该法度也带有很强的伦理规范性质。1635 年的《武家诸法度》增加为 21 条，其中第 20 条规定"有不孝之辈可处罚科"。1683 年五代将军纲吉发布的由 15 条组成的《武家诸法度》把"孝行"的内容提到了第 1 条，规定"应励文武忠孝，正礼仪"。这里实际上明确了武士之"文道"的内容："忠孝"和"礼仪"。由此开始，以后的《武家诸法度》中均一再强调这一点，而且从 1683 年开始，原本仅仅适用于大名的《武家诸法度》也适用于旗本和御家人。[②] 1710 年，六代将军颁布的《武士诸法度》将第 1 条改为"应修文武

---

①　古川哲史『日本道德教育史』東京：角川書店、1962 年再版、79 頁。
②　此前有针对领地或俸禄在 1 万石以下的幕府直属武士旗本和御家人的《诸士法度》，基本精神与《武家诸法度》大体相同。

之道;明人论,正风俗"。这里不仅要求武家讲文习武,遵守儒家的"人伦"道德,而且还要求他们充当道德楷模,以"正风俗"。① 所有这些不外乎就是要让武士践行武士的道德规范——武士道,尽管在幕府的政策文献中并没有使用武士道一词。

武士道有一个形成与变迁的过程。"武士道"一词的出现和对武士道进行较为系统的理论总结,是从江户时代开始的。② 这与进入江户时代之后武士的社会职能和生活方式发生了重大变化有密切关系,也与儒学思想的影响密不可分。江户幕府统一日本后,出现了较长的和平时期。幕府为了巩固统治,一改过去的武治策略转而逐渐推行文治政策。伴随于此,武士的主要职能不再是战斗,许多人成为行政官僚。武士社会职能的变化与生活方式的变化,使得在镰仓、室町时代(1192~1603)受佛教禅宗思想的影响而形成的"死的觉悟"的武士道不再适用。③正是在此背景下,一些儒家学者,如中江藤树、熊泽藩山、贝原益轩等都积极探讨建立新的武士道理论。而其中集武士道理论之大成者当属古学派儒学者山鹿素行,他提出了区别于江户时代之前的武士道论的"士道"论。他在《山鹿语类》中有一篇"士道篇",其中首先讲的是武士应该"知己之职分"。关于武士的职分,他是这样说的:"凡所谓士之职,在于省其身,得主人而尽效命之忠。交友笃信,慎独重义。然而己身有父子、兄弟、夫妇等不得已之交接,此亦天下万民系不可无之人伦。而农工商因其职无暇,不得经常相从以尽其道。士则弃置农工商业而专于斯道。三民之间苟有乱伦之辈,速加惩罚,以待正人伦于天下。是故士必须具备文武之德知也。"④这里实际上规定了武士有两大职分:一是要像过去一样,对主君效命尽忠;二是要担当"人伦之道"的指导者。

总体来说,除了继承镰仓以来强调对主君的奉公效忠的传统之外,指导德川武家社会的理想武士形象是懂得人伦之道的忠孝文武的士君子。德川时代将儒家的圣人之道作为武士之道的立场,一般被称为士道,以有别于镰仓以来的武士道传统。⑤ 作为德川时代所要培养的士君子,具体地说主要有如下几方面的特点:

---

① 以上关于《儒家诸法度》的内容,请详见:王家骅:《儒家思想与日本文化》,浙江人民出版社1990年版,第265~268页。

② 王中田:《江户时代日本儒学研究》,中国社会科学出版社1994年版,第63页。

③ 王家骅:《儒家思想与日本文化》,浙江人民出版社1990年版,第300~301页。

④ 王家骅:《儒家思想与日本文化》,浙江人民出版社1990年版,第301页。

⑤ 古川哲史「日本道德教育史」東京:角川全書、1962年再版、121页。

第一，忠孝为本。无论是德川幕府针对大名制定的《武士诸法度》和针对嫡系家臣武士"旗本"、"御家人"制定的《诸士法度》，还是儒家学者关于武士道的理论陈述，都始终把忠孝作为武士道的基本德目，尤其是"忠"更是武士道的核心，其他德目均以此为主轴而展开。武士道中所说的忠与中国儒学中的忠有所不同。森岛通夫对此作了很透彻的分析："忠诚（忠）的意义在中国和日本也不相同。在中国，忠诚意味着对自我良心的真诚。而在日本，虽然它也在同样的意义上被使用，但是他的准确意义基本上是一种旨在完全献身于自己领主的真诚，这种献身可以达到为自己的领主而牺牲生命的程度。"[1]

第二，文武兼修。德川的武士道倡导兼修文武之道。《武家诸法度》规定："左文右武，古之法也，不可不兼备"，凡武士者，必须"精熟文武弓马之道"。[2] 按照武士道的见解，由于武士具有保护庶民不受外敌侵犯和贼寇之侵扰的责任，必须首先精通武术和兵法；但另一方面，由于武士同时又是行政管理者，所以必须知人情，懂世故，掌握必要的知识和技术。更为重要的是，武士在运用这些知识和技术履行武士职责时，必须具备必要的内在德性，即不仅要做到自己准确地实践五伦之道，形成作为庶民之典范的人格，而且要担当起作为人伦之道的指导者角色，将武士之道应用于人伦之道之中。[3]

第三，严守礼仪。对于武士很重视礼仪这一点，人们一般没有疑义，而且各藩藩校的校则中也证明了这一点。根据古川哲史的考察，武士重视礼仪的意味主要有两个：一是利用礼仪来抑制自己的自私自利之心，防止自己的堕落。此时，重视礼仪意味着克己。二是通过树立礼仪给人以威严感，并确立武士居于其他三民之上的"卓尔"形象。[4] 山鹿素行所说的"祥威仪"和"慎日用"就是要求武士严守日常生活中的各种礼仪，使他人感到威严。[5]

二、庶民道德教育的理念

如前所述，德川幕府和各藩对于以寺子屋为中心的庶民教育一般不管不问，

① 森岛通夫：《日本为什么"成功"》，四川人民出版社 1986 年版，第 10 页。
② 宋成有：《新编日本近代史》，北京大学出版社 2006 年版，第 8 页。
③ 古川哲史『日本道德教育史』東京、角川書店、1962 年再版、122 頁。
④ 古川哲史『日本道德教育史』東京、角川書店、1962 年再版、122～124 頁。
⑤ 王家骅：《儒家思想与日本文化》，浙江人民出版社 1990 年版，第 302 页。

不提供经济上的援助,但是这并不表明庶民教育可以毫无限制地自由展开。毫无疑问,所有教育的开展,尤其是道德教育的实施,都必须以不损害幕府的封建统治为前提的。实际上,幕府和各藩对于庶民的道德教化表现出了浓厚的兴趣。为了对领民进行教化,幕府和各藩经常以"御条目"、"触书"、"触状"、"定"、"高札"(布告牌)等名称发布各种道德训诫法令和"御达"通告,以振兴忠孝道德。

用"触书"这种形式宣扬孝道德的,当首推三代将军德川家光于1649年2月针对农民颁发的《诸国乡村江被仰出》。该"触书"共由32条组成,规定了幕藩体制确立期的农民统治方针。"触书"详细地规定了农民日常生活上的教训和惩戒规范,其中的第32条对"孝"进行了浅显易懂的解释说明,即所谓孝的要谛在于让父母亲安心,健康第一,不酗酒,不喧哗,兄弟相和等等。[①] 该"触书"的宗旨在江户时代的各藩中广泛传播。

在幕府张贴的以庶民教化为首要任务的可称作庶民教化令的"高札"主要有两个:一是五代将军德川纲吉于1682年5月颁发的"高札",二是六代将军德川家宣于1711年颁发的"高札"。这两个"高札"都体现了幕府在庶民阶层贯彻忠孝道德的庶民教化理念,在日本的庶民教化史上占有重要地位。

五代将军德川纲吉是儒教主义文治政策的强力推进者。他在就任将军后的第三年面向全国颁发的、由7条组成的"高札",是其儒教主义文治政策的具体化。这一"高札"是幕府针对庶民制定的根本法典,相当于针对武士制定的《武家诸法度》。该"高札"值得注意之处至少有三点:[②]第一,将人伦道德列为第1条,而且把"忠孝"作为人伦的第一要目。正因如此,该高札也被称作"天和忠礼札"。第二,强烈要求被统治阶层践行作为武士社会的最高伦理"忠"。虽然在当时的现实中,武士与庶民之间的伦理观是有差异的,但是这个"高札"把忠孝作为二者共同的伦理提出,值得关注。第三,正如在第1条的末尾有"如有不忠不孝之辈,应治重罪"所表明的那样,对不忠不孝这一不道德行为采取了将其作为违反法律的重罪加以严惩的政策。幕府之所以这么做,不外乎是要以法令的绝对权威为背景,促进庶民阶层厉行忠孝之实践。

在德川纲吉的"天和忠礼札"之后,值得注意的是六代将军德川家宣对"天和

---

① 尾形利雄『日本近世教育史の諸問題』東京:校倉書房、1988年、101〜102頁。

② 尾形利雄『日本近世教育史の諸問題』東京:校倉書房、1988年、102〜104頁。

忠礼札"的修订。家宣起用儒学者新井白石参与幕政,基于儒教主义进行政治改革,即所谓的"正德之治"。德川家宣的庶民教化工作是作为其"王德之治"之一环而展开的。他于1711年颁发的由9条组成的"高札",在日本繁华之所和四通八达的地方到处张贴,形成很大影响。关于这个"高札",有两点值得注意:[①]第一,与"天和忠礼札"一样,将人伦道德列在第1条。这也表明幕府庶民教化的基本理念是儒教主义。第二,尽管也立足于儒教主义,但该"高札"与"天和忠礼札"的第1条存在若干差异,即"天和忠礼札"第1条列的是"忠孝",忠被置于孝之上;而在"正德高札"第1条之中,首先列的是"亲子",阐释的是兄弟、夫妇、亲族的和合,然后才是对主人的奉公,即"忠"。也就是说,"正德高札"中把"亲子"关系置于主从关系之上,忠与孝的位置被逆转了,孝优先于忠。因此,人们也将之称为"正德亲子札"。[②]

六代将军在下发"正德亲子札"之后,于同年将其作为附录,向寺子屋的师匠下发了一个通知。通知的宗旨是要使当时已经渐趋普及的寺子屋不要停留于作为教儿童"习字"的教育机构的层次,引导其成为陶冶封建社会善良臣民的机关。也就是说,在幕府看来,为了封建体制的维持和政治、经济政策的有效推进,培养

---

① 尾形利雄『日本近世教育史の諸問題』東京:校倉書房、1988年、105～106頁。

② 对于"正德亲子札"的孝道优先主义,尾形利雄做出了比较详细的解释,他认为,孝道优先主义反映了当时的庶民生活实情,是适应庶民社会实情的道德价值观。武士社会中,全员被纳入到主从关系之中,而且这种主从关系是代代相传下来的,比较明确稳固,武士阶层中主从意识强。对于武士来说,一切人际关系中,主从关系最重要,因此在武士阶层的人伦价值序列中忠居于最上位。而在庶民社会中,即使像商家和农家的奉公人那样暂时结成了主从关系,其关系大体上也都仅限于一代,和武士的主从关系不可同日而语,并且主从意识淡薄。庶民中绝大部分与主从关系无缘。从庶民的这种生活实情来看,庶民的最密切人际关系不是主从关系,而是亲族关系,尤其是亲子关系。因为当时的家长制家族制度是以亲子关系为基轴的。因此,亲子关系的道德,即孝道被赋予了最高价值。而且,在当政者的思想中,有这样一种底流在发挥作用:近世封建社会的基本单位"家"的生活,如果由孝道而得到维持和稳定的话,自然也就可以实现社会秩序的稳定和确保了。而孝道优先思想背景中,还有擢为忠孝一体的思维方式。即作为基本实践道德的孝道,延长扩大到主人与奉公人之间的主从关系时,自然也就可以表现为忠。易言之,对家长的恭顺、服从、侍奉,可以自然地发展到对主人的恭顺、服从、仕奉。按照这种以孝为母胎、忠处于孝的延长线上的思维,能够使亲子道德与主从道德融和的话,也就无须无视庶民生活的实情,进而要求忠孝优先主义了(参见:尾形利雄『日本近世教育史の諸問題』東京:校倉書房、1988年、106～108頁)。

掌握忠孝道德、具备礼仪的臣民不可缺少。因此,命令寺子屋教师除了通常的"往来物"之外,要将"高札文"、"触书"、"町触"等作为教科书加以使用,"应以正风俗、守礼仪、训忠孝为紧要"。[①]

幕府对于寺子屋教育的干预和影响,不止于此,还有两个措施值得一提:

一是编纂、发行教科书。八代将军德川吉宗是一个对庶民教育抱有浓厚兴趣的将军。他命令荻生徂徕对中国的道德教科书《六谕衍义》进行训点,并由室鸠巢将其翻译成日文,成为《六谕衍义大意》,于1722年出版发行,并分发给江户的寺子屋老师。这可以说是官版的道德教科书。该书无论是作为一般庶民的教训书籍,还是作为寺子屋的教科书,在全国得到广泛的流传和使用。《六谕衍义大意》直接反映了统治者的道德教育理念。该书共有六条训诫组成:第一条是"孝顺父母";第二条是"尊敬长上";第三条是"和睦乡里";第四条是"教训子孙";第五条是"各安生理";第六条是"毋作非为"。1723年德川吉宗又将室鸠巢编写的《五常和解》和《五伦和解》出版发行,充作学校的教科书。

二是对寺子屋的教师进行表彰奖励。为了促进寺子屋教师使用法令作为教科书,贯彻幕府的道德教育政策和理念,幕府采取了对使用法令为教科书的寺子屋教师进行表彰的措施。如对吉田顺庵的表彰就是一例。当时吉田顺庵一边从医,一边以法令作为教材教村童习字,恰巧被出门打猎的德川吉宗看见。其实以法令作为教科书的做法在室町时代即已有之,德川吉宗此举只不过是要借奖励表明一种态度。此举当然也极大地影响了此后日本的道德教育。

总体来说,德川统治尤其是八代将军德川吉宗统治以来,对庶民道德教育给予了高度的关注。在这种高度关注背后潜藏的是对在庶民阶层灌输儒家道德的关切。在任何阶级社会中,统治阶级的道德都会被说成是"全人类的道德",并对其他阶级的道德观产生重大影响。江户时代的庶民虽然属于被统治者,但它毕竟依附于封建经济。因此,以封建等级身份制为根本道德原则,以忠孝等观念为最核心道德规范的武士道德,自然也会影响到庶民的道德意识。就江户时代庶民道德教育的理念来说,总体上强调以下两点:

第一,与身份等级制相适应的"安分守己"意识(即所谓的"分限道德")。与身份等级制相适应,江户时代的社会思潮中盛行着身份差别观。这种社会思潮也如

---

① 尾形利雄『日本近世教育史の諸問題』東京:校倉書房、1988年、109~110頁。

实地反映在民众教训书和寺子屋的教科书之中,成为指导道德教育的基本理念。这些书籍中包含许多教导人们接受封建体制下的现实身份差别,将四民秩序作为不可改变的东西加以接受,甘于被统治阶级的地位这样的教训,旨在培养被统治阶级意识、上下秩序意识、安分守己意识。这些都是遵循当政者的庶民教化理念并将其具体化的教训书籍。

把上下贵贱之别看做是人力不可更改之自然秩序的思想,在庶民阶层主要体现为对知足安分的所谓"分限道德"的强调。所谓分限道德,所强调的是从先祖继承下来的身份与职业都是不可改变的,应该精心于祖先传下来的家业或职业,不要奢求其他,这样就可以一生自足地生存。[①]　如前所述的六代将军德川家宣于1711 年颁发的"正德忠利札"第二条就是"应专心家业,毫不懈怠,万事均应尽其本分",阐释的是精于家业、严守本分的道德规范。[②]《六谕衍义大意》第 5 条关于"各安生理"的开头是这样说的:"天地之间生存的人,不论贵贱贫富,人人均有相应之所。由于此乃对于我等终生规定之道,所以谓之生理。安于此生理,而不求于外,即所谓各安生理。"强调的是每个人都应该安于各自终生不变的"生理",即"本分"。[③]　此外在寺子屋教科书《寺子躾方短歌》(玄和堂清贾编、1843 年)、《儿童教训伊吕波歌》(南势野叟编、1836 年 10 月补刻)中均也强调知足安分的本分道德,强调对"公仪"的无批判服从和尊敬。[④]

知足安分的思想以及建立在这一思想基础上的"分限道德",是在以固定身份制为基干的近世封建社会中产生的,是支撑封建社会的绝好精神支柱。这种观念和道德对于庶民的人生观和社会观产生了巨大影响,成为他们的日常生活训诫。

第二,与家族制度发展相适应的"家"观念、"家"道德。家长制家族制度在日本发源于镰仓幕府时期的武士社会,完善于江户时代。不仅如此,进入江户时代之后,武士社会的家长制家族制度也逐渐渗透到庶民社会,并不断得到强化。作为强化的重要措施之一,就是道德教育。根据尾形利雄对江户时代流行的往来物、商家家训、寺子屋教科书的考察,有关庶民的"家"道德的教训大体上可以分为

---

①　尾形利雄『日本近世教育史の諸問題』東京:校倉書房、1988 年、78～79 頁。
②　尾形利雄『日本近世教育史の諸問題』東京:校倉書房、1988 年、77 頁。
③　尾形利雄『日本近世教育史の諸問題』東京:校倉書房、1988 年、79 頁。
④　尾形利雄『日本近世教育史の諸問題』東京:校倉書房、1988 年、85～83 頁。

两类：①一类是教导子孙要努力维持并繁荣作为最高存在的"家"，可以说是阐述"家"的基本理念的教训。如可称之为官版道德教科书的《六谕衍义大意》第1条"孝顺父母"中教导人们，由于父母乃吾身之本，因此不应忘记父母之恩。而所谓孝，就是赡养父母且令其安心。第2条"尊敬长上"中教导人们要尊敬年长、位高、有德之人，特别要求在家中，要尊敬兄长。② 修身、齐家之教在教训科往来物中随处可见。除了"修身"、"齐家"之类教训之外，阐述发扬家名和祖先崇拜的教训也不在少数。之所以如此，乃是因为家名意识和祖先崇拜是保障和巩固家之"结合"的精神支柱。

另一类"家"道德主要是教导维持和发展"家"所需的具体规范和生活态度的教训。这一类教训大体上又可以分为三类：③（1）陈述戒奢侈，禁游艺，精心于家业，即劝人俭约的教训。如《庭训要语》（下）中有"勤克贫，慎克祸，俭克贫，此乃报家之三德"，告诫人们要勤、慎、俭；"大凡人夙起夜寝，只要勤于其家业，即可按定各自的家业"，教导人们勤勉可以昌业之道理。此类有关日常生活伦理的教训，最为常见。（2）敦促实践人伦和善行的教训。此类教训也很多，其中尤以劝孝的教训为最多，如"父母孝深者，天道有加护，子孙繁昌也"。此外，阐述家庭和合的教训也不少，如"家内喧哗，贫乏之种；家内和顺，福之神祭"；"父子不信则家道不睦矣；兄弟不信则其情不亲矣；夫妇不信则其家难治矣"。（3）阐述子孙教育要点的教训。家庭的繁荣，系于子孙的延续。因此，子孙教育至关重要。比如《六谕衍义大意》第4条"教训子孙"中强调"凡在家，要以子孙为重。子孙人品好，则家兴；子孙人品不好，则家衰"。作为教育之法，"应该从幼小之时，就让他们学会尊敬父母、长上之道"。

毫无疑问，江户时代的"家"观念和"家"道德，由于以"家"为至上，要求家庭成员服务、献身于家庭，因而在一定程度上束缚了家庭成员追求个性、自主的生活方式。但是，以"家"的延续和发展为目标的"家"道德，强调精心家业、勤俭力行、家族和合、人伦实践，不要超越本分的奢侈、游艺及其他各种恶习等日常生活伦理，对于当时人们的品格形成产生了很大影响。由于"家"道德是以当时人们最关心的"家"的繁

---

① 尾形利雄『日本近世教育史の諸問題』東京：校倉書房、1988年、19頁。
② 唐沢富太郎『教科書の歴史』東京：創文社、1960年、43頁。
③ 尾形利雄『日本近世教育史の諸問題』東京：校倉書房、1988年、24～41頁。

荣和子孙长久为大前提的，所以具有很强的说服力，能够渗透到民心之中。[①]

第三节　江户时代的道德教育体制

一、武士道德教育的途径与方法

(一)通过学习汉学古典进行的道德教育

藩校从建立到消亡的两个半世纪里，每个学校的教育方针、具体目的不尽相同，就是教育组织课程、内容、方法上也有不少的差异。但是自近世后期至明治初期，为了适应日趋激化的社会矛盾，应对来自欧美列强的外压危机，培养对于藩的生存发展有用的人才，各藩及其藩校试图通过汉学特别是儒教来塑造藩士的精神品质，在这一点上，几乎所有的藩校都是共同的。

藩校采用的汉学中有朱子学派、阳明学派、古学派、折中学派等各种流派，各学派所制定的教育构想、计划、方针，所采用的课程和方法，所使用的教科书，不尽相同。总体来说，江户前期聘用朱子学派儒官的藩校居多，但是到了正德—天明年间(1711~1789)，诸子学派开始衰退，古学派开始活跃，这一动向到了江户后期更趋显著。但是到了幕末的天宝(1830~1845)以后，受宽政年间(1789~1801)禁止异学的影响，诸子学派再次死灰复燃。也就是在这一时期，任用折中学派儒学者的藩增多。不过，从总体来看，江户时期采用朱子学的藩居多。

朱子学派一般把学习"四书"、"五经"作为核心，在"四书"、"五经"之后，再配上《小学》、《近思录》。江户后期的许多藩校开始按照朗读、讲授、会读这样的学习阶段或等级来开展教学，而且无论哪个阶段和等级，都是反复地学习以上的教科书，以提高教育效果。

古学派所采用的教科书和教学方法均不同于朱子学、阳明学派。由于采取的方针是让每个学生单刀直入地进入到原始儒教的世界中进行探究，所以出现了如下的结果：[②]

---

①　尾形利雄『日本近世教育史の諸問題』東京：校倉書房、1988 年、42~43 頁。
②　梅根悟監修『世界教育史大系 39・道徳教育史Ⅱ』東京：講談社、1981 年、27~28 頁。

第一，舍"讲授"而采取"轮读"、"会读"的学习形态，即相比于让学生一起整列正座地倾听、记忆教师单方面系统地讲授儒教道德，更重视让学生相互研讨儒教的经典。

第二，由于不依靠后世对于儒教经典的注解，而是依靠自己的力量来打开古典之门，体现了经验主义、实证主义的态度，与洋学派、国学派的学习态度具有相通之处。而且，由于与自然主义也存在共通之处，所以在采纳古学派的藩校中，不仅仅通过汉学来培养道义之心，而且也重视做诗和作文的指导。

第三，由于以上两点，古学派不断地探索、开发适应学生能力的教育组织方式和学习指导方式。这种方式虽然一方面具有开辟尊重个人、尊重个性的教育之途的意味，另一方面也具有在四民之首的武士阶级内部选拔精英，进行重点教育之倾向。

第四，古学派中，以获生徂徕为始祖的护园学派，将天道之领域与人为之世界进行区分，并从人为的世界中导出作为的逻辑，开辟了政治改革和社会改造之道路。因此，在护园学派主导的藩校中，汉学不是个人修德之学，而具有作为"经世济民"之学之倾向。

可见，即使在通过汉学进行的道德教育中，朱子学派与古学派之间也存在明显的不同。尽管如此，古学派主导的藩校绝非在培养反封建的道义之心，只不过是在重视"经世济民"的道德教育方面，比朱子学派先走了一步而已。

总体而言，无论是朱子学，还是阳明学或古学派，共同之处在于直接以汉籍中心进行儒教经典研究，这种古典学习对于精英层的培养来说，具有双重意义：一方面可以继承古典中所包含的传统伦理价值观（主要是儒教价值观的内化），另一方面由于汉文教养本身作为阶级知识，成为统治阶层的精神纽带，在潜移默化中实现了语言本身所具有的精神陶冶作用。这样的古典学习，尤其是由于儒教本身的基本性质，与道德教育更加密不可分。[①]

（二）通过历史学习进行的道德教育

藩校在通过汉学古典进行道德教育的同时，也以相关的历史书籍作为教科书来进行。尤其是临近幕末，出现了后者超过前者的动向。这一点可以从藩校所采

---

① 上田薫、平野智美编『教育学講座 16・新しい道德教育の探求』東京：学習研究社、1979 年、87 頁。

用的教科书中得到验证。

　　由表 2-2,我们一方面看到,尽管藩校随着时代的发展而不断增添新的内容,但其重心依然是以"四书五经"为中心的经书、儒学;另一方面,我们也看到,自幕末直至维新之后,经书的优先地位逐渐动摇,相反"历史"(汉文、日本)、"诗文"等所占的比重显著扩大。

　　从道德教育的侧面来看,历史教科书的显著增加不容忽视。以《春秋左氏传》、《国语》、《史记》、《汉书》为中心的中国史书,增加了1.5倍多。更为显著的是,自幕末至维新期,日本史有关的领域增加了大约5倍。这种对历史的重视,源于要在历史经验中为现实的政治理念和道义寻求启示。特别是采用了诸如《日本外史》、《日本政记》,还有《国史略》、《皇朝史略》之类皇统中心的日本历史相关教科书,可以说是日本以对外关系紧张为契机而产生的民族自觉的反映。[①]

表 2-2　　　　　　　　　　藩校所采用教科书的分类调查

		维新前				维新后				
		朗读用	讲授用	其他	维新前小计	朗读用	讲授用	其他	维新后小计	总计
汉籍	经书	698	425	355	1 478	537	344	461	1 342	2 820
	诸子百家		2	9	11		22	12	34	45
	历史	35	141	159	335	57	211	256	524	859
	诗文	17	15	35	67	17	34	53	104	171
	兵书		4	6	10	1	1	1	3	13
	其他	8	21	15	44	14	13	20	47	91
	汉籍小计		608	579	1 945	626	625	803	2 054	3 999

---

　　①　梅根悟監修『世界教育史大系 39・道德教育史 Ⅱ』東京:講談社、1981 年、30 頁。

		维新前				维新后				
		朗读用	讲授用	其他	维新前小计	朗读用	讲授用	其他	维新后小计	总计
日本文献	有职故实①							2	2	2
	制度		1		1		3	12	15	16
	历史	7	11	34	52	18	83	141	242	294
	古典					3	9	31	43	23
	其他		3	2	5	8	10	7	25	30
	明治以后出版物					4	3	12	19	19
	日文文献小计	7	15	36	58	33	108	205	346	384
	总计	765	623	614	2 003	659	733	1 008	2 380	4 373

资料来源：梅根悟监修『世界教育史大系 39・道德教育史Ⅱ』東京：講談社、1981 年、29 頁。

（三）养成教育

藩校的校则非常重视校内的礼仪训练。如"学校乃礼仪由来之所，无论如何也要谨慎笃实，不可片刻有傲慢放肆之行为"（高崎藩）；"学校乃礼仪之地，无论如何也要有正确的礼仪作法，相互谦让"（淀藩）；"凡学生在校，出入、往来、进退、言语，一定要不失礼让"（岛山藩），等等。除了行为作法之外，藩校的校则大多也对学生的学习态度进行全面的规定。如以下就是淀藩藩校的校则之规定：

1. 所谓学问，乃辨孝悌忠孝之道理，理解圣贤之嘉言嘉行，成为好人之事也。专以求博学多识也。

2. 读经书者，应专以敬畏之心，切身体会，阅读圣人之言。

---

① 所谓"有职故实"，是指朝廷、公家、武家自古以来的例行活动、法令、仪式、制度、官职、风俗、习惯之先例和典故以及研究这些东西的学问。所有"有职"乃是"有识"，指具有有关过去的先例之知识；所谓"故实"，就是指有关公私行为之是非的具有说服力的根据和规范之类。具有这些方面知识者乃称之为"有识者"。

3. 修史,应当能够考辨自古以来治乱兴衰政治之得失和人品之邪正等,以致日用之益。

4. 士以节义为第一,乃应祛除卑劣之心,坚持操守。

5. 后学者应尽可能地多读书,真实地学习古人之一言一行。

6. 自己博学,不应做侮人之事;自己不学,也不要嫉妒别人之学问。此乃劝学之本意。嫉妒人乃妇人之心,乃大丈夫可耻之事。

7. 学校乃礼仪之地,无论如何也要有正确的礼仪作法,相互谦让。

8. 轮讲会议之时,应仔细揣摩程朱正学之说。不要自己先入为主,相互争论。

严格遵循如上各条须知者,即可得劝学之实。[①]

除了校则所体现的校内礼仪教育之外,许多藩校也逐渐重视学生的校外教育。主要措施就是将学生的玩耍伙伴教育组织化,即将学生分成若干小组,设置组长,在上下学、午后的游戏时间里,让组长带领学生一起行动,旨在使各小组成为学生自治地相互切磋的场所。比如今津藩的藩校就是这样做的:每天下午轮流将组员的家作为集合场所,按年龄顺序就座,首先由组长"讲话",阐述如下之类的"须知":

1. 不得违背年长者所说的话。

2. 必须对年长者问候行礼。

3. 不得撒谎。

4. 不应有卑怯的行为。

5. 不得欺负弱者。

6. 不得在户外吃东西。

7. 不得在户外与妇女说话。[②]

在说完这些"须知"之后,一般都会查问是否有违反这一"须知"的事情。如有违反,就会受到处罚。在此之后,才进入一同游戏的阶段。这样的伙伴生活给予儿童的首先是团结精神、共同生活、服从秩序和社会性的训练。在家庭、学校中所要求的德性在此自治切磋的场合得到了进一步的贯彻落实。

---

① 古川哲史『日本道徳教育史』東京:角川書店、1962 年再版、102～103 頁。

② 古川哲史『日本道徳教育史』東京:角川書店、1962 年再版、106～107 頁。

二、庶民道德教育的途径与方法

(一) 以往来物为中心的道德教学

寺子屋极其复杂多样,根据教学科目的设置,大体上可以分为五大类:第一类只设置读书和习字科目。第二类在第一类的科目基础上增加了算术课,或者只设置算术课。第三类是在第一类或第二类的课程基础上增设习礼、图画、茶道、花道、歌谣、修身等人文课程。习礼、图画、茶道、花道、歌谣等原本体现的是武家的教养和嗜好的科目,被作为平民的修养纳入到寺子屋的科目之中,在一定程度上也体现了庶民教育与武士教育的同质化倾向。① 第四类主要是改变读书的内容和程度,以和学或汉学为中心,具有私塾化倾向。由此也可看出幕末庶民教育向武士教育靠近的倾向。第五类是在读书、习字、算术这些基本科目基础上附设作文、裁缝等实用性课程,与第三种类型的寺子屋形成鲜明对照。在这五类寺子屋中,第一类最多,占到66%,第二类其次,占到29%,后三类一共占到大约5%的比例(参见表2-3)。这就是说,寺子屋的主要教学科目是读书、习字、算术。② 而在读书、习字、算术这三个科目中,习字又是中心,不教习字的寺子屋几乎没有,这也是寺子屋与乡校、私塾相比的特色;仅次于习字的科目是读书,然后是算术。③

表 2-3 **寺子屋设置的教学科目沿革表**

年代 类型	承应—延享	宝历—享和	文化—天保	弘化—庆应	明治时代	合计
第一类	7	24	303	2 148	4 573	7 055
第二类	2	11	127	925	2 035	3 100
第三类		3	12	43	64	122

---

① 在第三类学校中还有一个值得注意的科目是修身科,修身是从养成教育中分化出来的。但是截至幕末才只有7所学校设置修身科。参见:石川谦『日本庶民教育史』東京:玉川大学出版部、1998 年新装版、308~309 頁。

② 石川谦『日本庶民教育史』東京:玉川大学出版部、1998 年新装版、305~325 頁。

③ 这一点可以从寺子屋教学科目设置的沿革中看出。参见:石川谦『日本庶民教育史』東京:玉川大学出版部、1998 年新装版、308~309 頁。

续表

年代 类型	承应—延享	宝历—享和	文化—天保	弘化—庆应	明治时代	合计
第四类		2	20	99	145	266
第五类	1		24	80	89	194
合计	10	40	486	3 295	6 906	10 737

资料来源：石川谦『日本庶民教育史』東京：玉川大学出版部、1998 年新装版、310 頁。

　　寺子屋采用的教科书被称作"往来物"。在日本，"往来"或"往来物"本来指的是将往返成对的书信收录在一起编纂而成的初等教科书。但是进入近世①后，所有的初等教科书均被称作"往来物"。最早的"往来物"是 11 世纪中期编辑而成的《明恒往来》。江户时代之前，出版的这类往来物大约有 40 种。进入江户时代之后，伴随寺子屋的增加，"往来物"的数量也激增。据统计，江户时代总共有 1 993 种往来物，如果加上重版、改编版的教科书等在内，超过 7 000 种。②

　　"往来物"具有三个特点：一是初步性；二是实用性；三是作为习字的范本书写或刊行的。"往来物"被作为习字范本使用的同时也让学生阅读。"往来物"的学习方式是：书写完后阅读，或者阅读后书写。具体来看，寺子屋教育内容的重点是适应庶民生活的实用知识。据石川谦的考察，日本近世出版的往来物有各种类型（参见表 2-4）。不同类型的"往来"适应了不同地区、人群的需要。比如在都市地区，有《商卖往来》、《商家日用往来》、《商家往来》等；在农村有《田舍往来》、《百姓往来》、《农作往来》等；在渔村有《船方往来》等。其他还有作为习字教材的《伊吕波歌》、《村名》、《名头》、《庭训往来》等。尽管所有这些往来物都是以教授庶民子弟实用知识为主要目的的，但是其中也包含许多道德教训的要素。如《百姓往来》中教导人们要尊敬服从"御公仪"、"御料私领之御代官"，生活上要考虑与自己的身份地位相适应；《商业往来》教导商人们在待人接物上要"柔和"，要力戒与自己

　　① 日本史学界通常将日本历史分为原始、古代、中世、近世、近代和现代几个时期。中世纪是指镰仓至战国时代（1192～1603），近世指德川时代（1603～1868）。
　　② 平田宗史『教科書でつづる近代日本教育制度史』北大路書房、1992 年再版、28～29 頁。

的身份地位不相符的生活态度，"如果家业有余力的话"，应该学习掌握歌、连歌、俳句、花道、茶道等教养。①

表 2-4   近世新编往来物数一览表

	1596～1660	1661～1710	1711～1750	1751～1780	1781～1803	1804～1843	1844～1867	1868～	年代不明	合计
教训类	25	31	28	17	25	64	30	47		267
社会类	9	21	8	12	18	58	16	50		192
语言类	10	37	31	24	16	44	13	36		211
消息类	12	44	37	62	42	54	39	51		342
地理类	6	13	15	21	45	144	55	95		394
历史类	8	16	10	7	2	35	18	44	10	150
实业类		3	6	13	28	52	16	106		224
理数类	13	13	13	16	19	52	27	60		213
合计	83	178	148	172	196	503	214	489	10	1 993

注：（1）语言类指的是以练习单词短句为目的而编纂的往来；

　　（2）消息类指的是以练习写信为目的而编纂的往来。

资料来源：石川謙『寺子屋』東京：至文堂、1971 年、214 頁。

除了《百姓往来》、《商业往来》这些一般性教材之外，进而还有以道德教育为主题的往来。这就是表 2-4 中的教训类往来。教训类往来物是寺子屋道德教育的最主要教材，主要有：《实语教》、《童子教》、《教儿教》（1658 年）、《寺子教训书》（1713 年）、《寺子教》（1788 年）等。其中尤以《实语教》和《童子教》被寺子屋用作读书科教科书的最多，尽管这两本书起初并不是直接为庶民而写的。②《实语教》从镰仓时代、《童子教》从室町时代就开始被作为初等教科书广泛使用，进入江户时代之后更趋普及，出了许多改编版。《实语教》和《童子教》都是以经过佛教消化的儒教为道德原理的训诫集。其中有诸如"父母如天地，师君如日月"（《实语教》）、"父母孝朝夕，师君仕昼夜"（《实语教》）、"弟子去七尺，师影不可踏"（《童子

---

① 古川哲史『日本道徳教育史』東京：角川書店、1962 年再版、176～177 頁。

② 古川哲史『日本道徳教育史』東京：角川書店、1962 年再版、178 頁。

教》)之类教导孝敬父母、尊敬老师、兄弟慈爱、朋友相和等有关人际关系道德的内容,也有诸如"玉不磨无光"(《实语教》)、"智是万代财"(《实语教》)、"人不学无智"(《实语教》)之类以劝学为目的的内容。①

(二)习惯养成

在寺子屋的教育中,习字课不仅仅教儿童识字。老师在习字教学中指导学生如何处理砚台、如何研墨、采用什么样的书写姿态等过程中所进行的礼仪作法的养成教育,都具有道德教育的意味。②

礼仪在武家教育中从一开始就受到高度重视,进入江户时代之后,关于礼仪的教科书不断出版,如《初学文章并完躾方目录》(宽永 11 年)和《小立原流躾方百条》。伴随社会的发展,武士社会中盛行的礼仪也逐渐被庶民社会采纳。特别是明和、安永(1764~1780)以后,武家庶民化、庶民武家化的倾向日趋显著。在此背景下,习惯养成在寺子屋教育中逐步占有了重要的地位。而此时也正是江户幕府确立寺子屋政策的时期。③

养成教育集中体现在寺子屋的校则中。比如笹山梅庵为自己的寺子屋制定了名为《寺子制诲之式目》的校则。该校则制定于 1695 年,并作为寺子屋校则的代表,被传承了下来。该校则共由 37 条组成。第 1 条强调习字的重要性,紧接着相当详细地规定了教学场所内外寺子们应该注意的事项、须知等。从条目上来看,关于教学场所内外的注意事项居多,比如,不要靠着桌子闲谈、打哈欠、睡觉、不要模仿举止行为不端的儿童(第 3 条);握笔的方法等都应该认真地学习(第 5 条);要注意教学场所的收拾整理(第 7 条);要爱护教具(第 6 条);着装应该得体,由服装不仅可以知道本人的内心状况,所以不要被人嘲笑(第 12 条);纵然是白纸一张,拿别人的东西都是可耻的事情,朋友之间应该绝对禁止买卖,不要向比自己年龄小的儿童要东西(第 20 条)。此外,还有一些关于食物以及教学场所以外的注意事项等等。从要求儿童践行的道德规则来看,既有作为人际关系的规范,有对双亲、老师、长者等的道德要求,也有对自己的义务。④

---

① 古川哲史『日本道徳教育史』東京:角川書店、1962 年再版、178~181 頁。
② 江藤恭二、鈴木正幸編著『道徳教育の研究』東京:福村出版、1982 年、44~45 頁。
③ 石川謙『日本庶民教育史』東京:玉川大学出版部、1998 年新装版、311~315 頁。
④ 古川哲史『日本道徳教育史』東京:角川書店、1962 年再版、182~185 頁。

从《寺子制海之式目》中关于礼仪和德目的解释方式来看,有三点值得注意:第一,作为教师,他对儿童的生活进行了充分的观察,采用了与儿童生活密切联系的方式进行解说。第二,要求儿童在批判他人之前,首先自己要做到"止心于神妙"(第三条),"知耻于寻常"(第18条),"一人慎入别人不见不闻之所"(第21条)等,强调道德实践;第三,正如条文中所出现的"坚决停止"、"可加重处罚"之类的规定那样,对于不听话、违反规则的学生,采取严厉的态度。[①]

(三) 教师的人格感化

正如古川哲史所指出的那样,寺子屋的道德教育成果不仅仅是课程学习和严格的养成教育的结果,教师的精神力量、人格感化也发挥了重要作用。即使教科书和校则教导儿童应该尊敬老师,如果教师自身不具备值得尊敬的品质的话,也达不到预期的训育效果。担任寺子屋师匠的僧侣、神官、浪人、町人们,在知识水准上一般要比普通庶民要高。但是仅此还不能令儿童和家长信服,而且在现实中,总会有一些不称职、不合格的教师,因此,针对寺子屋的教师,幕府当局出台了对有德者进行嘉奖,对无德者进行处罚的政策,以促进教师维持和提升道德水准。而且在将军德川家定时代,幕府一再颁发有关寺子屋的通告,进行教师表彰,进一步贯彻德川吉宗时代的政策。

在江户时代,对教育热情很高的教师大有人在。比如在江户有"弟子男女达到五百人,对人严肃,始终不见笑脸。弟子面对老师的时候不寒而栗,但是到了教授书法时,如慈母对待幼儿一般千叮咛万嘱托,因此,将子女托付给他的人甚多"的中与兵卫和被称作"雷师匠"的龙川堂的寺部壮助,在大阪有被称作"孝行师匠"的龙云堂的根来秀齐。这些人均以严格教导学生而出名,同时自己也朴素俭约,践行德义,他们以自己的人格在潜移默化中感化了学生。像此类生前有很多学生慕名而来,死后由原来的弟子建碑纪念的寺子屋师匠,不在少数。

第四节 江户时代道德教育的遗产

20世纪60年代末以来,越来越多的研究揭示,日本明治以来的发展,得益于

---

① 古川哲史『日本道徳教育史』東京:角川書店、1962年再版、185～187頁。

德川时代的遗产。正如宋成有所指出的那样：“作为一场全面的社会改革，明治维新成败的关键，既取决于维新官僚集团主观能动性的发挥和决策的明智，也取决于前政权为维新官僚有所作为提供了何种环境和条件。就后者而言，维新官僚是幸运的，因为幕府时代的历史遗产出人意料的丰厚。在此基础上，武力倒幕派才有可能用较短的时间完成政权的更替，并迅速转变为维新官僚，因势利导，推行新政，为日本赢得了社会转型的宝贵历史时机。”①

在德川时代留给后世的遗产中，最值得关注的当属教育的发展与国民教育水准的提升。日本教育研究大家多尔在其力作《德川时代的教育》中评价德川时代的遗产时指出：“尽管江户时代在许多社会和技术领域处于停滞的时期，在政治领域处于行政颓废和改革交替进行的周期性波动期，但至少教育领域则呈现出稳定和持续的发展趋势——在提供的学校教育的量上成增长趋势，在内容和目的方面也不断演进，尽管是犹豫和痛苦的过程。”②的确，在长达 260 年的德川时代，日本在锁国政策和幕藩体制下享受了长期的稳定与和平。在此期间，日本的文化获得了巨大的发展，国民的识字率达到了当时世界的前列。到了德川末期，让子女接受教育已经成为数百万家庭的生活方式或习惯。“一年当中离开家一段时间，每天花上若干小时，与无血缘关系的同年龄人和特定人群的成人交往，学习一些东西，这样的观念已经为许多国民所司空见惯。”③虽然说武家的教育（以藩校为中心）和庶民的教育（以寺子屋为中心）在封建身份制下分属不同的系统，但是藩校和寺子屋的普及一方面向上提升了江户时期学问教养的水平，另一方面向下使教育惠及庶民阶层，从而为进入明治时代之后实施以全体国民为对象的国民教育奠定了重要的基础，也为日本的现代化预先准备了丰富的人力资源和智力资源：武士教育为武士阶层实行社会转型和国家改造准备了政治人才基础，寺子屋造就了一批批能读会写、能够领会政府指令的劳动力。

如上所述，江户时代的道德教育是与身份等级制身份制相适应的。德川幕府

---

① 宋成有：《新编日本近代史》，北京大学出版社 2006 年版，第 1 页。

② Dore, R. P. *Education in Tokugawa*. London: Routledge and Kegan Paul Ltd, 1984. p. 291.

③ ハーバート・パッシン著、国弘正雄訳『日本近代化と教育』東京：サイマル出版会、1980 年、66 頁。

之所以能够维持长达两个半世纪的相对稳定的统治,应该说与江户时代的道德教育所培养出的大批顺从民众有很大关系。对此,日本道德教育史研究专家古川哲史曾指出:"不可否认的是,日本人所谓的被教化者的根性,在近世封建社会中得到大力培育。这与幕府方面积极地将庶民的道德教育视为维持封建社会秩序这一政策上的重要问题这一事实不无关系。可以说庶民不得不遵循幕府的方针,以武士为榜样,始终将自己作为被教化者被动地接受幕府的方针。……幕府的此种政策,意味着当时的教育问题是作为与政治、经济及其他社会问题密切关联的事情来对待的。因此,必须注意的是,江户时代针对庶民的广义的教育,实际上经常就带有道德教育的性质。"①

然而,江户时代道德教育的历史意义不仅仅在于维持了德川幕府长期稳定的统治,也体现在为日本的现代化留下了丰富的遗产上。

第一,江户时代的(道德)教育为明治以后的国家、民族意识的培养和整合奠定了有利的基础。江户时代的民众尚未形成现代国家观念和民族意识。正如尾形利雄所指出的那样,江户时代的"忠"概念与以绝对君主天皇为对象而一元化的明治以后不同,是以直接服务的主人为对象的,因而是多元的。也就是说,幕臣忠诚的对象是将军,诸藩藩士和庶民则忠于各自的藩主和雇主。② 尽管如此,江户时代的(道德)教育却为明治以后日本的民族国家建构创造了有利的条件。武士不仅是德川幕府的统治阶级和体制维护者,也是带领日本走上现代化进程的领导力量。之所以会发生如此巨大的转变,与他们所受的儒教教育不无关系。尽管儒教在日本也如同中国传统社会的儒学一样,对现代化进程主要是一种逆向的思想力量,但是日本武士所受的儒教教育却有助于培育民族意识,有助于使日本由藩阀的集合体转变为一个国家(nation)。对此,多尔在《德川时代的教育》中有过深入细致的分析。他认为,武士们所受的儒教教育给他们带来了以儒教为核心的全国共同的文化,儒教学问研究的蓬勃发展和儒学教师队伍的增长促进了跨越藩境的知识交流,而且到了江户后期,武士教育中增加了日本历史和国学方面的内容,

---

① 古川哲史『日本道德教育史』東京:角川書店、1962 年再版、137 頁。
② 尾形利雄『日本近世教育史の諸問題』東京:校倉書房、1988 年、91～118 頁。

所有这些都有助于明治时期的领导者们摆脱地区割据主义而形成民族意识。①

从庶民教育的角度来说,虽然接受寺子屋教育的绝大多数儿童只掌握了读、写、算的初步能力,懂得做人的一般道德伦理,总体教育程度不高:但与目不识丁的文盲毕竟不可同日而语。正如宋成有指出的那样:"由于寺子屋大体上采用全国通用的教材,教学内容大同小异。在实施共同的智育和德育的过程中所形成的通用性,发挥了超越地域、身份和门庭差异的作用,有利于此后明治政府对国民进行国家、民族意识的培养与整合。"②

同样也正如多尔所指出的那样:"民族意识的发展不仅要克服地区割据主义,而且要克服阶级的壁垒。"虽然江户时代日本实行严格士农工商四民等级制,但是阶级之间的冲突并不严重。这在很大程度上也是江户时代教育的结果。因为江户时代的教育告诉作为统治阶级的武士要担负起对庶民的家长式责任,另一方面要求作为被统治阶级的平民要服从武士的统治,在一定程度上缓和了阶级之间的敌对感情。也正是因为阶级之间的社会距离并不一定意味着阶级之间的对立,明治政府才不用担心大力发展教育会助长人民的不满和反抗。③

特别值得指出的是,德川时代随着以儒教为核心的教育的逐步发展普及使得武士与平民之间在价值标准上越来越趋于一致。到德川末期,儒家关于社会规划与秩序的观念,已通过所有阶级的教育传播,成为国家或民族的统一的价值观念了。这为日本建立现代国家和实现现代化创造了非常坚实的伦理或价值观基础。上下阶层在国家和社会观念上的一致和行动上的统一,对国家现代化的推进,是任何物质力量所达不到的。④

第二,江户时代的"分限道德"教育所培养出来的"安分守己,各尽其责"意识促进了目标取向性伦理观的发展。江户时代的身份等级制度既是一种政治和身份的划分,也是一种职业活动的划分。它把德川时代的四个阶级划分在不同的生

---

① Dore, R. P. *Education in Tokugawa*. London: Routledge and Kegan Paul Ltd, 1984. pp. 296~297.

② 宋成有:《新编日本近代史》,北京大学出版社 2006 年版,第 52 页。

③ Dore, R. P. *Education in Tokugawa*. London: Routledge and Kegan Paul Ltd, 1984. pp. 296~297.

④ 雷丽平:《实施"科教立国"战略是日本现代化成功的基石》,载《现代日本经济》2003 年第 4 期,第 40~50 页。

存空间里,在不同的活动领域中他们有可供自己生存和发展的条件。在此基础上,四个阶层"各自创造出本阶级的伦理观,在自己有限的活动领域中专心致志,成就伟业"。① 江户时代的"分限道德"教育就是与这种身份等级制相配套的一种教育。这种教育所培养出来的"各守本分,各尽其责"意识,不仅有效地稳定了社会秩序,巩固了幕府的统治地位,开创了德川幕府200多年的和平局面,而且正如赖肖尔所指出的那样:"同谋求身份的荣达这种所谓身份志向性伦理观比较,这种情况反而助长了目标志向性伦理观的发展。"②根据赖肖尔的解释,"目标志向性是以实现某一目标为最高理想,而地位志向性与追求实质性的业绩比较,更注重谋取政府高官和社会上显要之职等社会公共性地位为目标"。③ 他认为:"这种目标志向性伦理观与由封建制度培植的强烈的义务感与责任感结合,则产生出富于进取的活力与企业精神。"④这是近代欧洲与日本的一个重要特征,但却是与当时中国的巨大不同之处。而正是这种差别,在一定程度上可以说明为什么是日本而不是中国顺利走上了现代化进程。"在欧洲与日本,遵守法律规定的权利和义务,具有高度的法制观念;富裕强烈进取气氛的企业精神;义务感和追求具体成绩的伦理观等,这都明显地成为有助于近代化的主要因素。"⑤赖肖尔在考察了19世纪后半期中国与日本的历史之后,得出如下结论:"社会结构、价值观和伦理观等要素同近代化以及经济增长有着重要关系,而且它的重要性远远胜于天然资源乃至外部刺激等物理因素。"⑥英国学者多尔也持类似观点,他认为,江户时代的主导意识形态儒教,尽管陈说的是身份制社会的特殊主义伦理,但在原则上却具有普遍主义的性质。这主要表现在两个方面:一是由于儒教以传授"仁道"为使命,所以并不禁止平民的学习;二是儒教学术的实绩评价标准(standards of excellence)是客观的。 正是德川儒教的这种普遍主义性质强化了儒教学习者的业绩取向

---

① [美]赖肖尔:《近代日本新观》,卞崇道译,三联书店1992年版,第37页。
② [美]赖肖尔:《近代日本新观》,卞崇道译,三联书店1992年版,第16页。
③ [美]赖肖尔:《近代日本新观》,卞崇道译,三联书店1992年版,第38页。
④ [美]赖肖尔:《近代日本新观》,卞崇道译,三联书店1992年版,第16~17页。
⑤ [美]赖肖尔:《近代日本新观》,卞崇道译,三联书店1992年版,第19页。
⑥ [美]赖肖尔:《近代日本新观》,卞崇道译,三联书店1992年版,第45页。

(achievement-orientation)。^① 在多尔看来,儒教的这种两面性有助于它成为调和个人成功与集团目标的达成,使有秩序的竞争成为可能的恰好意识形态。他认为:

> 这种奇怪的混合可能是日本发展秘诀的重要因素。个体人格上的个人主义成功愿望与意识形态上对集团目标的强调之间的结合,不仅有助于促进经济和社会变革速度,同时也有助于使个体的努力处于国家目标的框架之内。它使得政治家和商人们以巨大的热情投入工作,以出人头地,获得成功。但是只有服务于国家,或能够表现为服务国家,其成功才能获得认可,并给他带来荣誉。^②

我们认为赖肖尔和多尔关于江户时代留给日本现代化的遗产的分析有一定的道理。在外来冲击下启动的日本现代化建成正是嫁接在江户时代这个"根"上,并从这个"根"上不断汲取所需的"养分"。在明治以来的日本现代化中发挥作用的许多伦理精神和道德观念(如忠孝、勤勉、节俭、自制、奋进、敬业等),都是在江户时代的基础上继承和发展而来的,绝不只是明治以后的道德教育才塑造出来的。但是,另一方面我们又不能因此过分夸大江户时代留给日本现代化的道德教育遗产。尽管在要素上我们可以发现明治以后与江户时代所宣扬的道德观念之间的连续性和相似性,但是从整体价值取向上,二者有着性质上的不同。比较客观的说法应该是:江户时代的道德教育为日本的现代化准备了可以加以利用的道德资源。

① Dore, R. P. *Education in Tokugawa*. London: Routledge and Kegan Paul Ltd, 1984. pp. 312~313.
② Dore, R. P. *Education in Tokugawa*. London: Routledge and Kegan Paul Ltd, 1984. pp. 313~314.

第三章 现代化启动期的道德教育

19 世纪中叶，在西方现代化浪潮的冲击下，东方渐次沉沦，唯有弱小的封建日本，孤军奋起，走上了民族独立与现代化的道路，并在短期内成为亚洲唯一的资本主义现代化强国。在日本现代化的进程中，最值得指出的就是被称作明治维新的社会变革。正是明治维新启动了日本的现代化进程。[①] 明治维新，从总体上来讲，是日本社会封建统治集团内部开明之士和下级武士，基于当时日本社会所面临的内外危机，对世界资本主义和现代化发展所做出的积极反应的变革。[②] 这场变革涉及政治、经济、法制、思想和文化等几乎所有的社会生活领域，使日本社会和历史发生了划时代的"革命性"变化。正是这场完全以西方社会和国家制度为取向，旨在实现"富国强兵"目标的社会变革，使日本社会迅速走上了现代化发展道路。明治维新开启的这一现代化进程，一方面为现代道德教育的发展创造了环境和条件，另一方面也对道德教育提出了新的要求。明治维新时期的道德教育也因此深深地打上了时代的烙印。

---

① 关于明治维新的起止时间，历史学家有歧义。皆因对于"明治维新"性质的不同理解：广义而言，它不仅完成现代化的民族国家，而且适应资本主义的发展，扩张势力于国外。就狭义而言，它是建立现代化的民族国家。广义上的明治维新的开始时间，始于 1853 年的黑船来航，止于甲午、日俄战争两役之后；狭义上的明治维新始于指明治改元的 1868 年 10 月 23 日（旧历 9 月 8 日），终于西南战役。本书在此采用狭义的说法。

② 林尚立：《政党政治与现代化：日本的历史与现实》，上海人民出版社 1998 年版，第 7 页。

第一节 现代化的启动

一、现代化启动时的形势与课题

日本的近代史随着西方的冲击而逐渐拉开序幕。正如赖肖尔所指出的那样："德川体制内部虽然问题重重,关系紧张,但是,直到 19 世纪上半叶,它还没出现瓦解的迹象。如果日本能够维持其孤立状态,那么它也许还能延续更长的时间。但是,西方技术的迅速发展使日本不可能再保持孤立了,工业化和蒸汽船开始把西方的经济和军事力量带到了日本海沿岸。"[①]1853 年 7 月,美国海军准将、东印度舰队司令官马修·佩里(Perry, M.)率四艘战舰,驶进神奈川,以坚船利炮强迫日本开关,并迫使日本于 1854 年 3 月 31 日在神奈川与美国签订了《神奈川条约》,日本门户从此打开。接着,日本又被迫与英、俄、荷、法等国签订了不平等的通商条约。在内外交困的形势下,幕府被迫开国。但是德川幕府开国的意图,只是在于维护其封建统治,而不是将其作为对日本社会进行根本性变革的契机。所以,开国非但没有摆脱严重的民族危机,反而加重了内部的政治和经济危机。也就是说,由于幕藩体制的历史落后性,西方列强的压力很快就使日本社会陷入民族危机,也使幕藩体制陷入危机。这两大危机的同时并存,构成了明治维新亦即日本现代化启动的基本历史背景。面对以这两大危机为集中体现的内忧外患,日本必须做出废除或维持幕藩制的选择:要摆脱民族危机,就必须废除幕藩制,进行全面的社会改革,动员全民族的力量,抵御外敌;如果守住幕藩制,则无法摆脱民族危机。在多重危机的刺激下,日本选择了前者,把解决民族危机放在首位,从而使废除幕藩制成为历史和现实的必然。[②]

在内忧外患的背景下,那些原本不满幕府统治的西南强藩藩主和武士们怒斥幕府丧权辱国、腐败无能,遂打出"尊王攘夷"的旗号,矛头直指西方列强和幕府。攘夷派在发动"英萨战争"和"下关战争"被击败后,放弃"攘夷"口号,转而打出

---

① [美]埃德温·奥·赖肖尔:《当代日本人——传统与变革》,陈文寿译,商务印书馆1992 年版,第 61 页。

② 林尚立:《政党政治与现代化:日本的历史与现实》,上海:上海人民出版社 1998 年版,第 4～5 页。

"王政复古"大旗,专事倒幕。在倒幕运动的压力下,德川幕府第15代将军德川庆喜被迫于1867年10月14日上奏天皇请求奉还大政,10月24日又向朝廷提交"征夷大将军"辞职书,朝廷和天皇欣然予以接受。1867年12月9日,明治政府成立。新政府在其颁布的第一份文稿《王政复古大号令》中,宣布批准庆喜大政奉还和辞去将军之职,断然废除了幕府,另设由总裁、议定、参与组成的三职制政府。然而,德川庆喜并不甘心就此退出历史舞台,于1868年1月3日,亲率幕府军向新政府军发动进攻,由此爆发了"戊辰战争"。经过鸟羽、伏见之战,幕府军全线溃败,德川庆喜率残兵败将逃回江户。同年4月11日,江户城开城投降,统治日本长达两个半世纪的德川幕府宣告彻底崩溃,"王政复古"政变夺取了最后胜利。

明治维新运动大致可以分为夺权和改革两个阶段。夺权阶段主要是推翻幕府统治,夺取中央政权。"王政复古"政变成功后,明治维新进入到了以现代化为目标取向的改革阶段。尽管明治政府取代幕府为日本推进各项现代化变革奠定了决定性前提,但是,日本的现代化启动面临着重重困难和阻力。从日本现代化启动时面临的形势和课题来看,主要具有以下几个特点:

第一,外压冲击下的后发现代化与民族国家建构的课题。与先发现代化国家相比,日本的现代化进程是在先发现代化国家强大的挑战下,作为一种被迫回应而启动的。在此背景下,摆在维新政权面前最紧迫的课题是通过国家重建,实现从传统国家向现代民族国家的转变。正如有学者所指出的那样:"现代化不仅是由传统农业社会向现代工业社会的转变过程,而且是由一个分散、互不联系的且以族群为基础的地方性社会走向一个整体、相互联系并以国族为基础的现代国家的过程,这就是国家化,或者说国家的一体化,也即现代民族—国家的建构。"[①]尤其是对于像日本这样在外压的背景下开始现代化进程的后来者来说,现代民族国家的建构更是现代化的重要前提性条件。因为对于现代化的后来者而言,外来挑战与生存危机使处于落后状态的松散而僵化的传统国家难寻出路,唯有进行现代民族国家的建构,用制度的力量把传统国家的力量汇集,达到有效的社会整合,才有可能通过现代化的实现摆脱危机。

现代民族国家的基本特征是国家和国民牢固不可分地结合在一起,即均质、平等的国民遵守相同的国家法制,对民族国家表现出强烈的认同和归属感,国民

---

① 徐勇:《"回归国家"与现代国家的建构》,载《东南学术》2006年第4期,第18~27页。

与国家之间没有任何中间势力。① 因此,明治新政权要解决形成均质的国民的课题,即实现国民政治上的同一性和国民与国家之间的同一性,并维护民族独立和完整。② 用信夫清三郎的话来说:"明治维新的课题是创立'日本'与形成'日本人'。前者是民族革命的课题,即建立与万国对峙的集权'国家',后者是资产阶级革命的课题,即为了利用人民的创造性和全体意见支持这个国家,从而实行改革以形成'国民'。"③然而,二百多年的锁国使日本人缺乏作为日本国国民的意识和国家观念。对于武士来说,国家和君主就是他们的藩和藩主,而民众所具有的也仅是一种村民意识。这种国民意识是在长期与国际环境隔绝的相对稳定的幕藩体制下产生、发展并与其相适应的。然而在国门已被打开的严峻国际环境下,这种国民意识就暴露出明显的不适应性和巨大的危险性。因此,在民众心中培植起作为日本国民以及用自己的力量来保卫自己国家的意识,对保持国家独立、巩固国家基础无论如何是必要的。明治之初,尽管新政权建立了,但是政治权力依然处于分裂状态。这种分裂的政治权力,不仅无法为现代化进程提供良好的社会环境和政策支持,难以形成对社会的有效整合,而且各自为政的状态成为各地区之间政治、经济、文化正常交往的障碍,对现代化进程产生极为严重的负面影响。④

第二,追赶型现代化与社会动荡。对于日本这样受到严重外来挑战的后发现代化国家来说,不可能按部就班地走先发国家的老路,所能选择的唯有赶超型现代化模式。事实上明治政府制定的国家中长期发展目标就是追赶欧美,实现"与万国对峙"。然而要实现这一目标,新政府面对的形势是十分严峻的。其严峻性集中表现在差距过大和时间过紧。因此,要想在尽可能短的时间内,缩短乃至消灭与欧美国家之间近乎天壤之别的巨大差距,达到欧美国家积几十年甚至上百年的努力才达到的发展水平,获得可以与欧美列强相抗衡的实力和地位,套用任何一个欧美国家的常规发展模式都是不可能实现的。只能或者必须以世界资本主义发展已经达到的总体水平为客观强制力,以国家政权的力量为主观推动力,通过这种强大的内外夹击力量,去压缩和简化常规发展过程中的所有冗繁环节。⑤

---

① 向卿:《日本近代民族主义(1868～1895)》,社会科学文献出版社 2007 年版,第 175 页。
② 向卿:《日本近代民族主义(1868～1895)》,社会科学文献出版社 2007 年版,第 180 页。
③ 信夫清三郎:《日本政治史》,吕万和等译,上海译文出版社 1988 年版,第 3 卷序第 1 页。
④ 向卿:《日本近代民族主义(1868～1895)》,社会科学文献出版社 2007 年版,第 177 页。
⑤ 武寅:《近代日本政治体制研究》,中国社会科学出版社 1997 年版,第 38～39 页。

也就是说,以超常规的速度和效率实现跳跃式发展是日本超越型现代化的必然趋势。然而,跳跃式发展不同于酝酿比较成熟的自然发展进程,它是破旧立新,是在条件、基础不足的情况下进行,面临的困难和需要付出的代价更为巨大,特别是破旧立新带来的社会改组、社会动荡会更为深刻、更为激烈,从而容易激化社会矛盾,甚至会酿成激烈的对抗,造成巨大的社会、政治动荡。社会转型的阵痛较为集中而又剧烈地发生在明治初年。据统计,1868～1877 年的 10 年之间,共发生了农民骚动、暴动 508 次,其中 67.5％集中在前 5 年,高达 343 次;针对政府新政的就有 177 次,为总数的 51.6％。1868～1872 年间正是明治政府以建立中央集权为中心的改革时期,其间农民骚动、暴动平均每年 94 次,月平均近 8 次。① 士族的暴动和叛乱比农民的反抗更令政府头痛。从采用个人恐怖手段刺杀政府高官到聚众武装叛乱,不平士族的暴徒化令明治政府心惊肉跳。据统计,仅从明治元年到明治 11 年的 11 年间里,士族叛乱就发生了 20 次以上。② 面对农民和士族的频繁武装对抗和暴动,政府领导层惊呼:"形势发展非同小可","堂堂政府大权不知存于何处","似此等轻侮新政府之事态,恐朝廷威权已经坠地,皇风不振,危如累卵"。③ 因此,在快速推进现代化的同时,如何保持社会、政治秩序,也是明治政府不得不面对的重要课题。

第三,后发外源性现代化与文化冲突。尽管日本在幕末时期已经产生了一些资本主义萌芽,但是日本的现代化却不是自然发生的,而是一种典型的后发外源性现代化。由于现代化进程的启动存在明显的"时间差",先发现代化国家往往会成为后发现代化国家所效仿的榜样。正如马克思所言:"工业较发达的国家向工业较不发达的国家所显示的,只是后者未来的景象。"④在效仿先发国家的过程中,后发现代化国家不得不采取输入外来文明(主要是欧美文明)的形式,但输入外来文明不可避免地要引起国粹主义的反感,社会各阶层由于利益、价值观念不同,必然会产生歧异,如果得不到消除,按照富永健一的说法,这些国家的现代化

---

① 宋成有:《新编日本近代史》,北京大学出版社 2006 年版,第 100 页。
② 《岩波讲座日本历史 14·近代 1》,岩波书店 1980 年版,第 256 页。转引自:武寅注:《近代日本政治体制研究》,中国社会科学出版社 1997 年版,第 35 页。
③ 田中惣五郎\『日本官僚政治史』東京:世界書院、1947 年、56 页。
④ 《马克思恩格斯选集》第 2 卷,人民出版社 1972 年版,第 206 页。

就不可能成功。① 这就是说,后发现代化国家的现代化转型必须同时处理好保护固有文化传统与移植外来文明的冲突问题。特别是像日本这样在强大外压之下启动现代化的国家,对抗欧美列强的民族压迫与接受西方文明之间的矛盾是必须面对的重大课题。

二、改革政策与发展战略

夺取政权只是明治维新的第一步,更为重要的是随后实施的一系列社会变革。明治政府认识到,要巩固政权,摆脱民族危机,必须进行全面而又深刻的社会变革。早在 1868 年 4 月 6 日明治政府发表的展示新政府施政纲领的《五条誓文》中就提出,将"实行我国前所未有之变革"。② 明治前十年,新令迭出,改革举措密集。正如罗荣渠先生所言:"内源性的现代化是以工业革命和工业化带动整个社会的其他方面的变革的;外源性的现代化的变革顺序则不同,一般是社会和思想层面的变革和政治变革发生在前,而工业化发生于后。"③ 而且他还提出一个重要命题:"一个国家工业愈落后,工业化的启动就愈需要强大的国家导向与政治推动。"④作为后发外源性现代化国家的典型,日本正是如此,先于经济现代化之前,便进行政治体制改革,建立中央集权的政治体制,而后由它来推动整个国家的现代化进程。

(一)建立中央集权的政治体制

明治初期的政治体制改革主要是从以下两个方面进行的:

第一,打破封建割据。对于要实现主权国家和现代化的明治政府来说,首先要实现国内统治权力的统一。然而明治之初,日本国内处于多元化政令分散的局面。为此明治政府采取了两项重要举措:一是"奉还版籍",即各藩诸侯将其对土地和人民的封建领有权交给新政府。此举加强了中央对地方行政、财政的控制,各藩权力逐步被中央政府吸收,为维新政权统一领导打下了基础。二是"废藩置县"。1871 年 8 月几乎与"奉还版籍"同时进行的"废藩置县",彻底清算了诸藩林

---

① 　富永健一:《"现代化理论"今日之课题》,载谢立中、孙立平:《二十世纪西方现代化理论文选》,上海三联书店 2002 年版,第 315 页。
② 　大久保利謙他编『近代史史料』東京:吉川弘文館、1965 年、51 頁。
③ 　罗荣渠:《现代化新论》,北京大学出版社 1993 年版,第 124 页。
④ 　罗荣渠:《现代化新论续篇》,北京大学出版社 1997 年版,第 120 页。

立的旧体制,实现了明治中央政府对地方统治权力的完全整合。从武士改造的角度来看,"奉还版籍"开始改变家臣武士与藩主的封建主从关系,"废藩置县"则彻底否定了这种关系,将全体武士转化为"皇国子民"。①

第二,废除武士阶层。实现中央政府的集权化,一个前提条件是使幕府政治赖以依存的旧武士集团完全解体。② 因此,改造武士阶级,构成明治前十年改革的中心环节。维新政府为此采取的主要措施包括:(1)取消旧幕府时代等级身份制度,实现皇族、华族、士族和平民"四民平等"。此举取消了武士阶级在政治、社会上的世袭特权地位,将旧时代的统治者武士在新时代加以平民化。(2)取消武士以武为业的社会专职,组建欧式现代军队。在推行兵农分离的幕藩体制下,武士是世袭的职业军人,"经武"是武士的专有社会职能。1872 年 11 月和 1873 年 1 月相继发布的《征兵诏书》、关于征兵令的《布告》和《征兵告谕》以及《征兵令》,否定了兵农分离制度,开启了"举国皆兵"的现代军队制度建设进程。由于"举国皆兵",旧武士以武为业的社会专职被一笔勾销,从而迈出了改造、转化武士的重要一步。③(3)实行地税改革,改革土地所有制。幕藩体制的经济基础是封建领主土地所有制。地税改革就是针对幕府时期的土地所有制、农业政策,做出的一系列的改革与调整。此举实际上是从土地制度入手,取消了武士阶级赖以生存的经济基础。第四,改革封建俸禄制度,解决武士阶级在经济上的特权,从而促成武士阶级的最终消亡。在改革封建俸禄的过程中,明治政府采用了赎买政策,用金钱收缴武士的双刀,并提供改行转业的出路以改造和转化武士,这成了明治政府铺设各个通道的基本手段。

(二)推行殖产兴业政策

殖产兴业是明治政府制定的与富国强兵、文明开化相并行的三大基本国策之一。所谓殖产兴业,就是运用国家政权的力量,采取各种政策手段,并以西方发达资本主义国家为样板,移植其先进的资本主义产业和经济制度,复制和发展日本资本主义产业和经济,推动和加速日本由农业社会向工业社会转变的进程。④ 殖

---

① 宋成有:《新编日本近代史》,北京大学出版社 2006 年版,第 107 页。
② 殷燕军:《近代日本政治体制》,社会科学文献出版社 2006 年版,第 103 页。
③ 宋成有:《新编日本近代史》,北京大学出版社 2006 年版,第 109~110 页。
④ 金明善:《日本现代化研究》,辽宁大学出版社 1993 年版,第 9 页。

产兴业政策的实施时期,被认为起于1870年,止于19世纪80年代中期。其间由于领导者经验的不足和客观形势的不断变化,无论是主持殖产兴业的组织领导机构,还是殖产兴业的政策思想,都经历了一个不断发展变化的过程。1870年10月,明治政府设立工部省。这是第一个正式主持殖产兴业的领导机构。1873年11月,明治政府又设立了内务省。此后内务省成为日本推行殖产兴业政策的中心。1881年,明治政府又成立了农商务省,成为推行殖产兴业政策的重要组织机构。在殖产兴业的政策思想方面,起初明治政府并无定见。直到明治政府施政6年以后,在时任内务卿的大久保利通的《关于殖产兴业的建议书》中,才比较系统完整地提出了相应的政策。该建议书开宗明义:"大凡国之强弱,系于人民之贫富,而人民之贫富系于物产之多寡。物产之多寡,虽依赖于人民致力于工业与否,但寻其根源,又无不依赖政府官员诱导奖励之力。"在此,大久保把政府视为经济开发的主导力量,要求官员深思熟虑,制定办法,对产业和经济发展进行保护和诱导;并且主张以英国为榜样,大力发展资本主义工商业。[①]

明治政府殖产兴业政策主要包括如下几方面内容:(1)政府接管原由旧幕藩政府建立和经营的各种军兵工厂和矿山企业;(2)由政府直接出资引进和移植西方各国的先进技术设备,兴办各种模范工厂和实验场;(3)制定各种企业保护法,建立和发放各种产业补助金和低息贷款,大力鼓励和扶植民间企业的成长和发展。[②]但从总体来看,明治政府推行的殖产兴业政策,在1880年以前主要是运用国家资本的力量,大力创办和发展官营企业,涉及的部门主要是铁路、矿山和机械制造等。[③]而进入19世纪80年代以后,伴随日本资本主义产业出现了自由发展的条件,明治政府的产业政策也从"官办企业"为主转向扶植民间产业为主。[④]

殖产兴业政策其实不仅仅是振兴产业的政策本身,还包括对西方近代资本主义经济制度的移植,如股份有限公司制度和金融保险制度等。

"殖产兴业"的实施,使日本完成了资本的原始积累,引进了现代生产方式和经济管理体制,兴办和扶植了大批官营私营企业,培养了大量有实力也有能力的产业资本家,从而促进了日本从封建经济向资本主义经济的迅速转化,走上了现

---

①　宋成有:《新编日本近代史》,北京大学出版社2006年版,第104~105页。
②　吴廷璆:《日本近代化研究》,商务印书馆1997年版,第104~106页。
③　金明善:《日本现代化研究》,辽宁大学出版社1993年版,第11页。
④　吴廷璆:《日本近代化研究》,商务印书馆1997年版,第10页。

代化发展道路。

(三) 实行文明开化政策

　　文明开化是日本在维新开国之后面对西洋文明的巨大反差而产生的强烈愿望。"对于新生的日本来说,文明与独立相辅相成,二者缺一不可。因为文明的含义首先是指先进的社会生产力水平,富裕的物质生活条件和强大的国力,而这些正是一个国家要实现真正的民族独立所必不可少的内部条件。"①因此,如同"与万国对峙"令幕末明初的日本朝野人士魂牵梦绕一样,文明开化也是这一时期社会舆论的议论中心。文明开化也被确立为明治政府的三大基本国策之一。所谓文明开化,实际上是明治政府实施的一项以西方国家为样板、实现日本资本主义现代化的重大政策,也是动员民众学习西方先进科学和文化、实行社会变革的一个口号。文明开化的内容涉及面广,既包括西方先进技术的学习和西方政治、经济、社会制度的移植、借鉴,也涉及西方资产阶级启蒙思想的传播和资本主义生活方式的影响。

　　早在 1868 年 3 月 14,明治天皇率领百官对天神地祇宣誓《五条誓文》时,就把"求知识于世界,大振皇基"列入其中,表明新政权放弃了幕府时代的锁国政策,转而实施文明开化政策。1871 年岩仓使节团的派遣可谓实施"求知识于世界"的第一步。日本派遣使节团的目的主要有两点:一是力图修改幕末与列强缔结的不平等条约;二是考察各国先进的科学、文化和政治、经济制度,为日本现代化寻找捷径。岩仓使节团虽然在修改条约问题上没有达到预期目的,但是通过对欧美国家的实地考察,看到了日本与西方各国之间的明显差距,激起了奋起直追的热情和紧迫感,更加增强和坚定了向西方各国学习的决心。文明开化政策在岩仓使节团归国后得到更大力地推进。

　　维新政府采取了很多举措,推行文明开化政策。首先,充分利用天皇的权威,推行天皇率先垂范的文明开化,在官方报纸上,不时地刊登有关天皇学习德语、改穿洋服、剪分头、吃牛肉和面包等消息,树立天皇文明开化的形象,供国民仿效。此项举措,效果颇佳。其次,兴办报纸杂志,注重舆论导向。明治政府带头创办报纸杂志,在政府的带动下,在日本全国兴起了创办报纸杂志热。这些报纸和杂志追随政府的方针,宣传文明开化,形成强大的社会革新舆论。第三,选拔神官、僧侣、艺人

---

　　①　武寅:《近代日本政治体制研究》,中国社会科学出版社 1997 年版,第 53 页。

等为庶民熟悉的人士充当教部省的教导职，以生动活泼的方式，向庶民宣讲由政府统一编制的《十一兼题》、《十七兼题》等宣传政府政策的材料，使政府的文明开化政策深入民心。这些举措的实施，不仅加快了现代化决策集团成员及其素质的更新，而且使文明开化的新观念普及于全社会，造成改革不可逆转的态势。[①]

第二节　立身出世主义道德教育理念的形成

一、《学制》颁布之前的教育方针

克服内外危机，确保民族的独立和统一，形成与万国对峙的强大现代国家，乃是客观形势给明治新政府提出的最大课题。"富国"、"强兵"、"国民统一"也就成了明治政府之政策基调。教育也因而被寄予了很高的期望：一是培养富国强兵的人才；二是培育作为国家统一精神基础的国民意识。然而，对于如何实现培养富国强兵人才和培育国民意识的课题，在维新之初的新政府内部，实际上并没有明确统一的方针。国学、汉学、洋学三足鼎立，互相抗争，争夺对教育的主导权。

国学者们所主张的是"惟神之道"的复古主义思想。平田派的国学由于曾为"王政复古"奠定思想基础，所以作为维新的一大功臣，在明治之初的教育指导思想中理所当然地占据了支配地位。维新后新政府最初的教育设想就是由国学者们提出的。王政复古之后的 1868 年 2 月，国学者玉松操、矢野玄道和平田铁胤等被任命为新政府的"学校挂"。他们作为新政府的实权领导人岩仓具视的智囊，在岩仓的大力配合和支持下，根据复古的国学思想，积极推进建立学校的计划。同年 3 月他们就制定出意在复兴古代大学寮的《学舍制》，其中表明了要以皇道为中心，以儒教和外蕃学为其从属的意向。由于复古色彩太浓，未能实现。同年 9 月，为了解决皇学（国学）与汉学之争，在京都并设了皇学所和汉学所以作为妥协，但在皇、汉两学所的规则中都规定要实行以"辨国体、正名分"为基本目的、以"汉土西洋之学共为皇道之羽翼"的皇道主义教育。[②] 此外在 1869 年对江户的昌平学校、医学所、开成学校等旧幕时代的学校机构进行改编而重新设立大学校之际所

---

① 宋成有：《新编日本近代史》，北京大学出版社 2006 年版，第 123～124 页。
② 教育史编纂会『明治以降教育制度発達史』第 1 卷，東京：竜吟社、1938 年版，95～96 頁。

制定的《学校规则》中亦仍然强调"盖神典国典之要在于尊皇道、辨国体,此乃皇国之目的,学者之先务"。[①]

这一皇道主义思想不仅体现和贯穿在以上有关培养人才的高等教育机构的设想之中,而且也被作为教化全体国民的基本指导理念。为了在民众中普及皇道思想,确立和强化作为新的国家统一之象征的天皇权威,明治政府采取了一系列神道国教化政策,其核心就是大教(即神道)宣布运动。1870 年 2 月 3 日,天皇发布了《大教宣布的诏书》,其中阐述了日本是一个由神治之、历代天皇是秉承神的意志执行政事的祭政一致的国家。此时"亿兆同心,治教明于上,风俗美于下",但是到了中世以后,"时有汗隆、道有显晦",实行的是乱政,而今"天运循环、百度维新",宜再回到祭政一致的原则上来,以宣扬"惟神之道"。[②] 明确表示要以"惟神之道"作为教化国民的基本方针。为了根据这一宗旨在民众中布教,明治政府在各府、藩、县广设宣教使,开展大教宣布运动。

以上由国学者所主导的教育设想和运动对于荡涤封建身份意识,转变旧幕时代形成的价值观具有一定的作用,然而对于实现培养富国强兵的人才这一课题来说,就显得力不从心了。为了富国强兵,摄取欧美先进的文物制度无论任何也是必需的。但是国学思想不仅对洋学,就连对儒学和佛教也是大加排斥的,具有极端的狭隘性。而且在皇、汉、洋三学鼎立之间,国学实际上也并不具备使汉土、西洋之学为其羽翼的实力。因而到了 1870 年左右,由国学者们所主导的教育构想和运动的影响在迅速消失,代之而起的是洋学者们掌握了新政府的教育计划主导权。但是这决不意味着国学思想就此销声匿迹,一蹶不振了,它实际上仍一脉相承,绵延不绝,成为日本教育思想之底流,一逢机会便卷土重来。

自 1869 年起,在革新派大久保利通、木户孝允的推荐下,一些在洋学教育机构任教的洋学者和启蒙主义学者先后到新政府任职。箕作麟祥、神田孝平、森有礼、西周、津田真道等被任命为新的学校调查研究人员,他们以欧美先进各国为典范,开始探讨新的教育计划。他们的设想首先体现在 1870 年 3 月公布的《大学规则及中小学规则》中。其中削除了前一年的《学校规则》中的"盖神典国典之要,在于尊皇道、辨国体,此乃皇国之目的,学者之先务"的皇道主义学问理念,阐明了

---

① 教育史编纂会『明治以降教育制度発達史』第 1 卷,東京:竜吟社、1938 年版,117~120 頁。

② [日]村上重良:《国家神道》,聂长振译,商务印书馆 1990 年版,第 81 页。

"孝悌彝伦之教、治国平天下之道,格物穷理日新之学,是皆宜穷覆、内外相兼、彼此相资"的广求知识于世界的开明学问观;此外在学科构成上,取消了过去按国别分类的国学、汉学、洋学的编制方式,采取教科、法科、理科、医科、文科的五分科结构;在内容上也广泛地采用了洋学的知识。[①] 这样,由洋学者所主导的教育西欧化方向作为新政府的教育方针被逐渐确立下来。

然而此时明治政府的教育政策从整体上来说并非仅仅在于谋求"一般人民的知识",事实上只不过是学校教育在这个时期大幅度向着文明开化方向倾斜而已。就在大学当局提出谋求"人智开化"的学校构想的同时,政府仍然继续开展皇道主义的民众教化运动。如 1872 年 4 月,明治政府设教部省掌管教化国民的工作。教部省为了大力开展国民教化运动,还设置了教导职 14 级以取代原先的宣教使,并于 4 月 28 日,将《三条教则》下达给教导职们。《三条教则》所体现的仍是以崇拜天皇、信仰神社为中心的近代天皇制宗教和政治的基础意识形态。再从《大学规则及中小学规则》来看,虽然在制度上逐渐表现出欧美化主义色彩,而教育目的、内容则并非完全如此。在规定"教科"必读书目时,主要是《古事记》、《日本纪》、《万叶集》、《左语拾遗》、《宣命》、《祝词》、《孝经》、《论语》、《大学》、《中庸》、《诗经》、《书经》、《周易》、《礼记》等国学、汉学的基本文献。"法科"与"文科"亦如此。[②] 这实际上是幕末以来的所谓"东洋道德、西洋艺术"、"器械艺术取于彼、仁忠孝存于我"的"和魂洋才"方针的继续。事实上,自颁布《学制》以来,明治政府一贯采取的即是这种"和魂洋才"的方式,其教育政策总是包含着启蒙与教化、维新与复古、学问技术与彝伦之道、西洋艺术与东洋道德两个方向和理念。日本现代学校教育出发点中的这一分裂体质,构成了以后日本道德教育的基本特征。[③]

二、《学制》的教育理念

作为实现"富国强兵"、"殖产兴业"的前提,"文明开化"受到了高度重视。而"文明开化"的根本手段是兴办教育,尤其是基础教育,因此创设公共教育制度,开化启蒙民众成为政府的一项急务。在废藩置县后的第四天,明治政府就设立了文部省以负责建立国民教育制度。文部省于 1871 年 1 月任命了 12 名学制调查研

---

① 梅根悟监修『世界教育史大系 39・道德教育史Ⅱ』東京:講談社、1981 年、65 頁。
② 国立教育研究所『日本近代教育百年史』(第 3 巻)東京:文唱堂、1974 年、285～286 頁。
③ 梅根悟监修『世界教育史大系 39・道德教育史Ⅱ』東京:講談社、1981 年、66 頁。

究人员（其中汉学者和国学者各 1 人，其余全是洋学者），参照欧美各国的现代公共教育制度，结合日本的国情，起草《学制》。1872 年 8 月颁布了设想 8 年制义务教育的《学制》，开启了日本现代教育制度的建设进程。

《学制》由学区、学校、教员、学生和考试、学费等五个部分组成，共 109 章，是一个庞大而又完整的综合性教育法规，在制度上较多地采取了法国的中央集权方式。于《学制》前一天发布的太政官布告《关于奖励学事的被仰出书》（以下简称"被仰出书"），作为明治政府宣布实施"文明开化"政策的重要文告，阐明了《学制》的基本理念。从道德教育的角度而言，在《被仰出书》所宣示的教育理念中，立身出世主义和实学主义两个理念至关重要。前者事关道德教育的价值取向亦即道德教育理念本身，后者关涉道德教育的地位。

（一）立身出世主义

明治初期是日本启蒙开明主义风气日盛的时期。在开明主义的氛围下，作为现代社会伦理的个人自立受到了大力推崇和强调。在明治初期的日本学校里，大量采用翻译自西洋的教科书，其中作为修身教科书被广泛采用的有英国人塞缪尔·斯迈尔斯（Samuel Smiles）所著的《西国立志篇》。① 《西国立志篇》与福泽谕吉的《西洋事情》、内田正雄的《与地志略》并列成为明治时期最畅销的三本书。在

---

① 该书原名为《自助论》(*Self Help*,)，1859 年 11 月出版于英国。《自助论》其实是一部以个案讲述为特点的西方伦理精神史。作者自称此书意在阐述与分析西方历史上在各行各业取得重要成就的人物的事迹及其思想，以激励人们的"勤勉精神"、"忠直精神"、"天职精神"与"真实精神"。他把以上诸精神概括为"自助精神"。全书共由《论帮助即机会与劝艺修业》、《论贵爵之字的开创者》、《论勉修艺业之人》、《论刚毅》、《论从事职业劳动之人》、《论金钱的当用与妄用》、《论仪范》、《论品行及真正的君子》等 13 篇组成。斯迈尔斯的《自助论》在西方深受欢迎，曾被翻译成多种文字出版。1871 年日本人中村正直将其翻译成日文，并改名为《西国立志编》出版。对于那些希望更多地了解西方世界个人如何立身出世的日本人，《西国立志篇》成了一本最好的向导书。身份等级不再是障碍，经过努力、学习、忍耐和奋斗，谁都可以获得成功，都可以过上富有的生活。而个人的成功与富有，又是富国的必由之路。《西国立志篇》中讲述的这些今天看来很普通的思想，对当时的很多日本人大有醍醐灌顶般的魅力。因此，《西国立志篇》线装十一册一套于明治四年（1871 年）七月摆上店头，立即成了供不应求的畅销书。这本书在明治时代卖掉上百万册，明治中期又出版了活字版。想想当时日本的人口只有三千多万，就会明白这个数字是多么的令人惊讶。如果把那些借阅者加进去的话，可以想象明治时期该有多少日本人读过这本书。

该书的"自助精神"一篇中,斯迈尔斯指出:"天助自助者此一谚语,乃确然经验之格言。仅此一句已包藏人事成败之经验。所谓自助,则自主自立,不依赖他人之力之谓也。"①

这一现代个人主义思想在《被仰出书》中也得到充分体现。《被仰出书》的文中写道:"人之所以立其身,治其产,昌其业,以遂其生者,此无他,端赖修身、开智、长其才艺也。而修身、开智、增长才艺又非学不可,故有学校之设立。……人应根据自己的才能勉力为之,如此方才能安生、兴产、昌业。如此说来,学问乃个人立身之资本,人之为人,无论是谁都必须学习。"也就是说,教育、学问乃个人立身出世(提高个人社会、经济地位)的手段,设立学校的目的就在于教授个人立身、治产、昌业的学问。《被仰出书》里反复强调学问、教育乃个人立身之基,是为了个人的利益和幸福,所以对"动辄高唱为国家而不知为立身之基"的教育观进行了猛烈的批判。而且《被仰出书》中还指出,既然学问是立身的资本,那么"自今之后,一般人民,无论华士族、农工商及妇女,必期邑无不学之户,家无不学之人。"既然学校对于个人立身治产有益处,那么确保子女就学是家长的责任,接受学校教育的费用就应该由受教育者自己来承担,即所谓"为人家长者应认真体认此意,彰显爱育之情,使其子女能够就学……"。② 透过《被仰出书》的字里行间,我们依稀可见其所宣扬的立身出世主义教育观的矛盾体质:一方面强调教育是为了个人的立身出世而非"为了国家",另一方面又站在国家的角度半强制地要求全民皆学。事实上,《被仰出书》虽然强调了个人立身治产,但它并不是要否定以国家利益为目的的教育观,它所批判的只不过是修身齐家治国平天下的封建说教,反对的只是幕府时代的国家观。因为,在文部省向太政官提出学制草案的同时所提出的报告中明确谈到:"国家之所以富强安康,在于世之文明、人之才艺大有长进,文明之所以成为文明要靠一般人之文明。"③也就是说,个人的文明开化、立身出世仅是实现国家富强这一最终目的的手段而已。

既然是为了国家,为什么在《被仰出书》中要大力宣扬个人的立身出世呢?对

---

① 佐藤忠男「変革期と『自立の精神』——署名の教育と匿名の教育——」『現代のエスプリ』No.118(立身出世:学歴社会の心情分析)、1977年5月、168~175頁。

② 奥田真丈監修『教科教育百年史・資料編』東京:建帛社、1985年、33頁。

③ 石山修平他『教育文化史大系』(第1巻)東京:金子書房、1953年、63頁。

此,安川寿之辅有过较为透彻的分析。他认为,《被仰出书》的这一矛盾并非偶然,而是不可避免的矛盾。世界史上,现代公共教育制度的构建过程无不受制于各自的经济、政治、社会条件,因而有各种各样的路径。在先发欧美资本主义国家,现代国民教育制度一般都是在产业、经济发展到一定阶段,基于资本家和劳工阶级双方"对教育的自觉要求"而确立起来的。而在日本,由于其发展的后进性,其国民教育制度则是在资本主义社会的自发性成长(即劳资双方产生对教育的自觉要求)和现代化对教育提起要求之前,在资本积累刚开始的阶段就由政府自上而下地强行推进的。也就是说,日本是在意识到必须强力推行教育的普及才能使日本的社会经济得以迅速发展,使之不在各国竞争中落伍之后,开始实施这样的政策的。① 这与欧美资本主义国家国民教育制度建立中的因果关系正好相反。在这一过程中,国家的作用得到了凸显。

正如"三田的文部省"和"文部省在竹桥,文部卿在三田"这种社会广为流传的说法所表明的那样,福泽谕吉的思想对于明治初期的日本教育理念具有广泛而又深刻的影响。明示《学制》教育理念的《被仰出书》甚至被认为是对福泽谕吉的《劝学篇》初编的抄袭。② 福泽谕吉在《劝学篇》中开宗明义地指出:

"天不生人上之人,也不生人下之人",这就是说天生的人一律平等,不是生来就有贵贱上下之别的。……但环顾今日的人间世界,就会看到有贤人又有愚人,有穷人又有富人,有贵人又有贱人,它们之间似乎有天壤之别。这究竟是怎么一回事呢?理由很明显。《实语教》说:"人不学无智,无智者愚人。"所以贤愚之别是由于学与不学所造成的。……人们生来并无富贵贫贱之别,唯有勤于学问、知识丰富的人才能富贵,没有学问的人就成为贫贱。③

如上所述,福泽基于四民平等的立场,力主世界上的贫富、贵贱、贤愚之别都是"由于学与不学所造成的",而不是天命注定的。正是基于这一观点,他力劝人们借助学问、教育来治愚治贫,立身出世。福泽谕吉提出的人无贵贱,唯有依学问在社会上出人头地的这种理念恰巧很好地说明了明治政府推行学制的意图。这一理念从一种非政治性的、个人主义的立场出发,而其实质是要达到"国家富强"

①　安川寿之輔『増補日本近代教育の思想構造』東京:新評論、1986年、第31~33页。
②　安川寿之輔『増補日本近代教育の思想構造』東京:新評論、1986年、38页。
③　[日]福泽谕吉:《劝学篇》,群力译,商务印书馆1984年10月修订第2版,第2~3页。

这一政治性目的。明治政府在《被仰出书》中提出教育是为了个人在社会上安身立命、治产昌业的观点，用以说明《学制》政策的目的，意图启动个人对教育的热情，并希望将这种个人对教育的要求与国家的目的统一起来，实现"国民皆就学"的教育普及。提倡通过"实学"的教育实现个人的立身出世和全民皆学的《被仰出书》，在基本逻辑结构上与《劝学篇》初篇的内容如出一辙。[①]

（二）实学主义

《被仰出书》对以教授"五伦之道"、阐明"彝伦之道"为根基的封建教学观进行了体无完肤的批判，指出封建教学"趋辞章记诵之末、陷于空谈虚理之途，其论虽似高尚，而鲜能行于身、施于事者"，是"沿袭旧弊"，它认为教育、学问首先乃是"立身之资本"、"立身之基"，就连"修身"这一德育课题也是与"人人各自立其身、治其产、昌其业"的立身治产昌业的实际生活课题直接联系在一起的。因此主张"修身开智长才艺"的教育要以掌握"以日用常行言语书算为开端的、有关士官农商百工技艺及法律、政治、天文、医疗"等实学知识为主要目的。[②]《被仰出书》的实学主义表明，《学制》开启的现代教育开始由德川时代的以五伦之道为正学的传统道德主义教育向着以人智开发为中心的主智主义教育转变。

轻视道德教育是明治启蒙期的时代特征。这种轻视实际上是以福泽谕吉为首的启蒙思想家们的智育优先思想的具体体现。作为明治时期的启蒙思想家，福泽谕吉面对当时日本所面临的局面，提出了"一人独立、一国独立"的口号，激发人们去争取民族独立。福泽谕吉认为，要争取民族独立，首先要培育具有"独立"精神的新型国民。然而，明治维新虽然摧毁了德川幕府的封建统治，但是德川幕府长期以来推行的意识形态——儒教体系依然禁锢着人们的思想。为此，福泽谕吉认为，为了塑造具有"独立"精神的新型国民，最主要的是"劝学"。他引用古代俗语"人不学无智，无智则愚人"，主张人们只有通过学习，才能实现平等，才能具有独立精神，才能实现文明开化。那么，学习什么样的学问，才能成为新型国民呢？在福泽看来，这就是"实学"。

福泽谕吉在《劝学篇》第一篇中强调指出："所谓学问，并不限于能识难字，能

---

① 安川寿之辅『増補日本近代教育の思想構造』東京：新評論、1986 年、38～39 頁。
② 国立教育研究所『日本近代教育百年史』（第 3 巻）東京：文唱堂、1974 年、477～478 頁。

读难懂的古文,能咏和歌和做诗等不切实际的学问。""这类学问虽然也能给人们以精神安慰,并且也有些益处,但是并不像古来世上儒学家和日本国学家们所说的那样可贵。""这类学问远离实际不切合日常需要",因此他主张"应当把不切实际的学问视为次要,而专心致力于接近世间一般日用的实学"。他甚至亦把"修身学"视为"世间一般之实学"的一个学科,认为它应该"阐述合乎自然的修身交友和处世之道"。因此,他主张"要具备才德就必须明白事理"。① 这就是说,他把道德也视为与"明白事理"之知识有关的问题。

正如丸山真男所指出的那样:"如果福泽的主张真的仅仅止于'学问的实用性'、'学问与日常生活的结合',那么其思想绝不是什么崭新的东西。""福泽实学中的真正革命转回,实际上并不在于学问与生活的结合和学问的实用性之主张中。其问题的核心在于学问与生活如何结合的结合方法上。这种结合方法上的根本转回,起因于其学问的根本结构的变化。"②

在福泽看来,东洋社会停滞性的秘密,在于缺乏数理的认识和独立精神两点。所谓"数理",就是以牛顿力学为基础的自然科学理论,而"独立思想"即是福泽谕吉从西方所接受的自由主义思想。值得注意的是,在福泽所列举的"世间一般日用的实学"中,特别重视"物理学",把"物理学"看成是欧洲学问的核心,认为欧洲近代文明无不出自"物理学"。用福泽的话来说,"物理学"是学问中的学问,是一切学问的基础、预备学。由此可以看出,福泽谕吉提倡的"实学"不仅指社会生活中必需的、实用的知识、技能,也意味着实验和实证的科学。而在封建社会中,占学问核心地位的是修身齐家之学,即伦理学。正如龚浩宇所指出的那样:"在以伦理学为学问中心的封建社会中,人们不仅把伦理价值视为社会领域的根本价值,而且把伦理价值带进客观的自然界中,在自然与社会、自然规律与人伦范围之间臆造出对应序列,借助'天道'以加强'人道',巩固封建社会制度,从而以伦理价值判断作为一切价值判断的准绳。"③因此,福泽谕吉的实学观意味着价值观的转变。

---

① [日]福泽谕吉:《劝学篇》,群力译,商务印书馆1984年10月修订第2版,第3~7页。
② [日]丸山真男:《福泽谕吉与日本近代化》,区建英译,学林出版社1992年版,第27~29页。
③ 龚浩宇:《试论福泽谕吉"实学"主义的哲学思想》(学位论文),湖南师大学2005年,第9页。

要深刻理解福泽谕吉的实学主义思想,还需了解其以智德论为核心的文明论。在福泽看来,文明的目标"不仅在于追求衣食住的享受,而且要砺智修养,把人类提高到高尚的境界"。① 他指出:

所谓文明是指人的身体安乐,道德高尚;或者指衣食富足,品质高贵而说的。……如果不能使人的身心各得其所,就不能谓之文明。而且人的安乐是没有限度的,人的道德品质也是没有止境的。所谓安乐,所谓高尚,是指正在发展变动中的情况而言,所以,文明就是指人的安乐和精神的进步。但是,人的安乐和精神进步是依靠人的智德取得的。因此,归根结底,文明可以说是人类智德的进步。②

可见,福泽的文明论始终把以智德为核心的精神文明看成是文明发展不可或缺的重要方面。那么,何为智德? 福泽谕吉认为,所谓智德,包括"智慧"和"道德"两个既相互区别又相互联结的方面,是智和德的统一体。他在《文明论概略》第六章"智德的区别"中专门作了阐述:

德就是道德,西洋叫做"moral",意思就是内心的准则。也就是指一个人内心真诚、不愧于屋漏的意思。智就是智慧,西洋叫做"intellect",就是指思考事物、分析事物、理解事物的能力。此外,道德和智慧还各有两种区别。第一,凡属于内心活动的,如笃实、纯洁、谦逊、严肃等叫做私德。第二,与外界接触而表现于社交行为的,如廉耻、公平、正直、勇敢等叫做公德。第三,探索事物的道理,又能顺应这个道理的才能,叫做私智。第四,分别事物的轻重缓急,轻缓的后办,重急的先办,观察其时间性和空间性的才能,叫做公智。因此,私智也可以叫做机灵的小智,公智也可叫做聪明的大智。如果没有聪明睿智的才能,就不可能把私德私智发展为公德公智。③

关于智和德的相互联结、相互依存,福泽强调说,"德和智,两者是相辅相成的,无智的道德等于无德"④,"智德必须相互依赖才能发挥其功能"⑤。不过,福泽谕吉进一步指出,智德具有时间性和空间性,"天地间没有贯穿一切的道理,只能

① ［日］福泽谕吉:《文明论概略》,北京编译社译,商务印书馆 1959 年版,第 30 页。
② ［日］福泽谕吉:《文明论概略》,北京编译社译,商务印书馆 1959 年版,第 32～33 页。
③ ［日］福泽谕吉:《文明论概略》,北京编译社译,商务印书馆 1959 年版,第 73 页。
④ ［日］福泽谕吉:《文明论概略》,北京编译社译,商务印书馆 1959 年版,第 92 页。
⑤ ［日］福泽谕吉:《文明论概略》,北京编译社译,商务印书馆 1959 年版,第 101 页。

是随着时间和空间来进行观察"①。关于道德的时间性,福泽指出,在人类脱离野蛮不久的时代,人类的智力尚不发达,其情形如同婴儿,内心存在的只有恐惧和喜悦的感情。对于这个时代的人,既不能讲智慧,又难以制定法制来共同遵守。因此,"在未开化的野蛮时代,支配人间关系的,唯有道德,此外,没有任何可资运用的了。"②然而,随着人类文化逐渐发展,智力不断进步,不仅逐渐揭开自然造化的奥秘并控制其活动来为人类服务,而且对人世间各种关系也能作出合理解释并探索它的作用。在智慧进步的过程中,原始时代的私德逐步丧失其权威,让位于公德的时代。关于道德的空间性即道德所能实现及其不能实现的地点问题,福泽指出,"能够发挥道德的力量,而丝毫不受阻碍的地方只有家庭,一出家门,似乎就一筹莫展了。""本来,道德只能行于人情所在的地方,而不能行之于法制的领域。"因此,福泽谕吉认为,道德功能的发挥不仅依赖智慧的进步,还必须与法制相结合,没有法制的完善,就不能更好地维护道德的阵地,不能扩大道德的影响。相反,随着"法制的日益周密和实施范围的日益扩大",通过法制就可以"实现大德的事业"。③

总而言之,福泽虽然认为智慧和道德恰像人的思想的两个部分,各有各的作用,对于社会文明的进步来说,二者都是不可缺少的,但是他反对过高抬举道德、贬低智慧的倾向。在福泽谕吉看来,"道德只是个人行为,其功能涉及的范围是狭窄的,而智慧则传播迅速,涉及的范围广泛。道德规范一开始,就已经固定下来,不能再有进步,但智慧的作用,却是日益进步永无止境。道德,不能用有形的方法教诲人,能否有德,在于个人的努力。智慧,则与此相反,各种试验方法可以识别人的智愚。道德有突然的变化,智慧则一经掌握就永不丧失。"④对于日本所面临的现代化来说,智和德还存在着"前后缓急之别"和优先性的问题。"私德的功能是狭窄的,智慧的作用是广大的,道德是依靠智慧的作用,而扩大其领域和发扬光大的"。⑤ 在这里,福泽谕吉明显地突出了民智的作用,他坚持把开民智作为优

---

① [日]福泽谕吉:《文明论概略》,北京编译社译,商务印书馆1959年版,第104页。
② [日]福泽谕吉:《文明论概略》,北京编译社译,商务印书馆1959年版,第108页。
③ [日]福泽谕吉:《文明论概略》,北京编译社译,商务印书馆1959年版,第120页。
④ [日]福泽谕吉:《文明论概略》,北京编译社译,商务印书馆1959年版,第102页。
⑤ [日]福泽谕吉:《文明论概略》,北京编译社译,商务印书馆1959年版,第81页。

先事项。《被仰出书》也正是体现了这种思想。

第三节　修身教育的创始

明治政府在文明开化的大旗下颁布了《学制》，以欧美列强的教育制度为样板，开启了现代教育制度的建构进程。在此过程中，教育被视为个人立身出世的手段，而且现代化的教育也被视为国家富强的条件。伴随经济体制由封建制向资本制的巨大转换，现代教育制度的建构过程不仅是寺子屋制度向现代学校制度的转变，也是由以"五伦之道"为正统之学的传统道德主义教学向着眼于人智开发的主知主义教育的巨大转换。从宗教与教育的关系角度而言，也是由宗教（主要是佛教与兼具学问和宗教双重性质的儒教）与教育融为一体的传统教学向宗教与教育分离独立的教育体制的转化。正是在这一转变过程中，修身科作为开展道德教育的学科应运而生，但却处于不受重视的境地。

一、修身科的创立

虽然《被仰出书》中高唱教育要致力于"修身、开智"，而且也设置了修身科作为开展道德教育的学科，但是修身（道德）教育却并没有受到高度的重视。

根据《学制》第 27 章的规定，下等小学（6～9 岁，相当于今日的 1～4 年级）设置缀字、习字、单词、会话、读本、修身、书牍、文法、算术、养生法、地学大意、理学大意、体术、唱歌等 14 个科目，上等小学（10～13 岁，相当于今日的 5～8 年级）在下等小学的 14 个科目基础上又加上史学大意、几何学绘图大意、博物学大意、化学大意等科目。[①] 1873 年 12 月，下等和上等小学的科目中又追加上了"国体学"这一科目。[②]

1872 年 9 月颁发的《小学教则》规定了《学制》的具体实施方法。根据该教则的规定，上下两等小学各自又分为 8 级（每级各半年），共计 16 级。《小学教则》对每一级的课程都做了明示。其中修身科被作为"修身口授"设置于第 8 级至第 5

---

① 奥田真丈監修『教科教育百年史・資料編』東京：建帛社、1985 年、35 頁。

② 教育史編纂会『明治以降教育発達史』（第一巻）東京：竜吟社、1938 年、369 頁。

级的两年间(下等小学的 1、2 年级),而且均被置于各级课程中倒数第 2 的位置。[1]
在 1873 年的《改正小学教则》中,"国体学口授"被作为第 8 级和第 7 级的学习科目,每周 1 课时。伴随国体学的追加,第 8 级和第 7 级每周 2 课时的"修身口授"被削减为每周 1 课时。[2]

　　根据《学制》和文部省《小学教则》的规定,修身科作为开展道德教育的独立学科得以创立。这在日本教育史上还是第一次。在明治以前的教育中,道德教育与所有课程都是融为一体的。虽然修身科的设置可以视为寺子屋教育中萌生的"御讲义"、"心学讲释"等道德教育领域和形式的延伸,但是根据藤田昌士的考察,修身科作为一个学科的诞生更直接地受到了欧美尤其是法国学科课程的影响。[3]
与其他西欧各国不同,法国坚持宗教与教育相分离的原则,在学校中不开展宗教教育,而代之以设置修身科开展世俗的道德教育。日本之所以选择这一制度,可能有着这种制度有利于日本顺利地推进现代化的考虑。

　　然而,需要指出的是,在现代小学教育创世之初,还不具备完全按照文部省颁布的《小学教则》付诸实施的条件。因此文部省另外命令东京师范学校制定能够付诸实施的简略而又合适的小学教则。在《学制》实施期间,各府县所制定的教则几乎都是依据师范学校而非文部省制定的教则。根据藤田昌士的考察,依据师范学校教则的各府县小学学科设置大体上经历了三个发展阶段:[4]

　　第一阶段是师范学校制定《小学教则》前后的时期。在这一时期里,各府县以文部省的教则为参考,制定课程,而且基本上是以读书、习字、算术为中心,课程安排非常简单。在这种未分化的课程体系中,修身科自然没有取得自己的位置。不过也有像第三大学区和京都府制定的《小学教则》那样,专门设置了修身口授的时间。

　　第二阶段是各府县依据师范学校的《小学教则》制定教则的时期。根据 1873 年 5 月公布的师范学校《小学教则》,下等小学的课程包括阅读、算术、习字、作文、听写、问答、复读、各科复习、背诵、体操等 10 个科目,上等小学设置阅读、算术、习

①　奥田真丈监修『教科教育百年史・资料编』东京:建帛社、昭和六十年、38~39 页。
②　教育史编纂会『明治以降教育発達史』(第一卷)东京:竜吟社、1938 年、442~425 页。
③　藤田昌士「修身科の成立過程」『東京大学教育学部紀要』第 8 卷、1965 年、196~197 页。
④　藤田昌士「修身科の成立過程」『東京大学教育学部紀要』第 8 卷、1965 年、198~204 页。

字、轮讲、背记、作文、绘画、各科复习、体操等9个科目。虽然其中并不包括修身科，但从阅读科的内容来看，包含修身的内容。由于师范学校制定的《小学教则》被文部省指定为《文部省正定教则》，所以此后各府县的小学教则几乎都依此制订。不过，也有的府县小学教则中虽然没有把修身口授作为独立的学科设置，但却实际设置了修身口授的时间。

第三阶段是根据修订的师范学校《小学教则》，从1875年左右增设"口授"这一科目以后的时期。根据1877年8月公布的东京师范学校的《小学教则》，下等小学的课程包括读法、背记、问答、作文、听写、口授、复习、笔算、珠算、习字、画法、体操、各科复习等13个科目。虽然没有设置修身科，但是规定口授科要贯穿上下两等小学各个年级，"参考各种书籍，讲解劝善惩恶之事"。由此可见，口授科相当于修身科。而且上等小学的轮读科中也包含类似"修身论"这样的内容。由于师范学校教则的课程结构不甚分明，各府县小学教则的课程设置更复杂多样。有不设口授科的，有设置只讲授修身内容的口授科的，但更多地是将修身或道德教育内容包括在未分化的综合学科口授科之中。

由以上我们可以看出：第一，虽然修身科在《学制》颁布之初的文部省《小学教则》中作为独立学科分化了出来，但是从各府县实际的《小学教则》来看，就像师范学校的《小学教则》一样，修身科并没有作为独立的学科分化出来。第二，1875年以后，伴随师范学校的《小学教则》增设口授科，各府县的《小学教则》一般也都设置了口授科，但是大多数都将其作为未分化的综合学科对待。第三，尽管修身科只是这一未分化的口授科之一部分，但明显构成其主要内容。由此可以说，修身科采用了口授科这一过渡性的课程形态，并且从总体上逐渐地走向作为独立学科的方向。[①]

总而言之，虽然从《学制》实施期间各府县的《小学教则》实施状况来看，修身科作为一门独立的科目并没有普遍建立起来，但是至少在文部省的法规层面，修身科明确地分化出来并确立其独立地位。

虽然《学制》规定在小学设立修身科作为专门开展道德教育的学科，但是并没有把它作为国民教育的重要学科加以重视。在文部省《小学教则》规定的小学所有科目中，修身科被排在第六位，而且即使包括国体学在内，道德教育只设在8年

---

① 梅根悟監修『世界教育史大系39・道徳教育史Ⅱ』東京：講談社、1981年、94頁。

制小学的一、二年级,其中一年上下两个学期和二年级的第一学期每周两学时,二年级的第二学期每周一学时。在 1872 年 9 月的《小学教则》中,修身科的教学时数(7 学时)只占 8 年制小学全部学科总教学时数(481 学时)的 1.5%。根据 1873 年 5 月颁布的《改正小学教则》,周一和周六被定为休息日,教学总时数随之减少到 317 课时,修身科和国体学的课时虽然维持 7 课时,但也只占总课时的 2.2% 而已。①

应该说,《学制》实施期间的课程结构正是明治启蒙思想中"方今吾邦至急之求,非智慧而无他"这一智育优先路线的反映,也是《被仰出书》所宣扬的实学主义理念的集中体现。1873 年 4 月明治政府追加的对《学制》中有关专门学校的规定也充分反映了这一点。其中规定:"雇用外国教师开设专门学校,仅在于取彼之长技。应取其学艺技术,诸如法学、医学、星学(天文学)、数学、物理学、化学、工学等。其他诸如神教、修身等学科今不取之。"②应该指出的是,这一"取彼之长技"的智育优先路线里仍然潜存着"东洋道德、西洋艺术"的思想。

二、修身教育的内容与方法

(一)修身科的教育内容

如前所述,文部省颁发的《小学教则》规定了《学制》的具体实施方法,当然也包括教学内容的规定。文部省的《小学教则》中规定了 5 种修身教科书,由这些教科书,我们大体可以窥出修身科的教学内容。

《民家童蒙解》③(青木辅清译,1874 年出版)。该书的第一、二卷是由青木辅清从和、汉、洋的修身书中辑录了一些简单的修身训,第三、四、五卷是对美国人维兰德(Francis Wayland)所著的《智慧》(*Wisdom*)的摘译。按照《小学教则》的规定,主要用作 1 年级的修身教材。

《童蒙教草》(福泽谕吉译,1872 年出版,共 5 册)。该书是由福泽谕吉译自英国人钱伯斯(Robert Chambers)所著的《道德宝典》(*Moral Colours' Book*)。按照

---

① 梅根悟監修『世界教育史大系 39・道徳教育史Ⅱ』東京:講談社、1981 年、86 頁。
② 教育史編纂会『明治以降教育発達史』(第一巻)東京:竜吟社、1938 年、3311 頁。
③ 《民家童蒙解》其实原为常盘漂北所著的出版于享保十九年的一本书。但是由于种种原因,这本书在明治初期并没有得到广泛使用,人们广泛使用的是明治年间出版的青木所译同名书。

《小学教则》的规定,用作 1 年级的修身教材。

《泰西劝善训蒙》(箕作麟祥译,1871 年出版)。该书的前编 3 册译自法国人伯恩为小学生所写的修身读物,后编 8 册摘译自美国人温斯露(Winslow)所著的《道德哲学》(*Moral Philosophy*,1866),续编 4 册摘译自美国人劳伦斯・希科克(Laurens P. Hickok)所著的《道德科学大系》(*A System Of Moral Science*)。按照《小学教则》的规定,主要用作 2 年级第 1 学期的修身教材。

《修身论》(阿部泰藏译,1874 年出版)。该书译自美国人维兰德(Francis Wayland)所著的《道德科学原理》(*Elements of Moral Science*,1853),维兰德所著的《道德科学原理》是当时美国广泛普及的一本伦理学概论书,由福泽谕吉首先介绍到日本,而且福泽的《劝学篇》尤其是其中的第二、六、七、八四编也是以维兰德的这本著作为蓝本写成的。译者由福泽的门生阿部泰藏担当。① 按照《小学教则》的规定,《修身论》主要用作 2 年级第 1 学期的修身教材。

《性法略》(神田孝平译,1871 年出版)。该书是由神田孝平根据西周、津田真道幕末在荷兰莱顿大学(Leiden University)留学期间的自然法课程笔记翻译而成,并由西周和津田作序。按照《小学教则》的规定,主要用作 2 年级第 2 学期的修身教材。

文部省《小学教则》所规定的以上五种书几乎全是翻译书。透过以上五种教材,我们可以看到《学制》实施期间道德教育内容的两个特征:

第一,主要是以个人的自由、平等为根本的现代市民社会道德。在以上五种教科书中,使用最广泛的当属《泰西劝善训蒙》和《修身论》。尤其是《修身论》,由于是文部省出版的教科书,因而被视为当时最标准的修身教科书。② 由这本书的内容,我们大致可以了解这个时期的修身教学内容。《修身论》共有前后两编,外加论述仁惠的 3 章,共由 16 章构成。前编主要论述原理,后编主要阐述实施。目录如下③:

前编

第 1 章 论修身之定则和修身之作为

---

① 梅根悟監修『世界教育史大系 39・道徳教育史Ⅱ』東京:講談社、1981 年、87~88 頁。

② 梅根悟監修『世界教育史大系 39・道徳教育史Ⅱ』東京:講談社、1981 年、87 頁。

③ 宮田丈夫『道徳教育資料集成』(第 1 巻)東京:第一法規、1959 年、41~42 頁。

第 2 章 论良心

第 3 章 论良心自责时其行为必关涉是非

第 4 章 论快乐

后编第 1 卷

第 1 章 论人相互之间的义务

第 2 章 论身体之自由及其妨碍方法

第 3 章 论所有权

第 4 章 论品性

第 5 章 论评判

第 6 章 论真实

后编第 2 卷

第 7 章 论父母的义务和权利

第 8 章 论孩子的义务和权利

第 9 章 论人民的义务

论仁惠的义务

第 1 章 论仁惠

第 2 章①

第 3 章 论对动物的义务

《修身论》前编第 1 章第 1 条一开始就将"修身论"界定为"修身定则之学"。在维兰德看来,人际世界与自然界一样存在法则。由于维兰德是一个牧师,所以他坚信这一定则或法则是由上帝制定的。除了这一宗教背景之外,我们从其目录和内容中可以看出,《修身论》所阐释的多是与日本传统社会异质、体现美国市民社会道德的内容,如个人的自由、平等(包括成人后亲子之间的平等)、所有权的神圣不可侵犯性等。特别值得指出的是,全书用很大的篇幅阐释了人的权利和义务,论述"民选政府"、"世袭政府"、"立君政府"、"贵族政府"和"共和政府"之间的区别及"立法、司法、行政三权鼎立"的意义等,包含很多公民教育的内容。②

---

① 第 2 章并无标题,但下设三条分别论述对穷困之人、坏人、害己之人的仁惠。

② 详细内容请参见:宫田丈夫编著『道德教育资料集成』(第 1 卷)東京:第一法规、1959 年、37~88 页。

第二,道德与法律相混淆。在明治之初大规模引进欧美市民社会道德论的阶段,对道德的理解产生了一定的混乱,最明显体现在文部省指定的修身教科书中包含了《性法略》这本法律书。这一事实表明,当时的文部省当局并不清楚法律与道德的区别。当时在文部省任职的江木千之在后来的回忆中证明了这种混淆给学校现场带来了混乱。因此,文部省大约于 1878 年开始废止了用法律书教授修身的做法。①

虽然说《学制》实施期间修身教育教科书如同其他学科一样主要依赖欧美教材的翻译,但是并非所有的道德教育教科书都是欧美市民社会道德书的翻译。事实上,就在文部省颁发《小学教则》的第二年 4 月,文部省又以弥补教科书不足为理由,在《小学教则》所规定的修身教科书目录中增加了 3 种修身教科书。后增加的修身教科书均为和、汉教科书,分别是:袁了凡著《和语阴隲录》(幕末出版,1册);上羽胜卫著《劝孝迩言》(1873 年出版,1 册);石井光致著《修身谈》(1830 年出版,共 3 卷)。《阴隲录》(《了凡四训》)原为明代弃官后信奉佛法的袁了凡所写,宣扬阴隲为支配人类的天,依人行为的善恶而定其祸福,阐发善恶行为与因果报应的关系,极力劝人为善。《和语阴隲录》乃适应日本实情的改写本,是幕末期间非常普及的一本道德书。《劝孝迩言》的上篇乃以儿童能够理解的朴实语言对《六谕衍义大意》中有关孝道部分的改写,下篇乃是以中日两国的真人真事来说明孝道的实例。《修身谈》是一本从中国的古典中辑录名言警句并配上实例的道德教训书。也就是说,以上三种新增教科书均为和、汉道德教科书,其中尤其是《劝孝迩言》作为小学教科书使用的最广泛。② 除了这些道德教科书之外,这个时期也出版了其他很多以和、汉道德素材为主要内容的修身教科书,如石村贞一的《修身要诀》(1874 年)、土屋弘的《修身:为人之基本》(1874 年)、西坂成一的《训蒙轨范》(1873 年)、瓜生政和的《教训道话:童蒙心得草》(1873 年)、西坂成一的《教女轨范》(1873 年)等。

据统计,维新之后直至 1877 年这一短时间里,出版修身教科书较多的年份是1873 年和 1874 这两年。在这两年出版的修身教科书中欧美翻译教科书共 16 册

---

① 梅根悟監修『世界教育史大系 39・道徳教育史 II』東京:講談社、1981 年、90～91 頁。
② 梅根悟監修『世界教育史大系 39・道徳教育史 II』東京:講談社、1981 年、89 頁。

（1873 年 13 册），和、汉修身教科书共 22 册（1873 年 8 册）。① 由此可见，"东洋道德、西洋艺术"，道德还是东洋或日本的好这一思想在明治初期的欧化浪潮中依然强劲，构成明治政府文教政策之底流。

（二）修身科的教学方法

就修身科的教学方法而言，正如文部省的《小学教则》所记述的那样，是作为"修身口授"实施的，即主要通过教师的口授、讲述来进行的。所谓的修身教科书也只是教师口授用的参考资料，而非供学生使用的教科书。而实际的口授大多情况下是在诵读课文的同时解释字义而已。时任文部省大书记官的九鬼隆一的描述从一个角度证明了这一点。

1877 年 4 月，受命巡视第三大学区（石川、七尾、新川、足羽、敦贺、筑摩六县）的文部省大书记官九鬼隆一就当时的修身科教学阐述了如下的意见：

修身学之要在于使少年子弟产生感触。故应逐渐确定作为其根据的书籍，扩充其主旨，谋求其效果，或采用谈话的形式，或进行解释说明，关键要使少年有刻骨铭心的感触，这一点在教育上尤为重要，像从前的轮讲、会读等那样，仅止于讨论和议论文义的差异和意义之意蕴，则不足以唤起其精神，不仅在道德上无所助益，而且耗费宝贵的时日，消耗至重之脑力。故讲授此学，应严防此类情况出现。②

在九鬼看来，修身科的教学本来应该诉诸儿童的内心深处，以感动其道德心。"谈话"和"解释说明"都是实现这一目的的方法。但是当时日本实际的小学修身教学，要不是重在明确文义的差异，要不就是在揭示意蕴之深奥，流于道德教育之枝叶末节，脱离了修身科教育的本来目的。

第四节　效果分析

如前所述，明治维新之初，摆在维新政权面前的最紧迫课题就是民族国家的建构。这一课题包含双重任务：一是建立与万国对峙的统一国家——"日本"，二

---

① 梅根悟監修『世界教育史大系 39・道徳教育史Ⅱ』東京：講談社、1981 年、90 頁。
② 教育史編纂会『明治以降教育制度発達史』東京：竜吟社、1938 年、475 頁。

是形成支持和参与国家建设的国民——"日本人"。用丸山真男的话说·前者表现为政治的集中化——政治力量向国家凝聚,后者表现为政治的扩大化——向国民思想的渗人。即"直面对外危机,首先迫切需要的,是尽可能把封建的、割据政治势力一元化,通过'自由掌握日本全国,如同我手足'这种强有力的中央集权,充实国防力量,并作为其前提,安定国民生活和开始'殖产兴业'。与此相对应,另一方面,使对政治的关心更加渗透到社会层,并以此把国民从以前对国家秩序无责任的被动状态中解放出来,从而在政治上动员一切力量"。①

政治的扩大化,亦即把国民从"被动状态"中解放出来,以动员一切社会和政治能量支持日本的富国强兵大业,乃是日本的社会政治发展给教育特别是道德教育提出的最高任务。明治重臣伊藤博文的以下一段话充分表明了明治政府对教育的期望:"国家富强之途,第一在于启发国民各自的智德良能,使其步入文明开化之之域;第二在于人民各自打破旧来之陋习,不甘于被动的地位,并进而主动为了达成国家共同之目的,协力、致力于建设巩固坚实的国家之大业。"②《学制》的颁布和近代教育制度的创立,就是适应这一需求的产物。《被仰出书》宣扬教育乃是国民个人立身之资本的立身出世主义思想,不外乎就是希望"通过唤起国民的自发性,抽取、积累、吸收潜在的国民能量,以实现'富国强兵'之实质"。③

其实,与"立身出世"(社会的垂直移动)相关的词语早在江户时代就有,但是立身出世这一词语的使用方式和立身出世的环境在江户时代和明治时代却大不相同。根据日本学者竹内洋的考察,江户时代"立身"和"出世"在绝大多数情况下是被分开使用的。武士世界使用的是"立身",町人等庶民世界使用的是"出世"。武士之所以使用"立身"一词,是因为他们的身份文化是由儒教所规定的。而町人等庶民使用"出世"一词,则是因为他们的身份文化受佛教之影响。④ "立身"和"出世"不仅分别为武士和庶民阶层所使用,而且含义也有所不同。对于武士来

---

① 丸山真男:《日本政治思想史研究》,王中江译,三联书店 2000 年版,第 296~297 页。

② 後藤総一郎「近代日本の教育とその精神的風土」『現代のエスプリ』No. 118(立身出世:学歴社会の心情分析)、1977 年、163 頁。

③ 後藤総一郎「近代日本の教育とその精神的風土」『現代のエスプリ』No. 118(立身出世:学歴社会の心情分析)、1977 年、162~163 頁。

④ 立身属于儒学用语,源于《孝经》,即"立身行道,扬名于后世,以显父母,孝之终也"。出世原本是佛教用语,意思是佛救众生脱离尘世。

说,所谓立身就是"增加知行",即修炼操行;对于町人来说,所谓出世,就是扩大家业,增持家产;而对于农民而言,出世就是增持田地家产。在江户时代,与身份制社会相适应的是所谓"分限思想",要求的是各人安分守己,超越身份的欲望被认为是不道德的。"立身"也好,"出世"也好,都没有被赋予积极价值。与分限意识紧密相连的社会意识和态度是节俭、宿命、忍受、放弃,奢侈和立身出世被认为是与此完全抵触的社会意识和态度。也就是说,在江户时代,即使人们有立身和出世的野心和欲望,社会上不仅没有点燃人们立身出世野心和欲望的点火装置,相反却设置了强力的冷却装置。①

而进入明治时代之后,人们被赋予职业选择和居住的自由,社会流动的制度性桎梏被解除,立身出世的点火装置配置齐全。《五条御誓文》宣扬"官武一途以至于庶民,各遂其志,使人心不倦",《被仰出书》高唱"学问乃立身之资本",宣扬个人自立、立身出世的《劝学篇》和《西国立志篇》成为明治初期的畅销书。所有这一切都说明日本正在由一个"与身份相适应"的时代进入一个宣扬"与实力相适应"的时代,由压抑和否定情欲和本能的时代走向一个鼓励和解放野心和欲望的时代。在政府的推动和社会潮流的影响下,学校教育一方面为个人的立身出世提供制度保障,另一方面也大力宣扬立身出世的思想观念。在教科书中,立志、学问、勉学、努力、勤勉等立身出世的伦理随处可见。

那么,这一时期学校的立身出世主义教育到底对学生产生了什么样的影响呢?我们可以透过这个时期出版的杂志来推测这个时期在学青少年的思想。在明治初期出版的众多杂志中,人气最高、发行量最大的杂志当属 1877 年创办的《颖才新志》,主要刊登读者的作文。对明治 10 年代的少年们来说,《颖才新志》几乎是投稿的唯一杂志。这份杂志 1878 年的发行量为 48 万份,1879 年达到 49 万份,相当于这个时期另一份人气杂志《团团珍闻》发行量的 2 倍。② 从投稿者的构成来看,年龄一般在 7～18 岁之间,大部分是小学高年级学生;从出身来看,士族

---

① 竹内洋『立身出世主義増補版』京都:世界思想社、2005 年、9～11 頁。
② 前田愛『明治立身出世主義の系譜』『現代のエスプリ』No. 118(立身出世:学歴社会の心情分析)、1977 年、83～98 頁。

和平民大约各占一半。① 前田爱认为,从杂志的发行量和读者层的构成来看,《颖才新志》可以作为推测明治 10 年代青少年集团意识和精神构造的有力指标。因此,他以《颖才新志》的投稿作文对《劝学篇》和《西国立志篇》的理解方式为中心,考察了明治前期立身出世主义思想对青少年的影响。② 美国学者金蒙斯(Earl H. Kinmonth)也基于同样的认识,透过《颖才新志》考察了明治前期青少年的立身出世思想。③ 表 3-1 为金蒙斯对明治前期《颖才新志》投稿作文按主题进行分类的结果。与《劝学篇》和《西国立志篇》进行对照,不难发现这些作文主题大多是《劝学篇》和《西国立志篇》所阐述的主题,足见《劝学篇》和《西国立志篇》所宣扬的立身出世主义的巨大影响。

表 3-1 《颖才新志》投稿作文的题目分类(1877 年 3 月 10 号～1879 年 12 月 10 号)

题目类别	作文数	所占比例	题目类别	文章数	所占比例
勉强、恋惰	123	61%	立身	24	12%
教育、学问	96	48%	家	20	10%
富贵、幸福、安乐	65	32%	英雄	13	6%
戒浪费时间	44	22%	品行	10	5%
忍耐	43	21%	健康	8	4%
功名	41	20%	孝行	6	3%
国家、国益	39	19%	耻	6	3%
贤愚	38	19%	俭约	5	2%
大业	29	14%			

　　注:1. 根据 E. H. キンモンス著、広田照幸他訳『立身出世の社会史——サムライからサラリーマンへ——』(東京:玉川大学出版部、1995 年)第 64 頁的资料编制而成。

————————————

　　① E. H. キンモンス著、広田照幸他訳『立身出世の社会史——サムライからサラリーマンへ——』東京:玉川大学出版部、1995 年、64 頁。
　　② 前田愛「明治立身出世主義の系譜」『現代のエスプリ』No. 118(立身出世:学歴社会の心情分析)、1977 年、83～98 頁。
　　③ E. H. キンモンス著、広田照幸他訳『立身出世の社会史——サムライからサラリーマンへ——』東京:玉川大学出版部、1995 年、63～73 頁。

2. 期间总共出版 147 号,总共刊载的作文数为 202 篇。

3. 投稿数未满五篇的,未纳入以上的分类统计之中,其中包括"天皇"(1 篇)和"村共同体"(1 篇)。

从《颖才新志》刊载的作文的内容来看,投稿者所理解和接受的立身出世主义至少有两大特点:第一,勤勉努力主义。《颖才新志》的作文中,最频繁出现的是有关富贵贫贱之分和贤愚之别的主题,而且在投稿青少年看来,富贵贫贱之分和贤愚之别并不仅仅在于学问之有无,还在于勤勉、努力、忍耐等禁欲主义伦理之践行与否。① 这一点也可以从日语"勉强"一词含义演变及其流行中看出。虽然"勉强"一词在现代日语中意指学习,但其原本只是"勤勉"的意思。从《颖才新志》刊载的作文来看,"勉强"意指学习的用法在明治 10 年代大体固定下来。虽然《劝学篇》和《西国立志篇》都没有在"学习"这一意义上使用"勉强"一词,但是可以推测其对"勉强"一词的意义由勤勉向学习的转变产生了巨大影响。正是《劝学篇》和《西国立志篇》以及以《劝学篇》为思想背景的《被仰出书》点燃了明治初期青少年通过学习实现垂直社会移动的欲望和野心,结果使得学问成为人们"勉强=努力"的对象。如此"勉强"就具有了如下的内涵:

勉强原本是"勤勉"的意思,它即使成为"学习"的意思后也不失勤勉的意味。勉强必须伴随刻苦勤勉。现在当我们对孩子说"勉强しなさい"时,当然不单单是说学习,还要求其努力和勤勉。单单成绩好不成其为勉强。它所传达的是勤勉的精神。②

日本教育社会学者竹内洋基于图 3-1 的社会上升移动概念框架,认为《颖才新志》投稿作文所折射的立身出世思想相当于 D 型的"努力—教育主义"。所谓"努力—教育主义",即认为社会成功只有通过接受(学校)教育才能实现,而教育=学力又只有通过努力才能获得。③

① E. H. キンモンス著、広田照幸他訳『立身出世の社会史——サムライからサラリーマンへ——』東京:玉川大学出版部、1995 年、66〜69 頁。

② 竹内洋『立身出世主義増補版』京都:世界思想社、2005 年、30 頁。

③ 竹内洋『立身出世主義増補版』京都:世界思想社、2005 年、29〜30 頁。

```
┌─────────────────────────────────────────────────────────────────┐
│  A 能力──→成功                    能力主义                         │
│  B 努力──→成功                    努力主义                         │
│  C 能力──→教育──→成功             能力──教育主义                   │
│  D 努力──→教育──→成功             努力──教育主义                   │
│  E 阶级──→成功                    社会再生产论                     │
│  F 阶级──→教育──→成功             文化再生产论                     │
└─────────────────────────────────────────────────────────────────┘
```

图 3-1　社会上升移动的概念图

第二,业绩主义。根据金蒙斯的考察,《颖才新志》的投稿者们完全没有把人际关系这一出世的决定性因素纳入考虑范畴。可见,投稿者们推崇业绩主义甚于人品、道德。而在江户时代,人际关系、秩序、人品受到高度重视。对于为何江户时代强调人际关系和人品,而明治前期的人们更重视业绩,金蒙斯也给出了较为合理的解释:

强调人际关系和人品,与需要奋斗努力的环境有关:心怀野心的人数超过机会(地位)数;对于职务履行和出世缺乏明确的基准;职场里有出于各种各样地位的人和用有各种权力的人。江户时代的武士就处于具备现在列举的所有三个条件的环境。……

但是,从明治时代的道德书来看,就连西村茂树那样学习儒学的人也重视业绩甚于人际关系。这个时代,至少在比较年长的世代里,是国家主义意识比较高涨的时代。在国家的独立和国力的增强构成眼前目标的时代里,人品当然没有存在的空间。而且由于充分接受近代教育的青年十分不足,所以也是人品未能成为问题的要因。从若干个回忆录来看,这个时期对接受教育的青年来说,是卖方市场。在这样的市场状态下,买方不具有强求青年具有顺从的人品的力量。[①]

以勤勉努力主义和业绩主义为主要特点的立身出世主义所反映的不仅是《颖才新志》投稿者们的思想构造,也代表了明治初期青少年的立身出世主义思想特点。这说明日本现代化启动期的立身出世主义教育理念得到了很好的贯彻。但是,由于智育优先主义的时代背景,立身出世主义理念的贯彻与其说是直接的道

---

① E.H.キンモンス著、広田照幸他訳『立身出世の社会史——サムライからサラリーマンへ——』東京:玉川大学出版部、1995 年、72~73 頁。

德教育的成果,不如说是整个教育制度和教育内容乃至整个社会潮流的影响所致,而最根本的原因还在于现实社会中社会流动性增大这一时代背景。

应该说,立身出世主义观念激发了日本国民的自主性和能动性,起到了动员国民能量的作用。但是,随着社会流动机会的逐渐减少,如何将立身出世主义观念动员起来的国民能量集中于实现国家现代化的目标上而不致成为社会稳定的威胁,也是当政者必须面对的一个巨大课题。

第四章

现代化起飞期的道德教育

1878 年 5 月中旬,大久保利通在同一位官员的谈话中,对明治维新事业作了回顾和展望。他说:"今事渐平复。故此时欲以三十年为期,勉力贯彻维新之宏图,此乃夙志也。假如分之为三期,明治元年至十年为第一期,军事居多,乃创业时期;以十一年至二十年为第二期,此期乃最重要之时期,整顿内治、繁殖民产,皆在此期,利通虽不才,决心充分尽内务之职;以二十一年至三十年为第三期,三期之守成则有待后进贤者继承修饰也。利通夙志如此。故第二期期间之事业务求深加谨慎,为将来留下可继之基。"①大久保踌躇满志、信心满满地要致力于完成"整顿内治、繁殖民产"的话音刚落,却在前往太政官官署上班的路途上被刺客刺杀。至此,被誉为"维新三杰"的倒幕派和明治维新的中心人物——木户孝允(1843~1877)、西乡隆盛(1828~1877)和大久保利通(1830~1878)相继离世,②日本政治开始进入了以伊藤博文为首的第二代领导人时代。

以伊藤博文为首的第二代领导人在基本继承大久保等第一代领导人的指导方针的同时,注意纠正单纯的模仿、移植,力图从本国国情出发,吸取欧美的长处。尽管他们在实现"整顿内治、繁殖民产"上所花的时间比大久保所估计的要长一些,但是到日俄战争结束的 1905 年前后,已经实现了日本现代化的起飞。也就

---

① [日]信夫清三郎:《日本政治史》,吕万和等译,上海译文出版社 1988 年版,第 3 卷第 72 页。

② 明治维新的另一领导人岩仓具视(1825~1883)也在几年后去世。

是说,1879～1905 年这二十多年的时间是日本形成自身特色的民族化时期,也是日本现代化的起飞时期。在此期间,日本在政治上确立了近代立宪国家体制——近代天皇制;在经济上,实现了以纺织业为中心的初期产业革命,并在重工业的产业化方面也取得巨大进展;在外交上,欧美列强强加于日本的不平等条约基本被废除;在教育上,义务教育就学率在甲午战争后达到 60％以上,日俄战争后达到 97％以上。[①] 特别是在中日甲午战争、日俄战争中取得的胜利,在一定程度上标志着明治维新"富国强兵"这一目标已基本实现。

第一节　现代化的起飞

一、现代化起飞时的形势与课题

(一)政治上,自由民权运动蓬勃兴起

明治政府大刀阔斧地推行的一系列资产阶级改革举措,取得了前所未有的成效,同时也激起了社会各阶层的强烈不满。下层民众与政府、不平士族与政府、政府内部派系与派系、日本民族与列强之间等多重矛盾相互交织,威胁着政权的稳定和巩固。其中较大的威胁主要有两种:一种是武装对抗,包括农民起义与士族叛乱;另一种是非武装对抗,主要是来自资产阶级激进派即自由民权派的抗争。虽然武装对抗给新政府造成了最直接、最致命的威胁,但是非武装对抗给新政府带来的震动以及国家体制的影响丝毫不亚于武装对抗。[②] 进入 19 世纪 70 年代末之后,来自自由民权运动的威胁更为突出。

自由民权运动是 19 世纪 70 年代在日本兴起的以"开设国会、制定宪法、确立地方自治、减轻地税、修改不平等条约"为主要内容的全国性政治运动。该运动以 1874 年爱国公党的建立及《成立民选议院建议书》的提出为开端,到 1889 年的《明治宪法》的颁布,历经近 16 年,是日本近代史上第一次大规模的资产阶级民族民主运动。自由民权运动先后经历了发动、活跃、高潮和沉寂等四个主要发展阶

---

① 文部省『学制百年史』東京:帝国地方行政学会、1972 年、296 頁。
② 武寅:《近代日本政治体制研究》第 35～36 页,北京:中国社会科学出版社 1997 年版。

段,其中又以 1881 年的"明治十四年政变"为分界线,可分为前后两个时期。① 也就是说,在日本现代化起飞之初的 19 世纪 70 年代末 80 年代初,正是自由民权运动蓬勃发展的时期。随着自由民权运动不断地向上下两个方向渗透,引起了局势的剧烈动荡。②

所谓向上渗透,主要是指政府领导层内部出现了同情"过激者"的势力,或者说,"过激者"企图串通和利用政府中的激进势力篡夺政府的权力。这种担心伴随着政府内部围绕立宪政治实现方式的讨论,在自由民权运动掀起高潮的 1881 年即明治十四年前后达到了顶点。政府内部以参议大隈重信为首的一派,主张应立即开设国会,实行立宪政治。而以伊藤博文为代表的政府决策层则认为这种主张过激,并怀疑与自由民权运动的活动有关。

所谓向下渗透,主要是指自由民权运动呈现出与武装斗争相结合的趋向。在自由民权运动当中建立起来的主要资产阶级政党自由党,其下层激进党员不满足于收效甚微的请愿和演说等活动,他们加强了与农民和中小工商业者的联系,企图通过更为直接的武装斗争的方式,实现他们建立自由主义政府的愿望。1882年的福岛农民大起义和秩父暴动、1884 年的群马革命事件和加波山暴动以及同时期的名古屋事件、静冈事件等中,都可以看到自由民权运动者的参与或领导。

来势凶猛的自由民权运动越来越暴露出与政府的渐进主义方针的不协调,严

---

①　前期民权运动包括发动和活跃两个阶段:一是 1874 年 1 月至 1877 年 6 月的运动发动阶段——建立社团并展开论战。在"征韩论"政争中失败的板垣退助、副岛种臣、江藤新平、后藤象二郎等,于 1874 年 1 月组成爱国公党。同月,又联名向政府递交《设立民选议院建议书》,猛烈抨击了"有司专制",极力主张开设民选议院,反映了不当权的士族的参政要求。《建议书》虽遭到政府拒绝,但却引发了一场围绕民选议院设立时机是否成熟的激烈争论。二是 1877 年6 月至 1881 年 10 月的运动活跃时期。1877 年 6 月立志社总代表片冈健吉向天皇递交的《立志社建议书》以天赋人权论为依据,完整地阐述了自由民权派的基本纲领,即开设国会、建立立宪政体、减轻地税、修改不平等条约等。以此为标志,自由民权运动进入了政治斗争激烈、质与量飞跃发展的时期。所谓质的飞跃,是指民权运动的主要参加者由不平士族转变为豪农豪商阶层,"上流民权"运动随之成为"下层民权"运动。所谓量的飞跃,是指运动在全国铺开,参加者不再是少数士族,而是数以万计的广大民众。运动的主要方式也由论战、思想斗争转入有具体要求的政治斗争,运动蓬勃发展。详见宋成有:《新编日本近代史》,北京大学出版社 2006 年版,第 134～141 页。

②　关于自由民权运动的渗透,详见武寅:《近代日本政治体制研究》,中国社会科学出版社 1997 年版,第 36～38 页。

重影响到明治政权的稳定和巩固。自由民权运动的兴起和发展意味着明治政府实现作为近代国家前提的统一国家（绝对主义）之后，实现近代国家本身的课题凸显出来。

（二）经济上，通货膨胀形势严峻

明治初期的地税改革、废除士族俸禄以及"殖产兴业"政策，打破了旧的身份制度和土地占有形式，促进了资本占有者和雇佣劳动者的分化，为资本主义经济的发展开辟了道路。但是，上述改革所必需的一个条件就是资金问题，而资金的供给无非来自于财政和金融两条渠道。

在废藩置县以前，明治政府虽然名义上宣布了"王政复古"和"版籍奉还"，但实际上所能掌握的财政收入范围只限于其直辖地即旧幕府的那一部分（天领800万石）和部分港口矿山。新政府控制的租税收入只相当于全国税收总额的1/3左右。而新政府成立伊始，百废待举，且当时庞大的军费开支更加剧了财政紧张状况。因此，其财政一直未能改变入不敷出的窘困状态，情况极其严峻。在此情况下，政府采取的主要措施是大量发行纸币和公债。在1868～1871年1月期间，明治政府共发行太政官札4 800万元（两），民部省札750万元、大藏省兑换证券680万元、开拓使兑换证券250万元。[①] 1871年8月废藩置县之后，虽然明治政府一举将全国财政收入大权全部收归中央所有，财政收入有所增加，但是由于需要支付旧统治阶级的年金等各种费用，财政收支状况并未见好转。经过"秩禄处分"之后，新政府的行政开支虽然减轻了，但是债务开支却增加了近3倍左右，国家每年必须向债券持有者支付1 350万元～1 600万元的巨额利息，而且还面临五年后公债本金分期偿还的问题。[②]

就在宣布实行"秩禄处分"（1876年8月）的同时，明治政府采纳了大隈重信等人的建议，推行了积极的财政政策，大力开展"殖产兴业"。大隈指出，财政的根本问题在于国际收支不平衡和正币外流，故应以出口产业为中心，振兴国内产业，大力推行殖产兴业政策。同时他还认为，产业振兴的阻力在于交通不便和金融渠道的闭塞，故需要由政府来筹集资金，打通金融渠道。根据大隈的建议，明治政府

---

① 吴廷璆：《日本近代化研究》，商务印书馆1997年版，第106～107页。
② 吴廷璆：《日本近代化研究》，商务印书馆1997年版，第108～109页。

于 1876 年 8 月对《国立银行条例》进行了大幅修订,降低开办银行的准入条件,鼓励开办银行,允许开业银行发行银行券。同时明治政府又颁布了《金禄公债证书发行条例》,发行总额达 17 400 万日元的公债。

明治政府的积极财政政策迎来了殖产兴业的高潮,但同时也带来了正币的大量外流和恶性的通货膨胀,以致 1881 年前后达到了严重泛滥的程度。1872 年明治政府发行的纸币流通额为 6 880 万日元,1879 年增至 13 030 万日元。至 1880年 1 月,政府发行的纸币和银行发行的纸币流通额合计达到了 15 936 万日元。[①]无度的发行纸币造成了恶性的通货膨胀,反过来阻碍了资本主义经济的成长。1881 年 10 月就任的大藏卿松方正义后来的回忆充分说明了这一点:

> 当时我国上下都陷入了颇堪忧虑的状况。政府的会计收入市值减少大半,而民间靠公债利息、赏赐年金等固定收入为生者,皆遽然苦难支付。利息率特高,而公债价却骤跌。物价腾贵……外国输入品益增,正货流出之势殆无底止。商家惑于物价波动,唯汲汲于投机而不顾实业。需要大批资金的大工业,由于借贷利息高而无有计划兴办者。[②]

滥发纸币导致的通货膨胀不仅使民众的生活困苦不堪,民不聊生,也严重阻碍了日本现代化的步伐。

(三)外交上,不平等条约依旧

与维新前相比,维新后的日本国际地位并没有发生根本性的变化。它集中表现为国家主权的完整在很长时期内仍然是悬而未决的问题,严重阻碍和威胁日本的民族独立和现代化的发展。尽管日本举国上下梦寐以求的是早日挣脱屈辱的不平等条约的枷锁,然而十几年过去了,这一愿望仍然没有成为现实。

事实上,收回丧失的民族权利,与外国缔结平等的新约,是新政府外交上的重要课题。新政府曾试图根据国际关系的一般惯例,通过缔约国之间的正常接触完成修改条约的任务。为此,新政府在 1871 年 10 月 8 日派遣了由 48 人组成的使节团赴欧美访问。其目的一是向缔约国致"聘问之礼",并交涉修改不平等条约;二是考察、学习欧美各国先进的资本主义制度和文化,作为日本实现现代化的参

---

① 吴廷璆:《日本史》,南开大学出版社 1994 年版,第 460 页。
② 吴廷璆:《日本史》,南开大学出版社 1994 年版,第 460~461 页。

考。新政府甚至在外务省筹组了专门的机构和人员，一厢情愿地进行改约前的大量准备工作，其中包括翻译有关国家与其他各国的条约书；调查各国条约的异同沿革；起草符合本国利益的新的条约草案；按照国际惯例向有关国家提前发出通告，希望就原有条约进行再议。[1]

1872 年 2 月 25 日岩仓使节团抵达美国华盛顿之后就不平等条约问题与美国开始谈判。然而，结果正如参与谈判的维新三杰之一的木户孝允在日记中所记载的那样："彼之所欲者尽与之，我之所欲者一未能得，此间苦心竟成遗憾，唯有饮泣而已。"[2]在欧洲，岩仓使节团也经历了与在美国类似的遭遇。各列强均企图借改约机会，提出更多的要求，进一步把日本推向半殖民地。在修改不平等条约问题上的遭挫，使得岩仓使节团不得不把全部注意力投入到考察访问上。新政府还试图通过分期修改条约、通过自身的欧化去获取对方的认同等手段，达到改约的目的，但是愿望大多终未达成。

如果说列强根据不平等条约在日本攫取的租界权、居留地住兵权、领事裁判权、贸易最惠国待遇以及协定关税率等特权，给日本政治经济带来的巨大损害是外在的和有形的，那么列强倚仗实力摆出的居高临下，为所欲为，自恃优越，不把日本人放在眼里的架势，则深深地刺痛了日本的民族心理和感情。因此，对独立、主权、平等和民族尊严的渴求，成为日本上下各阶层、各团体、各党派的共同目标，它通过各种场合、各种形式、持续不断地表现出来，使人感到一种强烈的、不可忽视的、意欲扭转乾坤的巨大力量。正如武寅所指出的那样："独立问题的严重性在于，它以特殊的方式成为旧制度的掘墓人和新制度诞生的助产婆。而惟其如此，它也就同时成为考验新政府的无可回避的严峻课题。谁解决不了这一问题，终究照样不免要垮台。"[3]

如前所述，在政治上，明治维新的课题是创立"日本"与形成"日本人"。在创立日本方面，虽然建立了集权国家，但是正如在修改不平等条约上遭遇的挫折所表明的那样，未能实现"与万国对峙"；在形成国民方面，虽然在激发人们的创造性方面取得了成就，但是正如自由民权运动的兴起所表明的那样，也未能实现国民

---

① 武寅：《近代日本政治体制研究》，中国社会科学出版社 1997 年版，第 44 页。
② 吴廷璆：《日本史》，南开大学出版社 1994 年版，第 406 页。
③ 武寅：《近代日本政治体制研究》，中国社会科学出版社 1997 年版，第 46~48 页。

的统一以及国民与国家的统一性。

二、现代化起飞的战略与政策

(一)加快立宪,确立近代天皇制

进入 19 世纪 80 年代,自由民权运动的空前激烈加剧了政府内部派系之间的分歧。决策集团的政见分歧导致了"明治十四年政变"。通过政变,与伊藤博文相抗衡的大隈重信被罢免,从而结束了 1878 年大久保被刺后最高决策集团内部意见分歧、合作不力的局面,为明治政府调整现代化政策,全面贯彻渐进主义改革方针创造了条件。1881 年 10 月,伊藤博文以天皇名义颁布了《召开国会敕谕》,宣布将以 1890 年为期,开设国会,公布宪法。《召开国会敕谕》表明政府要自上而下地进行改革,并突出了宪法钦定和主权属于天皇的原则,充分体现了伊藤的渐进论立场。

明治政府领导人其实早在岩仓使节团考察欧美各国之时,就已逐渐形成以普鲁士式宪法为蓝本的立宪思想。明治领导人之所以选中普鲁士为蓝本,是因为他们觉得日德两国国情相似。明治十四年政变之后,明治政府为了摧垮民权运动,加快了制宪工作。1882 年 3 月伊藤奉命赴欧洲考察各国宪法。由于制宪不得违背宪法钦定和确保天皇大权这两大原则,早在明治十四年政变之时就已确定,伊藤此番的考察主要是使既定方针理论化、机构化、条文化。伊藤一行前往欧洲,重点考察了国情、政情与日本最为接近,均为君权至上的德国、奥地利等国的宪法制度。1883 年 8 月,考察团回国。1884 年 3 月起,在伊藤博文的主持下,井上毅、伊东已代治、金子坚太郎等关起门来秘密起草宪法和相关法律。

就在伊藤致力于构思日本立宪体制之时,明治政府也在开始为颁布宪法做一系列的准备工作。第一,确立皇室财产。1882 年 2 月,岩仓具视建议,为制定宪法,首须巩固皇室的基础,主张把"皇室财产丰富到和全体国民财产没有多大差别的程度",使皇室财产足以支付军费,以待将来政府的预算案即使在国会里被否决了,也不会给官吏的薪俸和军费开支造成困难。这样皇室财产迅速增加,到 1889 年颁布宪法时,已增加到 1 000 万日元。[①] 这样一来,天皇就成为日本最大的地主

---

① 吴廷璆:《日本史》,南开大学出版社 1994 年版,第 441~442 页。

和财阀。第二,制定"华族令"。1884年,明治政府效仿德国的贵族制度,颁布了"华族令",建立了新的华族制度。根据该法令,维新有功者新列华族授爵,与大名公卿出身的华族形成一体。为了使他们的经济地位安定,1886年4月,政府又制定了《华族世袭财产法》。通过华族令的实施,政府构筑起维护皇权、保卫皇室的"屏障"。第三,建立内阁制。1885年12月明治政府废除了原来的太政官制,建立起现代内阁制。由总理大臣(首相)和各省大臣组成由天皇任命,只对天皇负责,不对议会负责的内阁。此举意在使政府在召开议会后,仍然能够保持超然独立的地位,作为维护天皇专制统治的政治屏风。第一任总理大臣伊藤博文组阁后,颁布了《官吏纲要》,改过去自由任用官吏的做法为通过考试任用官吏的制度。此举消除了任人唯亲的弊端,使大批有知识、有专长的人才进入了国家领导机关,对推动日本的现代化具有重要的意义。第四,设立枢密院。出于审议宪法和协助天皇决策的考虑,1888年4月,设立了枢密院机构。宪法施行后,枢密院成为解释宪法的权威机关和天皇关于重要国务的咨询机关。这样枢密院就成为超越议会和内阁之上的维护天皇大权的机关,虽然名义上只是咨询机关,实际上发挥着决议机关的作用。第五,建立地方自治制度。正当伊藤博文埋头于制定宪法之时,山县先行全面确立了地方自治制度。他把町村和国家比之为"墙基"和"房屋",认为"墙基不固绝无房屋独能坚固之理",强调"值此整顿改进中央政府制度之际,先立地方自治之制乃当前急务。"①1887年1月,山县设立地方自治制度编纂委员会,亲任委员长,着手调查和草拟自治制度方案。1888年4月,政府制定了市制、町村制度,把町村作为最基层的地方行政机构,1890年5月又实行府、县、郡制,两者均为地方自治体。至此,地方自治制度全面确立。明治政府建立地方自治制度的主要目的,与其说是实行地方分权,倒不如说是为了更有助于中央集权,因为地方自治制度有助于稳定地方局势,并为稳定全国战局奠定基础。

行宪准备工作大致完成的1888年4月,宪法起草小组向天皇提交了宪法草案。为了审议并通过宪法,伊藤辞去首相之职,改任枢密院议长,并从1888年6月起,在天皇的亲临之下,对宪法草案进行了审议。经若干修改,定名为《大日本帝国宪法》,并于1889年2月11日(纪元节),以御赐的形式颁布,从1890年11

---

① 〔日〕信夫清三郎:《日本政治史》,吕万和等译,上海译文出版社1988年版,第3卷第181页。

月 29 日第 1 届帝国议会开幕日起正式实施。

《大日本帝国宪法》(俗称《明治宪法》)由 7 章 76 条构成。从整体精神和内容来看,《明治宪法》可以说是传统的神权专制主义与西方立宪主义的折中、嫁接。①其神权专制性集中体现在确立了天皇专制制度,明确规定天皇至高无上的地位和集政治、军事、法律、外交大权于一身的无限权力,并使之带有神权色彩。之所以保留和强调天皇的至高无上权力和神圣权威,具有借以统一、控制人心之考虑。在伊藤博文看来,在西欧各国,"宪法政治的出现已经千余年,不仅人民熟悉此制度,且有宗教为其机轴,深刻浸入人心,人心皆归于此"。而反观日本,"宗教力量微弱,无以可以作为国家机轴者"。佛教"虽盛极一时,联系过上下人心,然至今已趋衰退";神道"虽基于祖宗遗训并祖述遗训,但作为宗教则缺乏使人心归向之力"。伊藤认为,"没有机轴而听任人民妄议政治,则政治将丧失统纪,国家亦随之废亡"。因此,他主张必须首先寻求国家之机轴。他的结论是:"在我国,可以成为机轴者,唯有皇室",因此,把宪法起草的重点放在确定作为机轴的天皇的权力和权威上了。②

宪法中的立宪主义主要体现在赋予了议会一定的立法权和预算审议权以及监督、批评政府的权力,赋予了臣民在法律允许的范围内,在不反对天皇制国家的前提下,享有居住与迁徙、信教、言论、集会、结社等基本人权。赋予议会一定的权力,主要是给地主、资产阶级以一定的参政权,协调当权派与非当权派之间的分歧和矛盾,有着稳定政局和巩固政权的考虑。而赋予臣民以权利,既是出于地主资产阶级的利益,也是为了争取一般国民,有着扩大明治政府社会基础的意图。③

明治宪法的出台,是日本现代化进程中的重要里程碑,它标志着从既无宪法又无议会的太政官体制过渡到现代资产阶级君主立宪体制——近代天皇制。神权专制嫁接立宪主义的《明治宪法》至少在两重意义上为日本的现代化起飞起到了推动作用:在日本现代化起飞时期,宪法的神权专制性在一定程度上有利于明

---

① ［日］信夫清三郎:《日本政治史》,吕万和等译,上海译文出版社 1988 年版,第 3 卷第 225 页。

② ［日］信夫清三郎:《日本政治史》,吕万和等译,上海译文出版社 1988 年版,第 3 卷第 200 页。

③ 丁建弘:《发达国家的现代化道路》,北京大学出版社 1999 年版,第 703～704 页。

治政府利用天皇的权力和权威,维持和促进政局与社会局势的稳定,为殖产兴业等现代化事业提供有利条件;宪法所体现的立宪主义因素,为资产阶级民主的发展提供了政治制度这一前提条件,也为明治政府维持政局稳定、扩大社会基础起到了促进作用。不过,随着日本现代化的发展,明治宪法的历史进步性在逐步弱化,落后反动性在逐步凸显:资产阶级民主的发展空间在逐步萎缩,军国主义的气焰日趋嚣张。这些都与明治宪法内在的精神结构有关。

(二)调整经济政策,加速产业现代化

通过殖产兴业,推进产业现代化,是明治政府最重要的立新改革之一。殖产兴业之初,以移植欧美先进工业,创办官营和半官半民企业为主。到19世纪70年代末80年代初,殖产兴业政策取得了初步的成效,为以后的资本主义发展打下了一定的物质基础。但是也出现了一些问题,如财政拮据,培育官办企业的殖产兴业经费难以为继;领导机构重叠,政出多门;盲目照抄、照搬,等等。为此,进入到19世纪70年代末,特别是明治十四年政变之后,明治政府不得不对现代化启动期的经济政策进行修正和调整。19世纪80年代的政策调整主要体现在以下几个方面:[①]

第一,产业政策由注重政府包办的官营模范工厂、农场,转变为大力扶植、保护民间私营企业。明治维新之初至19世纪80年代初期,明治政府创办的模范工厂、农场在发挥了示范作用的同时,也使政府背上了沉重的财政包袱。为此明治政府于1880年11月将军工企业之外的大部分官办企业廉价卖给私人,其大部分落入三井、三菱等政商之手。此举标志着殖产兴业政策从以官营为主转向以支持私人资本为主,重视发挥私人投资的积极性,以加快殖产兴业的进程。1884年之后,政府更是加大了处理官营企业的力度。民间资本以廉价购买的官营工厂为基础,迅速发展。

第二,技术引进政策由忽视国情的全面照搬,转变为结合实际、有选择地引进外国技术,注重寻求国外技术与民族产业之间的结合点。文明开化期间,急于求成的社会心态使得日本实施了一些贪大求全、不计经济效益的技术引进政策。进入19世纪70年代末,日本政府开始有意识地对本国国内产业现状进行调查研

---

① 宋成有:《新编日本近代史》,北京大学出版社2006年版,第161页。

究,寻找国外先进技术与本国产业之间的结合点。1881年农商务省成立后,继续对技术引进政策进行全面调整。在这个过程中,本国的技术人才迅速成长,保证了技术开发的国产化、民族化。

第三,财政政策由通货膨胀方针调整为财政紧缩方针。19世纪70年代末期,明治政府财政收支严重失衡,解决财政问题成为事关政府存亡和社会稳定的尖锐政治问题。1881年10月明治十四年政变之后,松方正义出任大藏卿,将紧缩财政、遏制通货膨胀和回笼不兑换纸币,作为财政政策调整的刃入点,开始推行紧缩财政的改革,史称"松方财政"。松方的财政政策调整收到了相应的效果:物价下降,纸币流通量减少,纸币和银币的差价逐步消失,对外贸易也从1882年起转为出超。随着政府财政收支进入良性循环,日本资本主义的发展步入正轨。松方财政为日本产业革命的兴起创造了必要的条件。

第四,殖产兴业指导部门由多元化转变为一元化。在19世纪70年代,殖产兴业由内务省、工部省、大藏省分头掌管,造成政出多门。为了协调并解决这一问题,1881年设立了农商务省,接管殖产兴业事务。农商务省的设立,有利于压缩因多元化而多开支的事业费用,节约了行政开支。同时也减少了因政出多门而导致的政府部门之间的掣肘与争斗。

19世纪80年代开始的经济政策调整为日本资本主义现代化的发展提供了关键性的保障。从80年代中期开始,日本的资本主义经济进入快速发展时期,即工业化加速的时期。首先表现为现代化的工厂、企业迅速增长。明治政府建立之初,日本只有主要为工场手工业的400多家工业企业,而到了1900年时,包括私营、官营在内,共计7 464家。[①] 其次,各类工业品的产量也有很大增长。棉纱产量由1887年的1 213 000贯增加到1893年的10 667 000贯;煤、铜的产量也分别由1875年的567 000吨和2 399吨增长到2 608 000吨和18 115吨。[②] 总之,到了19世纪90年代,即甲午战争前后,日本实现了以纺织工业为中心的轻工业的工业化。机械、钢铁等重工业的发展虽然落后于轻工业,但是1901年官营八幡制铁所开始投产,日本制铁所、釜石制铁所等民间制铁所的相继建立,是重工业获得新发展的重要里程碑。

---

① 　金明善:《日本现代化研究》,辽宁大学出版社1993年版,第47页。
② 　金明善:《日本现代化研究》,辽宁大学出版社1993年版,第46~48页。

(三) 扩充军备,走强兵富国之路

富国强兵是明治时期日本现代化发展的基本国策。但是将重点放在富国上还是强兵上,换句话说,是在富国的基础上强兵,还是依靠强兵去富国,这是两种不同的发展道路。现代化启动期的主要领导人大久保利通在 1874 年提出的《关于殖产兴业的建议书》中开宗明义地强调:"大凡国之强弱,乃由于人民之贫富,人民之贫富乃系于物产之多寡,而物产之多寡又起因于人民是否勤勉于工业。"他还指出:"如果财用不足,上下为衣食奔走,无暇顾及其他,即使有海陆军备之严,学校教育之盛,但徒属虚美,国非其国。古今万国其例不鲜。"①因此,他把殖产兴业作为政府的首要任务。大久保这种只有民富才能国强,国富才能兵强的主张成为日本现代化启动期政府内的主导意向。

但是在进入 19 世纪 70 年代末之后,伴随大久保等维新第一代领导人的相继离世,富国强兵的发展道路开始向强兵富国的路线转变。在这一转变中发挥主导作用的是明治政府第二代领导集体重要成员的山县有朋。山县有朋在明治政府中多年任陆军卿,并在 1878 年 12 月新成立的参谋本部中任首任本部长。他在 1880 年 11 月上呈天皇的《邻邦兵备略》中历陈扩充军备的必要性。他宣称:"当今兵备之急犹渴之于饮,饥之于食。……兵强则民气可旺,始可言国民之自由,始可论国民之权利,始可保平等之交往,始可收贸易之利益,始可蓄国民之劳力,始可保国民之富贵。""今如言富国为本,强兵为末,则民心将日趋私利,不知公利之所在"。② 山县强兵为本、强兵至上的立场与大久保截然相反。1890 年 12 月,时任总理大臣的山县在第一节帝国议会上公开发表了所谓"保护利益线"的《施政方针》。他认为,方今国家的最大急务在于维护国家之独立,谋求振张国势。他强调:"盖国家独立自卫之道有二:一为守卫主权线,二为保护利益线。主权线者国之疆域之谓,利益线者乃与主权线之安危有密切关系之区域是也。大凡国家,不保主权线及利益线,则无以为国。而今介乎列国之间,欲维持一国之独立,只守卫主权线已绝非充分,必亦保护利益线矣。"③山县所谓的利益线,实际是指朝鲜。可见,山县鼓吹强兵,自然不仅在于国家防御,而是着眼于对外扩张。山县的主张

---

① 丁建弘:《发达国家的现代化道路》,北京大学出版社 1999 年版,第 694~695 页。
② 丁建弘:《发达国家的现代化道路》,北京大学出版社 1999 年版,第 695~696 页。
③ 吴廷璆:《日本近代化研究》,商务印书馆 1997 年版,第 19~20 页。

成为这一时期政府内的主导意向。

正是在山县的强兵富国路线指引下,就在西南战争之后、国内大规模用兵宣告结束的第二年即 1878 年 12 月,兵部省参谋局被改组扩大为独立于政府之外、直接隶属于天皇的参谋本部。参谋本部的成立标志着从对内用兵为主转为对外用兵为主,标志着强兵富国路线的实施。19 世纪 80 年代以后,日本极力扩充军备,积极准备发动对外侵略战争。据统计,1881～1885 年的军费总额比 1876～1880 年增加了 58%;军费占财政支出的比率,1881～1885年为 17.8%,1876～1880年为 24.3%。平时军费支出竟然占到财政支出的 1/4。[①] 1888 年,日本政府进一步改革军制,新订了师团、旅团条例,并把原有的"镇台制"改为便于大陆作战的师团制。经过多年的战争准备,先后于 1894 年和 1904 年发动了甲午战争和日俄战争。

明治政府之所以由富国强兵路线转向强兵富国路线,有很多原因,以下几方面不容忽视:一是这一时期的主要领导者大多为武士出身,他们深受武士道精神的熏陶,崇尚穷兵黩武;二是修改不平等条约的惨痛经历使明治政府的领导人们相信,所谓万国公法、民族平等和国际和平,归根到底只能是小国、弱国在强敌如林的国际社会中对自身安全和利益的无力乞求。国家的安全和利益的维护依靠的是强权和实力。三是在尚无力与西方列强抗衡和直接争夺时,基于"失之欧洲,收之亚洲"的弱肉强食思想,采取远交近攻的策略,通过在亚洲开拓疆土,获取利益来证明自己的实力。

第二节　国家主义道德教育理念的确立

"富国"、"强兵"和"国民统一"是幕末至明治时代当政者常挂口边的口号。如果说把国家的目的置于与各外国争富强之上,并要求国民为实现这一目的而精诚团结的政治立场是国家主义的话,那么明治政府把"富国"、"强兵"、"国民统一"作为其政策基调的立场正是国家主义的立场,明治政府的当政者也均可视为国家主义者。然而由于维新政府原本就是由各种复杂的势力所构成的,所以对重点应放在"富国"、"强兵"和"国民统一"哪个之上以及如何予以实现这些问题,明治政府内部存在着意见分歧,不时会出现激烈的对立。这意味着明治政府内部存在各色

---

① 丁建弘:《发达国家的现代化道路》,北京大学出版社 1999 年版,第 696 页。

各样的国家主义者。①

进入 19 世纪 70 年代末,特别是以西南战争的爆发为契机,各种国家主义围绕如何实现国民统一问题,逐渐形成三股思潮:一是以元田永孚为代表的宫中天皇侍讲们的道德统一思潮;二是以伊藤博文、井上毅为中心的政府官僚的立宪统一思潮;三是以山县有朋为代表的军方的权力统一思潮。② 他们在以天皇为最高之绝对权威,以确立"天皇亲政"为目标这一点上,是一致的,因此他们的分歧和对立只是天皇观的不同,而不是本质上的对立。他们的共同敌人是此时不断高涨的自由民权运动。随着自由民权运动的产生、发展乃至衰退的兴衰变化,三种天皇观之间的关系也在不断地发生转变。伴随三种天皇国家观之间关系的演变,道德教育理念也由混乱、论争走向确立。

一、道德教育论争与儒教主义的复苏

(一)道德统一思潮:元田永孚与《教学圣旨》

明治维新首先主要是因为民族危机,而借"尊王攘夷"口号,批判幕府政权,进而建立强有力的中央集权的(天皇)政权,以抵抗欧美强权国家,并未强烈主张"自由"、"平等"、"民权"等民主与民权的思想。因此,虽然《被仰出书》中提及教育乃立身之本,引入西洋近代的个人主义、功利主义等思想,但是并未明确提倡"自由"与"民权"等理念。所以,维新政府成立之后,自由民权思想的急速抬头,其实与以天皇为中心的中央集权理念相克,并逐渐危及天皇亲政的正当性。因此,天皇与其宫内的亲信大臣首先觉得有必要修正教育政策。

1877 年 8 月,应天皇侧近的元田永孚、高崎正风等的强烈请求,明治政府设置了以"培养君德、实现亲政"为目的的天皇侍补制度,元田等被任命为天皇的侍补。元田等人积极推进天皇亲政,同时也极力谋求确立天皇亲政的意识形态。1878 年 8 月～11 月,明治天皇巡幸东山、北陆、东海等地,并亲自视察了学事的状况。巡视后,对西化风潮带来的弊端以及社会和道德的失序现象深感忧虑,对《学制》以来的文明开化教育政策甚为不满,强调要采用日本固有的道德来教育下一

---

① 坂田吉雄『明治前半期のナショナリズム』東京:未来社、1958 年、7 頁。

② 坂田吉雄『明治前半期のナショナリズム』東京:未来社、1958 年、91 頁。

代。元田永孚以笔录天皇的感想为名，围绕德育问题大做文章，起草了《教学圣旨》（由《教学大旨》和《两条小学条例》两部分组成），并以天皇圣旨的名义同时送给天皇重臣——内务卿伊藤博文和文部卿寺岛宗则。

作为《教学圣旨》主体部分的《教学大旨》全文如下：

教学之要，乃明仁义忠孝，究知识才艺，以尽人道，此乃我祖训国典之大旨，上下一般之教。然晚近专尚知识才艺，驰于文明开化之末，以致失品行、伤风俗者不在少数。之所以如此，乃维新之际，以破陋习、求知识于世界之卓见，虽一时能取西洋之长、奏日新之效，但其流弊在于后仁义忠孝，徒竞洋风，将来终至不知君臣父子之大义，恐亦不得而知。此非吾邦教学之本意也。是故，自今以往，应基于祖宗之训典，专以明仁义忠孝，道德之学以孔子为主，使人人崇尚诚实与品行。在此之上，各科之学，随其才器，益益长进，道德才艺本末兼备，大中至正之教学，布满天下。如此，吾邦独立之精神，方可无耻于宇内。①

从内容上来看，《教学大旨》在短短的 200 多字的篇幅中，极力批判维新以来的教育"专尚知识才艺，驰于文明开化之末"、"后仁义忠孝，徒竞洋风"，"非吾邦教学之本意"。在此基础上指出今后日本教育的改革方向：以"道德之学"为教育之本，辅之以"各科之学"，使得各人"随其才器、益益长进"；而"道德之学以孔子为主"，"专以明仁义忠孝"。可见。《教学大旨》具有扭转《学制》实施以来的实学主义和轻视传统儒教道德路线的意图。

在论述具体措施的《两条小学条例》中，首先提出为了防止儿童自幼受到"其他事物"先入为主的浸淫，主张利用"古今之忠臣义士孝子节妇之画像图片"，使"忠孝之大义"自儿童"幼小之时"就成为儿童脑海中的第一感觉；其次指出《学制》的教育教授了"高尚之空论"，因而产生了像民权运动家那样的"侮长上、妨害县官"的青年，因此要求对教则进行改正。②

需要指出的是，《教学大旨》不仅仅是作为教育上的一种主义，仅止于阐明元田的儒教道德，它作为"圣旨"颁发，还具有谋求天皇亲政和建立天皇亲政的意识形态（建立国教）的意图，具有规制、约束、匡正政府政治方针的道德政治性。对此，梅溪升有过精辟的分析。他说："元田把《教学大旨》作为'圣旨'下发给国民和

---

① 奥田真丈監修『教科教育百年史・資料編』東京：建帛社、1985 年、42 頁。
② 奥田真丈監修『教科教育百年史・資料編』東京：建帛社、1985 年、42～43 頁。

教育界,具有由天皇亲自来确立道德之根本、统一天下之人心,规定国家道德方向(即建立国教)的意向;同时,把作为依据这一根本制定的道德政治基本原则的大纲领,以天皇敕谕的形式下发给政府,也具有规制政府政治方针(通过国教来干预政治)的意图。"①

(二) 立宪统一思潮:伊藤博文与《教育议》

针对元田的王道论、政教一致观点,伊藤博文立足于近代立宪主义的立场,委托内务大书记官井上毅起草了《教育议》,进行反驳。元田针对伊藤的反驳又起草了《教育议附议》,从六个方面对伊藤的《教育议》进行批判,并反复强调儒教主义的教育观。② 伊藤没有再对元田的意见进行反驳。从《教育议》与《教学圣旨》、《教育议附议》的内容来看,政府(伊藤等)与宫廷(元田等)之间的论争焦点主要集中在以下几个方面:③

第一,在对明治维新的评价方面,宫廷方面主要持否定态度,而政府方面则表现出坚决拥护的姿态。宫廷方面指出,明治维新"虽一时能取西洋之长、奏日新之效",但却带来国民道德的沦丧和仁义忠孝的丢失。对此,政府方面则强调,维新改变了锁国体制,废除了封建制度,使日本跟上了世界发展的潮流,大规模的、急剧的制度改革虽然导致部分淳风美俗的丧失,但是此乃"世变之余"。

第二,在国体概念方面,宫廷与政府方面也有所不同。《教育议》中所说的"国体"乃指国民社会、民族文化、国民性或民族性。《教学圣旨》中虽然未提及"国体"概念,但是《教育议附议》中提到,《教学圣旨》的主旨是着眼于实施扶植国体的教育,其核心是在于阐明仁义忠孝。可见,宫廷方面所说的"国体"的本质是仁义忠孝。政府方面的国体概念内涵要广于宫廷方面的国体概念。

第三,在对维新以来教育政策的评价方面,宫廷方面持彻底否定的态度,而政府方面则持基本坚持的姿态。因此,在对今后教育政策的发展方向上也意见不一。宫廷方面强调要以德育为本、智育为末,而且道德教育要以儒教为中心来进

① 坂田吉雄『明治前半期のナショナリズム』東京:未来社、1958年、94頁。
② 以下有关《教育议》和《教育议附议》的内容请参见:奥田真丈監修『教科教育百年史・资料編』東京:建帛社、昭和六十年、72~74頁。
③ 副田義也『教育勅語の社会史——ナショナリズムの創出と挫折——』東京:有信堂、1997年、29~33頁。

行。而政府方面则维持在《学制》的实学主义路线的前提下,弥补其不足之处,以消除"风俗之弊"。关于大众教育,《教育议》提出两个弥补措施:一是"教科书涉及伦理风俗的,要选择良善者以用之"的教科书内容统制政策;一是"对教官要有约束,实行教官训条"的教员统制政策。

　　第四,在对风俗弊害的现状认识上,宫廷和政府双方具有一定程度的共识,但是着眼点却相当不同,而且关于导致风俗弊害的原因分析上,认识截然不同。宫廷方面将风俗弊害理解为国民道德水准的低下,并且特别强调是因为欧美文化的影响而导致仁义忠孝伦理的衰退,"乃维新以后教育未行其道所致"。与此不同的是,政府方面则从国民道德水准低下和激烈的政治议论两个方面把握风俗之弊害,并且更加关注后者的危险性。对于导致风俗之弊害的原因,政府方面主要将之归结为两个方面:首先是伴随维新实施的急剧社会变革而产生的风俗变化,乃"世变之余","其势不可止者";其次之所以产生激烈言论,是因为人心不安、没落士族的不平以及欧洲激进政党理论的影响。

　　第五,在对儒教的评价上,宫廷方面持积极肯定态度,而政府方面则持警惕、批判的心态。以元田为首的儒学者占据主导的宫廷方面自然主张以儒学为主开展德育。而政府方面则并没有直接回应,但是从其指出"空谈政治之徒"多为汉学门生这一点来看,对儒教是持警惕和不信任态度的。

　　第六,在对待设立国教一事上,宫廷方面态度积极,而政府方面持否定态度。虽然《教学圣旨》中并未明确提及设立国教事宜,但是据海后宗臣的考察,它具有以《教学圣旨》为国教的意向。[①] 而政府方面则以"遂若取古今之长,参酌经典,建立统一之国教以推行于世,则必待贤哲者出,而非政府所宜管制者也"为由,主张道德不应由政府来管制,反对元田的以儒教为国教的立场。对此,元田在《教育议附议》中反驳道,"今圣上陛下,有为君为师之天职","内阁亦有其人",立儒学为"国教"正当其时,而"今日之国教无他,以复其古而已"。

　　第七,政府方面拥有政治大局观,而宫廷方面则缺乏这样的视野。对于政府方面来说,首先要考虑的是现代化,而至于现代化附带产生的负面效应——风俗的弊害,只要使之维持在允许的范围内即可。宫廷方面要求政府采取措施根绝风俗之弊害,必然会导致别的弊害的产生。因此,《教育议》强调:"今若急于挽救末

――――――――――

　　①　海後宗臣『教育勅語成立史の研究』東京:東京大学出版社、1965 年、83 頁。

弊,遂变更大政之前辙,甚至维护旧时之陋习,苟如此,甚非宏远大计。"

总之从《教育议》的内容来看,伊藤等认为维新以来的所谓"风俗之弊"并非"维新以后教育未行其道所致",同时警告说,不可太注重作为"末端"的"风俗之弊",而做出逆转进步之类的事情,主张继续坚持《学制》以来的实学主义路线。

伊藤、井上等政府方面之所以以《教育议》反驳《教学圣旨》,主要是基于其立宪统一的立场。尽管伊藤和元田的本质对立面是日益兴盛的自由民权运动,而且都是以谋求天皇亲政为重心,但是与元田等主张的政治形态是不以宪法为前提的天皇制不同,伊藤等所主张的政治形态则是以宪法为前提的天皇制——立宪君主制的天皇制。在伊藤等看来,元田等主张的天皇亲政形态中政治责任不清,可能会导致要由天皇来担负全部政治责任,结果也可能会给天皇制带来危机;其道德政治的理念如果付诸于政治,会不利于政府部门招揽有能力的政治人才,而其所主张的儒教道德若施之于国民社会,由于其严重的保守倾向,在原理上也不符合政府大力推行的现代化政策。在伊藤等看来,立宪君主制不仅可以对抗自由民权运动,捍卫天皇制,而且在原理上也符合政府的现代化政策。① 正因如此,伊藤等反对《教学圣旨》所体现的元田等的道德统一思潮。

(三)权力统一思潮:山县有朋与《军人敕谕》

就在元田永孚和伊藤博文围绕着如何对付自由民权运动,就教育政策展开争论之时,长期以来积极致力于现代日本军队建设的军事官僚山县有朋则在军队中构筑防止自由民权运动的壁垒。为了实现军队的非政治化,切断自由民权运动对军队的影响,强化政府的权力支柱——军队,山县积极推动将兵权从政权中分离出来直属于天皇,把军队建设成为绝对服从天皇命令的队伍。这种通过使军队的统率权独立出来以强化政权的思想,即所谓的权力统一思潮,所要确立的天皇制是拥有军队统帅权的天皇亲政形态。②

山县不仅仅满足于从法制上确立现代军制,而且还在意识形态方面对其予以充实。明治 11 年(1878 年),山县以自己陆军卿的名义颁发了《军人训戒》,其中提出"忠实、勇敢、服从"三条道德规范作为"军人的精神"。"若不忠实,何以奉戴

① 坂田吉雄『明治前半期のナショナリズム』東京:未来社、1958 年、95 頁。
② 坂田吉雄『明治前半期のナショナリズム』東京:未来社、1958 年、99 頁。

我大元帅之天皇,报效国家哉;若不勇敢,何以临战不惧,成就功名哉;若不服从,何以维持军队,使三军如一哉?"①《训诫》向军人灌输绝对尊崇天皇的思想。

尽管如此,军队内部依然不稳。山县有朋逐渐觉得有必要以天皇的名义加强对军人的训诫。对于借助天皇权威的理由,山县后来予以了说明:"初请赐军人敕谕之时,亦曾论及外国以宗教为基础实行军队教育,童年学校等即教以祈祷。我国不应偏向神道、佛教或耶稣教,且宗教管来世之事,若为现世之事,则止于忠孝仁义可也……"②

明治 15(1882 年)年 1 月,山县以天皇敕谕的形式颁发了《军人敕谕》。该《军人敕谕》是在山县的主持之下,由西周、福地源一郎等人于 1880 年左右开始起草的,并且获得了代表立宪统一思潮的井上毅的支持与合作。

《军人敕谕》由"前文"以及"忠节"、"礼仪"、"武勇"、"信义"、"质素"五项组成。"前文"强调"我国军队世世代代为天皇所统率",此乃日本的"国体"。在此基础上,一方面以"朕乃汝等军人之大元帅",强调天皇对军队的绝对统率权,另一方面又以"朕赖汝等为股肱,汝等以朕为头首,其亲犹深",宣扬天皇与军人的一体性。《军人敕谕》还为军人规定了五项必须遵守的道德规范:(1)忠节。认为不忠的军人,犹如傀儡,不忠的军队犹如乌合之众。因此,身为军人"不可惑于横议,不可干预政治,务求保持忠节,牢记义重于山,死轻于鸿毛"。(2)礼仪。"下级军官应视上级之命如朕意,上级亦须善待下级"。(3)武勇。"武勇于我国自古甚贵,故我国之臣民,无武勇则不符也。"(4)信义。军人应立信义,不污名誉。(5)质素。所谓质素,乃不流于文弱,不趋于轻薄,不随骄奢华糜之风。《军人敕谕》最后总结说,五项道德是"天地之公道、人伦之常理",赋予了"军人精神"以"普遍"、"永恒"的意义,并且把五项道德的基本精神概括为"忠诚",指出"心不诚则嘉言善行徒为文饰,毫无效用;唯有心诚则万事可成",将忠诚确立为军人的最高道德准则。③山县用天皇敕谕的形式来约束军人的生活和思想,在意识形态方面进一步加强了

---

① [日]井上清:《日本的军国主义》第 1 册,,天津市历史研究所译校,商务印书馆 1985 年版,第 115 页。

② [日]信夫清三郎:《日本政治史》第 3 卷,吕万和等译,上海译文出版社 1988 年版,第 115 页。

③ 关于《军人敕谕》的内容,请参见:副田義也著『教育勅語の社会史——ナショナリズムの創出と挫折——』東京:有信堂、1997 年、106~110 頁。

天皇的绝对权威。

根据梅溪升的考察和分析,山县的权力统一思潮与伊藤等的立宪统一思潮之间是一种相互补充、密切交错的关系。因为在伊藤和井上看来,为了保护国体(天皇),必须采用西欧的"立宪君主制",此乃对自由民权运动做出的一定让步,但是另一方面作为加强君主制的重要条件,军队必须由天皇亲率,并且非政治化。因而山县的权力统一思潮是伊藤、井上的立宪统一思潮不可缺少的内容,所以山县的计划得到了伊藤与井上的大力支持和推进。井上亦积极参与了《军人敕谕》的起草工作,就是一个证明。[①]

另一方面,透过《军人敕谕》和《教学圣旨》的内容,也可以看出山县的权力统一思潮与元田的道德统一思潮之间的关系。虽然《军人敕谕》是从权力的立场下发给军人社会的道德,《教学圣旨》是从道德的立场下发给市民社会的道德,但二者所维持的道德倾向、道德内容并不矛盾。[②]

从以上三种思潮的基本精神和内容来看,关于包括道德教育理念在内的教育宗旨的论争主要体现在元田永孚所代表的道德统一思潮与伊藤、井上所代表的立宪统一思潮之间的对立。其实,道德统一思潮与立宪统一思潮之间的对立绝不是本质性的。若从元田的道德政治性中抽去其政治性,以不妨碍立宪政治为限,单单立足于道德性之上,二者并没有根本性的对立,它们的对立是相对的、流动的。[③] 如就在"教育议论争"的 1879 年 8、9 月阶段,伊藤博文等官僚基本上拒绝了《教学圣旨》的路线,而在《教育议》的路线之上对《学制》进行了修改,于 1879 年 9 月 29 日公布了《教育令》。然而随着自由民权运动在全国的蓬勃发展、日益兴盛,明治政府又依据《教学圣旨》的路线对实施仅一年的《教育令》再次进行了修改,于 1880 年 12 月公布了《改正教育令》。

1881 年 10 月发生的所谓"明治 14 年政变"一方面通过把要求尽早开设国会和主张实行英国式的立宪君主制的激进派官僚大隈重信等赶出政府,从而确立了伊藤博文等主张实行普鲁士君立宪制官僚们的主导权,另一方面通过发布允诺在 10 年后(1890)制定宪法和开设国会的《国会开设诏敕》,巧妙地将自由民权运动

---

① 坂田吉雄『明治前半期のナショナリズム』東京:未来社、1958 年、101 頁。

② 坂田吉雄『明治前半期のナショナリズム』東京:未来社、1958 年、101~102 頁。

③ 梅根悟監修『世界教育史大系 39・道徳教育史Ⅱ』東京:講談社、1981 年、120 頁。

的矛头转移开来。而且就如开设国会所表明的那样,"若仍像过去那样争相急躁、煽动事变、妨害国安者,将依国典予以处置",表现出与民权派全面对抗的姿态。在开设国会的诏敕中一改从前的敕谕中对民众的"人民"、"国民"、"庶众"的称呼为"臣民",[①]这一称呼上的变动实际上象征着政府的开明姿态在转变。在《教育议》论争中将儒教视作"旧日之陋习"而大加贬斥的《教育议》起草人井上毅在政变一个月后所写的《人心教导意见案》中阐述:"维新以来,英法之学盛行,革命之精神始在我国萌生。盖教授忠爱恭顺之道,未莫有汉学之切要者。现在应该将废弃的汉学复兴起来,以使二者保持平衡。"[②]认为向民众教授"忠爱恭顺之道"需要儒教。两年前还是对立的道德统一派与立宪统一派在对抗自由民权运动的共同目标之下实现了教育政策上的合流。这样自《改正教育令》公布之时即已开始的儒教主义复活政策,自这次"政变"前后之时,在文部省的教育行政上全面地展开了。

　　《改正教育令》、《国会开设诏敕》、《军人敕谕》分别代表了元田、伊藤和山县的设想。三者尽管有分歧,但是在对抗自由民权运动、确立天皇制国家体制这一共同旗帜之下,都认识到了利用儒教来对付自由民权运动的必要性。儒教主义的复活就是建立在上述背景之上的。不过这时的儒教已不是作为统一的世界观了,它的使命仅局限在"忠爱恭顺之道"上了。

二、《教育敕语》的颁布与道德教育理念的确立

　　维新以来,明治政府与宫廷的路线斗争、政府与自由民权运动之间的对立与斗争,就其实质而言,是围绕着选择和确立新的价值观以替代由于维新而崩溃的价值观的对立和斗争。《改正教育令》以来至森有礼就任文部大臣(1885 年)这一段时间里,虽然领导层内部在蓬勃发展的自由民权运动(主要是宫廷与政府之间)面前就利用儒教主义教育政策来对付自由民权运动的必要性方面达成暂时的一致,但是社会上,特别是在思想界,涌现一批思想家对儒教主义德育体制进行了激烈的批判,从而在明治 10 年(1877 年)代后半期至 20 年(1887 年)代初这一段时间里,引发了一场激烈的德育论争。各色各样的德育论争,说明维新以来,尚未形成统一的德育理念或方针。这场论争或混乱,以 1890 年 10 月 30 日颁布的《教育

---

　　①　古田光他『近代日本社会思想史』(第 1 卷)東京:有斐閣、1968 年版、第 233 頁。
　　②　梅根悟監修『世界教育史大系 39・道德教育史Ⅱ』東京:講談社、1981 年、128 頁。

敕语》而告终。这一《教育敕语》自颁布之时起直到第二次世界大战结束,一直是日本国民道德的基础和教育的纲领,对日本社会和学校教育产生了深刻的影响。

(一)《教育敕语》的制定背景与过程

《教育敕语》的制定,有其特定的历史背景。

第一,《教育敕语》的制定是结束德育混乱,统一日本国内多元价值观的需要。如前所述,元田等宫廷儒教派与伊藤等政府开明派之间的对立是相对的、流动的。在自由民权运动兴盛之时,二者形成一定的共识。然而进入明治10年代后半期,随着自由民权运动的逐渐衰退,再加上修改不平等条约等问题的渗入,儒教的德育主义文教政策受挫,伊藤等欧化主义、开明主义立场再次受到重视。

1885年12月,与伊藤、井上在基本国家方针上具有共识的森有礼就任首届伊藤内阁的文部大臣,出现了一段著名的"森文政"(指森有礼担任第一任文部大臣时在文化教育事业上的建树)。[①] 森的经历与所受的西式教育,决定了他对欧美制度的偏爱。与日本第一任内阁首相伊藤博文相同,森有礼也是一个国家主义者,认为教育应服从国家目的,一切知识应符合国家的现实需要,而日本最需要的就是西方的科学技术知识。所以,在森的主持下,商、农、工、法、医等与国计民生有直接关系的科目受到了极大重视。

森有礼立足于强烈的国家主义思想,把教育看做是实现国家富强的一大支柱。他认为"人民护国之精神"、"忠武恭顺之风"乃是构成国家富强的"无二之资本、至大之宝源"。森有礼对儒教主义德育深感忧虑和担心,认为"而今之世仍提倡儒教主义实为迂阔",因为儒教与主义只能培养"奴隶卑屈之气",而无利于培养自发的"爱国心"。他主张基于"自他并立"之心开展新型德育,把"培养发展国民之志气"(即爱国心)作为教育的首要任务。因此,他批判修身科的儒教主义偏向,并发布通知禁止使用以儒教主义为本位的修身教科书。[②] 虽然在"将忠君爱国之意普及于全国"这一基本目标上,森有礼与儒教主义德育政策是一致的,但是他更

---

① 森有礼是留英学生,在维新时期首倡"废刀论"(废止几百年来士族佩刀的传统)、"妻妾论"(提倡一夫一妻制)等近代文明制度。森有礼对教育进行的改革与推进,其制度贡献主要是完成了《学制令》未完成的国民教育制度的建立,自此以后,日本的教育便走上了正常的制度化发展道路。

② 梅根悟监修『世界教育史大系39・道德教育史Ⅱ』東京:講談社、1981年、158~159頁。

重视"举国消除奴隶卑屈之气以固国本",意在通过激发国民主体性的、自发性的参与,确立并巩固绝对主义国家体制。[①]

受森有礼德育政策的激发,自明治10年代后半期兴起的德育论争变得更加激烈了。在19世纪80年代发生的这场论争中,对儒教主义德育体制批判最猛烈的,当属福泽谕吉。他于1882年发表的《德育如何》和《德育余论》中,强烈反对复活儒教,并立足于"自主独立论"展开自己的德育论。在《德育如何》中,他主张在新的时代中,应该以自主独立为基轴来建构新的道德;指出今日之道德混乱,源于未能建构出与新的时代相适应的道德所致,因此认为强行要求学校教授守旧的道德甚为不妥。在《德育余论》中,他进而指出,在公立学校中要进行完善的道德教育是不可能的,主张利用宗教(主要是佛教)的力量来促发普通民众的道德觉醒,并借此形成公众舆论,确立德育。[②]

与福泽谕吉有所不同,加藤弘之在立场上虽然倾斜于欧化思想,但却注意谋求与传统思想的折中。他在其1887年所著的《德育方法案》中主张,应该像欧美一样,以宗教为基础来改善学校道德教育,即在公立学校里分设神道、佛教、儒教、基督教四教修身科,让学生根据信仰来选择,希望通过互相竞争来提高德育的效果。[③] 相反,杉浦重刚于1887年出版的《日本教育原论》中指出,宗教主义不合日本国情、不宜采用,认为"人事亦离不开物理之定则",所以应基于物理之法则来确立道德之本。[④]

除了上述体现欧化、开明思想的德育论之外,也有一些偏向传统主义的德育论。元田永孚在《国教论》(1885)中继续坚持他历来的主张,提倡以孔子之教为基础树立国教。内藤耻叟于《国体发挥》(1888)中主张德育的标准应按照"天祖"所定的"教化之本"来确定,将德育的基础置于皇室。[⑤]与元田等传统主义者有所不同,西村茂树则在立足于儒教主义传统的同时,又吸取西洋哲学来构建自己的德

---

① 春田正治、宫坂哲文『今日の道德教育』東京:誠信書房、1964年、257頁。

② 上田薫、平野智美『教育学講座16・新しい道德教育の探求』東京:学習研究社、1979年、91~92頁。

③ 上田薫、平野智美『教育学講座16・新しい道德教育の探求』東京:学習研究社、1979年、92頁。

④⑤ 梅根悟監修『世界教育史大系39・道德教育史Ⅱ』東京:講談社、1981年、160頁。

育论。他于 1887 年出版的《日本道德论》中阐述了自己的道德论,主要包括三方面思想:①(1) 主张道德立国论。他认为日本明治维新以来,传统道德被悉数废弃,而新的道德标准又未能建立,使得无论是政府还是民间均失去了一定的道德准绳,带来了道德混乱,并将最终危及国家安危。因此,他主张要确保日本的对外自立和对内统一,"除使智、仁、勇道德得以发挥,别无他法"。(2) 关于"世教"与"世外教"的理论。西村认为,"能救国之大病"之药,乃"道德之教",亦即以"道理"为主的"世教"与以"信仰"为主的"世外教";前者属于"东洋的儒教"与"西洋的哲学",后者属于"东洋的佛教"与"西洋的基督教";"世外教"便于用来教化下层民众,"世教"则可用来指导上层民众。(3) 主张以儒教为道德之基。西村主张"采两教(儒学、哲学)之精,弃其粗杂",以成"日本道德之基础"。他还主张,"儒教"乃"本邦哲学之根干",比西洋哲学更适合于日本。但他同时也指出,儒教也需要进一步吸收西洋哲学的思想更新充实,方能适应时代。② 总之,西村基于而今若只根据儒教来确立本邦道德之基础则恐有所不能的认识,对从来的儒教主义立场进行了反省,主张在坚持以儒教为基轴的基础上,也参照、采用欧美的哲学来建立国民道德体系,体现了与时俱进的意图。

如此之多的德育论纷纷出现,一方面表明这一时期围绕着教育的方向存在着多种选择,但是另一方面,这种论争的多样性也的确给人以一种德育处于混乱的印象。而事实上这一论争也确实给学校教育带来混乱,而且波及整个教育界和思想界。因此确立德育方针,统一多元的价值观势所必须。

第二,《教育敕语》的制定是日本天皇制国家实施君主立宪制的要求。政府在 1887 年扼杀了自由民权运动之后,于 1889 年 2 月 11 日颁布了《大日本帝国宪法》。这一以天皇名义颁布的钦定宪法规定主权在于天皇,天皇神圣不可侵犯,授予了天皇以绝对的权力。它所依据的是"大日本帝国乃我皇祖天照大神肇造之国,其神裔万世一系之天皇,遵照皇祖之神敕,自悠久古代,永远治理之。此乃万

---

① 盛邦和:《东亚:走向近代的精神历程——近三百年中日史学与儒学传统》,浙江人民出版社 1995 年版,第 366~368 页。

② 以上有关《日本道德论》的内容,参见:西村茂樹『日本道德論』東京:岩波書店、1963 年。

邦无比之、吾国之国体"的国体信仰,[①]国体信仰就这样成了宪法的教义,从而也就规定了明治政府国家政策的基本性质。明治宪法致力于两件事:一方面力求建立天皇及其政府对人民的绝对权威;另一方面,又容许人民有最低限度的公民权,得以参加有关发展本国工业所需要的公民与经济活动。可是只能以后者不妨碍前者为前提。[②]　然而这二者之间是有着内在矛盾的。即承认人民一定的参政权有可能促进国民权利意识的增长,从而也会危及天皇制国家体制秩序。因此通过向国民渗透天皇的神圣性和国体观念,抑制民众权利意识的增长,是实施立宪政体的必然要求。明治宪法尽管规定了天皇是国家元首、统治权的统揽者,但是并不能给予国民以道德上的命令。尽管它规定了"天皇神圣不可侵犯",但是并没有给予将其神圣性向国民中渗透的命令。也就是说,天皇尽管具有强大的权限,但是作为人格君主的统治事实上很薄弱。[③]　而这正需要从教育方面来予以补充。

第三,它是适应日本强兵富国战略需要而产生的。山县有朋是制定《教育敕语》之时的首相。山县有朋后来回顾说:"余头脑中有军人敕谕之事,故对教育亦希望获得同样之敕谕。"[④]所以对制定《教育敕语》非常热心,大力推进。这实际上是《教育敕语》得以颁布的最重要因素。那么山县为什么希望教育也具有像《军人敕谕》那样的敕谕呢?山县有朋长期以来担任军事官僚,主张急修武备,是明治政府中的强兵富国派,是权力统一思潮的代表人物。他从1882年朝鲜汉城事变以后就积极策划以"大陆作战"为目标的军事扩张,并为此积极备战。山县于1890年的首相就职演说中提出了所谓"两线论",公然将朝鲜列入日本的所谓"利益线"。[⑤]　在1890年3月的《山县有朋军备意见》中进而指出,要想保护"利益线","国民爱国之心得靠教育来培养和保持。"[⑥]由上可以看出,在面临先进资本主义各国对亚洲瓜分统治的危机,山县等军事官一方面具有与其相对抗的危机感,另一方面又具有如果不尽早对亚洲进行瓜分统治,自己就会在争夺市场中落后的焦虑感。他们正是立足于这种混杂的危机感和焦虑感之上,强调军备和教育的关

---

① 〔日〕村上重良:《国家神道》,聂长振译,商务印书馆1990年版,第116页。
② 〔日〕小林哲也:《日本的教育》,徐锡龄、黄明皖译,人民教育出版社1981年版,第47页。
③ 梅根悟監修『世界教育史大系39・道德教育史Ⅱ』東京:講談社、1981年、165頁。
④ 〔日〕国民精神文化研究所:《有关教育敕语颁布的资料集》第2卷,第453页。
⑤ 汪淼、培柱:《日本近代史上的沙文主义》,载《史学集刊》1987年第4期,第51～59页。
⑥ 坂田吉雄『明治前半期のナショナリズム』東京:未来社、1958年、113～115頁。

系,强调军国主义教育的重要性。也正是出于上述考虑,山县才要制定像《军人敕谕》那样的教育敕谕。

1889年2月11日,正当帝国宪法公布之日,森有礼遇刺身亡。在上述历史背景之下,首相兼内务大臣山县有朋于1890年2月召开了地方长官会议。会上,地方官们提出了一个《关于德育涵养的建议案》,其中对维新以来的教育方针一变再变表示强烈不满,要求根据日本"固有的伦理之教"来确立德育方针。这一建议在送交榎本武扬文相之同时,也送交了山县有朋。山县有朋极为重视,把这一建议放在天皇也出席的内阁会议上进行讨论,并于同年5月内阁部分改组之时,罢免了他认为只热心于理化而对德育问题不甚关心的榎本武扬的文部大臣职务,提拔自己的心腹芳川显正任文相。在任命式后,天皇亲自召见山县和芳川,重申编写教育箴言的指令,教育敕语的起草工作由此正式开始。

芳川文相首先委托帝国大学文科教授中村正直起草教育箴言,中村将自己有关人伦的学术理论写进了草案,于1890年6月提交给芳川。芳川迅速报告给山县和井上。井上长期以来担任敕语、敕令、法律条文的起草工作,是《大日本帝国宪法》和《军人敕谕》的主要起草人。他对中村草案作为"敕语"的文体大为不满,认为"如此敕语毋宁类似宗教或哲学上之大知识的说教,不宜出自君主之口,世人亦鲜有信其真正书自至尊之圣旨而心怀感激者"。① 最后在山县的一再请求下,井上以在立宪政体下"君主不应干涉臣民良心之自由"为原则,以教育敕语应与"政事上的敕语"相区别,应看做是"发表于社会上的君主著作"为前提,以不涉及特定的政治、宗教、哲学的立场以免引起纷争为戒②,又重新提出了一个敕语草案,并于6月20日提交山县。就在井上起草敕语草案之同时,元田永孚也于6月17日完成了自己的敕语草案《教育大旨》,但当他得知井上草案内容之后,遂放弃自己的草案,以后二者相互协作,以井上的草案为基础,终于在1890年10月21日完成了起草工作。这个草案经内阁会议稍加润色就直接上奏给天皇,1890年10月30日天皇未按预定的在东京高等师范学校下发的程序,而将山县和芳川召

① 〔日〕信夫清三郎:《日本政治史》第3卷,吕万和等译,上海译文出版社1988年版,第219页。

② 〔日〕信夫清三郎:《日本政治史》第3卷,吕万和等译,上海译文出版社1988年版,第200页。

进皇宫,"下赐"了《关于教育之敕语》(通称《教育敕语》)。

从制定的背景和过程来看,《教育敕语》可以说是山县的权力统一思潮对元田的儒教主义和伊藤的近代立宪主义综合的思想产物,是山县的权力统一思潮、伊藤的立宪统一思潮和元田的道德统一思潮的统一,是三种天皇观的统一。因此《教育敕语》绝不是由"排斥儒教主义的思潮所导致"、"由元田所代表的儒教主义和伊藤、井上的近代立宪主义之间抗争和妥协之上成立的",而是由山县的权力统一思潮对儒教主义和近代立宪主义综合之上成立的。[①]

需要特别指出的是,山县的权力统一思潮之所以能够整合近代立宪主义思潮与道德统一思潮,推动《教育敕语》的出台,一方面与 19 世纪 90 年代正是帝国主义对立日益激化的时期有关,更与当时明治政府尤其是军部在这样的历史背景中感受到的强烈危机感有关。正是在这样的背景下,使得山县的权力统一思潮取代伊藤、井上的近代立宪主义逐渐成为时代的主流。《教育敕语》正是这种政治变动期的产物。[②]

(二)《教育敕语》的内容与性质

《教育敕语》短小精悍,语言非常简练。全文内容如下:

朕惟我皇祖皇宗,肇国宏远,树德深厚;我臣民克忠克孝,亿兆一心,世济厥美。此乃我国体之精华,而教育之渊源亦实存于此。尔臣民孝于父母,友于兄弟,夫妇相和,朋友相信,恭俭持己,博爱及众,修学习业,以启发智能,成就德器,进广公益,开世务,常重国宪,遵国法,一旦缓急则义勇奉公,以扶翼天壤无穷之皇运。如是,则不独为朕之忠良臣民,亦足以显彰尔祖先之遗风矣。

斯道,实乃我皇祖皇宗之遗训,而子孙臣民之所当遵守,通诸古今而不谬,施之内外而不悖。朕庶几与尔臣民俱拳拳服膺,咸一其德也。[③]

明治二十三年十月三十日

御名御玺

从内容结构上来看,《教育敕语》可分为三个部分:第一部分从"朕惟我皇祖皇宗"开始到"亦实存于此";第二部分从"尔臣民孝于父母"到"亦足以显彰尔祖先之

① 坂田吉雄『明治前半期のナショナリズム』東京:未来社、1958 年、126 頁。
② 坂田吉雄『明治前半期のナショナリズム』東京:未来社、1958 年、126~127 頁。
③ 奥田真丈監修『教科教育百年史・資料編』東京:建帛社、1985 年、54 頁。

遗风矣";第三部分从"斯道"开始到"咸一其德也"。第一部分叙述了天皇制的根源由自古以来就存在的君德与臣民忠诚的一体关系构成,将此作为"国体之精华",而教育的根源也由此得出。把教育的基本方针与建立在天皇制基础上的国体观念结合起来是这一敕语的本质特征。

第二部分列举了臣民应该遵守的德目,大体可分为四个方面:一是基本的人伦规范,包括"孝于父母"、"友于兄弟"、"夫妇相和"和"朋友相信";二是个人道德规范,包括"恭俭"、"博爱"、"修学"、"习业"、"启发智能"和"成就德器";三是对国家、社会的道德规范,包括"广公益"、"开世务"、"重国宪"、"遵国法"、"义勇奉公"和"皇运扶翼"。所有这些德目最终都归结到以国体为基轴的"皇运"扶翼上来。从这些德目或道德规范的内容来看,大多是在日本庶民阶层广泛渗透的"通俗道德",当然也有令当时的日本人耳目一新的新规范。其中的基本人伦规范和对国家的规范,可视为儒教所说的五伦的日本修订版。

第三段将以上贯穿国体思想的道德视为放之四海而皆准的普遍真理,并表明了天皇自身也要与臣民一同践行这些德目的决心。

关于《教育敕语》的内容和精神,有两点值得关注:

第一,国体理念所透示的一君万民的平等主义思想。对此,副田义曾有过较深刻的分析。他说,《教育敕语》开篇宣扬的国体理念乃是引领明治维新这场社会革命的乌托邦思想,这一思想在《大日本帝国宪法》制定过程中得到了进一步的完善。而构成这一思想之首要特质的,是其一君万民思想的平等主义。《教育敕语》所宣扬的乌托邦思想,对于大多数民众充满魅力,对于形成统一的国民也一定起到了促进作用。①

第二,对传统"通俗道德"的改造和利用。通俗道德产生于天明、天宝大灾荒之后,是一种严格的自我约束伦理,为的是重建荒芜的家园,拯救濒临灭亡的家庭。通俗道德的思维方法一方面在日常生活中可以实现某种程度的人的解放,另一方面却又在认识社会体制方面表现出极端的理想和怯弱。② 正因通俗道德有如此特点,明治政府从明治10年开始在报德社的支持下,企图汲取通俗道德,然

---

① 副田義也著『教育勅語の社会史——ナショナリズムの創出と挫折——』東京:有信堂、1997年、49～121頁。

② [日]色川大吉:《明治的文化》,郑民钦译,吉林人民出版社1991年版,第133页。

后让天皇制凌驾其上。于是就出现了色川大吉所描述的如下景象：

到了明治中期，通俗道德的实践本身变成目的，其人生观的意义（目标）反而模糊不清了。究竟为什么要勤俭节约？为什么要谦虚谨慎？为什么要自我约束？这就给天皇制思想的浸透造成可乘之机。于是，"国家"对通俗道德作另一番解释，使之具有"家族"道德的新含义，变成了忠君爱国的目标。这首先以《教育敕语》的形式表现出来，接着在明治时期又赋予在社会上获得成功的保障的含义。这样，一方面给把通俗道德的思维方式吸收到天皇制里，另一方面给通俗道德增补原本没有的世界观的含义。[①]

如此设计，通过要求民众践行以勤勉、俭约、孝行、和合、忍耐等为内容的通俗道德，可以把民众的能量引向忠君爱国的目标上，从而有助于实现统治的稳定。

需要指出的是，《教育敕语》不仅规定了学校的德育方针，而且将其作为全体日本国民的道德准则，从而为近代天皇制国家确定了正统的思想体系。正如村上重良所指出的那样，"把国体的教义视为永久不变的东西而写出的《教育敕语》，结果当然就承担了作为大日本帝国的国教——国家神道教典的功能。"[②]伴随《教育敕语》的颁布，在政治、军事、教育各领域中具有钦定宪法性质的《大日本帝国宪法》、《军人敕谕》和《教育敕语》三足鼎立格局形成，标志着近代天皇制国家及天皇制国家观的确立。[③] 如果说《大日本帝国宪法》的根本使命在于将"国体"规范化的话，那么《教育敕语》则因为将"国体"作为教育的渊源而将国体具体化了，为明治宪法体制提供了意识形态支持。如果说《军人敕谕》阐述的是军人社会道德规范的话，那么《教育敕语》则体现了《军人敕谕》的道德原理对市民社会的渗透，军人社会与市民社会的道德走向了同质化。《教育敕语》与《军人敕谕》共同构成天皇制国家意识形态的两大支柱。[④]

---

① ［日］色川大吉：《明治的文化》，郑民钦译，吉林人民出版社1991年版，第220页。
② ［日］村上重良：《国家神道》第114页，北京：商务印书馆1990年版。
③④ 坂田吉雄『明治前半期のナショナリズム』東京：未来社、1958年、127頁。

第三节　修身教育体制的确立

一、《教育令》时代的道德教育

（一）修身科首位原则的确立

《学制》尽管具有启蒙的、进步的一面，但是它本是模仿西欧先进各国的制度而制定的，因此存在着许多不合日本国情、民情的地方，其强制就学给国民带来沉重的经济负担，教育内容严重脱离日本人民生活实际，以及对道德教育的轻视等等，都引起人们的广泛不满和反抗，就学率到明治 10 年左右还不足 40％。[①]

文部省首脑于 1877 年对全国的教育实施情况进行了巡视，发现继续原封不动地实施《学制》很困难，于是首先于 1878 年 5 月废止了《小学教则》，实行教则自由化，并进而于 1879 年 9 月公布了《教育令》取代《学制》。以文部大辅田中不二麿为中心制定的《教育令》在理念上继承了《学制》的开明路线，但在制度上改法国的中央集权的、划一的强制主义、干涉主义为美国的自由主义，因而被称作"自由教育令"。《教育令》的主要着眼点是应对学生不愿上学的现实，对道德教育仍然比较轻视。这一点可从《教育令》第 3 条的规定中看出："小学乃是向儿童授以普通教育的场所，其科目以读书、习字、算术、地理、历史、修身等为基本，根据各地的实情，可增设罫画、唱歌、体操等科目或物理、生理、博物等大义，尤其是对女子，可设置裁缝等科目。"[②] 可见，修身科仍被置于小学所有科目的第六位。而根据藤田昌士对《教育令》实施期各府县教则的考察，当时各府县实际执行的教则大体上有四种类型：一是不设修身科或口授科，继续包摄在读物科等学科之中；二是设立包含修身谈、养生谈、地理谈、历史谈等广泛内容在内的口授科；三是设立只有修身谈为内容的口授科；四是按照《教育令》的规定设置修身科。属于第四种类型的主要是师范学校附属小学教则或各县的示范教则。[③] 总体而言，大多数府县的小学

---

① ［日］文部省：《日本的成长与教育》，1962 年，第 180 页。

② 奥田真丈监修『教科教育百年史・資料編』東京：建帛社、1985 年、43 頁。

③ 藤田昌士「修身科の成立過程」『東京大学教育学部紀要』第 8 巻、1965 年、204〜207 頁。

教则依然继承学制实施期的学科课程结构,修身科也依然处于作为独立学科逐步分化出来的过程中。

出乎《教育令》设计者的预料,《教育令》的实施反而招致了就学率的进一步下降,从而引起了地方官们对《教育令》的实施所带来的学校教育停滞和混乱的指责。然而促成政府下决心改正《教育令》的决定性事件,是 1880 年 3 月 15 日爱国社第四次大会的召开所象征的自由民权运动的兴盛。面对自由民权运动的飞速发展,明治政府产生了深刻的危机感,痛感统制教育和规范国民思想的必要性。因此在政策上一改从前的妥协为强硬。在教育上,以 1880 年 2~3 月文部首脑部门的人员变动(河野敏镰调任文部卿,田中不二麿调出文部省)为转机,修改了《教育令》。

1880 年 12 月修改后公布的《教育令》(通称《改正教育令》)对《学制》以来的开明主义教育政策来了一个 180 度大转变,不仅恢复了政府对教育的中央集权式控制,而且把长期处于次要地位的修身科置于各学科之首位。[①]

在《改正教育令》颁布之后,政府相继采取了一系列强化道德教育的政策,修身科因此发生巨大变化,主要表现在以下三方面:

第一,修改课程标准,增加修身科教学时数。根据《改正教育令》重视德育的方针,文部省于 1881 年 5 月制定了《小学教则纲领》[②]。根据《小学教则纲领》,小学初等科设修身、读书、习字、算术、唱歌、体操等 6 个科目,中等科设修身、读书、习字、算术、地理、历史、图画、博物、物理、裁缝(女)、唱歌、体操等科目。而且还规定,各地"可以根据地方实情和男女的区别增加科目设置,但是修身、读书、习字和算术不得缺少"。由此修身科不仅成为首位学科,而且是必修的四大科目之一。关于修身科的授课时数,《小学教则纲领》规定初等和中等科每周 6 学时,高等科为 3 学时。[③] 与学制期相比,修身科的总教学时数增长了 7 倍,修身科教学时数占所有学科总教学时数的比率也有原来的 1~2% 增加到 10.0%,[④]足见修身科所受

---

① 奥田真丈监修『教科教育百年史·资料编』、東京:建帛社、1985 年、44 页。

② 根据该《教则纲领》,小学的"四、四"两段制,被改为初等科三年、中等科三年、高等科二年的三段制,以初等科作为国民教育的最低目标。小学的学龄期依然是 6~14 岁。

③ 奥田真丈监修『教科教育百年史·资料编』、東京:建帛社、1985 年、45~50 页。

④ 梅根悟监修『世界教育史大系 39·道德教育史 Ⅱ』東京:講談社、1981 年、130 页。

到的重视。据藤田昌士的考察,《改正教育令》实施期的修身科设置情况与《学制》和《教育令》实施期间截然不同。由于《改正教育令》的干涉主义教育行政实施的缘故,各府县小学教则的课程设置基本上与《小学教则纲领》完全一致,均把修身、读书、习字、算术设为核心科目。① 可以说,修身科从此时开始真正地独立出来并确立了首位的地位。此后除了没有关于科目设置规定的《再改正教育令》(实施期间为 1885 年 8 月～1886 年 4 月)之外②,直到第二次世界大战前,修身科在所有教育法规中都处于各科之首的位置。

还有一点必须指出的是,修身科首位的意义不仅在于修身科本身地位的提升,还意味着道德教育相对于智育的地位提升,意味着道德教育对于整个国民教育的统帅地位。这一点也特别体现在《小学教则纲领》第 15 条的规定之中,即中等科的历史科目"要教授日本历史中的建国体制、神武天皇的即位、仁德天皇的勤俭、延喜天历的政绩、源平的盛衰、南北朝的两立、德川的治绩、王政复古等重要事实及其他古今人物的贤良与否、风俗之变更等之概要,凡历史教学,务必要使学生了解沿革的原因结果,尤其要养成其尊王爱国之气"。③ 这表明要将历史教育作为道德教育特别是培养学生"尊王爱国"精神的工具。

第二,改革教科书制度,加强对修身教科书内容的控制。就在《改正教育令》颁布之前不久,明治政府就已经开始采取了两项措施,加强了对修身科教育内容的控制:一是编纂示范修身教科书。1880 年 4 月,文部省将西村茂树编写的《小学修身训》作为示范教科书出版发行。该书不同于以往的翻译修身书,主要围绕学问、生业、立志、修德、益智、处事、家伦、交际等 8 个项目,从东西方的书籍中辑录了一些嘉言。二是公布禁止使用的修身教科书目录。1880 年 8 月,文部省公布了所谓"在教育上有害的书籍",禁止将这些书籍作为修身教科书使用。被禁止使用的教科书中不仅包括像箕作麟祥翻译的《泰西劝善训蒙》那样非常普及的修身教科书,而且包括文部省自身发行的修身教科书(如阿部泰藏翻译的《修身论》等)。被禁止的书籍中主要是福泽渝吉的《通俗民权论》、《通俗国权论》和加藤弘

① 藤田昌士「修身科の成立過程」『東京大学教育学部紀要』第 8 巻、1965 年。
② 奥田真丈監修『教科教育百年史・資料編』東京:建帛社、1985 年、50～51 頁。
③ 奥田真丈監修『教科教育百年史・資料編』東京:建帛社、1985 年、46 頁。

之的《国体新论》等有关政治、民权的著作。①

在《改正教育令》颁布之后，文部省进一步加强了对修身教科书内容的控制，主要措施有三个：一是制定修身教科书编辑标准。就在《小学教则纲领》出台前的1881年4月末，文部省专门就修身科制定了《小学修身书编纂方法大意》，向各府县内发。这个《小学修身书编纂方法大意》阐释了修身教育的基本方针、教科书编纂的基准以及修身科的教学方法。其中明确规定修身教育必须以培养尊王爱国的精神为基本目标，并指出"儒教与日本固有的道德伦理密切关联"，而"欧美伦理学不符合日本的风土"，所以要以儒教主义作为修身教育的原理。② 根据这一规定，此后的修身教科书中西洋的格言等开始销声匿迹。二是继续编纂示范教科书。除了前述的《小学修身训》之外，文部省还依据《小学修身书编纂方法大意》编写了《小学修身书初等科之部》6册（1882年）、《小学修身书中等科之部》6册（1883年）和《小学作法书》（1883年）。这些教科书的开头一般都登有教师须知。三是改革教科书采用制度。就在《小学教则纲领》颁布五日后的5月9日，文部省发布通告，指示各小学使用的教科书要向文部省申报。根据这一通告，以往各小学自由采用教科书无需向文部省申报的制度一去不复返，从今往后，必须向文部省申报。另外，为了进一步加强对教科书使用的控制，文部省于1883年7月又将申报制改为认可制。

第三，加强教师管理，推进教师的率先垂范。《改正教育令》中规定"品行不正者不得为教员"，把"品行"作为教员任用的必备条件。此后，文部省又于1881年6月制定了《小学教员须知》，其中第1条就强调"导人善良比教人多识更为重要。故教员应特别致力于道德教育，要努力教育学生以使他们通晓尊皇室、爱国家、孝父母、敬长上、信朋友、爱卑幼、自重等一切人伦之大道，且以身示范，以德性熏染学生，以善行感化学生。"③这一规定很显然立足的是德育优先的思想，在方法上重视的是教师的率先垂范。根据上述宗旨，文部省还于1882年7月修订了《小学

---

① 梅根悟監修『世界教育史大系39・道德教育史Ⅱ』東京：講談社、1981年、129～130頁。

② 梅根悟監修『世界教育史大系39・道德教育史Ⅱ』東京：講談社、1981年、132～133頁。

③ 宮田丈夫『道德教育資料集成』（第1卷）東京：第一法規、1959年、134～137頁。

教员许可证授予办法须知》，其中规定，"硕学老儒等有德望者"、"善于教授修身科者"，不必经过考试即可授予该学科任用证书，录用为教师。①

（二）修身科教育内容与方法的变化

在明治政府一连串的强化修身教育政策的推动和影响下，修身科教育不仅在地位上得到了提升，而且在内容和方法上也发生了变化。

第一，在修身科教育内容上，以儒教主义为基调。《改正教育令》期间的修身教育内容，由文部省编写的《小学修身书》和相当于敕撰的《幼学纲要》可见一斑。《小学修身书初等科之卷》第1卷卷首的"教师须知七则"中有这样的阐述："我国的人们无贵贱之别，乃由于自幼开始便兴起尊重皇室之念的缘故。此乃我国体与其他外国不同之处。作为教师要反复细致地说明此理，并让学生好好地体会这一点。"表明修身教育要培养学生尊皇爱国精神之意。② 而从教科书内容来看，基本上与西村茂树先前所编的《小学修身训》方针大体一致，所不同的是基于《小学修身书编纂方法大意》的儒教主义指示，教材仅限于和、汉的格言佳句，选自翻译修身书的格言佳句则悄无踪影。从《小学修身书初等科之部》来看，格言佳句主要来自于《大和俗训》、《大和小学》、《家道训》、《论语》、《六论衍义大意》、《诗经》、《大学》、《书经》、《孟子》等中国和日本的典籍。由此可见，这一时期的修身教育内容在很大程度上恢复到了德川时代的德育内容。③

另外，1882年12月，宫内省也向全国各级学校和一般民众颁发了由元田永孚编写的《幼学纲要》。元田的《幼学纲要》主要是秉承天皇的指示阐明仁义忠孝的。其内容由孝行、忠节、和顺、友爱、信义、勤学、立志、诚实、仁慈、礼让、俭素、忍耐、贞操、廉洁、敏智、刚勇、公平、度量、判断、尽职等20个德目构成，而且每一条都先引用《孝经》和"四书五经"的语句，然后再配上中国和日本历史上的具体事例。

从《小学修身书初等科之部》首卷一开篇便引用中国《孝经》"孝，德之本也"，把尽孝作为人的第一要务，④以及《幼学纲要》的20个德目是以父子、君臣、夫妇、

---

① 教育史编纂会『明治以降教育制度発達史』（第1卷）東京：竜吟社、522頁。
② 宮田丈夫『道徳教育資料集成』（第1卷）東京：第一法規、1959年、158頁。
③ 宮田丈夫『道徳教育資料集成』（第1卷）東京：第一法規、1959年、18～19頁。
④ 宮田丈夫『道徳教育資料集成』（第1卷）東京：第一法規、1959年、151頁。

兄弟、朋友为起点,并将孝行放在首位,可以看出这一时期的修身教育还是以孝为中心的。

第二,在修身科的教学方法上,以要求学生死记硬背为主。关于修身科的教学,《小学教则纲领》中明确规定:"初等科,主要以简易的格言和事实;中等科和高等科主要以稍高深一些的格言和事实,培养儿童的德性,并兼授规矩礼法。"不再是单纯的口授了。那么,具体是采用什么样的方法进行修身科教学的呢? 由以下三点可见一斑:西村茂树编写的《小学修身训》作为文部省的示范教材,也是翻译修身书被禁期间的过渡性修身教科书。该书在"凡例"部分,对于修身科的教学方法,作了如下的提示:"修身学之书,宜让学生熟读暗记,其意义深远。即使有幼年的学生不能领会之处,但只要时常牢记不忘,随着年龄的增长,就可逐渐地理解其意义,将一生受用无穷。"[①]西村所主张的教学方法并不考虑学生的心理发展阶段特点,并不重视学生的主体性理解,而是要求学生死记硬背被认为是重要的古语格言,并诉诸情感。

需要指出的是,这种方法并不限于西村茂树个人的主张,可以说是这个时期比较普遍的修身科教学方法。《小学修身书编纂方法大意》中关于修身教学有如下的规定:"小学修身的教学并非要研究修身学,而是在于诱导信用、谨慎、敬畏、爱望诸感觉;小学修身教学要力避理论性语言。"而且还规定"小学修身科应诵读和口授兼用","修身教科书应让学生背诵"。[②] 可见,它并不把学生是否"领会体悟"看得很重要,主张采用要求学生死记硬背的教学方法。根据《小学修身书编纂方法大意》精神编写的《小学修身书》和《小学作法书》等修身教科书中自然也都推荐使用死记硬背并诉诸情感的教学方法。属于文部省系列教科书之外由元田永孚编写的《幼学纲要》也要求采用让学生死记硬背的教学方法。

不过,必须指出的是,进入明治10年代之后,日本全国各地开始盛行一种新的教学方法——裴斯塔洛齐的开发教学法。所谓开发教学法,与以往要求学生死记硬背的教学方法不同,强调以儿童的直接经验为媒介,旨在最大限度开发其心智能力。在美国学习开发教学法的高嶺秀夫于明治11年(1878年)回国,担任东京师范学校教师,开始实施开发教学方法。通过高嶺秀夫学习开发教学法的该校

---

① 宮田丈夫『道德教育資料集成』(第1卷)東京:第一法規、1959年、92頁。
② 宮田丈夫『道德教育資料集成』(第1卷)東京:第一法規、1959年、11~14頁。

教师若林虎三郎和东京师范附小的训导白井毅，于 1883 年出版了《改正教授术》，为宣传推广开发教学法发挥了巨大作用。以下就透过该书来看看开发教学法下的修身教学。①

《改正教授术》中，作为"教授的主义"，提出了以下九个原理：1. 活泼乃儿童的天性。要熟习动作，要多让其动手。2. 应遵循自然的顺序开发各种心力。首先开发心力，然后予之。3. 由五官开始。儿童发现之所得，绝不要进行解释说明。4. 各学科的教学应该从基础开始。一堂课一件事。5. 循序渐进，贯通全体。教学之目的，在于使教师所能教者成为学生所能学者。6. 无论是直接还是间接，各课必归纳出要点。7. 观念为先，表现在后。8. 由已知到未知，由特殊到一般，由有形到无形，由易及难，由近及远，由简到繁。9. 先综合后分解。

《改正教授术》在"提问的须知"一部分中指出："提问的适当与否，关系到心力的开发、学艺的进步"，乃教授术中最为重要之处之一，因此对学生的提问应该给予充分重视。可见，问答被作为心力开发的方法受到高度重视。《改正教授术》还强调，教案对于教师"犹如楫之于舟"，不可缺少。关于教案的写法，该书列出如下的教案构成：1. 目的。此处记述该课应该联系的各种心力及其他要陶冶的事项。2. 大意。此处记述要开发的观念及要教授的语言文字。3. 题目。此处记述要教授的事项。4. 方法，即教学的程序，主要包括：复习（记述以测试学生是否记住上次课教授的事实要使用的问答）、教授（详细记述本次课开发观念和教授语言文字要使用的问答）、演习（记述为进一步明确教授的观念和语言文字而要使用的问答）和约习（记述概括教授事项要点要用的问答）。可见问答是每个教学环节都不可缺少的组成部分。

在阐述基本的教学方法原理的基础上，《改正教授术》也谈到了各科的教学方法。关于修身科，强调"修身课"需要父母的辅助和教师的尽力，特别是教师应该致力于"改良学生的道德"，而教师在"改良学生的道德"时，需要并用教训、示范、练习等方式，不能有所偏重。"所谓教训，乃是像阐释仁义五常，教授洒扫、应对、进退的礼节那样，向学生教授修身上的知识和品行"；"所谓示范，乃是指教师躬行正道，修品行，让学生效法之的行为举止"；"所谓练习，是设法让学生能够遵循教

---

① 以下有关《改正教授术》的内容，请参见：勝部真長、渋川久子『道徳教育の歴史——修身科から『道徳』へ——』東京：玉川大学出版部、1984 年、38～43 頁。

训和示范,躬行之,养成好的习惯"。示范取决于教师个人品德的修炼,练习取决于教师个人技能的巧拙,二者主要属于教师个人努力的范畴。关于教训的顺序和方法,《改正教授术》提出了如下注意事项:1. 授课教师要注重礼仪、容仪和行为举止,诸事要严肃庄重;2. 教室的讲台、教学器具摆设要整齐。要张贴一些能够引起学生感动的圣贤画像等,开始教学前后最好能够奏奏乐唱唱歌。3. 在选择要讲述的实例时要注意是否能够引起学生的感动,是否适合学生的能力。4. 教师如果语言不当,即使讲述的实例能够令人感动,也不足以达到目的。所以必须注意语言的使用,不要使用粗言、方言,要注意语音语调。5. 口授过程中,应该不时地提问,使学生养成判断是非善恶的习惯。《改正教授术》还提示了适应学生发展阶段的教学方法。在低年级,"学生的文字知识还不多,进行有关文字的讲说甚为困难",所以要以讲故事的形式为主,让学生背一些格言即可。讲故事的题材应该选择一些学生的生活体验有关的,让学生感到亲切的事例。等到高年级,学生认识的字多了起来,并且已经掌握了一些基本道德之后,教师就可以始终采用师生问答的形式开展修身教学,与此同时促使学生资助思考。

这种开发教学法注重教学适应学生的兴趣和发展阶段特点,与那种只进行文字解释,要求学生死记硬背的教学法有很大不同。因此,这种教学方法对当时的很多教师来说,肯定是极富新鲜感和诱惑力的。许多学校的修身教学也采用了这种方法。但是,正如槇山荣次(奈良女子高等师范学校校长)所指出的那样,实际从事教学的教师中,很多人并没有真正理解开发教学法的真正意义,将开发教学误解为问答教学,无论干什么,都要提问让学生回答。结果使得教学陷于"驰于言语应酬之末,未能实现精神活动的真正启发",[①]脱离了裴斯塔洛齐开发儿童心智能力的本来精神。进入明治 20 年代之后,逐渐衰落,为赫尔巴特主义教学法所取代。

二、森有礼文政时期的道德教育

1885 年 8 月,由于财政窘迫的缘故,《教育令》又不得不再次修正(修改后的《教育令》,为了与第一次修正相区别,称为《再改正教育令》),更加简单化了。但是就在《再改正教育令》实施不久的 12 月末,明治政府实行了内阁制度,森有礼就

---

① 国民教育奖励会『教育五十年史』東京:民友社、1922 年、191 頁。

任首届文部大臣。森有礼一就任就开始着手学校制度改革,于 1886 年颁布了《帝国大学令》、《中学校令》、《小学校令》和《师范学校令》。依据这些教育法令实施的明治教育体制的制度改革,确立了战前日本国家主义的教育体制。在森有礼主持文部省教育行政的时期里,日本的修身教育也发生了一些变化,主要体现在两个方面:在修身教育的形式上,强调体操等学科外的活动;在修身教育的内容上,排斥儒教主义。

(一)重视"教室外的教育",主张通过军事体操等活动进行道德教育

根据 1886 年 4 月颁布的《小学令》,小学被分为寻常小学和高等小学,各四年,寻常小学被确定为义务教育阶段。1886 年 5 月颁发的《小学的学科及其程度》(相当于之前的小学教则)规定:"寻常小学的学科为修身、读书、作文、习字、算术、体操。根据各地的实情,可以加上图画、唱歌中的一科或两科。""高等小学的学科为修身、读书、作文、习字、算术、地理、历史、理科、图画、唱歌、体操、裁缝(女)。根据各地的具体情况,可以增设英语、农业、手工、商业中的一科或两科,唱歌不妨可缺。"关于修身科的教学时数,《小学的学科及其程度》规定,寻常小学和高等小学的修身科教学时数均为每周 1 小时 30 分。[①] 从规定中可以看出,修身科的首要地位虽然没有发生变化,但是修身科的教学时数却被减少了。

关于修身科,《小学的学科及其程度》第 10 条还规定:"小学要专门围绕古今内外人士的善良言行,谈论适合儿童并容易理解的简单事情,教授日常礼貌,教师自身要成为言行的示范,善导学生。"[②]表明了森有礼关于修身科教学的主张:修身科只需由教师"就古今人士之善良言行",通过"口授"、"示范"进行即可。虽然根据 1886 颁布的《小学校令》的规定,小学教科书实行检定制,但是修身教科书并不在执行范围。而且他进而于 1887 年 5 月 14 日通过视学官再次向各府县发布禁止小学修身教学使用修身科教科书的通知。[③] 在一定意义上,这一举措对于修身科来说,有点釜底抽薪的意味。

另据寻常中学的《学科及其程度》和师范学校的《学科及其程度》的有关规定,中学和师范学校的科目设置中,不再出现"修身"的名称,而代之以"伦理"科,以教

---

① 奥田真丈監修『教科教育百年史・資料編』東京:建帛社、1985 年、52～53 頁。
② 奥田真丈監修『教科教育百年史・資料編』東京:建帛社、1985 年、52 頁。
③ 『文部省第十五年報』(明治 20 年)16 頁。

授"人伦大道之要旨"。

森有礼文政时期的所有这些法规和政策均可以视为森有礼对于修身科的不信任或轻视,但却绝不能理解为他对道德教育的轻视。森有礼之所以颁布了以上这些政策法规,主要基于他自己的道德教育观和对当时的小学道德教学的不认同。森有礼认为:"教授道德之法,在于向人的内心阐释正邪善恶之别,导人向正善、避邪恶。而对于初学者,应主要通过列举实例,感动其心,使其行为获得正善的习惯。故关键在于,对于思想未定、性质尚未成熟者,不要诱导过度。"①也就是说,在他看来,道德教育是导人向善的教育,必须适应学生发展的特点。基于这样的认识,他对当时的修身教学主要依据儒教经典中晦涩难懂的嘉言佳句作为教材,让学生背诵的做法,甚为不满,认为这种教学未考虑儿童的发育程度,学生很难理解,而且可能会对学生造成伤害。基于当时的修身书基本上都是儒教主义的内容这一现实,森有礼确立了"修身不一定要使用教科书,可以不用的方针",并将这一方针通告各地方长官。

事实上,在他看来,道德教育仅靠学科范围的教育是不足的,必须通过"教室外的教育",即通过学校综合教育职能来实现。所谓"教室外的教育",具体地说就是指重视学校仪式、体操特别是军事体操等的道德教育作用。

森有礼非常重视学校仪式的道德教育作用。他积极推进向全国所有都道府县设立的师范学校和寻常中学"下赐"天皇和皇后的"御真影"(即照片),供学生参拜;积极推进在纪元节和天长节这些国家节日里举行学校庆祝仪式,并对仪式的内容作出规定。森有礼特别重视在学校庆祝仪式上师生合唱的重要性,为此文部省指示创作了《纪元节歌》和《天长节歌》。在学校庆祝仪式上,除了师生合唱之外,还包括向"御真影"行礼和校长训话等内容。森有礼之所以这么做,目的不外乎就是要培养年青一代的忠君爱国的志气。②

相比于修身科,他更重视体操的道德教育作用。森有礼之所以重视体操,与他的教育观有关。他认为,智育、德育、体育三育缺一不可。不过,在他看来,当时

①　勝部真長、渋川久子『道德教育の歷史——修身科から『道德』へ——』東京:玉川大学出版部、1984年、54頁。

②　副田義也『教育勅語の社会史——ナショナリズムの創出と挫折——』東京:有信堂、1997年、45〜46頁。

日本最缺乏的是"智仁勇"三德中最根本的能力——"身体的能力",因此,他在1880年召开的几次东京学士院会议上反复强调培养"身体能力的重要性"。[①]森有礼在担任文部大臣之后,得以将其思想付诸实施,首先是增加小学体操科的教学时数,并在师范教育中引入军事体操。

根据《小学学科及其程度》的规定,体操为每周6个小时,相当于《教育令》时代的3倍。修身科教学时数的减少和体操科教学时数的增加,反映了森有礼重视通过"锻炼"培养"气力"的教育思想。[②]

森有礼非常重视师范教育。而他重视师范教育也与他重视道德教育,重视教师在道德教育中的作用有关。在森有礼看来,小学教育中,与知识传授相比,熏陶培养善良的臣民更为重要。而在培养善良臣民的教育中,教师的作用很重要。因此,1886年颁布的《小学学科及其程度》中特别强调"教师自身要成为言行的示范,善导学生",表明森有礼期待教师自身发挥作为学生的言行示范的作用。由于师范学校的学生是未来的小学教师,培养善良臣民的任务最终要由他们来完成。为此,他所制定的《师范学校令》第1条就规定,要把教师培养成为具有"顺良"、"信爱"和"威重"三气质的人,希望这些人在未来做教师时能够将这些气质渗透给初等教育的学生。

在森有礼看来,"顺良"、"信爱"和"威重"三气质是所有国民都应该具有的。而要培养这三种气质,军事体操具有非常重要的效果。由于当时要在所有小学引入军事体操的话,无论是人力还是物力都还不具备,因此,森有礼选择在师范学校首先实施,然后逐渐在高等中学、寻常中学,进而在高等小学和寻常小学中推广。因此,为了更好地培养师范生的"三种气质",森有礼将军事体操引入了师范学校。师范生同一过宿舍生活,接受兵营式训练和管理。这是森有礼师范教育政策的一大特色。

(二)修身教育内容上,排斥儒教主义

森有礼排斥修身科的确属于事实,但是他排斥修身科、禁止使用修身教科书

[①] 厳平「森有礼の教育思想における心と身体」『京都大学大学院教育学研究科紀要』2002年第48号、330～341頁。

[②] 副田義也『教育勅語の社会史——ナショナリズムの創出と挫折——』東京:有信堂、1997年、45頁。

的原因不仅仅在于技术和方法层面,即不仅仅在于他认同军事体操等"教室外教育"的重要性,更主要的是在于他对儒教主义修身教育的排斥,因为他在巡视中发现当时的修身科主要依据儒教主义修身教科书在开展教学。换句话说,他所真正抵制的并不是修身科这种道德教育形式本身,而是当是修身科的儒教主义教育内容和理念。

如前所述,森有礼之所以反对儒教主义,在于他认为儒教主义修身教育只能养成奴隶卑屈之气,不利于培养国民自主的护国精神。应该说,明治政府在《改正教育令》之后实施的儒教主义修身教育有应对因自由民权运动的发展而引起的国家秩序的混乱和动荡的意图,属于"治安维持"性质的道德教育。而森有礼所追求的则是一种与近代国家相适应的国民道德教育,既能培养自发地与国家协调一致的近代国民,又能维持国家秩序(维持治安)。森有礼引入军事体操的一个重要目的,就在于通过培养"三气质",从而形成国民道德。因此,森有礼的国民道德教育与之前的儒教主义道德教育在原理上属于不同的层次。[①]

虽然森有礼在初等教育阶段禁止使用儒教主义修身教科书,但是却指示能势荣撰写中学和师范学校用的伦理科教科书。《伦理书》就是这一产物。该书是能势荣秉承森有礼的意向编写的,反映了森有礼"自他并立"的道德观。森有礼命能势荣撰写伦理科教科书,其实并不仅仅在于中等教育的伦理科教育,也有引导、影响小学修身教育的意图。这也从另一个角度证明他禁止使用修身教科书并不是反对修身科使用教科书。

基于如上考察和分析,我们认为不应将森有礼文政时期的道德教育视为战前修身教育体制建立进程中的一个例外插曲,而应视为修身教育体制确立过程中的重要一环。他所主张和实施的"教室外教育"特别是通过体操进行道德教育的形式,是对修身教育体制的一种补充而非否定;而他所强调的体现国民自发性的国民道德教育,也是明治时期日本现代化过程中道德教育的重要方面。

---

① 　厳平「森有礼の教育思想における心と身体」『京都大学大学院教育学研究科紀要』2002 年第 48 号、330~341 頁。

三、《教育敕语》体制下的道德教育

(一) 修身教育体制的确立

《教育敕语》颁布后,文部省就立即着手将《教育敕语》普及、渗透到学校教育乃至国民之中。早在《教育敕语》颁布之前的 9 月 26 日,芳川显正文部大臣就考虑要"将《教育敕语》刊载于教科书卷首,以使臣民子弟每天开始日课之前都能朗诵敕谕",与此同时还要"挑选耄德硕学之士著述发行敕谕衍义,经本大臣鉴定之后作为教科书,定为伦理修身之正课"。在《教育敕语》颁布后的第二天,芳川又发布文部大臣训示,命令"制作敕语的誊本,颁发给全国之学校",并要求"从事教育者必须时常奉体圣意,不得懈怠钻研熏陶之职。特别是要确定学校的节日及其他方便的时间,召集学生,奉读敕语"。① 其中明示了以各学科的教科书和学校例行活动为中心将《教育敕语》渗透于学校教育之中的措施与方法。伴随《教育敕语》渗透和普及于学校教育之中,成为指导道德教育乃至整个国民教育的至上理念,教育敕语体制得以确立。而在普及和渗透教育敕语的过程中,以修身科为统率、通过学校全部教育活动进行道德教育的道德教育体制——修身教育体制也得以确立。换句话说,教育敕语体制与修身教育体制是同步确立的。因此,我们在考察修身教育体制的确立,就要以《教育敕语》的普及与渗透为中心来展开。

在普及、渗透《教育敕语》的过程中,承担重要作用的一是国家庆祝日、祭祀日的学校仪式,一是学科课程。

1. 学校仪式中的《教育敕语》

如前所述,《教育敕语》发布后不久,文部省即向全国各地的学校下发敕语誊写本,并同时向各地方长官们发布训令,要求各学校务必举行"奉读仪式"。1891年 6 月 17 日,文部省制定了《小学校庆祝日、大祭日仪式规程》,规定了仪式的形式。其中第一条规定:

校长、教师和学生应于纪元节、天长节、元始祭、神尝祭及新尝祭之日,一起聚集到会场,举行如下仪式:

---

① 梅根悟监修『世界教育史大系 39 · 道德教育史 Ⅱ』東京:講談社、1981 年、178~179 頁。

（1）校长、教师和学生向天皇陛下及皇后陛下的御影行最高礼,旦奉祝两陛下万岁。但尚未拜挂御影的学校,可省略本文前段的仪式。

（2）校长或教师奉读《教育敕语》。

（3）校长或教师,要务必谨遵《教育敕语》,诲告圣意之所在,阐释历代天皇之盛德鸿业,或者进行诸如阐述庆祝日、大祭日之由来等与祝日、大祭日相适应的演说,以培养忠君爱国之志气。

（4）校长、教师和学生合唱与庆祝日、大祭日相适应的歌曲。

紧接着,第2和第3条又规定孝明天皇祭、春季皇灵祭、神武天皇祭、秋季皇灵祭和元旦也必须举行仪式;第4条规定校长和教师可以让学生到操场或野外开展游戏体操,以营造愉悦的心情;第5条规定市町村长和与教育有关的市町村职员要尽可能参加仪式;第6条规定可以允许学生的父母、亲戚及其他当地居民参观仪式;第7条规定可以给学生提供一些茶点或有教育意义的绘画;第8条规定仪式的程序由府县知事规定。[①]

按照这个规程,每年学校大体上要举行10次仪式。由于次数过多,影响了教育效果。因此,文部省于1893年5月发布了文部省令《关于小学庆祝日、大祭日仪式的事宜》,将每年10次的仪式改为每年最低3次。随后文部省又于同年8月制定了《庆祝日、大祭日歌词及乐谱》,指定《君之代》作为学校仪式用歌。1900年文部省又公布了《小学校令施行规则》,其中第28条中对于学校仪式的规程作了如下的修改:

职员和儿童应于纪元节、天长节及元旦之日,聚集到学校,举行如下仪式:

（1）职员和儿童合唱《君之代》。

（2）职员和儿童向天皇陛下和皇后陛下行最高礼。

（3）校长奉读《教育敕语》。

（4）校长基于《教育敕语》,诲告圣旨之所在。

（5）职员和儿童合唱与该庆祝日相适应的歌曲。……[②]

从1901年颁布的《中学校令施行规则》和《高等女子学校校令施行规则》的相关规定来看,各级各类学校基本都准照小学的惯例来举行学校仪式。总体来说,

① 奥田真丈監修『教科教育百年史・資料編』、東京:建帛社、1985年、54～55頁。
② 奥田真丈監修『教科教育百年史・資料編』、東京:建帛社、1985年、63頁。

　　每到庆祝日、大祭日,全国各地的学校都基本按照同样的形式,举行由向天皇及皇后的"御真影"行礼、奉读教育敕语、校长训话、合唱歌曲等内容所组成的学校仪式。

　　如前所述,学校仪式的内容原型是由森有礼创立的,但是《教育敕语》颁布后,经过井上毅文部大臣之手,更加完善了。由此,学校仪式的一切内容都划一化了,划一化进而又强化了宗教化,宗教化与划一化相互促进。如在1891年文部省就向"御真影"行礼一事,作出如下指示:"行礼时,要脱帽、前倾身体之上部、垂头、置手于膝上,以表敬意。"对于奉读敕语也有严格规定,如在《敕语奉读须知》中,要求身体要清洁、要穿礼服、戴白手套、奉读前要洗手、漱口,奉读要庄严,就连奉读的声调都做了要求。奉读敕语宛若读经。①

　　很显然,在学校仪式中占据中心位置的是《教育敕语》誊写本和作为天皇及皇后"分身"的"御真影"。将学校仪式划一化、宗教化的本来目的,即在于使《教育敕语》誊写本和"御真影"神格化、偶像化。为了使神格化、偶像化更彻底,文部省还采取了要求对《教育敕语》誊写本和"御真影"进行"奉安"(保护)的措施。1891年11月文部省发布训令,要求在校内选择一定的场所,对《教育敕语》誊写本和"御真影"进行最妥善的保存和保护。② 所以处理和保管《教育敕语》誊写本及"御真影"就成了学校校长乃至全体教员的最重要任务。为此许多学校还实行日夜值班制度。由于学校失火,为了保护这些"圣物",曾经发生过校长被烧死的悲惨事件。鉴于这种情况,各府县要求各学校用石头、钢筋混凝土在校园中建立起火烧不着的神社样式的小神殿,称为"奉安殿",并且要求学生在到校和散学时都必须向其行礼。这样就更进一步促进了《教育敕语》誊写本和"御真影"的神格化和偶像化,"奉安殿"所在场所,也就成了圣地了。

　　就这样,通过学校仪式和学生上学、散学时对"奉安殿"行礼的方式,在浓厚的宗教气氛中,将天皇、《教育敕语》与"国体"难以形容的"价值"刻入到学生的脑海里了。这是一种比通过对《教育敕语》进行语义解释,让学生对《教育敕语》里写了些什么,"国体"是什么等进行理性的认识和理解更有效的"理解"方式。

---

　　① 加藤地三、中野新之佑『教育敕语を読む』東京:三修社、1984年、231頁。
　　② 副田義也『教育勅語の社会史——ナショナリズムの創出と挫折——』東京:有信堂、1997年、202〜203頁。

2. 学科课程中的《教育敕语》

学科课程作为学校教育的重要领域,在渗透《教育敕语》的过程中发挥了重要作用。就在《教育敕语》颁发的大约 3 周前,文部省修订了 1886 年制定的《小学校令》。根据这一法令,小学教育"应注意儿童身体的发展,以授予道德教育和国民教育之基础以及生活上所必需的普通知识和技能为主旨"。1891 年 11 月制定的《小学教则大纲》第 1 条对小学教育目的做了进一步的说明:"德性的涵养是教育上最应用意的,故而在任何科目中都要特别留意教授有关道德教育、国民教育的事项"。① 可见,道德教育被置于首要地位。1890 年修订的《小学校令》中有关小学教育目的规定一直延续到 1941 年的《国民学校令》之前,没有任何改变。

根据新修订的《小学校令》,寻常小学的科目设置以修身、读书、席子、算术、体操为基本,根据实际情况,可以不设体操科,或者增加日本地理、日本历史、图画、唱歌、手工中的一科或两科(女子学校可以增设裁缝科);高等小学的科目设置除了寻常小学的 6 门基础科目之外,加上了日本地理、日本历史、外国地理、理科、图画和唱歌(女子学校可增加裁缝科),根据各地情况,可以不设外国地理、唱歌中的一科或 2 科,或增加几何初步、外语、农业、商业、手工中的 1 科或若干科目。② 可见,修身科的首要地位依旧。

关于修身教育的目的,《小学教则大纲》(1891 年)第 2 条规定:"修身应根据《教育敕语》的宗旨,以启发儿童的良心、涵养其德性、教授人道实践的方法为主旨。"《教则大纲》在明确规定修身要贯彻《教育敕语》宗旨的同时,强调"各学科的教学,不要弄错各自的目的和方法,要相互联系、相互补充。"意味着道德教育、国民教育应通过全部教育活动来进行。事实上,从《教则大纲》中有关各学科的规定来看,均包含道德教育的内容。例如,"读书"及"作文"的目的在于"使学生了解普通之语言及日常须知的文字、文句、文章、读法、拼法及其意义,培养他们恰当地运用言语及文字正确表达思想的能力,兼以启发其智德";"日本历史"要"使学生了解本国国体之概要,培养做一个国民应有的情操";"日本地理"及"外国地理"要"教授日本地理和外国地理之概要,使其理解与人民生活有关的重要事项,并兼以培养爱国之精神"。《教则大纲》还要求体操、唱歌、手工等学科也要承担道德教育

① 奥田真丈監修『教科教育百年史・資料編』東京:建帛社、1985 年、55 頁。
② 奥田真丈監修『教科教育百年史・資料編』東京:建帛社、1985 年、53 頁。

的任务,同时还要求男生在普通体操之外还要学习简易的军队体操。①

由于"读书"科没有修身科那样的说教气息,具有文学性,而且形象化,因此可以取得修身科所无法比拟的效果。作为讴歌皇国昌盛的日本历史教育由于具有一定的趣味性,因而比修身科在一定程度上更能深入学生的内心世界,所以对形成作为神国忠良臣民的思想起到了很大的作用。而唱歌、体育,由于其娱乐性、趣味性,更能起到"随风潜入夜,润物细无声"的道德教育作用。

就这样,为了将《教育敕语》渗透于国民教育之中,使学生掌握《教育敕语》里所明示的国体精神和臣民道德,学校教育的一切职能都被充分动员了起来。以修身科为统帅,以学校仪式和其他学科课程为两翼的修身教育体制也得以确立。

（二）修身教育体制下的道德教育内容与方法

1. 修身科的教育内容

正如《小学教则大纲》所规定的那样,修身科教育必须基于《教育敕语》的宗旨来进行。事实上,《教育敕语》颁布之后的修身教育就是以学习《教育敕语》中所列举的德目为中心展开的。这一点可从这一时期所使用的修身教科书中看出。

如前所述,虽然自1886年就开始实行了教科书检定制,但是由于森有礼坚持修身科不使用教科书,所以在修身科未实行检定制度。但在《教育敕语》颁布后,文部省于1891年11月发布训令,恢复修身科教学使用教科书的制度,并于同年12月公布了《小学修身教科用书检定标准》。此后,一大批检定的修身教科书相继出版。对此,海后宗臣和吉田熊次曾有过考察:

由于1891年的教科书检定标准的明示,小学修身书从翌年开始陆续编纂出来,申请检定。从1892年到1895年末,约出版了80种小学修身书,都是经过文部省检定之后发行的。其中具有代表性的修身书如下:能势荣著《寻常小学修身书初步》2册、《寻常小学修身书》6册、《高等小学修身书》8册;安积五郎、田中登作著《国民修身书:寻常小学》8册、《国民修身书:高等小学》8册;井上赖国著《寻常小学修身书》8册、《高等小学修身书》8册;目下部之三介著《日本修身训:寻常科》4册、《修身训:高等科》4册;重也安绎著《寻常小学修身书》4册、《高等小学修

---

① 以上有关《小学教则大纲》的内容,参见:奥田真丈监修『教科教育百年史·资料编』東京:建帛社、1985年、55～58頁。

身》4 册；末松谦澄著《末松氏修身入门》1 册、《末松氏小学修身训》3 册、《末松氏高等小学修身训》4 册、《末松氏修身女训》4 册；内藤耻叟著《小学修身训：寻常科》4 册、《小学修身训：高等科》4 册；峰是三郎著《明治修身书：寻常科学三用》4 册、《明治修身书：高等科学生用》4 册；渡边正吉著《日本修身入门》2 册、《实验日本修身书：寻常小学》6 册、《实验日本修身书：高等小学》8 册；天野为之著《小学修身经入门》1 册、《小学修身经：寻常科》4 册、《小学修身经：高等科》4 册；东久世通禧著《寻常小学修身入门》1 册、《寻常小学修身书》4 册、《高等小学修身书》4 册。这些修身书在编纂的体裁及内容的组织等方面虽各有特点，但是由于是根据《小学教则大纲》和修身书检定标准决定的，所以可以确定的是修身书的根本精神是遵奉《教育敕语》的。①

由于是严格按照检定标准进行检定的，所以面孔都基本相似：在形式上是典型的德目主义，在内容上是《教育敕语》的解说书。② 不过，进入明治 30 年（1897年）代之后，德目主义的教材编排方式为人物主义所取代。但是，遵奉《教育敕语》的精神，解释《教育敕语》的德目这一做法是始终不变的。

然而需要指出的是，《教育敕语》颁布后，出现了多种解读文本。③ 因此，文部省为了统一解释，主动发行了"衍义"书籍。1891 年，文部省遂将此任委托给从德国留学归来的东京帝国大学哲学教授井上哲次郎。他于 1891 年编写了《教育敕语衍义》，并经明治天皇本人审读，最后以井上的个人名义，作为私人著作出版。文部省检定后，被作为师范学校和中等学校的教科书使用。这本书出版之后，作为对《教育敕语》的正统解释，对此后的各种敕语"衍义"书和教育实践产生了很大影响。由此书的内容，我们应该大致可以了解修身教育体制下的修身教育内容。

《敕语衍义》由序言、上卷和下卷组成。在序言中，井上主要阐述的是，日本社会正日益受到欧美思想文化的侵蚀，如此发展下去势必会动摇国家之基础。为此，他甚觉日本需要改良。他认为"《敕语》的主旨，是修孝悌忠信之德行，固国家

---

① 宫田丈夫『道德教育資料集成』（第 1 卷）東京：第一法規、1959、31～32 頁。

② 梅根悟監修『世界教育史大系 39・道德教育史Ⅱ』東京：講談社、1981 年、193 頁。

③ 关于《教育敕语》的"衍义"书的数量，有各种说法，有 200 多种、300 多种、500 多种，甚至有 2 000 多种之说。详见：龍谷次郎『近代日本における教育と国家の思想』東京：阿吽社、1994 年、131～133 頁；刘岳兵：《明治儒学与近代日本》，上海古籍出版社 2005 年版，第 99 页。

之基础,培养共同爱国之心,以备不虞之变",而他也坚信"孝悌忠信"和"共同爱国"乃是改良、拯救日本的唯一良方。他并不把"孝悌忠信"视为儒教的产物,而是将其与"共同爱国"并列为日本国民生活的两大基本伦理。为此,他强调其撰写敕语衍义的目的就在于阐明为何"孝悌忠信"和"共同爱国"共为"德义之大"。① 在上卷和下卷中,他采取了逐条解释的方法对敕语进行衍义。综观整体的解释,他始终是以"孝悌忠信"和"共同爱国"为中心来解释《教育敕语》的。但是,正如安川寿之辅所指出的那样,"这个《教育敕语衍义》虽然也陈述了对国家的义务,但是并没有像后来那样,仅仅以对天皇的绝对崇敬和绝对服从的精神来进行解释"。②

虽然伴随《教育敕语》的颁布和检定修身教科书制度的实施,日本的修身教育体制得以基本确立,但是修身教育体制的最终确立应该是在国定教科书制度实施之后。1886 年开始实施的小学检定教科书制度,以 1902 年末发生的"教科书大贪污案件"为契机宣告终结。1903 年 4 月,文部省修订了《小学校令施行规则》。根据这一施行规则,小学修身、国语、算术、日本历史、地理、图画等六个学科的教科书实行国定制。③ 修身教育也因此一举进入了国定教科书时代。④ 国定教科书时代的修身教育,从明治后期中经大正期直至昭和前期。历经 40 余年,随着时代的推移和社会背景的变化,重点也各不同。根据日本教科书历史研究大家唐泽富太郎的研究成果,第一期国定教科书(1904 年 4 月～明治 1910 年 3 月)包含有许多与日本产业资本主义发展相应的现代内容。在修身教科书中,作为有关个人道德的勤劳、勤学、正直、忍耐等和作为社会道德的社会进步、他人的自由、公益等现代伦理的教材占有很高的比率,而有关国家领域的道德与其他各期相比最少(参见表 4-1)。

---

① 刘岳兵:《明治儒学与近代日本》,上海古籍出版社 2005 年版,第 48～105 页。
② 梅根悟监修『世界教育史大系 39・道德教育史Ⅱ』東京:講談社、1981 年、188 頁。
③ 奥田真丈监修『教科教育百年史・資料編』東京:建帛社、1985 年、67 頁。
④ 但是修身教科书国定化的动向早自明治 20 年代末即已开始。明治二十九年二月贵族院就提出"用国费编纂小学修身教科书的建议案",其中对当时的根据民间教科书进行的修身教育表示强烈的不满,提出通过编纂坚持忠君爱国、富国强兵理念和方针的国定教科书,以加强对全国的修身教育的统制,从而实现道德的归一(归一的方向在于忠君爱国之精神)。这实际上是自中日甲午战争以来日本统治者为提高军国主义的情绪,进而为适应进一步跻身于世界列强对亚洲的帝国主义侵略的当然需要。

对寻常小学 4 年和高等小学 2 年的修身教科书进行统计,可以发现其中涉及的主要道德达到 163 个。如果将其分为对国家的道德、有关人际关系的道德和个人道德三个领域的话,各自的比率大致如下:[①](1) 对国家的道德占 20%。多为公益、兴产以及公民的须知等有关国民的义务。虽然每个学年都安排有关天皇、国体的内容,但占总体的比例不过 10%。(2) 有关人际关系的道德占 40%,多为博爱、亲切、正直、不要给别人添麻烦等社会性很强的市民伦理。其中还有水夫虎吉为美国的捕鲸船所救的故事(寻常小学第 4 学年第 18 课)以及南丁格尔(高等小学第 1 学年第 25、26 课)等外国人事迹的出现,宣扬国际博爱之精神。高等小学 2 年级第 15 课"人身自由"中,称赞林肯解放奴隶的行为,体现了对平等、博爱思想的关注。(3) 个人道德占 4 成,多为有关生活规范、习惯以及自主态度之类的道德。可以看到对学问、知识、理性等的尊重。而且在高等小学第 2 学年第 25 课"勤劳、勤勉"中,还强调了近代职业伦理的重要性。

表 4-1　　　　　各期国定修身教科书中出现的德目分类

时期区分 生活领域	I	II	III	IV	V
家庭	17 (10.4)	23 (14.3)	19 (12.0)	17 (10.5)	7 (5.8)
个人	68 (41.7)	61 (37.9)	56 (35.4)	56 (34.6)	32 (26.7)
学校	5 (3.1)	2 (1.2)	2 (1.3)	7 (4.3)	8 (6.7)
社会	45 (27.6)	38 (23.6)	43 (27.2)	41 (25.3)	19 (15.8)
国家	24 (14.7)	29 (18.0)	29 (18.4)	32 (19.8)	45 (37.5)

① 海後宗臣、仲新『日本教科書大系 近代編第 3 巻・修身(3)』東京:講談社、1978 年、623～627 頁。

时期区分　生活领域	Ⅰ	Ⅱ	Ⅲ	Ⅳ	Ⅴ
国际社会	0	0	1	1	2
	(0)	(0)	(0.6)	(0.6)	(1.7)
其他	4	8	8	8	7
	(2.5)	(5.0)	(5.1)	(4.9)	(5.8)
合计	163	161	158	162	120

资料来源：唐沢富太郎『教科書の歴史』東京：創文社、1960 年、28 頁。

注：1.（　　　）内的数字为该项德目数占总德目数的百分率。

　　2.Ⅰ、Ⅱ、Ⅲ、Ⅳ、Ⅴ分别代表国定教科书的时期。

总之，尽管教科书国定化原本是在军国主义、国家主义的积极要求和推动之下实现的，但是由于进入明治 30 年代由重工业带来的日本资本主义产业经济的发展更需要社会的现代化，更需要教育能为其培养出现代的劳动力，因而尽管在教科书中也有许多有关皇室、天皇的内容，以《教育敕语》作为绝对的基调，但同以后其他各期相比，军国主义、儒教主义气息最为稀薄，排外主义倾向也很少见到，现代色彩最为显著。所以唐泽富太郎称这个时期的教科书为"资本主义兴隆期的教科书"。

　　2. 修身教学的定型

　　根据稻垣忠彦的考察，日本的修身科教学也于明治 20 年代末 30 年代初走向定型。① 作为修身科走向定型的背景主要有两点：一是有关小学教育目的和内容的法律规定大致完成。《教育敕语》的颁布、《小学教则大纲》关于教育必须遵循《教育敕语》宗旨的规定、修身教科书检定制度乃至国定制度的实施，都为修身教育的目的和内容划定了范围。此外，1891 年的《小学教则大纲》第 20 条还规定"小学校长或教务主任，应根据小学教则，制订其学校应该教授的各教学科目的教学细目"，期待通过"教学细目"的制定，将国家制定的《小学教则大纲》具体化。进

---

　　① 稻垣忠彦『教科書の明治教授理論史研究』東京：評論社、1966 年、358～362 頁。

而，从 1892 年和 1893 年前后，教师编写教案已经成为一种较为普遍的惯例。而教师所编写的教案必须基于学校的"教学细目"，并要接受校长的审查。这种体制由小学校规实现制度化。在这种由"教则"（国家）到"教学细目"再到"教案"的这种不可逆的关系中，对于教师来说，修身教育的目的和内容都是给定的前提。

另外一个重要背景就是赫尔巴特主义教学理论的引入。进入明治 20 年代后半期之后，伴随开发主义教学法的衰落，赫尔巴特主义的阶段教学法成为影响日本教学方法研究和教学实践的主导理论，并推动包括修身科在内的日本各学科教学方法的定型。赫尔巴特教育学说的引入，始自 1887 年 1 月德国人爱弥尔·豪斯克耐特（Emil Hausknecht）应聘到东京帝国大学担任教育学教师，讲授赫尔巴特教育学。听讲者中有谷本富、汤原元一、稻垣末松、山口小太郎等人，后来在他们的热心推动下，赫尔巴特教育学在日本全国迅速普及，到 20 世纪初达到全盛时期。此外，赫尔巴特学派的林德奈尔、齐勒尔（Tuiskon Ziller）和莱因（Wilhelm Rein）等的著作也被翻译介绍到日本。谷本富的《实用教育学及教授法》（1894 年）和《科学教育学讲义》（1895 年）等，均是介绍和普及赫尔巴特学派教育学说的代表作。由于赫尔巴特的著作比较晦涩难懂，所以赫尔巴特教育学说在日本的传播主要是通过凯恩（Kern）、莱因等人的著作实现的。

众所周知，赫尔巴特的教育学是以伦理学和心理学为基础的。前者指明目的，后者指出途径和手段。在赫尔巴特的教育思想中，伦理学主要起着价值规范的作用，即为教育目的和基本方向的确立提供依据，而心理学则为实现教育目的确定方法、手段。因此，赫尔巴特非常重视道德教育，这正好符合日本当时以《教育敕语》为中心的国家主义教育的需要，因而受到欢迎。作为赫尔巴特学派的教学方法，被引入日本教育界的主要是其教学阶段说。赫尔巴特本人提出的是"四阶段说"，而该学派的齐勒尔和莱因则将其修正为"预备、提示、比较、总结、应用"的所谓五阶段教学法。据稻垣的考察，明治 20 年代中期的时候，日本学校的各学科教学采用"预备"、"教学"、"应用"三阶段模式的较多，从明治 28 年到明治 30 年代初，采用"预备"、"提示"、"比较"、"统合"、"应用"的五阶段模式增多，但是从 1900 年前后开始，修身科还有其他内容学科采用三阶段或四阶段教学阶段模式的居多。①

---

① 稻垣忠彦『教科書の明治教授理論史研究』東京：評論社、1966 年、288～292 頁。

那么,赫尔巴特学派的教育思想对修身教学到底产生了什么样的影响呢?赫尔巴特所提出的内心自由、完善、仁慈、正义和公平等五种道德观念,尽管被认为近似于儒教的五伦五常而受到欢迎,但是并没有被原封不动地纳入修身科教育之中。修身教育从赫尔巴特主义教育理论中所援引的只是方法层面而已。而在方法层面,赫尔巴特主义的影响又主要体现在阶段教学法和教材编制的方式上。

《单班修身教学的实际》一书,反映了引入赫尔巴特主义教育理论的东京高等师范附属单班小学的修身教学情况。透过这本书我们可以看出赫尔巴特主义的修身教学是如何展开的。该书指出,赫尔巴特主义教育论的影响中"最大的就是著名的五段教学法风靡教育界","凡以教授道德知识为主的,悉皆适用五段教学法",具体步骤或程序如下:(1)预备。在进行新题目教学时,提示当日教学事项的目的,然后根据需要唤起原有的观念。由于修身教学中大部分是有关过去的人和事,所以要阐明其大致的地理形势、时代状况、家庭背景等。(2)提示。写实性地叙事。教师要预先熟悉教材,保证在讲述时抑扬顿挫,以语言、态度清晰地表明内心的感情。(3)比较。比较的方法中有教材内的比较、与其他教材的比较以及与自己比较三种做法。在让学生进行自我比较时,注意不要有"这样的事你能做得到吗?""你现在是否正在做这样的事啊?"之类露骨地列举学生罪状的做法,因为这样容易招致学生反感,影响训诫的效果。因此,要把握好度,只要能够起到引起学生反省的目的即可。(4)总括。对此前的教学内容进行总结。(5)应用。为了深究故事中包含的道德教训,进行如下之类的提问:"你从这个故事中学到了什么东西了吗?""你想在什么时候,以什么方式,以此为榜样?""这个方法怎么样?"①

赫尔巴特主义教育思想也对日本的修身教材的编制产生了影响。吉田雄次和海后宗臣在《教育敕语颁发以后的小学修身教学的变迁》中,对此进行了描述:

赫尔巴特派思想在教学内容方面的影响,就是以人物传记为中心进行修身教学的思想。即所谓的人物传记主义的修身教学。这种修身教学的做法,是就人物传记进行连续的谈论,期间穿插各种德目和训言,以兴趣盎然地提高道德教育的效果。因此,相对于以往被认为是修身教材组织之根本原则的德目本位的实例配置,尝试了一种不同的教材处理方式。这种人物主义的修身教材处理,在东京师

---

① 勝部真長、渋川久子『道徳教育の歴史──修身科から『道徳』へ──』東京:玉川大学出版部、1984 年、76~77 頁。

范学校附属小学中也得到了实施,进而这种方法在全国范围内得到了弘扬,同时修身教科书也按照人物本位的教材排列方式进行了修订。①

　　根据吉田和海后的考察,当时甚至有高等小学四年间的修身教学完全围绕二宫尊德、上杉鹰山、细井平洲、近江圣人、平田笃胤和佐藤信源等 6 个人物来进行的情况。足见人物传记主义教材处理方式的影响。

　　总之,赫尔巴特主义教育学说对日本的修身教学发挥了积极的作用。它不仅使得人们更加注重在修身教学中如何引起、激发学生兴趣的问题,而且推动了日本修身教学的定型化。但是,正如木原孝博所指出的那样,基于赫尔巴特主义的修身教学,是以教学的方式进行道德教育,注重的是道德观念的传授,而相对忽略学生道德实践能力的培养,使得学生所能获得的仅仅是"关于道德的知识和观念"而已。②

第四节　效果分析

　　正如门协厚司所指出的那样,"《西国立志篇》和《劝学篇》得以出版并获得压倒性支持而持续被阅读的明治前半期(明治 15 年之前),的确是一个立身出世伦理受到称扬和通过践行受到称扬的伦理可以实现'出世'的时代。而且这种个人的立身出世也与国家层面的立身出世相重合,可以说是立身出世的至福期。"③正是以实质的立身出世为大背景,明治初期大张旗鼓宣扬的立身出世主义伦理得以广泛传播,从而极大地激发了日本国民的自主性和积极性,使得日本成为一个蓬勃向上、充满活力的国家。但是,立身出世的闭塞状况出乎意料地早早到来,而且越往后立身出世的机会越来越少。明治政府于 1885 年开始实行内阁制度,1886年以培养政府管理者为目的颁布了《帝国大学令》,1887 年制定了《文官考试及见

　　① 海後宗臣『社会科·道徳教育』(海後宗臣著作集第 6 卷)東京:東京書籍、1981 年、523～524 頁。
　　② 木原孝博『道徳教育の基礎理論』東京:明治図書出版、1981 年、73 頁。
　　③ 門脇厚司「立身出世の社会学」『現代のエスプリ』No. 118(立身出世:学歴社会の心情分析)、1977 年、5～21 頁。

习规则》，并于此后制定了一系列的制度。① 自此之后，特别是进入明治 30 年代，官僚机构和公司的重要职位逐渐都由帝国大学毕业的精英所占据，一步登天型立身出世不复可能，结果只能在官僚组织中一步一步地向前移动。这样，不仅立身出世的路径越来越狭窄，而且立身出世的速度也逐渐放缓。立身出世机会的减少和速度的放缓，使得明治统治者不得不面对这样的课题：为立身出世主义理想所激发起来的民众热情，如果不加以诱导的话，就会成为破坏国家稳定和秩序的力量。见田宗介曾作过深刻的分析：

一旦明治国家的体制秩序得以确立，以天皇为顶点，以由大臣、参议到巡查的"臣"系列为媒介，庶民处于其下的多层价值序列固定化的话，"庶民"实现其野心抱负的现实机会就会被封闭，如果置喷涌而出的上升欲求于不顾，就一定会使其郁积在体制秩序的根底而徘徊不去。由对普遍的"立身出世"机会的信仰而开发出来的民众能量，要不会出现再度沉滞下去，陷于对私生活的专注进而导致"国家元气"的衰退，要不就会反过来出现能量奔放不羁从而破坏体制秩序的结果。从统治者的角度来看，无论哪种结果都是不愿意看到的，所以必须找到使秩序和能量并存的方法。②

明治 10 年代出现的激烈社会对抗，尤其是自由民权运动的勃兴，加深了明治统治者必须解决使"秩序"与"能量"并存课题的危机感。明治政府复兴儒教主义道德教育的政策所体现的就是对"能量"影响"秩序"的担忧及应对之策；相反，森有礼之所以反对儒教主义修身教育，主张实施"自他并立"的国民道德教育，主要还是在于对过度强调"秩序"而可能损害"能量"的关切。到明治中期，以森有礼为中心设计的国家主义教育制度的确立和《教育敕语》的颁布，为日本确保"秩序"与"能量"之间的平衡提供了一个基本的制度与思想框架。这一设计可以说主要包括两方面内容：

第一，在制度上，区分"教育"与"学问"。在森有礼看来，高等教育属于"学问"

---

① 虽然创立了大学，但是只有大学之名，很难说有教授现代学问的课程和教师。因此，政府对申请入学者进行了严格的学力选拔，以弥补大学教育体系的不完善。由于不具备高等教育之实，实质上就是通过入学选拔及意味着毕业，所以第二年就让学生毕业了。此后六年间，毕业生无需考试就成为官僚。为进入帝国大学而展开的入学考试竞争由此开始。

② 見田宗介「日本人の立身出世主義」『現代のエスプリ』No. 118（立身出世：学歴社会の心情分析），1977 年、45～63 頁。

的范畴,由于承担着培养国家领导人的重任,为了使这些未来的国家掌舵人成为具备高深知识的专家,能够明智地带领日本国民勇往直前,必须给他们提供充分的学术自由;而初等教育则属于"教育"的范畴,主要培养帝国所需要的善良臣民,不允许具有高等教育的那种"研究自由"。不过,优秀的领导人首先也必须是一个善良的臣民。这是"学问"与"教育"的唯一相同之处。用日本政治学者石田雄的话来说,这种将"学问"与"教育"相区分的教育制度设计,实际上是按照社会阶层的不同进行的区别对待。因为,对那些想跻身于上层的人,允许竞争是对他们的最大激励。而对于贫农和城市"底层社会"的人来说,即使提倡竞争,也是和他们无缘的。所以义务阶段的"教育"强调协调,而高等教育则允许某种程度的"研究自由",以刺激竞争。① 也就是说,"协调"与"竞争"的结合是以区分不同教育阶段的重点来体现的,也可以说,"秩序"与"能量"的平衡首先是以划分"学问"与"教育"来贯彻的,因为石田所说的"协调"与"竞争"的结合实际上就是对"秩序"与"能量"的平衡的另一种表述。

第二,在思想上,宣扬"观念出世"。仅仅依靠对"学问"与"教育"的区分,还不足以平衡"秩序"与"能量"。因为能够进入高等教育学习的毕竟只是少数,如果只是在上层强调激发个人的自主性和竞争,还不足以支撑日本现代化发展所需的巨大能量。在强大的外压背景下,要迅速实现追赶型现代化,必须把全体国民的积极性和热情充分调动起来。因此,就必须把"协调"与"竞争"的思想同时渗透到社会下层,渗透到初等教育阶段。考虑到实质立身出世的机会减少和速度放缓的现实以及不使民众因"竞争"而产生的巨大"能量"影响"协调",危及"秩序",明治政府所采取的措施就是颁布了《教育敕语》。如前所述,构成《教育敕语》之首要思想特质的,是其平等主义的一君万民思想,即所有臣民都必须忠于天皇,并且在天皇面前所有臣民之间是平等的。一君体现的是"协调"和"秩序",而平等主义则为"竞争"留下空间。换句话说,《教育敕语》所体现的正是集团内的协调与竞争结合的思想。关于针对社会下层的大众教育中如何实现协调与竞争的结合,石田雄曾进行了深入的分析。他指出,保留"从百姓到太阁"、"末等人也能成为大臣、大将"的"神话",对于防止社会下层人士积怨是必要的,因此,在使协调与竞争都在一定程度上渗入下层的同时,避免两者矛盾的一个消极办法是区别使用"原则"和现

---

① 石田雄:《日本的政治文化》,章秀楣译,吉林人民出版社 1991 年版,第 12 页。

实。在实际上竞争原理更起强大作用的上层社会里，强调协调的原则；而在实际上几乎无法开展竞争的下层社会，则采用以"竞争"的"神话"为原则进行渗透的方法。因此就出现了这样的情况："依靠激烈的竞争追求利润的实业家们强调为国家着想的协调因素，而穷学生们则把梦想寄托在从'一个给主人递草鞋的仆人'到成为关白的太阁神话以及二宫金次郎的说教上了。"①

石田雄所说的从"一个给主人递草鞋的仆人"到成为关白的太阁神话，指的就是丰臣秀吉由一个平民成长为一代枭雄的故事。② 在明治前期，由一介平民的仆人成为关白的丰臣秀吉成为青年立身出世的理想被大肆宣扬。石田雄所说的二宫金次郎指的是幕末人士二宫尊德。③《教育敕语》颁布之后的 1891 年左右，二宫尊德（金次郎）开始进入小学修身教科书，成为日本民众的学习榜样。进入明治 30 年代之后，甚至出现了一半以上的内容都与二宫尊德（金次郎）有关的修身教科书。而在 1904 年起开始使用的国定教科书中，二宫金次郎成为与明治天皇并列的最受瞩目人物。但是根据竹内洋的考察，修身教科书中二宫尊德（金次郎）的形象随着时代的发展发生了微妙的变化。在检定教科书时代（1886～1903），经常出现的是二宫"尊德"，而非二宫"金次郎"，而在国定教科书中，全部被统一为二宫金次郎。这种变化不仅仅是称呼的不同，而且意味着重点的转换：以"尊德"表示时，所着眼的是功成名就时的二宫尊德，所持的逻辑是功成名就的尊德是其少年时代即"金次郎时代"践行勤勉、俭约、忍耐等伦理的结果（"尊德主义"）；而以"金次郎"称呼的时候，强调的不是功成名就的尊德，而是金次郎时代的勤勉、俭约、忍

---

① 石田雄：《日本的政治文化》，章秀楣译，吉林人民出版社 1991 年版，第 12～13 页。

② 丰臣秀吉（1536～1598）出生于尾张国爱知郡中村，贫农之子。最初叫木下藤吉郎。日本战国时代末期统一全国的武将。相对于织田信长给人有冷酷、虚无的印象，秀吉则给人以平易近人的亲切形象，再加上他以一介贫农子弟，能够攀升至权力的顶点，自然散发出一股草莽英雄的魅力。因此，饱受身份制度桎梏之江户时代和明治之初的一般庶民，对秀吉的成功物语充满憧憬，并多少抱有秀吉情结。太阁神话因此成为鼓舞青少年立身出世的代表人物。

③ 二宫金次郎（1787～1856）出生在日本东部一个名叫小田原的农村地区，幼年失去父母，生活虽然贫困，但是发奋读书。他经常是一边劳动，一边读书。于是，后人塑造了他边走路边读书的形象。二宫长大成人后，致力于复兴农村，带领村民疏通水道，改造土壤，恢复水稻生产。他走遍了东京湾一带的农村，协助六百多个村庄复兴，最后死于奔波途中。这样一个农村少年成就大志的故事成了后来少年英雄二宫金次郎的原型。在将他奉为英雄之后，他被尊称为二宫尊德，并且在他的故乡建立了纪念馆，供人们参观。

耐本身的价值("金次郎主义")。^① 比如 1894 年出版的《小学修身经入门》(天野为之编,富山房出版)的第 20 课"二宫尊德"。这一课除了标题之外并无其他文字内容,只是在正中间画了一幅一边担着柴火一边读书的金次郎画像(少年时代)。而且在同一页上方画了一幅穿着外褂和裙裤礼装的尊德像(成年时代),并用圆圈圈了起来。这里所要表达的不外乎就是一边担着柴火一边读书的"金次郎"终于功成名就,"出世"成为穿着外褂和裙裤礼装、带刀的"尊德"。而进入国定教科书时代之后,修身教科书中一般只出现背着柴火一边走路一边看书的二宫金次郎,不再出现功成名就时的二宫尊德像。

一方面要不断开发下层民众的主动能量,另一方面又要使其被开发出来的能量处于体制的秩序内,金次郎主义正是统治层为应对这种双重要求而提出的意识形态。金次郎主义因此构成此后日本立身出世主义之特点。见田宗介甚至称之为近代日本立身出世主义的根基。^②

事实上,在日本现代化的起飞期离真正发挥作用,或者说发挥更大作用的,与其说是说是正面的国家主义道德教育——国体教育、忠孝教育,莫如说正是这种以金次郎主义为集中体现的立身出世主义教育。这既是日本现代化起飞这一大背景决定的,也与金次郎主义教育在平衡"能量"与"秩序"的有效忄有密切关系——相比于国体教育,金次郎主义教育对学生更有说服力和吸引力。

---

① 竹内洋『立身出世主義増補版』京都:世界思想社、2005 年、213～214 頁。
② 見田宗介「日本人の立身出世主義」『現代のエスプリ』No. 118(立身出世:学歴社会の心情分析)、1977 年、45～63 頁。

第五章

现代化整合期的道德教育

日俄战争中的获胜使日本迅速达到"成人"水平，一跃而成为与美、英、法、德、奥（奥匈）、意、俄等欧美七大强国为伍的世界"八大强国"之一。这标志着明治维新所确立的"富国强兵"的目标已经基本实现。然而正如信夫清三郎所指出的那样："日本在日俄战争中获胜，一跃而成为一等国，却没有树立继过去 10 年间支撑日本的'卧薪尝胆'精神之后的目标"。① 日本由此进入了一个充满变数、剧烈动荡的社会转型期。

社会转型的"充满变数"体现在我们既可以看到日本对内推进民主化、对外推行协调外交的势力和努力，存在着选择一条不同于明治时代道路的可能性，也可以看到日本对内强化权力控制、对外推行强权外交乃乃至对外扩张的动向和行动，延续着明治维新确立的富国强兵路线。"剧烈动荡"主要体现在各种社会思潮丛生，包括反体制运动在内的各种社会运动此起彼伏，政局不稳，意味着"日本面临着迅速现代化的社会内部一体化的挑战"。② 因此，我们也可以将 1905 年至 1931 年前后这一时期称为现代化的整合期。

---

① ［日］信夫清三郎：《日本政治史》第 4 卷，周启乾译，上海译文出版社 1988 年版，第 16 页。

② ［美］约翰·惠特尼·霍尔：《日本——从史前到现代》，邓懿、周一良译，商务印书馆 1997 年版，第 237 页。

第一节　现代化的整合

一、社会转型的背景与环境

（一）国内形势

如前所述，从 19 世纪 80 年代中期开始，日本进入了产业革命时期，先于甲午战争前后实现了以纺织业为中心的轻工业产业革命，后于 1910 年前后实现了重工业的产业革命。产业革命的突飞猛进带来了产业化和都市化的快速进展。产业人口构成的变化是反映从农业社会向产业社会变化的有力根据。据统计，1878年，从事第一、第二、第三产业人口的比例分别为 82％、5％和 13％，1898 年为70％、13％和 17％，1906 年为 63％、17％、20％；1913 年为 59％、18％、23％；1920年为 54％、21％、25％。① 到 1930 年，从事第二和第三产业的人口占到 50％左右。伴随产业革命的进展，都市化日趋明显。据统计，1898 年、1913 年、1920 年、1935年，日本全国人口的 81.6％、74.2％、62％、54.3％居住在人口 1 万人以下的町村中，而同期居住在 10 万人以上都市的人口则分别 9.1％、12.5％、19.5％、25.5％。②

产业革命不仅带来产业化、都市化，也推动日本社会出现接近大众社会的各种迹象：一是社会阶层的变化，主要表现为新中间阶层的变化与阶级矛盾的加剧；二是社会意识层面的变化，主要表现为各种社会思潮丛生。

1. 社会阶层的变化

产业革命时期虽然没有彻底改变整个社会的阶级关系，但随着产业革命的进程，无论是农村还是城市的社会秩序都在发生变化，社会各阶级、各阶层正在逐步地衍生出来。就农村而言，甲午战争、日俄战争期间，中下层地主成为地域秩序的维护者，但是到了大正民主时期，下层农民和青年农民在经济上要求减租、政治上要求人格尊重，对现有的社会秩序提出了挑战。"这时，单独由地方地主层维系的

---

① ［美］塞缪尔·亨廷顿等：《现代化理论与历史经验的再探讨》，罗荣渠等译，上海译文出版社 1993 年版，第 398 页。

② 周颂伦：《近代日本社会转型期研究》，东北师大出版社 1998 年版，第 154 页。

地域秩序,开始向多阶层、多成分人员参与维持的地域秩序转化。"①

就城市而言,最引人注目的变化就是新中间阶层的形成与发展。所谓新中间阶层,与以前中等收入的旧自由职业者和从事商业、工矿业、交通运输业的中小企业主及其职员(旧中间阶层)不同,多是在公司、银行任职的职员,在国家机关任职的公务员以及大部分职业性小资产阶级。这个阶层最早出现在明治末期和大正初期,以第一次世界大战为起点,其数量迅猛增加,到1930年达到160多万。② 他们一般都接受过良好的教育,靠工薪收入能够维持较为平稳的生活。良好的教育赋予他们的知识使得他们具备一定的社会批判能力,而相对稳定的收入也保证他们有机会来关心社会问题。随着新中间阶层的形成、壮大和成熟,他们在社会活动的各个方面日益扮演着重要的职能。"这个阶层的出现,本身是社会变动的产物,同时又是新的社会变动的促进者和参加者。"③"新中间阶层在无产者和资产者之间崛起,改变了都市的阶级关系和社会秩序,其本身就是社会向大众化演进的标志。"④

社会阶层的变化不仅体现在阶级的分化和新阶层的产生,还表现在阶级之间的冲突加剧。"甲午战争一方面带来了财富的异常积累,另一方面也带来贫困的大规模增长,资本家与工人阶级之间的对立、有产者与无产者之间的裂痕越来越深,从而促发了阶级自觉。"⑤日俄战争之后,阶级对立持续,且愈演愈烈,争议不断。据统计,仅1907年一年工人罢工就达92起之多,其中最著名的是栃木县足尾铜矿大罢工。⑥ 虽然工人运动遭到了政府的压制或镇压,但在第一次世界大战之后又开始重新活跃起来。与城市一样,农村的各类矛盾也非常普遍和严重。由于佃农、自耕农与计生地主之间的矛盾、投机性快速发展的工业与发展滞后的农业之间的矛盾和生活水平总体上升的城市与日趋贫困的农村之间矛盾的加剧,第一次世界大战前后,农民、农村、农业问题日益突出,并以佃农争议和米价波动而

① 周颂伦:《近代日本社会转型期研究》,东北师大出版社1998年版,第174页。
② 陈秀武:《论大正时代新中间阶层的社会意识》,载《日本研究》1995年第5期,第52~57页。
③ 周颂伦:《近代日本社会转型期研究》,东北师大出版社1998年版,第186页。
④ 周颂伦:《近代日本社会转型期研究》,东北师大出版社1998年版,第174页。
⑤ 大河内一男『黎明期の日本労働運動』東京:岩波書店、1956年、39頁。
⑥ 吴廷璆:《日本史》,南开大学出版社1994年版,第544页。

引发的社会问题的形式表现出来。据统计,1917 年佃农争议的件数为 85 件,1920 年增加到 408 件,1921 年猛增为 1 680 件。①

2. 社会意识的变化

作为社会结构、社会阶层变化在社会意识领域的反映,日俄战争之后,尤其是大正时期,日本涌现出了各色各样的社会思潮。在五花八门的社会思潮中,尤以社会主义、国家主义与宪政思潮最具代表性和影响。

社会主义思想自 19 世纪末 20 世纪初被系统引入日本。1898 年,以村井知至为会长的社会主义研究会成立,从学术角度开展社会主义研究。1900 年,社会主义协会取代社会主义研究会。1901 年 5 月 18 日,安部矶雄、片山潜、幸德秋水等成立日本最早的工人政党"社会民主党"。建党宣言宣称要通过社会主义与民主主义来贯彻和平主义,并提出了党的理想纲领:人类平等主义,全面废除军备,废除等级制度,土地、资本公有,交通工具公有,公平分配财富,参政权平等,教育机会平等。② 虽然社会民主党在申请建党当天就被禁止,但是以创建者为核心的社会主义者们,立即以"社会主义协会"为中心,在发表研究成果的同时,展开了遍及全国的"社会主义宣传旅行",掀起了普及社会主义思想的活动。1903 年幸德秋水和堺利彦成立平民社,发行《平民新闻》周刊,将平民主义、社会主义、和平主义确定为办刊宗旨。1906 年 2 月,日本社会党成立,党的纲领规定在合法范围内实现社会主义。1907 年 2 月社会党遭政府查禁。1915 年 9 月,堺利彦将文艺杂志《丝瓜花》改为《新社会》,继续宣传社会主义思想。

如果说社会主义思潮属于反体制思潮的话,那么国家主义则属于维护现存体制的御用思潮。这个思潮的代表人物乃是以初倡平民主义而后转为国家主义鼓吹者的德富苏峰。甲午战争以前,德富苏峰以创办《国民之友》、《国民新闻》,宣扬平民主义、商业主义和和平主义而闻名。而甲午战争则成为德富苏峰转向国家主义的重大转折点。以此为契机,德富一变而为"大日本膨胀论"的帝国主义论者。日俄战争后,他更提出"国家第一,新闻第二"的办报方针,把《国民新闻》办成了地地道道的"帝国喉舌"。德富的国家主义论主张,主要包括以下几个基本观点:

---

① 宋成有:《新编日本近代史》,北京大学出版社 2006 年版,第 280 页。

② [日]近代日本思想史研究会:《近代日本思想史》第 2 卷,李民等译,商务印书馆 1991 年版,第 65 页。

（1）以弱肉强食为理论基础，提出"攻势防御论"；（2）以日本成为"中枢民族"为目标，建立世界大帝国；（3）以忠君爱国为焕发民族精神的核心；（4）规划了以"经营满蒙"为基点的侵华方针。①

民本主义是介于反体制思潮与御用思潮之间的资产阶级意识形态，其代表人物是吉野作造、美浓部达吉等人。吉野于 1913 年从欧美留学归来后被东京大学聘为教授。他深受第一次护宪运动的鼓舞，提出了著名的"民本主义"思想。他于 1915 年 6 月发表在《国民论坛》上的《欧美宪政的发展及其现状》一文中首次使用了"民本主义"概念，并自 1916 年 1 月起以《论立宪本义及其至善至美的途径》为总论题连续在《中央公论》上发表文章，阐发其民本主义思想。在吉野看来，"所谓民本主义，就是：对主权在法律理论上属于何人姑且不论，只主张当行使主权时，主权者必须尊重一般民众的福利与愿望，以此为方针的主义，就是民本主义，亦即在国家主权的运用上成为指导标准的政治主义。至于主权在于君主抑或人民，则在所不问。"但是民本主义有两种：一是"关于政治的实质目的的民本主义"，一是"关于政治的组织形式的民本主义"。关于前者，他认为针对"国家中心主义的跋扈"，有必要采取措施"来照料个人主义的必要"。因此，这种意义上的民本主义"应该和它对立的国家主义一并成为关于政治目的的相对原则"。关于后者，他主张："在今天，通过赋予参政权，将尊重民意的意义贯彻到底，这种民本主义，才是宪政的本义。""把这种意义的民本主义说成是绝对的原则"，"世人每多不疑"。②总之，吉野作造认为，政权运作的终极基础在于民众，其最终决策也应符合民众意向，以民为本是吉野政治思想的根基。这是一种在不触及国体和天皇主权的前提下，尽可能地发挥宪政功能的思想。与社会主义等反体制思潮受到政府压制和国家主义已经失却往日之吸引力相比，民本主义则因呼应了国际民主形势和国内资产阶级的需求，一经提出，呼应者澎湃如潮，很快便成为时代的主流思潮。

日俄战争之后社会思潮的多样化不仅体现在政治领域，也体现在哲学和文学领域。而且与政治思想中以民本主义为代表相呼应，哲学思想则以新康德学派的理想主义为代表，文学领域则以"白桦"派为代表。以武者小路实笃为首的"白桦"

---

① 宋成有：《新编日本近代史》，北京大学出版社 2006 年版，第 290~291 页。

② ［日］近代日本思想史研究会：《近代日本思想史》第 2 卷，李民等译，商务印书馆 1991 年版，第 169~170 页。

派不满于日趋衰落的自然主义文学,提倡"通过个人或个性发挥人类意志的作用",把"尊重自然的意志和人类的意志,探索个人应该怎样生活"作为该派文学的目标。白桦派运动还超出文坛,在教育界乃至社会上产生广泛而深刻的影响。此间,戏剧、美术、音乐等文化领域,都展现出异于明治文化的新貌,以至于这个时期的日本文化和社会充斥着个人主义色调和通俗主义的色彩。近代日本思想史研究会所著的《近代日本思想史》对日俄战争之后的所谓"大正文化"进行了非常深刻的描绘:

如果从类型上把"大正文化"的特质与"明治文化"的特质加以对比的话,那么明治文化可用儒教伦理上叫做"修业"的实践概念来加以说明;而"大正文化"则可以用所谓个人主义"教养"的欣赏概念来加以说明。或者也可以这样加以对照,即前者是为了建成亚细亚帝国主义国家而一时不惜"卧薪尝胆"的国家主义的文化形态;后者则是作为"大英帝国的同盟国",为了同盟的友谊,主动负担起惩罚"德皇帝国主义"任务的世界头等大国的世界主义文化形态。[①]

(二)国际局势

日本的产业革命和资本主义工业化是在明治维新后靠国家资本大力扶植、自上而下地实现的,因此几乎没有经过自由资本主义发展阶段,很快就过渡到垄断资本主义阶段。在政府的保护下,日本的垄断组织也较早地产生了,出现了诸如三井、三菱、安田、住友等一些大的垄断资本集团——财阀。20世纪初,日本也开始向帝国主义过渡了。日俄战争之后至1930年这20多年的时间正是日本向垄断资本主义过渡并最终确立的时期。而这个时期正如霍尔所指出的那样,"1900年以后,日本的外部世界更加不友善"。[②]

日本向垄断资本主义过渡的时期,也正是世界资本主义发展的重要转折时期。19世纪末20年代初,世界主要资本主义国家相继完成了由自由资本主义向垄断资本主义的历史性过渡,进入了帝国主义阶段。由于落后的殖民地可以作为垄断资本的廉价原料产地和产品销售市场,并为过剩资本提供有利的投资场所,

---

① [日]近代日本思想史研究会:《近代日本思想史》第2卷,李民等译,商务印书馆1991年版,第174~175页。

② [美]约翰·惠特尼·霍尔:《日本——从史前到现代》,邓懿、周一良译,商务印书馆1997年版,第237页。

随着自由竞争资本主义向垄断资本主义过渡,主要发达资本主义国家都卷入了争夺殖民地、掠夺殖民地的狂潮。而且,各国垄断组织为了争夺原料产地、商品市场和投资场所,在世界范围内展开了激烈的竞争。各国垄断组织为了获取垄断利润,一方面利用国家政权,建立关税壁垒,限制国外商品输入,以维护垄断价格;另一方面,又通过绕过关税壁垒及倾销等政策,与外国资本展开较量。这种较量的结果往往给各国垄断组织带来巨大损失。为了避免在国际竞争中两败俱伤,各国垄断组织寻求暂时的妥协,组成国际垄断同盟。20世纪初,在欧洲相继形成了以德奥为首的"同盟国"和以英法为中心的"协约国"两大阵营。二者之间的激烈对抗与冲突最终导致了1914年第一次世界大战的爆发。虽然第一次世界大战于1918年11月以"协约国"的胜利而告终,但是战争未能从根本上解决帝国主义国家之间的矛盾。战败国对战胜国的苛刻制裁耿耿于怀,伺机东山再起,一雪前耻,而战胜国之间也为分赃不均而明争暗斗。

由于日本国内经济严重依赖外部资源,再加上日本又是以"新来者"的身份进入争夺殖民地资源的"竞争性极强的市场",所以,它与其他帝国主义国家之间的矛盾也日益尖锐起来。① 日俄战争之前,日本外交政策的基轴是日英同盟,并且与美国也保持良好的关系。日俄战争期间,日本获得了英美的支持。日本凭借其在日俄战争中的胜利,获得了辽东半岛、南满铁路以及库页岛南半部,并完全控制了朝鲜,一跃成为主要的殖民大国之一。日俄战争之后,随着日本在"南满仅为日本人所有"口号下有计划地排挤和根除别国在中国东北的企业和贸易,日美关系开始紧张起来。出于对美关系的考虑,英国的对日态度也发生变化,日英同盟实质上已经形同虚设。为了应对这种局面,日本与昔日的敌人俄罗斯建立了合作关系,尤其是1910年第二次《日俄条约》以来,更进一步强化了这种合作关系。在第一次世界大战时期,日本就是以日俄合作关系为背景继续在亚洲大陆推进其扩张进程的。但是1917年俄国十月革命的爆发,使得日俄合作关系不复存在。第一次世界大战期间,日本利用西方列强无暇顾及之际,对德开战,占领青岛,对中国提出21条要求,也当然恶化了日本与德国、中国的关系。尤其是1918年的西伯利亚出兵,不仅使得日本与苏联政府之间出现了对立,而且也因为出兵问题,加深

---

① 〔美〕约翰·惠特尼·霍尔:《日本——从史前到现代》,邓懿、周一良译,商务印书馆1997年版,第241页。

了与美国的摩擦。对中国的"二十一条"和苏联公布的第四次日俄秘密协定所暴露出的日本对整个中国的扩张意图,使得日本因为中国问题与美英的关系更趋紧张,也加深了美英对日本的警戒。

这样,日本不仅与德国、中国、苏联,而且也与美国、英国的关系趋于恶化。虽然在第一次世界大战期间,这种恶化关系没有完全表面化,但是日本实际上已经陷于国际孤立状态。这就是日本社会转型时所面临的国际环境。如何在这种孤立、不安定的国际环境中保护日本的殖民利益,成为当政者不得不思考的问题。

总而言之,日俄战争之后尤其是进入大正时期之后,虽然日本帝国的基础已经奠定,建国的初步工作已经完成,但是一方面要面对迅速现代化带来的社会内部一体化的挑战(主要体现为应对国民的民主化要求,扩大政治参与),另一方面又要面对在复杂、不稳定的国际环境下捍卫日本在殖民地特别是在亚洲大陆的经济和外交利益的挑战。①

二、社会转型的方向选择与举措

(一)推行政党政治,实现社会整合

虽然太政官政治、藩阀元老政治、政党内阁政治和法西斯政治(亦可称为军部政治)是战前日本政治演变的一般过程,②但我们却不能将之简单地视为截然区分的四个阶段,因为任何事物都有产生、发展和衰落的过程,一种体制的产生往往就是另一种政治的衰落过程,反之亦然。因此,我们可以将 1905 年前后至 1931年前后的这 20 多年时间段视为由藩阀元老政治向政党内阁政治再向军部政治转变的过渡阶段,也可以视为战前日本政党政治萌生、发展和衰落的时期。这样,我们就可以透过明治领导层对待政党政治的态度来透视日本现代化整合期的政治

---

① Marshall, Byron K. *Learning to Be Modern*: *Japanese Political Discourse on Education*. Boulder: Westview Press, 1994. pp. 91～92.

② 日本学者竹中治坚将日本政党内阁政治时期(1918～1932 年)称之为"民主化途中体制",而将明治宪法颁布的 1889 年至政党内阁政治开始的 1918 年之前的这段时期称作"竞争性寡头体制"。他还将日本"民主化途中体制"的时期又细分为三个阶段:政党内阁优先的阶段(1918 年～1926 年);军部挑战开始的阶段(1926 年～1929 年);危机与体制崩溃的阶段(1929年～1932 年)。参见:竹中治坚著『戦前における民主化の挫折——民主化途上体制崩壊の分析——』東京:木鐸社、2002 年。

选择。

1. 政党政治的萌生(1900～1918)

在明治维新元老和藩阀官僚势力中,对政党政治有两种不同的态度:一是以伊藤博文为首的开明派,主张发展政党,利用政党;二是以山县有朋为首的保守派,主张全面压制政党。当明治宪法公布伊始,萨摩藩阀官僚内阁总理大臣黑田青隆就发表了所谓"超然主义声明",公然声称"政府处于政党之外",不许政党组阁。但早在1892年明治政府第一次危机时,伊藤就产生了亲自组建政党的设想,并最终于1900年断然建立了立宪政友会,亲任总裁。1900年10月19日,伊藤博文以政友会总裁身份组阁,内阁成员除了海军大臣和外务大臣之外,均属立宪政友会的成员,史称"政友会内阁"。从此官僚和政党共同执政的格局开始形成。政友会内阁的出台标志着藩阀元老政治体制开始向政党内阁政治体制过渡。① 从第一次"桂内阁"成立到大正初年的12年时间里,第二代官僚山县派的桂太郎(代表藩阀势力)和伊藤派的西园寺公望(代表政友会)轮流执政,其中桂太郎组阁三次,西园寺组阁两次,两人共主这12年左右的日本政坛,所以人们把这个时代称为"桂园提携时代"。②

在这一体制下,民主化也获得一定的进展。第一,拥有参与政治权利的人数增加。1900年,第一次将选举权扩大到有10元以上纳税者,使得占总人口3.9%的人拥有了选举权。第二,由于政党和国民的意愿对于内阁存废的影响增大,有选举权的国民对政府的控制在加强。"概而言之,在这种竞争性寡头体制下,众议院和国民的意向对于内阁命运的影响在慢慢提升,内阁逐渐承担起对众议院和国民事实上的责任。"③特别值得一提的是1913年爆发的第一次护宪运动,资产阶级政党借用群众运动打倒了藩阀官僚内阁,使藩阀元老轮流担任首相的超然内阁消失了,并掀起了大正民主运动。

2. 政党政治的发展(1918～1926)

1918年8月爆发的席卷全国的群众性运动——米骚动,既葬送了藩阀元老

---

① 杨孝臣:《日本政治现代化》,东北师范大学出版社1998年版,第91页。

② [日]升味准之辅:《日本政治史》第3册,郭洪茂等译,商务印书馆1997年版,第541页。

③ 竹中治堅『戦前における民主化の挫折——民主化途上体制崩壊の分析——』東京:木鐸社、2002年、77～79頁。

政治体制于坟墓,也催生了政党内阁政治体制的诞生。1918 年 9 月 29 日,政友会总裁原敬出台组阁,除了陆军、海军、外交三大臣之外,全部为政友会成员。原敬内阁的成立,不仅仅意味着"立宪的内阁"对"非立宪的内阁"的胜利,更主要的是意味着真正的政党内阁的成立和藩阀内阁的终结。①

从 1918 年到 1926 年这一段时间里,除了 1924～1927 年之间是三党鼎立的状态之外,均是政友会和宪政会两大政党对峙。在政党内阁成立的 1918 年到 1926 年,从政党内阁与军部权力的关系来看,是政党内阁挑战军部,军部感受到政党强大压力的时期。在原敬内阁 3 年 2 个月的执政期里,在三件事上成功地压制住了军部:一是将出兵西伯利亚后的撤兵统率权收归内阁支配之下;二是实现了在海军大臣不在时任命首相管理海军大臣负责事务;三是实现了由文官担任殖民地总督的制度。在原敬内阁后,政党内阁要求改变军部大臣武官制的压力日趋高涨。此外,在原敬内阁之后的高桥内阁签署了《华盛顿海军裁军条约》,从而实现了大幅度的海军裁军,并通过了要求裁减陆军军备的建议案。此后的加藤友三郎内阁和第一次加藤高明内阁均实施了陆军裁军的计划。总之,"这个时期里,政党内阁立足于优先于军部的地位,未给军部挑战政党内阁提供余地,所以民主化途中体制非常稳定。"②

在这一稳定的政党体制下,日本开展了若干项政治变革,其中主要有:(1) 改革众议院选举制法。原敬内阁于 1919 年改行小选区制,放宽选举权的纳税资格,从原来的 10 日元降到 3 日元。结果,1920 年的第 14 次选举时拥有选举权的人数达到成人人口的 10.2%,约有 307 万人,相当于 1917 年的 2 倍多(有选举权人数为 142 万人,占成人人口的 4.8%)。③ (2) 议长脱离党籍。1925 年的第 50 届议会一致通过了"关于议事规则改正的决议案",从此议长非党化形成惯例。议长的非党化不但保证了议会运作的制度化和公正性,而且为政党政治的健康发展提供了制度基础。(3) 初步确立普选制度。1925 年 3 月,护宪三派内阁在第 50 次议

---

① 林尚立:《政党政治与现代化》,上海人民出版社 1998 年版,第 52 页。

② 竹中治堅『戦前における民主化の挫折——民主化途上体制崩壊の分析——』東京:木鐸社、2002 年、150～153 頁。

③ 竹中治堅『戦前における民主化の挫折——民主化途上体制崩壊の分析——』東京:木鐸社、2002 年、83 頁。

会上提出普选法案并获通过。新选举法取消纳税额限制,凡年满 25 周岁男子均有选举权,所有年满 30 岁的男子具有被选举权。这样在 1928 年的选举中,有 1 241万人拥有选举权,占成人人口的 37.3%。① 在以上的这些改革中,尤以确立普选制度最具影响。普选所形成的全社会性的社会动员,为政党政治全面推行提供了广泛的社会基础;而基于普选所形成的政治合法性,则为政党政治在日本全面替代旧的政治统治提供了可能。②

需要指出的是,"1918 年成立的民主化途中体制除了确立了男子普选制度之外,并没有对明治宪法下的政治结构进行根本的改革,所以错失了强化体制合法性的机会。"③而且从政党内阁在迟迟颁布"普选法案"的同时通过《治安维持法》这一点来说,也有损民主化途中体制的合法性。也就是说,虽然这种发展提高了政党的政治地位,动摇了旧的藩阀实力,但并没有有效地改变明治维新以来所形成的基本政治格局和权力结构,从而也没为政党政治的进一步发展提供更为广泛的社会基础和更为有效的制度保证。

3. 政党政治的衰落(1926～1931)

1924 年第二次护宪运动的成功,显示了政党的力量和发展前景。从 1924 年的"护宪三派"内阁成立到 1932 年的犬养毅内阁接替,前后连续经历了 7 届政党内阁。在此期间,三党鼎立的局面由于 1927 年民政党的成立而又重归两大政党(政友会与民政党)对峙的局面。两党竞争的时代被很多人视为日本战前政党政治的"黄金时代",但同时也正是这个时代,日本政党政治走向了凋落,民主化途中体制逐渐衰退。

凋落的标志至少有两点:第一,军部对政党内阁的挑战和压力在增强,政党内阁与军部的关系开始发生变化。标志性的事件有两个:(1) 1928 年 6 月关东军制造炸死张作霖的"皇姑屯事件"。在这件事件上,军部从两个方面挑战了民主化途中体制:一是无视内阁要求张作霖从北京撤退并与其合作以保持日本在中国东北权益的内阁方针,而暗杀了张作霖。二是抵制了田中义一首相要处罚策划者、公

① 竹中治堅『戦前における民主化の挫折——民主化途上体制崩壊の分析——』東京:木鐸社、2002 年、83 頁。
② 林尚立:《政党政治与现代化》,上海人民出版社 1998 年版,第 58～59 页。
③ 林尚立:《政党政治与现代化》,上海人民出版社 1998 年版,第 57～58 页。

布真相的方针，并获得了成功。（2）1930 年政党内阁与军部围绕《伦敦海军裁军条约》产生的激烈对立。虽然滨口内阁最终抵制住了军部的强烈反对，实现了与美英的妥协，签署了《伦敦海军裁军条约》，但是条约签订和批准的经过，显示了政党内阁与军部之间的实力对比发生了变化：第一，过去军部对裁军的反应主要是表明反对意见，而这一次则有明显的妨害政府裁军的行为，表明军部的力量在增强，对内阁的压力在加大；第二，军令部成功地增强了法制权限。此前，关于海军军力的管辖权到底归属政府还是军部，并没明确，但是在《伦敦海军裁军条约》签订后，由于任何有关海军军备的决定都要经过海军大臣和军令部长双方的同意，实质上意味着今后海军大臣在未获军令部同意的情况下是不可以同意政府决定的。①

　　第二，由于枢密院不支持内阁的政策而导致内阁倒台。1927 年第一次若槻内阁由于救济台湾银行的紧急敕令在枢密院遭到否决而总辞职。这伴事开内阁因为政策遭到枢密院反对而总辞职的先河。这也是 1930 年政党内阁与军部围绕《伦敦海军裁军条约》的签署而产生激烈对立的一个原因。② 当时，政友会为了攻击民政党的滨口内阁，指责滨口内阁干涉了军队的统帅权，加深了政党内阁与军部的对立。由于是政友会提出的问题，所以枢密院也拒绝批准条约，从而导致滨口内阁的倒台和政友会内阁的成立。这实际上是政党之间在恶性竞争中利用了枢密院这一传统政治力量，但这种利用反而使旧的政治实力得到了延续，不利于政党政治的发展。

　　政党内阁政治体制或民主化途中体制之所以逐渐衰落，有两个原因是不容忽视的：一是民主化途中体制在政治层面正如政治流言所表明的那样，实绩不振，而在经济、社会层面也如应对金融恐慌的方针、方法极其混乱一样，未能取得令人满意的政绩，因此，体制的合法性水准下降；二是部分政党政治家在军部的挑战面前，对民主化途中体制采取了准忠诚的态度。③ 也就是说，政党本身素质不佳是

---

　　① 竹中治堅『戦前における民主化の挫折——民主化途上体制崩壊の分析——』東京：木鐸社、2002 年、83 頁。

　　② 竹中治堅『戦前における民主化の挫折——民主化途上体制崩壊の分析——』東京：木鐸社、2002 年、197～198 頁。

　　③ 竹中治堅『戦前における民主化の挫折——民主化途上体制崩壊の分析——』東京：木鐸社、2002 年、83 頁。

政党内阁体制脆弱的重要原因。"政友会民政党无一不是官僚妥协的产物,政党政治家本身民主意识薄弱,领导艺术低下,惧怕工农革命,在国民中没有树立起政治威信。"①从这个意义上讲,战前的日本政党政治,成也政党,败也政党。

在面对快速现代化带来的社会一体化压力时,明治政府所采取的政策是一方面推进政党政治的发展和民主化的进程,另一方面又大力加强社会控制,压制工农革命。在普选法通过的同时颁布的《治安维持法》规定:"凡以变更国体或否认私有财产为目的而组织结社,或知情参与者处以 10 年以下劳役或监禁"。② 1928年 3 月,政友会的田中内阁又进一步以紧急敕令的形式将《治安维持法》进行了修改,把最高 10 年的刑法提高为死刑。正如马歇尔所指出的那样:"尽管这些政治家们的权力基础源于西方模式的议会政府,但是他们更享受于西方政治思想中的精英主义潮流,而不太愿意走向扩大民众的参与。虽然他们有时给予这些观念以口惠,但是他们的行动却经常是旨在压制倡导这些思想的政治左派。"③总之,政党内阁在内政上推行胡萝卜加大棒的两面政策,虽然他们有时会对自由和社会民主派别作出一定的让步,但是对社会主义及其他激进派别则是无情打击。

(二)推行协调外交,最大限度维护日本利益

基于对日本不具备直接与欧美列强相抗衡的实力的认同和与欧美强国谈判改约事宜所得的教训,明治时期日本的外交采取的基本是迎合强国、追随强国的战略。正是遵循这一战略,近代的日本终于在日俄战争特别是第一次世界大战之后步入世界"一等国"行列。然而,正如崔丕所指出的那样:"一国在实现国际关系中所追求的目的以及所采用的手段,随着其相对实力的扩大而增加和强硬,也会随着其相对实力的衰落而减少和软弱。"④日俄战争之后,随着日本国力的增强和地位的提升,日本的外交方针开始发生变化,主要表现在以后发现代化国家结成的"日俄协约"体系来对抗先发现代化强国美英等国家,以军事力量或军事压力为背景,扩大日本在亚洲大陆的权益。这一外交方针在大隈重信内阁(1914~1916)

① 杨孝臣:《日本政治现代化》,东北师范大学出版社 1998 年版,第 97 页。
② 吴廷璆:《日本近代化研究》,商务印书馆 1997 年版,第 293 页。
③ Marshall, Byron K. *Learning to Be Modern: Japanese Political Discourse on Education*. Boulder: Westview Press, 1994. pp. 91~92.
④ 崔丕:《近代东北亚国际关系史研究》,东北师范大学出版社 1992 年版,第 6 页。

和寺内正毅内阁(1916～1918)时期表现得最为明显。对中国提出 21 条要求,参加第一次世界大战对德宣战,签署第四次日俄密约和西伯利亚出兵等,都出现在这一时期。这种以武力为背景扩张权益的做法导致了日本在国际上陷入孤立的境地,不利于日本今后的发展。

正是日本在国际上陷入孤立境地,在国内因为米骚动和战后经营而问题丛生之际,原敬继大隈和寺内内阁之后,于 1918 年组成了战前日本第一个政党内阁。面对国内外严峻的现实,原敬基于对外努力与各国充分保持协调、对内充实国力的方针,开始对外交和内政进行调整和转换。在外交上,他开始把日美协调作为其外交政策的基轴,进行外交政策的调整和转换:[①]第一,促进南北妥协和不干涉中国内政。为了缓和与中国的对立紧张关系,消除美英等国对日本外交的误解和疑心,扭转日本在国际上的孤立地位,原敬内阁决定在与美英等国协调的基础上,由日本提议五国共同劝告南北妥协,采取对中国不干涉内政的外交方针,放弃寺内内阁的援段政策,中止对华借款,停止向中国供应武器。第二,加入新四国借款团,在借款团问题上与美国保持协调。在借款团问题上,原敬组阁不久,就决定中止招致各国猜疑的对华单独性借款,在借款问题上采取与各国协商的原则,所以积极加入了新的四国借款团。第三,逐步实现从西伯利亚撤兵。原敬组阁后,坚持以日美协调为外交基轴,力图贯彻在野时主张的有限出兵论,对违背日美共同声明而向西伯利亚派出的大量兵力进行了削减。但是,由于参谋本部始终反对并抵制撤兵,致使日本在西伯利亚撤兵一事上一拖再拖,美国开始撤兵后,国内外的形势迫使原敬内阁做出撤兵的决定。1920 年末,日本派遣军的势力范围缩小到海参崴周围和北库页岛。

总体而言,原敬的协调外交的终极目标在于确保日本从中国获得最大的国家利益,同时为日本的经济发展和贸易出口营造比较和平的国际环境;策略包括对中国的"日中亲善"、"不干涉内政"外交原则和对国际特别是对美英的和平协调机制两个方面,特色在于在军事方面采取低姿态,而将重点放在拓展日本的经济竞争力方面。[②]

---

① 陈月娥:《试论日本大正时代的对美协调外交》,载《解放军外国语学院学报》2004 年第 5 期,第 108～11 页。

② 川田稔『原敬 転換期の構想——国際社会と日本——』東京:未来社 1995 年、11 頁。

原敬所倡导的协调外交战略思想和模式，并没有因为原敬的被刺杀而改变。事实上，原敬内阁时期制定的外交政策和内政的基本框架，直到昭和初期由于"九·一八"事变和"五·一五"事件的爆发而导致政党政治崩溃之前，一直是日本国政的基本路线。① 而将这一"协调外交"发扬光大的，则是曾在原敬内阁时期担任驻美大使和华盛顿会议全权代表，并于1924～1927年、1929～1931年期间共担任五届外务大臣的职业外交官币原喜重郎。币原在第49届议会的外交演说中，阐明了他的外交原则：第一，"维护和增进正当的权益"，"尊重各国正当的权益"，以维持世界和平；第二，尊重外交前后相承主义，以保持同外国的信任关系；第三，改善对美对苏关系；第四，在对华政策上贯彻不干涉内政的原则。同时，币原也强调"外交不单是处理国与国之间的政治关系，谋求国家间经济关系的发展同样是外交的重要任务，特别是从我国目前情况看，更应把外交的重点放在国际关系的经济方面。目前最重要最紧急的任务是朝野一心，振兴对外贸易与本国人在海外的投资企业，以期改善国际借贷关系"。② 由此可见，币原外交的"对英美协调"、"经济外交"和"对华不干涉"方针三个特点正是对原敬协调外交思想的继承。

在"协调外交"思想的主导下，日本政府在1928年的日内瓦"放弃战争条约"上签了字，1930年滨口内阁不顾海军的强烈反对，又签署了《伦敦海军裁军条约》。另一方面，在对华问题上，日本也表现出有限度的自我克制。③ 1924年9月的直奉战争时，尽管日本在中国东北地区的权益将受到威胁，但币原外相仍发表了"无意对华干涉"的声明；1925年"五卅事件"爆发后，币原婉言拒绝了英国提出的共同出兵镇压的建议，而是同中国政府谈判赔偿死难者损失事宜；同年10月，币原确定的日本在北京关税会议上的方针是，实现差等税率制，以尽可能减轻日本的损失，并通过率先承认中国关税自主权，争取主动，以使中国同意差等税率制；1927年3月发生北伐军冲击英美日领事馆的"南京事件"后，币原拒绝参加英美等国出动军舰炮击南京的行动，坚持通过外交手段寻求解决等。

---

① 川田稔『原敬 転換期の構想——国際社会と日本——』東京：未来社1995年、248頁。
② 信夫清三郎：《日本外交史》下册，天津社会科学院日本问题研究所译，商务印书馆1980年版，第502页。
③ 王新生、矢板明夫：《论20年代日本的"协调外交"》，载《日本学刊》2000年第4期，第122～137页。

总体而言,"协调外交"在与欧美列强的关系上,谋求在凡尔赛——华盛顿体制内与西方大国一致;在对华关系方面,鼓吹不干涉中国内政,同时又要维护日本的"合理立场";为适应战后国际形势的变化,提出以经济外交代替武力争夺。这一外交应该说顺应了当时的国际形势,也符合当时日本的发展需要。但是这一体制也存在局限,即在于"协调"仅仅是策略和手段,当协调不能维护日本的利益时,"协调"就被放弃了。实际上,早在1927年初,为阻止国民政府北伐,维护日本的权益,田中内阁三次出兵山东的行为已充分说明了这一点。

由于协调外交是政党内阁政策的主要组成部分,因此,协调外交随政党政治兴起而产生,并随政党政治衰退而逐渐退出历史舞台。

(三)进一步推进工业化,提升经济竞争力

拼命想跻身于一流强国的日本在日俄战争之后仍然面临着"强国"地位与实际经济力量之间名不副实的窘境。为了提升日本经济的竞争力,提升国力,政府不得不依靠扩张军备和调整经济政策来继续推进工业化,促进日本经济发展。

由于日本一方面资源匮乏,另一方面国内市场又非常有限(国内独特的社会结构和经济结构所致),所以要实现近代产业的进一步发展,必须扩大海外市场,加强出口贸易。但是,作为后发现代化国家的日本,其经济的对外竞争力非常弱,不具备在纯粹的经济层面与欧美强国展开竞争的水平。日本通过甲午战争和日俄战争,将台湾地区、朝鲜和中国东北南部纳入日本的殖民地或势力范围,这样就以军事力量为背景为日本经济建立了垄断的出口市场,从而进一步促进了日本的产业发展。对华21条要求、第四次日俄密约,都旨在以军事力量为背景,达到要把全中国纳入日本势力范围,从而在为日本提供源源不断的铁和煤等原料资源的同时,确保日本产业发展需要的出口市场这一目的。[①]

但是随着日俄合作体系因为俄国十月革命的爆发而崩溃,原敬组阁之后,改变了以往的路线,确立了对外协调、对内提升经济竞争力的基本战略。因为,在他看来,日本欲从经济竞争激烈的国际大背景中扩张在华利益,就必须改变一贯采取的军事武力侵略的外交策略,在国际上主张与美英协调,对中国强调不干涉内

① 川田稔『原敬 転換期の構想——国際社会と日本——』東京:未来社、1995年、157~158頁。

政,为日本经济贸易发展创造比较和平的环境,与美英展开经济竞争,扩大日本对中国的商品和资本的输出。作为第一次世界大战后的国家运营即所谓的"战后经营"的基本方向,原敬内阁提出了所谓的"四大纲领":(1)扩充高等教育机构,为提高日本经济的国际竞争力培养所需人才;(2)调整产业政策,旨在提高日本产品在世界及中国的竞争力;(3)完善交通基础设施,为产业政策服务;(4)加强国防力量,为以后全力开战做准备。原敬以四大政纲为内阁的政治目标,积极进行国内政策的调整和改革。①

如前所述,原敬所确立的内政方针与其外交方针一样,成为 20 世纪 20 年代日本政府的基本国政路线。原敬被暗杀后,各政党出于竞争的需要,也都非常重视政党的政策构想,而且政策之间也有不少对立之处,但是总体倾向是推进日本的现代化发展。② 这些政策对当时日本社会发展也客观上起到了积极的推动作用。

在考察了政府的经济政策之后,我们再来看看这一时期实际的经济发展情况。从 1905 年前后至 1931 年前后,日本的经济大体上可以以 1920 年为线划分为两个阶段:从 1905 年日俄战争前后到 1920 年约 15 年的时间,日本经济虽然呈现出走走停停、盛衰相间的状态,但是总体上在发展;而进入 20 世纪 20 年代之后,日本的经济进入了所谓的"宏观成长、微观不景气"的慢性萧条期。③

在 1905 年前后至 1920 年期间,带动日本经济发展的基本要素与日俄战争、第一次世界大战及相伴而随的扩军备战不无关系。日俄战争期间,日本动员兵力达 108.9 万人,投入战争的费用高达 18.3 亿日元,相当于甲午战争的近 8 倍。为

---

① 川田稔『原敬 転換期の構想——国際社会と日本』東京:未来社 1995 年、157~176 頁。
② 如民政党的政策在滨口内阁是体系化为十大纲领:(1)政治公明;(2)振作国民精神;(3)整顿法纪;(4)外交创新;(5)完成裁军;(6)整顿紧缩财政;(7)递减国债总额;(8)实行金解禁;(9)确立社会政策;(10)其他(更新教育功能,整顿地方税制,增加义务教育经费投入,改善乡村经济)。政友会在原敬内阁的四大政策基础上,根据新形势的需要,提出了以"产业立国"为核心的政策体系:(1)产业立国;(2)地方分权;(3)地租委让;(4)振兴乡村;(5)减轻营业税并向地方委让;(6)整顿财政,制定新的财政计划;(7)完善交通设施;(8)设立保护关税;(9)改善教育;(10)实施社会政策;(11)振兴工业;(12)积极外交。参见:林尚立《政党政治与现代化》,上海人民出版社 1998 年版,第 68~69 页。
③ 佐々木寛司『近代日本経済の歩み』東京:吉川弘文館、1995 年、251 頁。

了支撑庞大的战争预算,政府采取了举借国债和增加税收的政策。① 于是到日俄战争结束时,日本政府财政陷入了严重的拆东墙补西墙的境地。尽管如此,战后的军备扩张增加了国内市场的需求,再加上外国资本的输入,都为日本经济发展的迅速发展创造了条件。日俄战争之后的日本经济还是获得了前所未有的发展。首先值得指出的是,由于扩军备战的推动,形成了以军火工业为龙头的重工业基干产业,钢铁、造船、军火、化学、石油工业等实现重工业化的基础产业都获得了真正的发展。另外,在纺织业、食品工业等轻工业发展的推动下,工业在工农业生产总值中所占的比重逐渐上升(1900 年、1905 年、1910 年分别为 38.9%、44.6%、50.2%)。工业生产总值于 1910 年首次超过农业,标志着成为初步的工业化国家。第一次世界大战更使日本资本主义获得新的发展。1915～1920 年间,工业生产总值由 16.7 亿日元增长到 49.5 亿日元,增长了将近 2 倍;工业生产总值占工农业生产总值的比重在 55% 以上,高出农业水产总值 10 个百分点以上已成定局。②

虽然第一次世界大战的外部刺激给日本经济带来了飞跃的发展,但是进入 20 世纪 20 年代之后,于 1920 年爆发的经济危机导致股市和商品市场崩溃,严重地影响了日本的经济发展。此后,1923 年发生关东大地震,1927 年爆发金融危机,1929 年爆发了世界经济危机。受这些因素的影响,慢性萧条构成 19 世纪 20 年代日本经济的基调。为了推动日本经济走出萧条,日本政府开始通过日本银行、特殊银行对企业进行救济融资,从金融方面强行介入。

尽管 1920 年以后的日本经济处于慢性萧条和金融危机之中,但仍然获得了一定程度的发展。在这一时期,担负日本经济发展重任的是重化工业。不过,它与欧美的生产力相比,仍然处于劣势,主要还是停留于作为内需产业的发展。据统计,1920 至 1929 年间,日本国内生产总值平均每年以 2.1%、工业生产以 5.1%的速度发展。而制造业 1911～1913 年至 1926～1929 年间,每年均以 7.6%的速度发展。只有农业处于停滞状态,没有增长。③

伴随政府对经济的干预(救济融资、国营事业)和重化工业的发展,20 世纪 20

① 佐々木寛司『近代日本経済の步み』東京:吉川弘文館、1995 年、132～133 頁。
② 宋成有:《新编日本近代史》,北京大学出版社 2006 年版,第 270～271 页。
③ 吴廷璆:《日本史》,南开大学出版社 1994 年版,第 640～641 页。

年代日本确立了帝国主义阶段特有的金融资本积累的基础。财阀企业在产业企业、财阀银行在金融业中的垄断地位的确立，都是其典型标志。

第二节　家族国家主义道德教育理念的确立

日俄战争之后，针对"战后"的教育应该如何发展，日本当时实际上有两种观点：一种观点主张继续坚持明治维新以来的"富国强兵"路线，进一步强化"爱国心"教育；另外一种观点认为"强兵"已经落伍，主张日本应该成为与欧美先进各国并肩前行的"经济大国"，并基于此展望日本的未来及其教育发展。[①] 从 1905 年至 1931 年"九·一八事变"爆发前日本教育发展的实际来看，政府方面基本坚持前一种观点，而民间的知识分子则更多地倾向于后者。正因如此，在这一时期，我们一方面可以看到明治《教育敕语》路线的延续和加强，也可以发现自由教育运动的革新潮流。基于两种思路的教育潮流也相互作用，相互影响。但必须指出的是，在《明治宪法》和《教育敕语》的体制背景下，后者的发展是有限的。尽管在民主运动的社会压力下，政府在教学方面放松了管制，给自由主义的教育思想和教育实践提供了一席之地，但"自由教育"始终不是主流。自由主义的教育实践，在映照着工业化成熟的同时，并没有放弃基本的国家主义理念。其革新更多地是方法层面的改良，而非理念和目的层面的断裂。

《教育敕语》自 1890 年颁布以后直到第二次世界大战结束，一直是指导日本道德教育乃至整个国民教育的基本理念。《教育敕语》之所以能够适应千变万化的局势，一方面由于《教育敕语》具有很大的可塑性，为政者可以根据形势的需要，进行解释的调整；二是因为为政者总是根据形势发展的需要颁布新的诏敕或其他政策文书对其进行补充。这两条途径有时是融为一体的。在 1905 年至 1931 年期间，对于我们把握日本道德教育理念非常重要的文件主要有两个：一是 1908 年以天皇的名义颁发的《戊申诏书》；二是 1923 年以天皇名义颁发的《振兴国民精神的诏书》。

如果说现代化启动期的日本道德教育在于通过激发国民的立身出世主义热情为日本现代化的启动提供能量支持，现代化起飞期的道德教育旨在确保能量与

---

① 　梅根悟监修『世界教育史大系 39·道德教育史 II』東京：講談社 1981 年、203～204 頁。

秩序之间的平衡,那么,进入现代化整合期之后,不得不把主要精力放在促进社会整合上。而这一时期的道德教育实现社会整合的工具就是以国体教育为中心的国民道德教育。国民道德论的兴起与发展及其话语体系由"国民道德"向"国民精神"的转换,都反映了国体教育的地位提升。

一、日俄战争之后的道德教育取向

日俄战争之后的日本政府,为了对抗欧美列强的经济竞争,开始急速地扶植大企业和垄断资本。在教育领域,也从制度和思想两方面开始加强国家的控制。

在日俄战争之后成立的西园寺内阁中担任文相(1906 年 3 月 27 日~1908 年 7 月 14 日)的牧野伸显,在 1906 年 4 月召开的地方长官会议、5 月召开的小学教员会议和 1907 年 5 月召开的全国教育者会议等多种场合,阐明其与以往的文相一样,将继续重视实业教育,同时强调精神教育的必要性。在 1906 年 4 月的地方长官会议上,他强调教育首先"要进一步重视道德教育,以健全儿童青年的精神,造就充满诚意、有气力的国民之基础",并指出英、美、德等各国之所以能够"各依所长,发展惊人,处于世界首位",不外乎是"国民的诚意气力活动的反映",而且他还从培养作为国际社会一员的国民的角度,阐述了道德教育的必要性。在 1907 年 5 月召开的全国教育者会议上,他又指出,精神教育或道德教育之所以必要,乃在于"时运的要求","大凡国家勃兴之际,都难免会出现人心倾斜于物质的形象,而今其弊趋于极端,成为精神教育之反动的表现"。在牧野看来,资本主义的成立和发展,使得普通民众封建的朴素意识崩溃,共同体秩序意识解体,在造就了自由资本和劳动力的同时,促进了大城市的物质繁荣,使得市民的生活方式出现趋于享乐、利己的社会风潮。他特别将在都市学习学生的风气视为是丧失生产意愿的表征,并视之为危机。牧野认为,要教化这些颓废的青年、学生,必须借助于《教育敕语》。他之所以强调《教育敕语》的教育效果,乃是因为他认同教育界的舆论:日本之所以能够在日俄战争中取得胜利,乃取决于教育。在牧野看来,《教育敕语》具有如下特色:第一,具有综合的道德教育实用性,即《教育敕语》中列举了所有的"一身处世之道",从中既可以获知"对国家的义务",亦可以知晓"对社会的处世之事"。第二,《教育敕语》具有将民族主义(nationalism)植入国民心中的教育效果。简易言之,《教育敕语》对于教授国家道德非常有效。而且在他看来,《教育敕语》

所具有的这种民族主义教育的效果，在国际上也具有通用的一面。①

日俄战争之后的日本政府所要面临的不仅是生产意愿下降等青少年"颓废"问题，还有工农运动、社会主义运动勃兴的问题。对此，牧野于 1906 年 6 月发布了"关于学生思想、风纪取缔的训令"，把流于非生产、非道德性行为的学生作为主要取缔对象，同时将当时流行的自然主义文学、社会主义思想的出版物以及社会主义者等一概视为"藐视建国之大本、紊乱社会之秩序"、"动摇我教育之根基"之事物，要求学校当局予以取缔。② 这一训令是日俄战争之后日本政府采取的最初的思想统制措施。

不过，正如本山幸彦所指出的那样，牧野的精神教育政策着眼的是《教育敕语》所具有的民族主义教育功能，重点还是放在利用《教育敕语》的民族主义教育功能上，意在使丧失生产意愿的都市青少年都能够自觉地参与到国家的对外活动——垄断资本主义的国际竞争中去，尚不具有非常积极地确立以思想统制和国民统合为目的的思想政策之意图。③

如果说牧野的精神教育政策对于国民统合还是停留在消极层面的话，那么在第二次桂内阁中担任文相（1908 年 7 月～1911 年 8 月 30 日）的小松原太郎则忠实地执行桂内阁的施政方针，视阶级分裂的出现为重大危机，期望国体主义思想发挥国民整合功能，采取了通过强化思想政策，将国民的意识集中到各自生产活动上去的措施。由此开始，一直以先进诸国为目标、把国民启蒙作为重要课题的日本教育政策，因为对外发展的需要，也把国内整合作为其课题。④

桂内阁成立之际公布的"政纲"，就标榜为了预防阶级对立于未然，综合采取产业奖励、内务治安对策和教育政策，倾全力实现国民整合和形成垄断，其中尤把社会主义对策作为内务、教育的重要使命。在内相平田东助的"一味哭诉"下，日本政府于 1908 年 10 月 14 日以天皇的名义发布了《戊申诏书》。⑤ 这一诏书既体现了桂内阁的教化政策思想，也为桂内阁教化政策提供了权威支持。1910 年以

---

① 以上有关牧野伸显的教育政策思想，详见：池田進、本山幸彦『大正の教育』東京：第一法規、1978 年、117～120 頁。

② 教育史編纂会『明治以降教育制度発達史』（第 5 卷）東京：竜吟社、7～8 頁。

③④ 池田進、本山幸彦『大正の教育』東京：第一法規、1978 年、129 頁。

⑤ 由于 1908 年这一年从干支上来说正好是"戊申"，因此称之为"戊申诏书"。

后使用的第二期国定修身教科书中设了 3 课（《高等小学修身书》新制第 3 学年用第 23～25 课）介绍了其构成与大意。《戊申诏书》的全文如下：①

朕惟方今人文日成月进，东西相倚，彼此相济，以共谋福利。朕爰期愈益修国交、敦友谊，与列国永赖其庆。回首以顾，伴日进之大势，共享文明之惠泽，内须国运之发展，战后时日尚浅，庶政需愈益更张。宜上下一心，忠实服业，勤俭治产，惟信惟义，敦厚成俗，去华就实，相诫荒怠，自强不息。

盖我神圣祖宗之遗训与我光辉国史之成迹，彪炳如日月星辰。克忠恪守，至诚淬砺，斯乃国运发展之所倚。朕庶几处方今之世局，倚藉我忠良臣民之协赞，恢弘维新之皇猷，宣扬祖宗之威德。望尔臣民克体朕之旨意。

由上可以看出，《戊申诏书》并没有像《教育敕语》那样系统完整地规定作为天皇忠良臣民应有的道德理想和国民道德的基本德目，而只是更具体地将抑制奢侈生活、做勤勉的劳动者作为国民道德的最重要德目凸显出来。正如"宜上下一心，忠实服业，勤俭治产，惟信惟义，敦厚成俗，去华就实，相诫荒怠，自强不息"这些德目所表明的那样，统合处于分裂危机的民心，并将其注意力集中于生产活动上，是该诏书的重要目的。民众遵循此教诲行事，被认为是在现实的国际社会中基于国体"协赞"天皇完成"恢弘维新之皇猷，宣扬祖宗之威德"之事业的忠良臣民。《戊申诏书》的目的就在于用建基于"彪炳如日月星辰"的"我神圣祖宗之遗训与我光辉国史之成迹"的国体思想，将国民道德与生产意愿结合起来，以避免阶级分裂，同时培养服务于垄断体制形成的勤劳国民。②

1910 年的"大逆事件"和 1911 年的"南北朝问题"爆发之后，小松原的教育政策是在贯彻《戊申诏书》的意图（利用国体主义结合国民道德和生产意愿）的同时，又进一步超越了《戊申诏书》，使一切教育课题均服从于国体教育。此时的国体主义开始把以天皇为中心实现国民整合本身作为目的。③ 之所以如此，是因为"大逆事件"之后，预见到国民分裂危机和体制危机的不仅仅是国家权力，政界、经济界、教育界、思想舆论界，当时的统治层、领导层几乎都认识到这一点。加强国民

---

① 《赐予青少年学生的敕语》的全文参见：佐藤秀夫『統·現代史資料 8』（教育·御真影と教育勅語 I）東京：みずほ書房、1994 年、423 頁。

② 池田進、本山幸彦『大正の教育』東京：第一法規、1978 年、132 頁。

③ 池田進、本山幸彦『大正の教育』東京：第一法規、1978 年、145 頁。

道德教育就顺理成章地成为应对之策,受到高度重视。"大逆事件"后兴起的国民道德论就是一个很好的证明。

虽然"国民道德"一词早在 1886 年西村茂树所著的《日本道德论》一书中就已提出,但是作为法制用语开始登场还是在 1910 年的师范学校教授要目中(第四学年中设有"吾国民道德之特质"一课)。① 为配合这一政策,文部省于同年 12 月举办了全国师范学校修身科教师讲习会,并邀请了法学者穗积八束、伦理学者井上哲次郎和教育学者吉田熊次担任授课的讲师。1911 年,文部省将讲课内容整理成《关于国民道德的讲演》出版发行。以此为契机,国民道德论以师范学校为舞台迅速兴起。

作为国民道德论的领军人物,穗积八束、井上哲次郎和吉田熊次②三者之间,尤其是吉田与穗积和井上之间,对国民道德的理解和把握有所不同。穗积在其 1912 年出版的《国民道德的要旨》中提出,国民道德就是"与国民资格相符的道德之意味",是由国家这一根本组织的面貌所规定的。他还指出,日本的国家是以家为单位的,国家乃是家的扩大。基于这一家族国家观,他阐述了亲子之孝与君臣之忠一致的忠孝主义乃是日本的国民道德。井上也在其 1912 年出版的《国民道德概论》中主张,所谓国民道德就是"国民特有的道德之事",其"特有"性系"由历史发展而来"。因此,他基于"阐明国体居于国民道德论的核心位置"的认识,展开其国体论,并从中抽出忠孝一致、祖先崇拜等"特有"的道德及国民道德。穗积和井上的共同之处在于将"吾国民道德"之"吾"理解为特殊、特有之意,并基于家族国家观、万世一系的国体论主张日本特有的国民道德。

吉田对穗积和井上的这种理解持批判态度。他认为井上和穗积的错误在于将"吾国民道德"狭隘地限定在日本国民"特有"的道德上,在于把"祖先崇拜"、"忠孝一致"等"吾国民道德特质之细目"视为"吾国民道德之整体"。吉田主张,所谓国民道德,乃是"以国民的生活为本位,亦即以国家团体为本位","作为国民的生

---

① 森川輝紀『国民道徳論の道——「伝統」と「近代化」の相克——』東京:三元社、2003 年、185 頁。

② 吉田熊次 1897 年进入东京帝国大学文学科哲学专业学习,1901 年担任小学修身教科书起草委员,1903~1907 年期间在德国、法国留学。回国后任东京帝国大学文科学院助教授,主讲教育学。1916 年升任教授,主持教育学讲座,堪称日本最早的教育学教授,也是当时日本教育学领域中处于最高位置的御用学者。

活"或"国家团体""决定一切道德",因此,正直、勤勉等人类社会共通的道德也应是国民道德的内容。可见,吉田并没有从"国家组织"的特质或"国体"的特色这一限定的视角里阐述国民道德,而是在生活这一层面把握国民道德的。在生活层面当然存在普遍性道德价值。在他看来,《教育敕语》是以国家团体的生活为本位制定的,国民道德的内容就是《教育敕语》本身。因此,《教育敕语》的德目"并不仅仅属于日本"。"敕语中所列举的道德德目——分开来考虑的话,是适于古今内外而不悖的,但是其组合的方法因国家各异而多少有所不同。"也就是说,虽然每个德目具有普遍性,但是经过组合的整体却具有特殊性。基于此,他将《教育敕语》中的"斯道"解释为指示"孝父母⋯⋯义勇奉公"等个别德目的内容,而将"扶翼天壤无穷之皇运"视为这些普遍性的个别德目组合之"目的"或"结果",并认为国民道德的特殊性即在于此。总而言之,吉田认为日本的国民道德是由普遍性个别德目和作为"组合"的"扶翼皇运"所组成的。[①] 虽然吉田的这种主张普遍与特殊共存的国民道德论与穗积、井上一味强调特殊性的国民道德论有所不同,但是从寻找日本国民道德的特殊性而言,是同大于异的。而阐明日本道德之特殊性正是国民道德论区别于以往之所在。

穗积八束、吉田熊次等国民道德论的领军人物均作为主要成员参与了第二次国定修身教科书的修订,他们的思想也借此渗透进国定修身教科书之中。由于这个时期的国民道德论的核心人物还是井上哲次郎。因此,井上的家族国家观成为这一时期日本道德教育的重要支柱。

二、第一次世界大战之后的道德教育取向

为了确保教育政策不因文部大臣的更迭而保持一定的连续性,同时也是为了给教育决策提供依据和支持,日本政府早在 1896 年就设立了高等教育会议(1896年12月18日～1913年6月13日)。进入大正时期之后,更是接二连三地成立各种委员会或会议:教育调查会(1913年6月13日～1917年9月21日)、临时教育会议(1917年9月21日～1919年5月23日)、临时教育委员会(1919年5月23日～1921年7月9日)、教育评议会(1921年7月9日～1924年4月18日)、临时

---

① 森川輝紀『国民道徳論の道——「伝統」と「近代化」の相克——』東京:三元社、2003年、187～188頁。

教育行政调查会(1921年7月23日～1922年9月18日)、文教审议会(1924年4月15日～1925年12月19日)等。其中临时教育会议最为成功,其提出的改革构想对大正时代和昭和初期的教育改革产生了重要影响。

与以往的调查审议机关均是文部大臣不同,临时教育会议是日本历史上第一个直属于内阁总理大臣的教育咨询机关。由前内务大臣平田东助任总裁、原文部大臣久保田让任副总裁,起初由36名委员构成,后来由于委员的变动,实际上参与咨询的委员总数达到了52人。委员中,文部省、内务省、法制局、大藏省、陆海军等出身的官僚占了绝大部分,此外还有财界代表、贵族院和众议院的议员、帝国大学校长等。大正天皇为此特别发表了"上谕",由此可见政府对设置临时教育会议的重视。

临时教育会议成立之时,正值日本国内民主主义抬头,阶级矛盾伴随资本主义的发展日趋激化,以及由于第一次世界大战的爆发国际形势发生急剧变化之际。设立临时教育会议也有制定应对国内外形势急剧变动的教育方针的意图。寺内正毅于1917年10月1日对临时教育会议的训示将其目的和任务说得非常明确,他说:"国家的兴隆与教育有极大的关系",犹如"皇运昌隆、国威宣扬"有赖于拥戴万世一系的天皇一样,教育须以《教育救语》的精神为根本。此次设立临时教育会议是根据国内外形势来谋划国家的教育制度,以图革新学制。当值此时,应该更进一步重视教育,"宣扬国体之精华,涵养贤实之志操,确立自强之方策,以翼赞皇猷"。"教育之道虽多,但国民教育之要,在于涵养德性,启发智识,强健身体,以培养富于护国精神之忠良臣民"。① 可见,临时教育会议的基本目的还是在于坚持明治以来的基本理念,旨在培养具有忠君爱国之精神的忠良臣民。

针对内阁总理大臣围绕小学教育、高等普通教育、大学教育及专门教育、师范教育、视学制度、女子教育、失业教育、通俗教育、学位制度提出的九项咨询,临时教育会议共提出12份咨询报告(其中小学教育3份、高等普通教育2份、其他各一份)和2份建议("关于振作兵式教练的建议"和"关于一般设施应该完成教育之效果的建议")。临时教育会议的工作范围虽然涉及几乎所有教育领域,但以加强国体教育为核心,振兴道德教育是其重点之一。临时教育会议咨询报告在对各级各类学校教育的方针规定中都一再强调要进行以天皇为中心的国体意识教育。

---

① 海後宗臣『臨時教育会議の研究』東京:東京大学出版社、1960年、33～34頁。

在小学教育上，"期望贯彻国民道德教育，巩固儿童的道德信念，特别是要进一步致力于培养成为帝国臣民之根基"；在男子高中教育上，"特别要巩固国体之观念，涵养重廉耻、尊节义之精神，陶冶刚健质实、真正能够成为国家之中坚的人品"；在大学教育上，应"留意人格的陶冶和国家思想的涵养"，要培养学术和人格兼备的人才；在师范教育上，要"陶冶作为教育者的人格……涵养忠君爱国之志操"；在女子教育上，强调要立足于贤妻良母的立场，巩固国体观念，"重淑德节操"，"赋予与我家族制度相适应的素养"。[①]

特别值得指出的是，临时教育会议在咨询报告之外提出的"关于一般设施应该完成教育之效果的建议"，较集中地体现了临时教育会议关于国体教育的思想。这份建议强调，"教育之事，乃国家经纶之大本，皇道之振兴、国运之昌隆一俟其力"，而教育的振兴，只有遵循"神圣建极之遗训和祖宗恢弘之皇谟"，方能实现。并指出，为了矫正偏重物质之时弊，恢复淳美敦厚之世风，统一无所适从之国民思想，需要做到以下几点：（1）明征国体之本义，并彰显之于中外；（2）维持日本固有之淳风美俗，修改法律制度中与其不相符之处；（3）在博采各国文化之长的同时，不要单纯模仿，应振作独创的精神；（4）基于建国之精神，依据正义公道，应对世界之大势；（5）谋求社会之协调，使一般民众获得生活安定。[②] 其核心思想不外乎就是要以明征国体的本义，以实现日本教育乃至国民思想的统一。

概而言之，临时教育会议是统治阶层出于大正民主背景下的自由主义、社会主义潮流而产生的危机感，意在重组国家主义教育而设置的。它所提出的道德教育理念，就是以对天皇的尊崇之念和对国体的赞美之念造就忠良的臣民。

1919 年 5 月 23 日，日本政府废止临时教育会议，设置了临时教育委员会。它的工作重点是围绕原敬内阁的四大政纲，改善教育内容，并提出振兴教育的关键在"解决思想问题"，即矫正在普选运动中出现的各种"过激主义的宣传"。当然，在教育中强调的仍是发扬"国体本义"，"维持日本的淳风美俗"等，或标榜"安定国民生活"，让百姓安分守己。以后的教育评议会、临时教育行政调查会也是如此。

---

① 有关临时教育会议咨询报告及其理由全文的内容，参见：海後宗臣『臨時教育会議の研究』東京：東京大学出版社、1960 年、145～152 頁。

② 池田進、本山幸彦『大正の教育』東京：第一法規、1978 年、173～174 頁。

以 1918 年发生的米骚动为契机,日本的大众运动迎来了组织化和高昂的时期,吉野作造的民本主义和社会主义等思想和运动也不断地在国民中扩散,并产生了广泛的影响。1923 年 9 月 1 日,日本关东地区发生了 7.9 级大地震。大地震造成 9 万多人死亡,5 万多人受伤,全国受灾人口超过 340 多万人。"大震灾并不只是把'江户文化'和'明治文化'化为灰烬,产生出由'文化村'、'文化住宅'和'文化生活'这些名称所象征的表面的生活方式和形态。大震灾的混乱所引起的各种事件,在日本人的思想中留下了深刻的伤痕。"大地震使得像文学家菊池宽一样的日本国民感觉到"世间的社会主义化只是时间的问题","时势之大石已开始陨落"。① "社会革命"的信号,更加深了统治阶层的危机感。在此背景下,完成了以实行普选和治安立法为两翼的山本内阁,为了稳定自米骚动以来动摇不定的人心,于 1923 年 11 月 10 日借用天皇的名义发布了《振兴国民精神的诏书》。② 诏书全文内容如下:③

朕惟国家兴隆之本在于国民精神之刚建,应涵养之,振作之,以固国本。故先帝留意于教育,基于国体,溯其渊源,举皇祖皇宗之遗训,昭示其大纲。后又下诏于臣民,劝忠实勤俭,施信义之训,告荒怠之诚。此皆为尊重道德、涵养振作国民精神之洪谟。尔后,趋向一定,效果大显,以致国家兴隆。朕即位以来,凤夜兢兢,常思绍述,然突遭灾变,忧悚交集。

晚近学术愈益开放,人智日益进步。然浮华放纵之习渐萌,轻佻诡激之风亦生。而今不革时弊,或恐出现失坠遗业之状况。本次的灾祸甚大,复兴文化,振兴国力,有赖全体国民之精神。此实乃上下协力、振作更张之时。振作更张之道无他,仅在于恪遵献帝之遗训,以举其实效。宜尊崇教育之渊源,力使智德并进,肃正纲纪,匡励风俗,排斥浮华放纵,趋于质实刚建,矫正轻佻诡激,复归醇厚中正,

---

① 信夫清三郎:《日本政治史》第 4 卷第 189 页,上海:上海译文出版社 1988 年版。
② 虽然人们一般都认为《振兴国民精神的诏书》是以关东大地震的爆发为契机颁布的,但是据副田义也推测,应该是在大地震之前就已经开始起草这一诏书了,在最终草案即将成形之时,发生了关东大地震,为此在内容中插入了有关大地震的文句。不然,很难在大地震两个月之后的提出《振兴国民精神的诏书》的(参见:副田義也『教育勅語の社会史』東京:有信堂、1997 年、257 頁)。
③ 《赐予青少年学生的敕语》的全文参见:佐藤秀夫『続・現代史資料 8』(教育・御真影と教育勅語 I)東京:みずほ書房、1994 年、424～425 頁。

以明人伦,致亲和,守公德,保秩序,重责任,尚节制,扬忠孝义勇之美,笃博爱共存之谊,入则恭俭勤敏,服业治产,出则不偏于一己之利害,竭力于公益世务,以图国家之兴隆、民族之安荣、社会之福祉。朕冀望依赖臣民之协赞,愈益巩固国本,以恢弘大业。尔臣民努力为之。

由上可以看出,《振兴国民精神的诏书》共由两段构成。第一段包含三方面内容:(1)强调国家兴隆的本质条件在于国民精神的刚健,因此创造、弘扬这一精神至关重要;(2)指出明治天皇为此重视教育,颁布了《教育敕语》,提示了基于国体的教育之大纲,并进而发布了《戊申诏书》;(3)阐明大正天皇自己也一直继承这一方针,但突遭大地震,深感痛心。这一段所要表达的意思不外乎是:《振兴国民精神的诏书》乃是大正天皇根据新的形势需要对《教育敕语》和《戊申诏书》的继承和发展,旨在谋求"国民精神的刚健"。

第二段也包含三方面内容:(1)指出政治权力视为问题的社会心理、社会思想,以及矫正这些心理和思想的应有方向。《振兴国民精神的诏书》排斥的是"浮薄、华美、放纵"之倾向,导引的是"质实、刚健"之风气;矫正的是轻佻、不稳、过激之风潮,回归的是所谓人情敦厚、稳健、中正之风气。"浮薄、华美、放纵"之倾向,指的是"成金"们的生活态度,而"轻佻、不稳、过激之风潮",则指向的是社会主义等反权力、反体制的思潮或运动。(2)敦促遵守《教育敕语》中所列举的德目。诏书以"恪遵献帝之遗训"敦促国民遵循《教育敕语》所列举的德目,并在此基础上增加了"肃正纲纪"这一新的德目,意在告诫为政者自律、自我约束,以矫正政治方针、政治家和管理态度的混乱。(3)明确借此应该达到的国家、民族和社会的理想状态,即表明"振兴国民精神"的目的在于谋求"国家之兴隆、民族之安荣、社会之福祉"。

综观诏书的整体内容,可以发现诏书一方面要求政治家和官僚们肃正纲纪,敦促资产阶级的"成金"们戒除浮薄、华美、放纵的生活态度,另一方面又教育民众阶级不要与反权力、反体制的社会运动为伍。[①]　总之,诏书的重点在于"振兴国民精神",而最终目的则在于借此谋求阶级协调与融合。

值得指出的是,1910年前后兴起的国民道德论在《振兴国民精神的诏书》的影响下,也发生了些许变化。国民道德论的领军人物井上哲次郎因其在1925年

---

①　副田義也『教育勅語の社会史』東京:有信堂、1997年、268頁。

出版的《吾国体与国民道德》一书中关于国体的解释而于 1926 年遭到传统国体论者的批判(即所谓的"不敬事件")。井上由此丧失了作为国民道德论领军人物的地位,代之而起的是教育学者吉田熊次。在吉田的引领下,国民道德论的话语开始由国民道德论向国民精神论转换。

吉田为适应关东大地震之后的社会和思想状况,继承《振兴国民精神的诏书》的精神,对国民道德论进行了重构。20 世纪 20 年代,正是大正民主勃兴的时代,自由、自律的观念已经具有一定的社会基础,并成为教育界的一大潮流,为此,吉田要重构国民道德论就必须回答作为自由、自律之学术基础的西方伦理学与国民道德论之间的关系。在吉田看来,支撑新教育的伦理学,其主流是新康德学派基于自律精神的自我实现或人格实现说的自律,关注的是形式层面的东西,并没有说明用形式来实现什么样的内容。他认为,内容是由国体组织(国家)所规定的,因此,所谓国民道德论是有关内容的规定;作为内容的国民道德是由国家的"特殊"性所规定的。而对于日本国家的特殊性,他援用家族国家论来进行解释。他主张将国民道德与伦理学分别视为内容与形式、方法,通过二元的分离,来实现国民道德论与新教育论的融合统一,即利用伦理学或新教育的自律的方法来实现建基于家族观之上的国民道德之内容。正是出于这一考虑,吉田吸收了他曾经批判的将国民道德限定于家族国家观基础上的道德论。①

不仅如此,吉田在其 1925 年出版的《国体与伦理》一书中对作为其国民道德之内容的《教育敕语》的解释上也发生了变化。吉田自 1901 年参与国定修身教科书调查以来,除了海外留学期间之外,一直参与修身教科书的编辑工作。他对于《教育敕语》的解释自然也立足于第二期国定修身教科书的敕语解释立场,但是,他对于官方的正式解释进行了扩展。他在《国体与伦理》中提出,只有基于第一段的"克忠克孝"这一根本精神,第二段的诸德目才有意义。他认为,所谓忠,具有广狭两义性,广义的忠与"扶翼皇运"同义,狭义的忠相当于孝。也就是说,第二段只有贯穿第一段的精神,即广义的忠,亦即"扶翼皇运"的精神,方才具有意义。吉田关于《教育敕语》的这种解释,应该是受到了《振兴国民精神的诏书》的国民精神论

① 森川輝紀『国民道徳論の道——「伝統」と「近代化」の相克——』東京:三元社、2003 年、191～193頁。

的影响。①

第三节　修身教育体制的巩固与革新

进入明治 20 年代后半期，特别是中日甲午战争之后，日本的资本主义迅速发展，国民的生活逐步提高，儿童就学率不断上升。② 为了满足日俄战争之后扩充义务教育的要求，明治政府于 1907 年 3 月再次修订了《小学校令》。根据修订后的《小学校令》，寻常小学改为 6 年制，为义务教育阶段，高等小学为 2 年，也可以是 3 年或 4 年。寻常小学可以直接与中等学校衔接。义务教育年限的延长和入学率的提升，为政府通过学校教育掌控社会提供了更有利的条件。

根据该《小学校令》和 1909 年 3 月修订的《小学校令施行规则》的规定，6 年制的寻常小学设置修身、国语、算术、日本历史、地理、理科、图画、唱歌、体操、裁缝（女子）等必修科目，手工仍然为任意科目。从科目内容上来看，与 1900 年的《小学校令施行规则》规定的内容没有大的差别，③ 而且修身科的课时依然为每周 2 课

---

① 　森川輝紀『国民道徳論の道——「伝統」と「近代化」の相克——』東京：三元社、2003 年、193～194 頁。

② 　1895 年学龄儿童的入学率为 61.2％，1900 年进而达到了 81.5％。为了适应国民对教育要求的不断扩大，明治政府于 1900 年 8 月再次修订了《小学校令》。根据新的《小学校令》，小学共有 4 年制的寻常小学，2 年、3 年或 4 年制的高等小学以及并设 4 年制寻常小学和 2 年制高等小学的寻常高等小学三种类型，4 年的寻常小学教育为免费义务教育。而且政府强烈鼓励设置寻常高等小学，以为日后实施 6 年制义务教育做准备。在此政策的促动下，小学就学率 1905 年上升到 95.6％，1907 年上升到 97.4％。参见：文部省『学制百年史』東京：帝国地方行政学会、1972 年、296 頁。

③ 　1900 年的《小学校令》公布的同时，文部省也颁发了《小学校令施行规则》，取代了过去的《小学教则》。根据该规则，寻常小学设置修身、国语、算术、体操等 4 门基本科目和图画、唱歌、裁缝（女子）、手工等任意科目。高等小学设置修身、国语、算术、日本历史、地理、理科、图画、唱歌、体操、裁缝（女子）等科目，也可设置手工、农业、商业、英语等科目。与以往相比，小学的科目数减少了，这主要是因为读书、作文和习字三门科目合并成国语一个科目。另外，由于这个时期特别强调要减轻学生负担，以适应学生身心发展的特点，所以也相应地减少了每周的教学时数，修身科每周的课时为 2 个。但从教学科目及其编制来看，道德教育和国民教育在任何学科都要进行的总方针，没有发生任何变化。参见：奥田真丈監修『教科教育百年史』東京：建帛社、1985 年、195 頁。

时。但高等小学由于不再具有寻常小学延伸的性质，逐渐朝着强调实业教育内容方面变化。

根据临时教育会议的建议精神，文部省于 1919 年 2 月和同年 3 月又分别修订了《小学校令》和《小学校令施行规则》。根据新的规定，寻常小学设置修身、国语、算术、日本历史、地理、理科、图画、唱歌、体操、裁缝（女子）、手工等科目，高等小学设置修身、国语、算术、日本历史、地理、理科、唱歌、体操、裁缝（女子）等科目，亦可加设手工、农业、商业、甲午、图画、外语及其他科目。其中一个最大的变化是，寻常和高等小学中的日本历史和地理两科的教学时数增加了，意在加强国民精神的涵养。修身科的课时数未发生任何变化。1926 年 4 月，文部省又再次修改《小学校令》和《小学校令施行规则》，主要目的是调整高等小学的教育内容，以增强高等学校教育的实用化，并未影响道德教育的体制。

总体来说，在 1905 年至 1931 年期间，日本以修身科为核心的修身教育体制在小学教育领域方面并未发生什么大的变化，主要处于进一步的巩固和改善之中。

一、修身教科书的修订

（一）第二期国定教科书（1910～1917）

1904 年开始在全国使用的国定修身教科书在实施后即受到了来自各方面的批评。对于首次问世的国定修身教科书，从事小学教育的人们"由于不得不使用它，所以并没有直接提出批评的声音"，但是奉行赫尔巴特主义教育思想开展小学修身教育理论研究的人们，则对第一期国定修身教科书提出了批判。他们指出第一期国定修身教科书"在引证模范人物作为实例时，按照德目对其传记进行切割"，未充分贯彻人物基本主义；作为第一学年的教材本应使用童话和寓言，但却以虚构的故事取而代之；修身教学本应琢磨借助实例使学生自然地产生感动，却以训辞进行说教；"过于偏向教授忠孝主义德目，无视儿童的兴趣"，等等。①

---

① 海後宗臣『社会科・道徳教育』（海後宗臣著作集第 6 卷）東京：東京書籍、1981 年、第 537 頁。

与奉行赫尔巴特主义教育思想者主要是从方法论的层面对国定修身教科书提出批判有所不同,也有许多人从目的和内容的层面对国定修身教科书提出了强烈的质疑。东久世通禧伯爵和田中不二麿、野村靖两位子爵向文部省提出了"关于文部省著作小学修身书的意见",指出由国家编辑、强制国民使用的小学修身书乃是"国民道德的经典",影响力甚大。但是他们认为这次编辑的教科书由于急于避免向儿童教授过于高尚的道德观念和避免固守、偏向于特定宗教和道德主义之弊端,而导致在明确"国民道德的根本"上存在不充分的缺憾。他们批判第一期的修身书中陈述过多的是"立足社会、成功事业"的教训,而"在对皇国臣民之血族连绵的特有的祖先,对国家,以及君臣、亲子、夫妇、兄弟等之间的义理"方面则昭示不足,而且缺乏"作为臣民对于国家、作为家族成员对于其家庭的义务"方面的教训。① 可见,与赫尔巴特主义者认为第一期国定修身书过于偏向忠孝主义正好相反,他们表明了对于第一期国定修身书在昭示国家道德和家族道德方面不充分的强烈不满。日本弘道会也于 1905 年 10 月发行了题为"关于国定修身书的意见"的小册子,强调道德乃国家之大本,其盛衰直接关系到国运的兴衰,并指出"小学的修身教学,是道德教育之本源,用于修身教学的修身教科书是国民道德的经典",但是社会上一般将其"等闲视之",甚为遗憾。这个小册子中特别列出了国定修身教科书存在的五个缺憾或不足之处,即"在涵养对皇室及国家的德性上存在遗憾之处",在"培养敬神之德"、"涵养有关家族及亲戚等的德性"、"培养女子的德性"等方面有不充分之处,"作为教科书存在不适当之处"。②

为了应对如上的批判,进一步加强国民道德教育,同时也为了配合因 1907 年《小学校令》的修订而开始实施的六年制义务教育,文部省于 1908 年成立了教科用图书调查委员会,并任命穗积八束主持修身教科书的修订工作,开始对修身教科书进行全面修订。1910～1912 年期间,寻常小学的新修身书陆续投入使用;③ 高等小学第 3 学年的《高等小学修身书》从 1910 年开始使用,高等小学第 1 学年

---

① 海後宗臣『社会科・道徳教育』(海後宗臣著作集第 6 卷)東京:東京書籍、1981 年、第 538～539 頁。

② 勝部真長、渋川久子『道徳教育の歴史——修身科から「道徳」へ——』東京:玉川大学出版社、1984 年、100 頁。

③ 第 1 期的寻常小学 1 年级没有编写修身教科书,因为要求 1 年级也要有教科书的意见强烈,从弟 2 期开始也编写教科书了。

和第 2 学年学生用修身书分别于 1913 和 914 年投入使用,高等小学第 1 和第 2 学年女子用书则于 1917 年开始使用。

从编纂方针和内容上来看,这一期的修身教科书具有如下两个特点:

第一,在教材内容上,突出强调"忠君爱国"、"忠孝一致"的家族国家伦理。"忠君"是修身教育的基本德目。在第一期国定《寻常小学修身书》中,第一和第二学年各设置了题为"天皇陛下"的 1 课(第一学年只有教师用书),第三学年设置了题为"皇后陛下"的 1 课,第四学年以"大日本帝国"和"忠君"为题,各设了 2 课,意在通过教授有关天皇、皇后以及大日本帝国国体的事情,振奋"忠君之志气"。这一意图在第 2 期以后得到了进一步的强化。第二期国定《寻常小学修身书》中,第一学年和第二学年以"天皇陛下"和"忠义"为题各设了 2 课,第三学年设了题为"皇后陛下"、"忠君"和"尊皇室"的 3 课,第四学年设了题为"天皇陛下"、"能久亲王"和"尊皇室"的 3 课,第五学年以"大日本帝国"和"皇后陛下"为题各设了 1 课,第六学年中有关"天皇陛下"的课在整个 28 课中占了 4 课。与第一期修身书相比,不仅更加强调了"忠君",而且进一步将"忠君"与"爱国"联系起来,强调"忠君爱国"的一体化。在第一期的教科书中,第四学年的第 3 课为"爱国",主要宣扬蒙古来袭时河野通有等武士的武勇;第 4 和第 5 课为"爱国",主要描述楠木正成、楠木正行父子对天皇的忠义。"忠君"和"爱国"还未直接联系在一起。但是到了第二期教科书,虽然所使用的题材是相同的,但是均统一在"忠君爱国"这个题目之下(第 4~6 学年)。在强调"忠君爱国"的同时,特别是在进入高年级之后,设置了意在涵养"国体"观念的课。如第五学年第 1 课"大日本帝国"就宣称:"世界国家之众多,然不存在如我大日本帝国万世一系之天皇的统治,代代天皇爱民如子,我等祖先皆尊皇室尽忠君爱国之道。"①

为了给"忠君爱国"提供支持,在强调"忠君爱国"伦理的同时,也大力宣扬对天皇的"忠"与对父母的"孝"之间的一致性。从教科书中各课的题目来看,在第一期(包括高等小学)教科书中,"忠"与"孝"是分开来说的。但是第二期的第六学年教科书中设立了以楠木正成、楠木正行父子为题材的题为"忠孝"的 1 课。配套的教师用书中作了如下解释:"在我国,忠孝一致不相分,如果说对君尽忠亦即对父

---

① 宫田丈夫『道德教育资料集成』(第 2 卷)东京:第一法规、1959 年、243 页。

祖尽孝，那么像正行那样做大忠臣，实际上也可以说是大孝子。"①由此可以看出，忠具有优先性，具有以"忠"统摄"孝"的意图。高等小学第三学年修身书第11课以"忠孝"为题作了如下的说明："子敬父母乃出自人情之自然，忠孝之大义由此至情而发。……我国以家族制度为基础，举国成一大家族，皇室乃我等之宗家，我国民以子对父母之敬爱之情崇敬万世一系之皇位，是以忠孝一致不相分……忠孝一致实乃我国体之特色。"②这里所宣扬的正是明治末期所形成的"家族国家"观。其目的不外乎就是通过将国家比作一大家族，利用家族成员间的自然情感为对天皇及其国家的忠诚提供支撑。强调"忠孝一致"的目的是为了促进"忠君爱国"。唐泽富太郎因此称这个时期的教科书为"基于家族国家伦理的教科书"。

　　根据唐泽富太郎的比较考察，第二期修身教科书还有一个重要特色，那就是前近代的家族伦理达到了顶峰。在总共五期的国定修身书中，家族伦理最少的当属第五期（5.8％），最多的就是第二期（14.3％）。与第一期相比，第二期有关家族伦理的比重增加了不少（参见表4-1）。由于强调封建的家族伦理，近代伦理道德自然就受到了弱化甚至排斥。在第一期教科书中一息尚存的诸如"他人的自由"（高等小学3年级第12课）、"社会的进步"（高等小学3年级第23课）、"竞争"（高等小学4年级第12课）、"信用"（高等小学4年级第13课）等近代伦理被去除，取而代之的是新设的"皇大神宫"（寻常小学2年级和6年级）、"建国"、"国体之精华"、"皇运扶翼"、"忠孝一致"、"皇祖皇宗之遗训"（以上均为高等小学2年级的课）③。

　　　第二，在教材的形式方面，强调根据儿童的心理发展特点安排德目，选择教材。《修正国定教科书编纂趣意书》第二篇（1910年）和第四篇（1911年）中指出，教材选择的方针是"依据《小学校令施行规则》第2条，基于《教育敕语》的宗旨，选择教授作为日本国民所必需的道德之要旨，涵养儿童的德性，指导道德实践所必需的内容。"强调寻常小学1年级主要教授"儿童应该在学校和家庭中实践的浅易

---

　　①　藤田昌士『道徳教育——その歴史・現状・課題——』東京：エイデル研究所、1985年、27頁。

　　②　藤田昌士『道徳教育——その歴史・現状・課題——』東京：エイデル研究所、1985年、26頁。

　　③　唐沢富太郎『教科書の歴史』東京：創文社、1956年、285～286頁。

须知",2年级以后应根据儿童的发展,依据《教育敕语》,教授"作为国民应该恪守的各种道德"。而且还考虑到学生的心理发展特点,将原来安排在寻常小学四个年级中的"诸如兵役、纳税、议员选举之类有关国家国务的事项",放到了第6学年。虽然《教育敕语》乃是修身教育的基础和归宿,但是考虑到《教育敕语》对低年级儿童而言难度过高,所以从第四卷开始,在每卷的卷首处全文刊载《教育敕语》,并注上读音,以方便儿童诵读(此后,修身教科书每册卷首处全文刊载《教育敕语》成为惯例)。在第五卷设置以《教育敕语》中的德目为题的课,进行语义注解;在第6卷的最后三课对《教育敕语》的大意进行全面解释。① 此外,在高等小学3年级的修身书中还对《戊申诏书》进行大意说明。

除了在教材内容的安排上注意循序渐进之外,第二期的修身教科书还在教材的呈现形式上作了改进。修身教科书的编纂趣意书中指出,寻常小学1年级主要从《伊索寓言》等各种寓言和童话故事中选取儿童喜闻乐见的实例;一、二年级因为寻找适合教授儿童在学校和家庭中须知的事实性实例比较难,不得不采用一些编造的故事,但是从3年级开始,除了尽量以历史人物为实例之外,增加了有关女子的实例,而且考虑到"适应儿童的理解能力,很好地使儿童产生感动",故事主人公中减少了外国人,增加了日本人的比例;在课文文体上,寻常小学1~4年级采用口语体,5年级以上采用书面语言形式。② 总体来看,这一期的教科书在教材选择和编制方面,特别考虑了新入学儿童的特点。

(二)第三期国定教科书(1918~1932)

第二期国定修身书开始使用之后,也遭到一些批判。其中比较具有代表性的有两个:一是来自丁酉伦理会的批判,二是来自众议院松村龟一郎等三名议员的质疑。1911年2月19日,丁酉伦理会专门就国定修身书召开了研究会,藤井健次郎主任(东京帝国大学讲师)在会上针对高等小学第三学年修身书提出了详细的批评。他认为:"该书的根本精神在于向一般国民贯彻忠孝、爱国之大义,以巩固我国道德。而其关于忠孝、爱国的解释及其应用,过于褊狭。"他一方面强调在坚持"道德之大本在于忠孝、爱国"和"基于《教育敕语》"等根本的主义和大方针

---

①② 宫田丈夫『道德教育资料集成』(第2卷) 東京:第一法规、1959年、185~190頁。

上,自己与文部省的立场是一致的,另一方面又指出该书对忠孝爱国的解释和应用存在一些问题,概括起来主要有三点:一是认为个人的一举一动均应为了国家的和平繁荣;二是极端轻视个人人格的意义和价值;三是对忠孝爱国的解释过于法律化,诉诸道德情感不够。他称该教科书的思想为"褊狭的爱国主义",并指出,"褊狭的爱国主义有妨碍个人的发展和进取的气象之虞","有培养伪忠君、伪爱国之徒"之虞,也有"酿成排外思想"、"刺激内尊外卑之精神"之虞。他还指出,在欧洲文明的影响下,日本文明也已逐渐形成自我的意识。在人们逐渐"认识到自己的生存意义和价值"的今天,只是陈说为了国家而轻视个人的人格,难以打动人心。[1]

此外,在1911年的众议院会议上,松村龟一郎等三人提出了"在初等教科书中增加政治、法律、经济等事项的建议"。松村龟一郎指出,第二期国定修身教科书在"培养军国民"、"谋求家族的亲和"和"培养产业国民"等方面,都有充分体现,值得称赞,但是在向"立宪政治体制下的国民"教授"政治"内容上很粗略,存在重大缺陷,甚至是方针的错误。[2]可见,松村龟一郎在对第二期修身教科书作出肯定的同时,也表示出了不满。肯定的是基于家族国家主义观的富国强兵教育("培养军国民"和"谋求家族的亲和"),不满的是培养立宪国民的政治教育的不充分。

为了应对如上的批评,更主要的是为了适应第一次世界大战和大正民主运动所带来的社会和思想变化,文部省于1918年再次对修身教科书进行了修订。第三期国定寻常小学修身教科书1~6册于1918~1923年间依次投入使用,高等小学修身书1~3册则分别于1930、1931、1932年开始使用。这一期的修身书从内容和编制方面来看主要有如下特点:

第一,在教科书内容方面,虽然第二期修身书中所确立的家族国家主义的内容构成被第三期修身书基本继承了下来,但是相比于其他各期修身书,第三期修身书凸显了近代市民伦理和国际协调的色彩。这一特点尤其体现在高年级的教科书中。比如在第五卷(小学5年级用),第二期教科书中有关社会道德方面的素材安排的比较少,第三期增加了这方面的素材。如新增加了"公民之义务"(第4

---

①　海後宗臣『社会科・道德教育』(海後宗臣著作集第6巻)東京:東京書籍、1981年、545~547頁。

②　宮田丈夫『道德教育資料集成』(第2巻)東京:第一法規 1959年、22~25頁。

课)、"公益"(第5课)、"卫生"(第6、7课)、"勤劳"(第13课);在第六卷,由于考虑到是寻常小学最后一学年的教材,所以为了使学生了解国际道德、社会公共精神和作为立宪国民的须知,新增了"进取的气象"(第9课)、"钻研琢磨"(第10课)、"公益"(第12课)、"共同"(第13课)、"国交"、"宪法"等课,此外,第二期的1课"国民的公务"增加为第三期的3课"国民的义务"(18～20课,分别是有关兵役、纳税、选举的内容)。除此之外,在第二卷里,新增了类似"自己的事情自己做"、"钻研琢磨"等重视自主性的课程,第六卷增加了"清洁"、"良心"等阐述个人"心灵纯洁"的教材。总之,有关个人道德、市民道德、国际道德的内容比第二期多了很多。①这些变化应该是大正民主的直接反映。

尽管第三期修身教科书透示出对近代市民伦理的强调和国际性的重视,但是就总体基调来说,莫如说是体现了临时教育会议咨询报告的精神,更加强化了忠良臣民的教育。② 比如寻常小学第6卷第17课"宪法"中就法律秩序的一般意义、宪法与国体的关系、宪法的内容等进行了具体的说明。配套的教师用书对这一公民教材的目的作了如下的阐述:在教授有关宪法、皇室典范的公民知识之同时,教导学生作为帝国臣民要遵守这些法律法规,"翼赞君主立宪政治,维持国家的发展,以谋求我国的隆昌"。③ 每一卷的修身教科书的卷首都全文刊载《教育敕语》和《戊申诏书》,以供学生诵读;寻常小学6年级(共3课)、高等小学1年级(共1课)中还安排了课程分别对《教育敕语》和《戊申诏书》等进行大意解说。而且每一卷的最后一课"好孩子"或"优良的日本人"中也都不厌其烦地阐释国家、国体、忠君爱国之观念。比如第五卷第27课"优良的日本人"中就有如下的阐述:"我大日本帝国奉戴万世一系的天皇,代代天皇待我等臣民如子般慈爱。我等臣民数千年来齐心恪尽忠孝之道。此乃我国在世界中无与伦比之处。我等时常仰奉天皇陛下、皇后陛下、皇太后陛下的高德,必须继承祖先之志,厉行忠君爱国之道。忠君爱国之道,乃是在面临君国之大事之际,举国一致,尽奉公之诚;平时则时常遵奉

---

① 宫田丈夫『道德教育资料集成』(第2卷)东京:第一法规1959年、305～319页。

② 胜部真长、涩川久子『道德教育の历史——修身科から「道德」へ——』东京:玉川大学出版社、1984年、115页。

③ 胜部真长、涩川久子『道德教育の历史——修身科から「道德」へ——』东京:玉川大学出版社、1984年、115～116页。

御心,致力于各自的业务,谋求国家的进步发展。我等尽作为市町村公民的义务,也就是实行忠君爱国之道。"①总而言之,培养忠君爱国之臣民乃是最核心目的。

第二,在教科书的形式方面,强调贴近学生的生活。在寻常小学修身教科书中,为了便于学生理解,同时也是为了激发学生的兴趣,进行了很多改进。如第一卷第 4 课的题目"朋友要互相帮助"与第二期虽然相同,但是内容发生了变化。原先讲的是猫和小鸟之间的童话故事,现在改为取自日常生活的教材,讲的是放学时下起了大雨,邀未带雨伞的朋友共打一把伞回家的故事。第 11 课"父母的恩亲"在第二期修身书中讲的是生病时母亲的细心照顾,这一期改为母亲身背幼子目送父亲牵着孩子的手送孩子上学的内容。生病只是特殊的事件,而上学则是一般生活中的事件。此外,第三期教科书比以前在语言表达上也更加浅显易懂,描述的内容也更详细具体;插图的内容和风格也按照同样的方向作相应的调整,比如第 4 卷第 10 课"克己"中同时插入了高崎正风晚年的肖像和幼年接受母亲训诫的想象图,此举意在让儿童对照两幅图,引起儿童的兴趣;包括第 5 和第 6 卷在内,这一期的教科书全部改为口语体。这些改动不外乎就是要使教材内容更贴近学生的生活,以引起学生的兴趣。

二、修身教育方法的革新改良

从明治末期开始到昭和初期,日本的教育界兴起了一场新教育运动,亦称"大正自由教育运动"。所谓"大正自由教育","主要是在大正时期针对构成此前'臣民教育'之特征的划一主义注入教学、以权力管理主义为特征的训练,而兴起的旨在尊重儿童的自发性和个性的自由主义教育。由于从这一立场出发进行的教育改造作为一个运动展开,所以经常也被称作大正自由教育=新教育运动"。② 在这一运动中,占据中心地位的是以直接实现教育理想为目的而设置的私立学校的实践和府县师范附属小学的实验研究。总体而言,新教育运动主要是针对以往的教师中心的教育方法,旨在以儿童中心的方法来革新教育的改造运动。吉田雄次和海后宗臣曾对这场新教育运动的发展演变过程进行了如下描述:

---

① 宫田丈夫『道德教育资料集成』(第 2 卷) 東京:第一法規、1959 年、387 頁。
② 中野光『大正自由教育の研究』東京:黎明書房、1968 年、10 頁。

新教育运动,针对属于赫尔巴特派以来的教师中心方法论系统的各种思想,着眼于学生所具有的特质,通过受教育者的自发活动,求得其本性的开化。以这样的思想倾向构筑新教育运动基础的,正是活动主义教育方法。这一活动主义教育方法,认为教育效果首先取决于儿童的自我活动,在此基础上发展,也就成了自由教育的主张。自由教育以发展儿童本性中的优点之萌芽为前提,主张使其在自由的环境中发展。教师在对此等本性开发时以立足于援助者的地位为原则。

如今开展自由教育时,儿童就由以往的受教育的地位转而处于学习的地位。学习主义的教育原则由此等自由教育的主张发展而来,表现为被称作自由教育运动就必须采取以受教育者的学习为中心的方法的主张。在进行学习时,处于核心的是受教育者所具有的经验事实,从而形成由生活经验中选取学习材料这一方法上的思潮,被称之为生活教育等。这一生活教育,是以体验和生活为核心展开学习的,为各领域的教材提供了新的观点。[①]

这场以教育方法革新为主要特征的新教育运动,当然也对修身教育特别是修身教学产生了影响。事实上,旨在从儿童中心、尊重个性的教育立场出发改造修身教育特别是修身科的教育,在泽柳政太郎和小原国芳的成城小学、以手塚岸卫为主事的千叶师范附属小学等学校中得到了广泛的实践。总体而言,修身教育的革新主要表现在:(1)认为修身教育的目标在于以各人的性行境遇为基础,涵养德性,指导道德实践,因此修身教育需要"儿童化,进而个人化";(2)认为修身教育的方法要重视经验实感和自我创造,因此主张生活训练和生活修身。[②] 但由于新教育运动多姿多彩,各种主张和实践之间也不尽相同,因此,在这里选取几个比较有代表性的修身教育革新实践,以展示这个时期的修身教育改造运动。

(一) 及川平治动的教育论与修身教育

及川平治早在明治末期就开始其修身教育改造实践。1907 年,他就任兵库县明石女子师范附属小学的主事之后,与该校的训导们一道就如何打破以往划一的、注入主义教育,应该创造什么样的教育,开展实践探索。在多年的实践研究基础上,他分别于 1912 年和 1915 年出版了《分团式动的教育法》和《分团式动的各

---

① 海後宗臣『社会科・道徳教育』(海後宗臣著作集第 6 卷)東京:東京書籍、1981 年、第 552～553 頁。

② 間瀬正次『戦後日本道徳教育実践史』東京:明治図書、1982 年、21～22 頁。

科教育法》两本著作,倡导其"做中学"的动的教育论,对当时的日本教育界产生了巨大影响,明石师范附小一时被称为"日本新教育巡礼的大本营"。①

及川认为,日本的教育应该"造就质实勤勉地生产财富的人","培养有能力活跃于世界各地增长国富的人",也就是说,要培养"更健全的国民"、"更能动的国民"。而日本现行的教育只是强求学生死记硬背老师所教的一点东西。这种"静的教育"无法培养"能动的国民",必须转变为重视培养学生能动的态度的"动的教育"。基于这一认识,他把探索培养这种能动的人的教育方法作为其实践研究的课题。②

按照他的教育论,修身科的教学又是如何进行的呢? 及川在《分团式动的各科教育法》中记载了修身科的教学记录,从中可以看出其修身科教学革新思想。其中记录了寻常小学三年级"看望病人"一课的教学。这一教学主题是以学友小川阳一生病为契机而构想的。其教学程序大致如下:老师首先询问学生们是否有生病的体验,以唤起学习的动机;然后介绍小川阳一的病情,意在激起同学们的同情心,同时询问同学们该如何去进行慰问,让其进行自由讨论;最后,同学们经过商讨之后确定,以向小川送图画、书法、手工品、作文等的方式慰问小川同学。及川对此作了进一步的阐述:

不要让别人说"你的修身教育可不是图画、手工、作文课哦"。思念生病同学的至情表现在各种慰问的方法上,只不过是碰巧成了图画、手工、作文而已,我对图画、手工成绩之巧拙不作任何评论,只是在他们的作业过程中反复跟他们说:你们的作品到了小川的手中时,他会多么高兴……像现行的修身教育那样,即使有看望生病同学的机会,也不加以利用。仅仅止于教师询问"谁因为什么原因缺席了?",同学回答"生病了",然后教师在出勤簿上记上"因病缺席"的符号而已。喋喋不休一些远离实际生活的训辞到底有多大效果?③

及川平治基于动的教育论开展的修身科教学主要具有如下特征:第一,教学题材并非取自教科书,而是根据学生的生活事实来确定。第二,他基于"教育的主体是儿童。儿童是一切教育企划的决定性要素"的认识,倡导"儿童本位的教育",

①　奥田真丈監修『教科教育百年史』東京:建帛社、1985 年、472～473 頁。

②　梅根悟監修『世界教育史大系 39・道徳教育史Ⅱ』東京:講談社、1981 年、214～215 頁。

③　奥田真丈監修『教科教育百年史』東京:建帛社、1985 年、473 頁。

因此在道德教学中，主张德目并非由教师通过解说向学生灌输，而是将学生们的讨论和要求与行动相结合。第三，正如"思念生病同学的至情表现在各种慰问的方法上，只不过是碰巧成了图画、手工、作文而已"这段话所表明的那样，在及川看来，道德教育不应该局限于修身科这一门学科之中。这一逻辑与修身科解体论具有相通之处。① 总而言之，对及川而言，修身科的教育，并非教科书中的德目观念的知识传授，而是在学生生活中"通过行动来学习道德性"的活动构成问题。也就是说，在生活现实的基础面前，修身科的教育不应受既有的德目和教科书的束缚，并且应该超越修身科这一学科的框架来构想活动形态。及川的这一综合学习活动的思想在木下竹次等的生活修身理论和实践中得到了进一步的体系化。

（二）手塚岸卫的自由教育与修身教育

手塚岸卫于 1919 年 6 月由京都女子师范学校的教谕调任千叶师范附属小学主事。当时，千叶县正在探索自治公民的教育问题。于是，手塚立即与所在小学的训导们一道开展自由教育实践研究，此后还获得了具有新康德学派教育思想的东京高等师范学校教授篠原助市的指导，并于 1922 年出版了《自由教育真义》，系统阐述了其自由教育主张。②

在《自由教育真义》中，手塚岸卫对无视个人特点的整齐划一的教育，教权中心的、教师本位的、干涉束缚过渡的教育，将儿童置于被动、模仿、不培养创造性的教育，像赫尔巴特主义者那样的形式教学，只拘泥于考试成绩好坏的结果主义教育，只重视社会利用价值的功利主义教育，卢梭式的自然自由教育等，提出了批判，指出这些教育均为有缺陷的教育，主张必须开展真正的自由教育。在手塚看来，教育的目的在于"自然的理性化"。他把自然和理性视为相互对立的范畴，并认为人是兼具自然和理性的存在。作为自然存在，"与动物、植物等一样，受自然的因果"所约束；但作为理性的存在，人利用自己的理性确立规范，自己遵循，是"自律"、"自由"的存在。他指出，自由不等于无秩序、无节制；自由教育也并非"堕于褊狭的个人主义，轻视社会性，违背国体，疏于国家教育"。在他看

---

① 梅根悟監修『世界教育史大系 39・道徳教育史 Ⅱ』東京：講談社、1981 年、218 頁。
② 以下有关手塚岸卫的自由教育思想，除特别标注的之外，均请参见：勝部真長、渋川久子『道徳教育の歴史——修身科から「道徳」へ——』東京：玉川大学出版社、1984 年、120～125 頁。

来，将自然理性化，也就是运用理性统整自然，建设真、善、美的文化。自由教育归根结底是要将自然人培养成文化人、文化国民，将自然社会提高为文化社会、文化国家。

基于如上的教育目的和认识，手塚提出了自己的自由教育方法论。他认为："一切教育活动都应该以儿童为主位，教师为客位。至少需要让儿童自身采取自己教育自己的自主态度。"基于儿童本位的自由教育立场，他提出了分别学习、共通学习和自由学习的学习方法。所谓分别学习，就是在同一学科的教学时间内，儿童各自学习不同教材的"儿童本位的个别学习"，"能力适应型"学习；所谓共通学习，是指在同一学科的时间内，让儿童一同学习相同教材的"教师本位的一齐"学习；所谓自由学习，是指在学科时间之外，进行不同学科、不同教材、不同程度的学习的方法，属于"儿童完全自由"的学习。自由学习和分别学习中的儿童自主学习，主要着眼于"自学精神的涵养"，而共通学习，则旨在对个别学习和自由学习时间中的学习进行"扩充和整理"，以"促进儿童的更深入反省，集学习之大成"。在手塚的自由教育方法中，还有一个非常具有特色的学习方法，即"自治的方法"。在手塚看来，自治可分为"单独自治"和"协同自治"（团体自治）。所谓单独自治，即"自治自身"、"自律"；"团体自治始于单独自治"，不能单独自治者，也不具备成为团体自治成员的资格。总之，手塚的自由教育主张正如其在《自由教育真义》中所明确指出的那样，"不外乎就是使儿童自己按照理性决定自己，获得并实现生活各方面的自由"，让学生学会"自学、自治、自育"，就构成了自由教育。

关于修身科的教学，手塚提出了如下几点注意事项：第一，德目安排不一定要按照教科书的顺序。在儿童的实际生活中寻找机会，安排德目。第二，教科书以外，针对与儿童相应的道德冲突，附加可以用于（学生）相互判断、解决（道德冲突）的教材。第三，生活训育的实践大多与自治相伴随。第四，在高等小学特设公民科。①

虽然手塚这里所提出的仅是极其简单的教学要旨，但却可以看出自由教育所主张的修身教育之样态，即主张修身教材从儿童的实际生活中选取，尊重儿童在实际道德生活中的自我判断。与手塚在同一学校工作并担任修身科教学工作的

---

① 海後宗臣『社会科・道徳教育』（海後宗臣著作集第 6 卷）東京：東京書籍、1981 年、第 555 頁。

训导石井信二对自由教育的修身教学做了进一步的解释："大凡修身教学有两种进行方式。一是从一开始就某一德目确立目标,陶冶道德的知情意,二是与德目没有任何关联,而是提出个人或社会的实际生活问题,从各个方面对其进行反省、考察,以发展儿童的良心。修身科教科书的教材和接近于修身教科书编纂精神的辅助教材相当于前者,后者则与此不同。但是,教育上的妙味在于这两种实施方式的相互配合。"[①]根据石井信二在其所著的《修身的自由教育》,千叶师范附属小学的修身教育是在综合考虑儿童的"需要原理"和修身教科书所要求的"价值原理"基础上,按照"依托自治会的修身教授"和"围绕所谓修身教科书的处理"来展开的。前者主要是在班级自治会中,从儿童的"实际生活"中寻取题材,开展依据儿童生活的道德教育。但是"依据儿童生活的教材虽然最适用于需要的原理,但在针对价值原理之要求的外包方面,有不足或缺乏系统之忧",因此,以基于修身教科书的修身教学,在价值上对基于生活题材的修身教育进行补充,赋予其系统性。[②]

(三)木下竹次的生活修身论

木下竹次于 1919 年由京都女子师范附属小学校长调任奈良女子高等师范附属小学的主事。木下于 1921 年创办儿童杂志《伸展》,1922 年出版杂志《学习研究》,1923 年出版《学习原论》,1926 年开始出版《学习各论》上中下三册,而且每年的夏天和冬天均举办教育讲习会,宣传其教育理论与实践,获得了广泛的共鸣。

木下在《学习各论》(上)中指出,所谓学习,就是"谋求生活的发展",不同于"知识技能的自我修得的所谓学习",既不能说是主知的,也不能说是主情意的,而是"全人的"。因此,学习态度必须是"能动性的"、"创造性的",教育方法也必须是一元的,而非采取诸如教授、训育、养护三分法之类的分类。作为学习形态,木下提出了三种:一是独自学习,即"自己通过生活谋求自身的发展";二是分团相互学习,即分组相互学习,这个小组既可以是一个班级内的分组,也可以是跨班级的分组;三是班级相互学习,即全班性的整体相互学习。学习由独自学习开始,逐步发

---

① 海後宗臣『社会科・道徳教育』(海後宗臣著作集第 6 卷)東京:東京書籍、1981 年、第 556 頁。

② 藤田昌士『道徳教育——その歴史・現状・課題——』東京:エイデル研究所、1985 年、39 頁。

展到相互学习。相互学习只有与独自学习密切相连,才能取得圆满效具。①

　　木下在《学习原论》中基于"学习的所有生活即学习的机会"这一"生活即学习"教育观,作为生活学习的场所,提出了"合科学习"的概念。他指出:"合科学习并不是将学习生活分成若干个领域,而是将其作为浑然不可分的整体进行学习的方法。"这里所谓的合科,并非对分科进行综合的意义,而是不分科。生活本身的本性要求这样的学习方法。② 木下的目的在于,以这一学习论谋求将儿童的学习由整齐划一的时间分配、班级组织、教材、进度、方法中解放出来。换句话说,木下是本着将儿童学习由教师中心的他律性训练、教科书本位的注入式教学中解放出来,而构想合科教学的。

　　关于修身教育,木下在《学习各论》中强调:"修身的目的并非以单纯的反复践行传统的道德生活为主,而应是以不断地促进道德生活的进步发展为主。"③为实现创作型修身学习的目的,他主张"修身以学习者自身通过道德生活,体会教育敕语的宗旨,发挥修养精神,不断地谋求自己的进步发展为要旨",即主张修身应该建立在学习者的所有日常生活基础上,要以学校正课时间(包括修身科和其他学科的时间)的生活为中心,并与家庭生活、社会生活保持连续性。由于所有学科的生活都与道德律合一,因而"没有必要特别设置修身科等"。④ 他所提出的修养生活法,与先给定道德法则,让学生理解,然后再要求学生在实际生沄中予以实现这一以往的方法截然不同,而是首先把学习者的学校生活以及家庭和社会生活视为学生修身学习的场所,并把发展这些生活作为学习的中心。在将修养生活作为修身教育之整体的基本方针的基础上,木下还按学年阐述了具体的教育方法。他主张,低年级学生的修养应采取大合科学习的方式进行,即将所有学习生活都与修身学习建立联系,不专门设置修身的时间。从 4 年级开始采取中小合科学习的方式进行修身学习,设置修身学习时间,以教科书为中心进行学习。他还就如何在

　　① 勝部真長、渋川久子『道德教育の歷史──修身科から「道德」へ──』東京:玉川大学出版社、1984 年、126～127 頁。
　　② 奧田真丈監修『教科教育百年史』東京:建帛社、1985 年、473 頁。
　　③ 海後宗臣『社会科・道德教育』(海後宗臣著作集第 6 卷)東京:東京書籍、1981 年、第 556～557 頁。
　　④ 勝部真長、渋川久子『道德教育の歷史──修身科から「道德」へ──』東京:玉川大学出版社、1984 年、128 頁。

高年级开展创造性修身学习,阐述了独自学习、分团相互学习和班级相互学习的方法。但即使在高年级,他也坚持以生活为中心的学习方法。

在木下主事的领导下,岩濑六郎基于木下的学习论,系统地开展了生活修身教育的实践研究,并于 1932 年 5 月出版了《生活修身原论》。由该书中提出的 7 条修身教育方法,可以看出木下的修身教育思想主旨及其发展:

第一,生活修身不以概念性德目为学习题材,而是以生活单位或生活环境为其学习题材。

第二,生活修身着眼于根据具体生活陶冶知识感情。因此,生活修身中的修身时间是生活中的一个断面,并非与生活脱离的专门为了修身的时间。

第三,生活修身以实践指导为其方法。也就是说,修身即实践指导。

第四,生活修身立足于修身、训练一体的至境进行指导。修身、训练、实践指导和自治会之间没有任何区别,经常以同一题材进行。

第五,生活修身以陶冶道德品性即道德意志为目的。因此,相比于考虑如何处理每个训辞、例话、格言等,重点放在研究实践意志的意志过程,以及为了对这一意志过程进行指导,深入考虑如何活用修身书上。

第六,相比于先提示道德规范,然后期待践行之的做法,生活修身期待(学生)通过生活体验,自己获得道德规范,并藉此实现自律。

第七,生活修身重视社会生活意识,重点放在培养基于此进行道德创造的态度。[①]

岩濑六郎所主张的生活修身实际上是将自治会的时间与修身的时间之间建立联系,并以根据儿童的"具体生活"进行"实践指导"为根本。具体做法是,在每天的自治会上,首先由学生提出具体的生活问题,然后当场解决,把解决问题的过程视为生活修身的一部分。此外,再将某种题材(生活问题)拿到修身课上(每周2 课时),结合教材来进行学习。如此看来,木下竹次、岩濑六郎等所谓的"生活修身"比手塚岸卫等的"自由教育"将"生活本位"的立场往前更推进了一步。木下竹次等的生活修身教育理论与实践取得了丰硕的成果,并在大正末期至昭和初期的约 10 年间蓬勃发展,对日本各地的实践产生了一定的影响。

---

① 海後宗臣『社会科·道德教育』(海後宗臣著作集第 6 卷)東京:東京書籍、1981 年、第 558 頁。

　　此外，在私立学校中，成城小学的创设者泽柳政太郎、玉川学园创设者小原国芳等，也都提出了修身教育革新的建议，并付诸实践。如泽柳政太郎早在 1914 年便提出修身教学应该从寻常小学四年级开始实施的建议。他认为"修身科也是一门俨然的学科"，"修身科在训育亦即德性涵养中承担着知识的部分"，对特设修身科表示了肯定，但是另一方面，他又以考虑到"儿童的精神发展"，寻常小学四年级以前的学生还没有道德意识的萌芽为由，主张修身教学应该从小学四年级开始。从泽柳政太郎创办的成城小学的课程表来看，的确未在寻常小学 1～3 年级设置修身科，而只是从四年级开始设置。① 小原国芳在《修身教授革新论》（1920 年）中也提出了一些值得关注的革新意见。

　　由以上我们可以看出，修身教育革新运动中既有最终将导致修身科解体的合科学习潮流，也有对国定修身教科书的教材内容持严厉批判态度并进行自主教材编制的动向。所有这一切，都是针对明治时期教育敕语体制下的划一主义、注入式修身教学的一种反动。但是必须指出的是，儿童中心主义的修身教育改造运动，尽管在很多人心中产生共鸣，引起很多人的兴趣，但是这些革新改造基本上停留于教育内容和教育方法的层面，未达到否定天皇的道德权威和《教育敕语》所规定的忠良臣民教育的层面。总体而言，这个时期的修身教育改造运动，可以视为是为了使学生更自发地形成基于家族国家观的教育敕语价值体系而进行的方法改良。

　　尽管如此，这种更加重视儿童的自由和自主性，主张不拘泥于修身科和国定修身教科书开展修身教育的思想，并没有受到文部省和知事们的欢迎。早在 1921 年，手塚岸卫在茨城县的讲演就被禁止，1926 年更被调离千叶师范附小。1924 年，木下竹次在正课之外设置的独自学习时间也受到来自督学官的缩短指示。小原国芳的思想也时常被批评为"危险思想"。特别值得指出的是 1924 年 9 月在松本女子师范附小发生的"川井训导事件"。这一事件表明，修身教育革新运动的影响范围是有限的，教育界总体的态势还是必须严格地按照国定教科书来开展修身教学。

----

　　①　藤田昌士『道徳教育——その歴史・現状・課題——』東京：エイデル研究所、1985 年、39 頁。

第四节　效果分析

1905 年日俄战争的结束,标志着一个新时代的开始。自明治维新政府成立后的近四十年的时间里,日本国民为了成为世界一等国的宏伟目标而卧薪尝胆。日俄战争结束后,日本步入先进国家行列。日本国民突然发现失去了奋斗的目标,失去了忍受困苦生活、卧薪尝胆的动力。在此背景下,个人主义风潮势头强劲,社会主义思想影响也不断扩大。社会整合成为摆在统治者面前的首要课题。

日本统治者用以统摄民心的意识形态就是以家族国家主义为体现的国体思想。家族国家主义是一种力图使天皇统治永久合法化的政治理念。它构建了"忠君爱国"和"忠孝一致"的日本国民道德之根本,谋求的是家与国、臣与君的整合,旨在把"孝悌的家族成员"升华成"忠良的国家臣民",使个人、家庭、国家融合成一个共同体。家族国家主义形成于 20 世纪初。1890 年颁布的《教育敕语》虽然主张"克忠克孝"为"国体之精华",但还没有发展成为明确的家族国家观。即使在 1904 年的第一期国定教科书中,家族国家观也未成形。1911 年全面修订的修身教科书中则出现明确的家族国家观。所以石田雄认为家族国家观形成于日俄战争,终结于第二次世界大战。[①]

家族国家观透过修身教科书的灌输和渗透,使得日本国民的国家主义意识明显增强。20 世纪 30 年代初日本广大民众以狂热的态度欢迎和支持"九一八事变",就是日本国民国家主义意识昂扬的一个重要体现。进入 20 世纪 30 年代以后,一些原本主张民主与和平的日本进步力量纷纷转向支持日本国家侵略其他民族的行为。[②] 根据日本学者鹤见俊辅的考察,促成这些进步人士转向的一个重要原因,就是他们周边的广大日本国民强烈的国家主义意识和热情使他们倍感压力。"当时,他们感到孤立于人民的心情、孤立于周邻的人们以及自己家里亲人的

---

① 　[日]色川大吉:《明治的文化》,郑民钦译,吉林人民出版社 1991 年版,第 221 页。

② 　日本学者鹤见俊辅在《战争时期日本人精神史》(高海宽、张义素译,吉林人民出版社 1991 年版)一书中专门探讨了战争期间一些进步人士特别是原本反战的许多日本共产党"转向"的现象。

心情,促使他们决心转向。"①20世纪30年代日本广大国民狂热支持侵略战争的局面,绝不能视为20世纪30年代教育的立竿见影,而应视为30年代之前尤其是20世纪初的家族国家主义修身教育之结果。

家族国家观之所以在日俄战争之后能够成为统治者思想的核心,并能够浸入民众的心里,主要有以下三个方面原因:

第一,天皇制渗透到了"通俗道德"之中。如前所述,《教育敕语》中,天皇制与"通俗道德"建立了密切的联系。由于"国体"被认为是产生于"万世一系的天皇体制下的全体国民如一家人和睦相处的君民一体的关系",它所代表的就不仅仅是国家的形态,更应该被视为决定国家性质的精神和道德观念,是"由国民的宗教心理和民族觉悟构成的国民道德的概念",是"国家活动的精神力量"和"国民统一的原理"。由于《教育敕语》的巧妙设计与实施,天皇制已经溶化在日本的通俗道德亦即风俗习惯之中,虽然国体发挥着为民众的通俗道德提供世界观指引的作用,广大群众却把它视为共同体的思想,而没有认识到这是统治阶级的思想体系。②这就为家族国家观的全面发展减少了不少障碍。

第二,日俄战争。由于家国同构实际上是一种虚构,所以首先需要民众具有强烈的同构意愿。正如色川大吉所指出的那样,为了实现虚构的家国"一体化",首先要使人民大众产生向"国家"跳跃靠拢的意志。要达到这个目的,平常就要不断地制造思想意识方面的接近点,更要导演出一场"民族的非常事态"(激烈的民族冲击),使"跳跃的不可能"决定性地成为可能。而且为了使这种虚假的观念能够持续下去,国家必须每隔一段时间就制造战争冲击,让人民的心里一直保持高度紧张状态,不能有半点松懈。日俄战争就起到了这种作用。日俄战争时期,日本"国家"充分利用了全民族命运共同体的幻想性,这种幻想使民众第一次与"国家""同化"。不仅如此,日俄战争的胜利使得明治政府更相信忠君爱国教育对国民教化的巨大效用。日俄战争中,日本所面临的对手是拥有世界上最强大陆军的俄罗斯帝国,而且战争是在没有把握的情况下就开战了,尽管付出了惨重的代价,却取得了最终胜利。日本取胜的因素当然很多,但是有理由相信:"如果没有广大

① 鹤见俊辅:《战争时期日本人精神史》,高海宽、张义素译,吉林人民出版社1991年版,第15页。

② [日]色川大吉:《明治的文化》,郑民钦译,吉林人民出版社1991年版,第184页。

人民群众的意志,就不能赢得那一场艰难困苦的大战。而且,人民群众这种自发性意志的高涨,使日俄战争带有'国民战争'的因素"。① 而广大人民群众之所以自发地支持战争,在当时的很多日本人看来,主要得益于《教育敕语》的忠君爱国的教育,这也是家族国家观能进入第二期国定教科书并成为指导理念的一个重要背景。

第三,小学教育的普及。四年制义务教育制度的实施,特别是中日甲午战争之后义务教育国库补助制度的确立,使日本的初等教育入学率快速提升。到1902年就达到了91.57%,日俄战争之后的1905年更上升到了95.62%。1907年起实施六年制义务教育之后,入学率依然稳步提升,1909年就已达到98%以上。四年乃至六年义务教育的迅速普及,意味着《教育敕语》所体现的国体观念和修身教科书的家族国家观发挥影响的范围和深度大大增强。关于这一点,石田雄有过精辟的分析:

教育迅速普及,这意味着教育敕语已经彻底地感化国民了。这样建立起来的国体论的协调性不容承认高等教育属于例外(在教育与研究的形式上区别,使得它获得了初等教育无法比拟的较大自由)。就是说,初等教育中以教育敕语为中心的显教和高等教育中以帝国宪法的解释为中心的密教的二元论,在前者处于优势下而被迫一元化了。②

虽然显教吞噬密教使得明治国家创立者的构想遭到破坏的情况主要是20世纪30年代之后的所谓"十五年战争"期间的事,但是在20世纪初的大约三十年里,接受显教灌输的一般国民越来越对掌握密教的领导层形成压力,确是事实。在以《教育敕语》为集中体现的天皇敕语熏陶教育下成长起来的一般国民,越来越视"万世一系"的天皇制为神圣不可侵犯之神物,视天皇所发表的敕语为判断善恶的价值标准。之所以会出现如此状况,当然与以天皇发表的敕语为指导理念的小学教育的普及有着直接的关系。

然而,必须指出的是,这一时期里,日本国民不仅国家主义意识昂扬,而且立身出世意识也丝毫不弱。正如竹内洋所指出的那样,虽然从日俄战争前后开始,立身出世的机会越来越闭塞,但是日本社会的立身出世热情丝毫不减。立身出世

① [日]色川大吉:《明治的文化》,郑民钦译,吉林人民出版社1991年版,第220~222页。
② 石田雄:《日本的政治文化》,章秀楣译,吉林人民出版社1991年版,第4页。

读物依然大量出版,杂志上的出世谈和成功谈依旧频繁刊载。① 立身出世的机会虽然减少但立身出世热情依然不减的"保温"秘密,不仅在于统治者宣扬的"小型立身出世主义"(是一种使人们放弃一步登天型的出世奢望,甘于接受小规模的上升移动的思想),而且还在于统治者所营造的使出世失意者甘于忍受出世失意的"治愈文化"。② 这个"治愈文化"就是"修养",即"出世"的立身出世观("德"即"得"的立身出世观)。也就是说,立身出世热之所以能够"保温",在于立身出世观的内涵发生了变化。在新的立身出世观中,立身出世的个人主义侧面受到了极力抑制,取而代之的是对伦理道德、修身养性的强调。

这种新的立身出世观也正是小学修身教科书所着力宣扬的。据对日本国定修身教科书内容的考察,即使在第一期国定修身教科书中,"立身"依然被视为一种善而大加鼓励。但是在第二期国定教科书中就不再像以前那样再强调"立身"了。这一点突出体现在对丰臣秀吉和二宫尊德(金次郎)这两个人物的处理上。

在战前日本有关出世的教训类文献中,最体现统治者操作痕迹的事例,可以说就是关于丰臣秀吉的记述。即使在第一期国定修身教科书中,丰臣秀吉还是被作为"立身"的榜样来处理的,呈现的是教导学生"要立身"的教训。③ 而在第二期国定修身教科书中,主要是从"立志"这个维度来描述丰臣秀吉的,强调的不是其后来的名声和地位,而是其对皇室的贡献。④ 正如竹内洋所指出的那样,在明治前期的体制建设阶段,由一介平民成为关白的丰臣秀吉被作为青年立身出世的榜样受到大肆宣扬,但是进入体制维持阶段之后,所要宣扬的是官拜关百、太阁的丰

---

① 竹内洋『立身出世主義増補版』京都:世界思想社、2005 年、206～207 頁。

② 竹内洋『立身出世主義増補版』京都:世界思想社、2005 年、第 215～216 頁。

③ 第一期国定高等小学修身书(高等小学一年级学生用书)中共有四課是围绕丰臣秀吉展开的,它们分别是第 3 课"要立身",第 4 课"要专心于职务",第 5 课"尊皇室",第 6 课"进取的气象"。把"要立身"放在有关丰臣秀吉的记述最前面,不仅仅是顺序本身的问题,也表明教科书首先强调的是秀吉身上体现的"立身"要素。参见:宫田丈夫『道德教育资料集成』(第 2 卷)東京:第一法规、1959 年、131～132 頁。

④ 第二期国定寻常小学修身教科书第 4 卷中有 3 课是以丰臣秀吉为中心展开的,它们分别第 3 课"要立志",第 4 课"要专心于职务"和第 5 课"尊皇室"。参见:宫田丈夫『道德教育资料集成』(第 2 卷)東京:第一法规、1959 年、231～232 頁。

臣秀吉最初也是由递草鞋的仆人通过不懈的努力,一步一步发展起来并最终成就大业的。因此,青少年要想成为太阁那样的人,应该学习的正是专心于职务的青少年时代的丰臣秀吉(由于青少年时代名叫木下藤吉郎,所以也被称作"木下藤吉郎时代")。可见,有关丰臣秀吉的故事由鼓吹"太阁崇拜"型向强调"藤吉郎"型"精神准备"转变。进入明治后半期以后,太阁崇拜型已属于难以实现的梦想性奢望,而藤吉郎这样的渐进出世主义(careerism)则属于比较现实的抱负。①

在战前日本的修身教科书中,二宫尊德(金次郎)的故事呈现给人们的是一个欠缺"出世"的"立身"之示范。虽然第一期和第二期的国定修身教科书中有关二宫尊德的基本内容是相同的,但是日俄战争之后对二宫尊德更加重视了。背薪读书的金次郎铜像在日本全国的小学校园中普遍塑立起来。

如果说藤吉郎主义代表的是与在官僚组织中获取地位提升的欲求相对应的"渐进立身出世主义"的话,那么金次郎主义则是诱导自营业阶层获取财富的欲求的意识形态。"金次郎主义"从"藤吉郎主义"中抽去了"渐进出世主义",成为将出世的野心集中于自己职务上的"第一等主义"。换句话说,"金次郎主义"意在将民众的立身出世欲求封闭在勤奋从事自己工作的范围之中,促进其形成尽职尽责、尽善尽美的敬业精神。这样一来,通过诱导民众满足于"小型的立身出世主义",一方面可以抽去立身出世主义所衍生出的危险能量(对社会的反抗和抵抗),又可以维持社会体制的顺利运转。因此,竹内洋称"藤吉郎主义"和"金次郎主义"为日本统治者将民众的立身出世欲求封闭在"小型立身出世主义"范围内的文化装置。②

在立身出世机会非常多的明治初期,日本社会出现立身出世热,不难理解。但是到后来立身出世机会越来越少的时代里,民众立身出世的热情丝毫不减的原因,与日本的教育特别是修身教育宣扬"藤吉郎主义"和"金次郎主义"有密切关系。其中尤以"金次郎主义"最为重要。因为藤吉郎主义基本属于以比较上层的"庶民"为对象的现实诱导路径,而金次郎主义则是针对更广大的人群——那些所受教育只限于小学的比较下层的"庶民"——的观念上的诱导路径。对前者而言,尽管出世是渐进性、小型的,但毕竟属于实质性的,而对于后者来说,绝大多数停

---

① 竹内洋『立身出世主義増補版』京都:世界思想社、2005 年、212～213 頁。

② 竹内洋『立身出世主義増補版』京都:世界思想社、2005 年、215 頁。

留于观念性层次而已。

　　门协厚司针对日俄战争之后立身出世观内涵转变曾有过较精辟的分析。他指出,日俄战争之后,"致富即成功"的出世观为"修养即出世"的新出世观所取代。之所以会出现这种变化,拜金主义导致的道德颓废只是表面原因而已,根本原因还是在于时代要求的变化。所谓时代的要求,简单地说就是,一方面要大力培养人才,高扬国民志气,以使日本能够在帝国主义竞争中立于不败之地;另一方面要强化道德教育,以防止因自我意识的觉醒而产生的个人主义倾向和社会主义思想的扩张。也就是说,尽管出世的机会越来越闭塞,但是为了振奋国民的志气,不得不继续陈说出世的可能性,所以新出世观并非完全否定出世,而是要抑制出世竞争,所以解释起来非常困难。而且解释起来越困难,就越能暴露新出世观强调修养的本来意图——既要增强国力,又要维持秩序。①

---

　　①　門脇厚司「日本的『立身・出世』の意味変遷——近代日本の精神形成研究　覚書——」『現代のエスプリ』No.118(立身出世:学歴社会の心情分析)、1977 年、66～82 頁。

第六章

现代化扭曲与中断期的道德教育

从 1931 年"九·一八"事变至 1945 年 8 月的"十五年战争"期间,日本的政治体制从政党内阁体制向法西斯主义政体演变。这一变化不仅给亚洲和世界人民带来深重的灾难,也给日本国家和人民带来了现代化进程的扭曲、中断或倒退。也正如赖肖尔所指出的那样,"日本用它的一切为赌注去冒险,结果失去了一切。80 年来的巨大努力和非凡成就都化为乌有。"①

第一节　现代化的扭曲与中断

一、处于危机中的日本

(一)政党政治体制的危机与崩溃

正如赖肖尔所指出的那样,20 世纪 20 年代,"虽然民主在日本取得了表面上的胜利,但他并不像西方那样具有牢固的制度的框架,在感情上和理智上缺乏广泛的支持。"②政党政治依然很脆弱,经不起风吹草动。如前文所述,从 20 世纪 20 年代后半期开始,日本的政党政治就进入了衰退期。而进入 20 世纪 30 年代之后,伴随局势的变化,政党政治最终陷于危机和崩溃之中。

---

① [美]埃德温·奥·赖肖尔:《当代日本人——传统与变革》,陈文寿译,商务印书馆1992 年版,第 84 页。

② [美]埃德温·奥·赖肖尔:《当代日本人——传统与变革》,陈文寿译,商务印书馆1992 年版,第 78 页。

竹中治坚对于日本战前民主化途中体制的考察揭示了这一点。他认为,1931年发生的"九·一八"事变和"三月事件"、"十月事件",不仅意味着军部对民主化途中体制的挑战进一步升级,而且也意味着政党内阁已经完全失去了抑制军部行动的能力,表明民主化途中体制已经濒于崩溃的危机边缘。1931年之后,军部对政党内阁的挑战与暗杀张作霖和签订《伦敦海军裁军条约》时相比,态度更加强硬。暗杀张作霖和签订《伦敦海军裁军条约》时,或是军部内部的个人无视政党内阁的政策而采取的反对行为,或是军部以对政党内阁提出的政策做出的反对反应而已。而1931年所发生的一系列危机中,军部不仅无视政党内阁权威独自制定政策并付诸实施,而且还有通过政变推翻政党内阁的企图。[①] 1931年在樱会骨干分子策划下,军部势力和民间法西斯团体相勾结策划了"三月事件"和"十月事件",企图通过政变推翻政党内阁,建立起军事独裁统治。尽管由于种种原因未能实施,但这却是建立军人法西斯政权的初步尝试,表明法西斯势力已准备以政变的方式向政党夺权,建立法西斯统治。

如果说1931年所发生的"九·一八"事变和"三月事件"、"十月事件"这两场政变计划已经使民主化途中体制处于崩溃边缘的话,那么,1932年发生的"五·一五"事件,表明民主化途中体制已彻底崩溃。[②] 1932年5月15日,陆海军法西斯主义分子袭击首相官邸、警视厅、政友会本部,杀死犬养毅首相。"五·一五事件"发生后,军部为铲除政党政治,制造所谓"财阀政党祸国论",指责政党"害民亡国"。在军部步步进逼面前,政党重建内阁的计划流产。恢复由元老出面征得军部同意,提出组阁人选,由天皇任命组阁的老规矩。长达14年的政党政治被埋葬,军部法西斯体制开始形成。

政党内阁之所以出现危机,避免不了崩溃的命运,首先源于政党内阁体制本身存在的严重缺陷:(1)元老奏请权依然存在,无论多数党如何强大,不经元老推荐、天皇批准,是不能组阁的,多数党组阁无法律依据的惯例是靠不住的;(2)陆海军大臣任免权在军部,首相无权过问,两大臣出任与否,决定内阁的成败;

---

① 竹中治堅『戦前における民主化の挫折——民主化途上体制崩壊の分析——』東京:木鐸社、2002年,212~214頁。

② 竹中治堅『戦前における民主化の挫折——民主化途上体制崩壊の分析——』,235~236頁。

（3）统帅权独立，军部势力越来越大，军人参政势难避免；（4）枢密院、贵族院仍由官僚掌握，可以直接通过天皇，左右国策；（5）官僚、军部、元老重臣仍是政党以外的独立政治势力，限制政党机能的运行。① 而所有这些缺陷，说到底还是在于这种政党内阁体制本身不能突破《明治宪法》所规定的界限而进入真正的"宪政之道"。

　　除了政党内阁体制本身存在的缺陷之外，政党内阁在经济、社会和政治领域的实绩不佳使得政党政治体制失去了合法性的支撑，也是一个重要原因。除了第二次世界大战和战后初期以外，20世纪20年代日本经济的增长是近现代时期最慢的。经济危机频发，经济萧条持续，国际贸易停滞不前。特别是1930年春，资本主义世界最严重、最深刻的经济危机波及日本，给脆弱的日本经济以沉重的打击。日本这次经济危机首先是从商品和股票市场开始的。商品、股票价格暴跌，对外贸易业受到巨大影响。由于物价暴跌，对外贸易锐减，商品滞销，工业生产总值急剧下降。1931年的工业生产总值比1929年下降了32.9%。② 在危机的袭击下，许多中小企业相继破产或减资。垄断资本为了摆脱危机，想方设法将危机转嫁到工人身上，主要手法就是解雇工人和降低工资。中小企业大批倒闭和工人被解雇，致使大批工人失业。据日本经济研究会的调查，1930年10月的失业者达到237万人。由于就业人数减少和工资降低，工人阶级的总收入也剧减。1930年的工人阶级总收入只相当于1926年的69.5%。③ 经济危机也使农业经济遭受强烈的冲击。由于大米和生丝的价格猛跌，农民遭受重大损失。日本农业是处于地主和垄断资本的双重压榨下的半封建小农经济，生产力很低，本来就危机四伏、矛盾尖锐。这次危机爆发后，分散落后的农业经济无力抵抗垄断资本为了减轻自身的损失而采取的垄断价格、限制生产等措施，因此农产品价格比工业品价格跌落得更严重，农民债台高筑。1932年日本农民负债总额达47亿日元，每个农户平均高达837日元，比1914年增加了5倍以上。④ 面对这样的经济危机，政党内阁不仅没有采取任何有效措施，反而热衷于把危机转嫁给国民，以此来挽救大资

---

① 杨孝臣：《日本政治现代化》，东北师范大学出版社1997年版，第96～97页。
② 吴廷璆：《日本史》，南开大学出版社1994年版，第666页。
③ 吴廷璆：《日本史》，南开大学出版社1994年版，第668页。
④ 吴廷璆：《日本史》，南开大学出版社1994年版，第669页。

本家。在危机期间,在 50 个主要产业部门强制建立卡特尔,限制生产,统制价格,淘汰中小企业,裁减员工,降低工资,致使失业人数激增。政党内讧甚至闹出贪污渎职丑闻,国民开始对政党政治失去信心,并产生怀疑和不满。美浓部达吉于 1932 年 7 月在《中央公论》上发表的"举国一致内阁的成立"一文中有以下一段话,可以证明政党内阁合法性的丧失。

在如此重大危机(1932 年初以来,社会不安增大,暗杀事件接二连三)之际,如何组织国家政治机构为妥,成为特别重要的问题。最近数年间,一般民心持续不安,且逐年恶化,主要是在这一点上事出有因。一是经济上普通民众特别是农村极度穷困;二是政治上政党政治丧失信用。一方面由于世界大战引起的世界经济危机的影响,在日本也出现了贸易衰退,事业不振,物价下落,失业人数愈益增加,城市和农村的中产阶层以下民众的穷困,看不到何时能够恢复的曙光。而且另一方面,政党政治的弊端日益显露,政治主要是为了党利,而非为了民众的利益而为之,据公为私,滥公金,经营私利,滥用权力,逃避责任,玩弄虚假之言,如此等等之罪恶几乎公然而为之。其结果是除了经济上的生活不安之外,也使得民众对政党政治心怀极度的不满。进入今年之后相继发生的暗杀事件,毫无疑问主要原因即在于此,所以最终应该视为民众对政治不满的爆发。在这样的情形下,要原封不动地延续以往的政治机构,对不能安定民心,为应对如此重大之危机,不得不采取非常之手段。[①]

也就是说,伴随明治元老相继死去,军部借助接踵而至的经济危机和政党内阁在遭遇危机面前未能有效应对的形势,借助国民对政党政治失去信心的机会,卷土重来。所以,正如周颂伦所指出的那样:"战前日本政治转型的界限,即在于政党力量自始至终处于天皇制的控制之下,充其量是作为国家机器的一个重要组成部分而发生影响,却从来没有扮演过国家机器操纵者的角色。在经济危机、自身腐败的前提下,法西斯军国主义势力取而代之,其自身自然缺乏抵抗的力量,惟处于一种受制于人的境地之中。"[②]

---

① 竹中治堅『戦前における民主化の挫折——民主化途上体制崩壊の分析——』東京:木鐸社、2002 年、240～241 頁。

② 周颂伦:《近代日本社会转型期研究》,东北师范大学出版社 1998 年版,第 234 页。

(二)法西斯主义思想与运动的兴起

20 世纪 20 年代,是日本政党政治的鼎盛时期,也正是日本法西斯运动兴起之时。"日本的法西斯思想体系以超乎单纯传统的国粹主义或国家主义的内容和表现形式开始出现在思想界,是作为对第一次世界大战后成熟起来的所谓'大正民主'和社会主义思想的攻击者而出现的。"①在俄国十月社会主义革命影响下,以 1918 年的"米骚动"为契机,日本国内阶级对立和斗争日趋激化,工农运动和社会主义运动蓬勃发展。与此同时,中国人民的革命斗争也不断打击日本帝国主义的侵略气焰。在面临严重内外危机的形势下,第一次世界大战结束后不久,日本开始出现法西斯主义思潮和法西斯化的右翼团体。日本的法西斯主义思潮和运动起自民间,1919 年北一辉发表《日本改造法案大纲》,标志日本法西斯主义的兴起。在北一辉法西斯理论的影响下,日本法西斯团体纷纷建立。1919 年北一辉等人创立犹存社,1924 年大川周明等人创立行地社,同年平沼骐一郎创立国本社,拥有 20 万会员,一时成为日本法西斯势力的大本营。北一辉的法西斯思想在军队中特别是中下级军官中产生了广泛影响。20 世纪 20 年代末,军队内部也出现法西斯团体。1928 年海军有王师会,陆军有无名会。1929 年无名会发展为一夕会,成员中有河本大作、永田铁山、冈村宁次、板垣征四郎、东条英机、石原莞尔等一大批法西斯军官。1930 年以桥本欣五郎为首,成立了由陆军省、参谋本部少壮派军官组成的以推进国家法西斯化为目的的政治团体——樱会。民间法西斯团体由于组织涣散,缺乏统一的领导和组织纲领,基本上处于一人一党的松散状态,构不成对国家进行法西斯化改造的力量。因而,民间法西斯将自己政治理想的实现寄托在了军部的身上。民间法西斯的自动让位和军人法西斯的自我使命感,使得军部法西斯势力于 20 世纪 20 年代末 30 年代初成为日本法西斯运动的主导势力。

日本的法西斯思想作为日本法西斯的精神支柱和宣传工具,以北一辉的《日本改造法案大纲》、大川周明的《日本及日本人之道》和《日本二千六百年史》等为其代表作,也体现于权藤成卿的《自治民范》、纪平正美的《国体与哲学》、安冈正笃

---

① [日]近代日本思想史研究会:《近代日本思想史》第 3 卷,郭洪茂译,商务印书馆 1992 年版,第 80 页。

的《日本精神研究》和《日本精神通义》、高山岩男的《世界史的哲学》等著作之中，并且散见于"大日本国粹会"、"犹存社"、"防止赤化团"、"黑龙会"等法西斯团体的纲领和宣言之中。[①]

从整体上来看，虽然日本法西斯的思想体系及其主张在某些方面缺乏连续性并相互矛盾，但是就其思想体系的基本内容而言，有这么几个共同之处：第一，大肆宣扬天皇主义和日本国体论，主张日本的国体在世界史上具有其独特性和优越性。[②] 第二，主张对现有的国家体制进行法西斯改造。在政治方面，主张消灭共产主义和社会主义，排斥民主政治生活，对现有的国家政治制度进行法西斯改造，以实行天皇专制制度的政治独裁；在经济方面，打着国家社会主义的旗号，主张对现有经济体制进行法西斯改造，以建立适应天皇专制制度的经济基础。[③] 第三，大肆宣扬"雄飞世界论"。"进入全世界"、"八纮一宇"、"日本精神发扬于世界"、"发扬皇威"、"由日本民主解放世界"、"大和民族的伟大历史使命"、"领导亚细亚的盟主"、"东亚共存共荣"等等，表现方式尽管各式各样，但终究不过是用华丽的辞藻使日本的帝国主义侵略合理化而已。

由以上这些思想内容，我们可以看出日本的法西斯思想具有与世界法西斯思想的共性，在政治机能上也具有一贯到底的特质。正如日本政治学家丸山真男在分析法西斯思想体系时所指出的那样："从其政治机能看则是一贯到底达到惊人的程度。就是说，法西斯主义的所有意识形态都是'有系统地'服务于为达此目的首先必须进行的国民强制统一化这个目的的"。[④] 但日本的法西斯思想在吸取世界法西斯思想的要素的同时，主要体现了天皇制的特点。而且为了宣扬天皇中心主义，将日本国体的特殊性建基于神秘主义的神国思想基础上。

尽管日本法西斯思想"只不过是公开拿出来的口号或'表面语言'，甚至只不

---

① 崔新京：《日本法西斯思想的基本内容及其主要特点》，载《日本研究》2003 年第 3 期，第64～69 页。

② ［日］近代日本思想史研究会：《近代日本思想史》第 3 卷，伊文成、那庚辰等译，商务印书馆 1992 年版，第 107 页。

③ 崔新京：《日本法西斯思想的基本内容及其主要特点》，载《日本研究》2003 年第 3 期，第64～69 页。

④ ［日］近代日本思想史研究会：《近代日本思想史》第 3 卷，伊文成、那庚辰等译，商务印书馆 1992 年版，第 81 页。

过是彻头彻尾蛊惑人心的东西",但是却"在相当长的时间内支配着国民"。"日本法西斯的兴起和统治,是硬行刺向整个日本近代文化、近代思想的一把用来自戕的匕首,是一纸决算书。"①

二、法西斯主义体制的建立与崩溃

战前日本法西斯主义的形成与发展大体上经历了三个阶段:第一阶段从第一次世界大战开始到 1930 年的"昭和危机",系法西斯的准备期。第二阶段从 1931 年的"九·一八"事变到 1936 年的"二·二六事件",是法西斯的活动期。第三阶段从 1937 年全面侵华战争的爆发到 1945 年日本战败,是法西斯的成熟期。② 第一阶段里,虽然成立了一些法西斯团体,但是"并没有形成明确的法西斯主义行动组织出现在政治舞台,而只是作为鼓吹'防止赤化'和'发扬国粹'的反动团体,把力量集中在宣传活动上"。换句话说,这一阶段的法西斯主义主要是为后来的法西斯主义做了思想和组织上的准备。③ 日本法西斯体制的真正建立是在 1931 年"九·一八"事变爆发之后。

(一) 法西斯体制的形成

从"昭和危机"、"九·一八"事变到"二·二六"事件这一时期,日本法西斯开始一步步登上政治舞台,并通过民间右翼和皇道派青年将校相继发动恐怖行动,逐步形成军部法西斯体制的基础。

1931 年日本帝国主义发动侵略中国的"九·一八事变"前后,军部法西斯势力开始与民间右翼团体紧密勾结,一再策动政变,妄图以恐怖手段推翻政党内阁,建立天皇制军事法西斯专政。1930 年关于侵犯"统帅权"的斗争是军部与内阁之间的一次大规模的公开对抗。以此事件为开端,长期处于酝酿、准备阶段的日本法西斯急剧活跃起来。1931 年在樱会骨干分子策划下,军部势力和民间法西斯

---

① [日]近代日本思想史研究会:《近代日本思想史》第 3 卷,伊文成、那庚辰等译,商务印书馆 1992 年版,第 108 页。

② [日]近代日本思想史研究会:《近代日本思想史》第 3 卷,伊文成、那庚辰等译,商务印书馆 1992 年版,第 82 页。

③ [日]近代日本思想史研究会:《近代日本思想史》第 3 卷,伊文成、那庚辰等译,商务印书馆 1992 年版,第 83 页。

团体相勾结策划了"三月事件"和"十月事件"。尽管由于种种原因未能实施,但却表明法西斯势力企图通过政变推翻政党内阁,建立起军事独裁统治。"十月事件"后,在如何建立军部独裁统治的方式上,军部内部产生了分歧,形成了皇道派和统制派。① 两派在改造国家,建立法西斯政权这一根本问题上是一致的,只是在实现这一目标的方法和次序方面存在着分歧和矛盾。1932 年 2 月和 3 月,法西斯右翼团体血盟团,先后刺杀民政党干部、前藏相井上准之助和三井理事长团琢磨。同年 5 月 15 日,与血盟团有联系的部分海军青年军官和陆军士官在皇道派古贺清思、中村义雄等人的指挥下发动政变,袭击首相官邸、内大臣官邸、警视厅、日本银行以及政友会本部等重要机关。首相犬养毅被刺身亡("五·一五事件")。这次事件虽然被镇压了下去,但在军部的压力下,"五·一五事件"后成立的由海军大将斋藤实出任首相的内阁则成为军部、政党加上官僚的联合政体,或者说是军部和政党僵持着共同维持的政权。斋藤内阁的成立标志着政党政治的结束。由于这次事变的参加者得到了宽大处理,更加刺激了法西斯军人实施暗杀政变活动。此后接连发生了 1933 年的"神兵队事件"和 1934 年 11 月的"士官学校事件"。同时,由于争权夺利,法西斯军人内部出现皇道派与统制派的严重对立。1935 年 8 月 12 日发生皇道派军官相泽三郎刺死统制派军官永田铁山的事件("相泽事件")。

随着两派法西斯军阀对立激化,陆军一批皇道派青年军官在北一辉的直接影响下,于 1936 年 2 月 26 日再次发动政变("二·二六事件")。皇道派军官率领约 1 500 名士兵分几路袭击首相官邸和其他重要国家机关,打死了内大臣斋藤实、藏相高桥是清和教育总监渡边锭太郎等一些内阁重臣。政变部队占领陆军省、国会、首相官邸一带,要求陆军上层断然实行"国家改造"、"昭和维新",企图让皇道派头子荒木贞夫组阁。因统制派掌握着陆海军主要力量,天皇、官僚和财阀也反对皇道派的暴乱行为,政变最终被镇压。统制派借此清洗了皇道派的势力,完全控制了整个陆军和军部要职,军部法西斯内部实现了统一。

---

　　① 皇道派以荒木贞夫和真崎甚三郎为代表,主张"发扬皇道","遵崇天皇",主张以恐怖手段暗杀政敌,搞阴谋叛乱,建立公开的军部法西斯政权。统制派主要以宇垣一成、林铣十郎、永田铁山和东条英机为代表,得到一批军部上层分子的支持,反对采取军事政变的方法,主张在军部中央机关将校军官的支持下,用自上而下的合法手段控制政权,使政权合法化。

1936 年 3 月 9 日,在满足军部排除吉田茂等"自由主义者"要求后,以广田弘毅为首相的新内阁成立。过去,军部对政府干预,往往是对某项政策或对内阁成员发表意见,而到了广田内阁时,军部可以全面改组并控制政府,推行自己的施政纲领,国家的权力和内外政策已从属于军部,初步结束了分裂已久的"二重政府"局面,实现了法西斯主义的政治统一。正因为如此,广田内阁上台就意味着日本军部法西斯体制的确立。从此,日本在军部统制派的控制下,实行"国家改造",开始了自上而下的法西斯化演变。

本身就是法西斯政客的广田,在内政和外交两方面都按照军部的意志行事。1936 年 3 月 25 日,广田内阁确立了"对外则积极,对内则缓进"的施政方针,表明新内阁完全接受了"统制派"通过对外侵略战争来带动国内法西斯化的"以外治内"方针。作为具体的举措,首先于 1936 年 5 月恢复了内阁中的陆、海军大臣、次官必须由现役武官担任的制度,从而为军部干预政治提供了法律依据。其次于同年 8 月开始实行军部大臣出席的少数阁僚决定大政方针的制度,组建了首相、陆相、海相、外相、藏相等五相会议和首相、陆相、海相、外相等四相会议。第三,制定基本的国策。五相会议通过的《国策基准》强调:"鉴于帝国内外形势,必须确立的帝国根本国策是:外交与国防相结合,在确保帝国在欧亚大陆地位的同时,向南方海洋扩张发展。"为此,在对外政策上,要"排除列强在东亚的霸道政策,展现基于真正共存光荣主义,相互幸福的皇道精神";"充实足以确保帝国地位的国防军备";"期待满洲国的健全发展和日满国防的稳固";"谋划我民族对南方海洋、特别是南洋方面的经济发展"。对内要"统一指导舆论","巩固国民的觉悟";"振兴推行国策所必须的产业及贸易,为此适当改善行政机构和经济组织",等等。① 基于这一基本国策,广田内阁采取了包括稳固对伪满洲国的统治和实行华北自治等措施在内的一系列蚕食中国的行动,扩大了对中国的侵略;与此同时,出于对"满蒙"失之于苏联的忧虑,于 1936 年 11 月 25 日与纳粹德国签订了《反共产国际协定》,在反共产国际名义下,与纳粹德国形成同盟关系。为了巩固后方,适应对外侵略的需要,广田内阁在国内进一步实施了法西斯专政。他们以镇压叛乱和稳定时局为名,长期维持"二·二六事件"期间在东京地区实行的戒严令;禁止群众集会、游行,直至 1945 年日本战败为止,五一劳动节纪念活动和军工厂工会组织均被禁

---

① 宋成有:《新编日本近代史》,北京大学出版社 2006 年版,第 371～372 页。

止。此外,还加紧了对舆论的控制。

(二)法西斯体制的最终确立与崩溃

从 1937 年全面侵华战争的爆发到 1945 年日本战败这个时期,是"七·七事变"、太平洋战争爆发的时期。"这个时期,通过军部与金融资本和官僚资本的相结合,由军部执其牛耳的'自上而下'的日本型法西斯＝军部法西斯体制完全形成。"①

为了进一步扩大对外战争,完善法西斯体制,1937 年 6 月 4 日,在军部的操纵下,近卫文麿组成第一届近卫内阁。近卫上台后采取了更为激进的法西斯政策。在东条英机的请求下,为了彻底占领中国,近卫内阁发动了"七七事变",全面侵华战争由此开始。日本帝国主义原本期望速战速决,但出乎日本政府和军部的预料,由于中国人民的顽强抵抗,日本侵略军陷入了长期战争的泥潭之中。发动全面侵华战争之后,为了保证因扩大战争而急需的庞大兵力和军需物资,强迫日本人民卷入战争漩涡,近卫内阁开展了法西斯总动员运动。

1937 年 8 月 14 日,近卫内阁决定开展统一国民思想运动。8 月 24 日政府发表了《国民精神总动员实施纲要》,宣称"在以举国一致、坚忍不拔精神对应目前时局的同时,为克服今后持续的艰难,愈益扶翼皇运,官民一体,发起一大国民运动",即"国民精神总动员运动"。② 10 月 12 日,在内相马场瑛一和文相安井英二的指导下,成立了以有马良橘海军大将为会长的"国民精神总动员中央联盟",作为全国精神总动员运动的指导机构。一场加强对国民的思想控制,举国一致于"国体论"的国民思想统一运动由此拉开序幕。1939 年 3 月,平沼骐一郎内阁增设了国民精神总动员委员会,由法西斯头目荒木贞夫任委员长。4 月·该委员会制定了《重新开展国民精神总动员的基本方针》,强调"为应对今后新的重大局面,必须进一步强化国民精神总动员运动,推进物心如一的实践运动"。所谓"物",即"积极协助扩充生产力、动员物资、调整物价的经济国策";所谓"心",就是"作为皇国臣民,进一步加强精神团结,振作新东亚建设承担者应当充满的精神力量,培养

---

① ［日］近代日本思想史研究会:《近代日本思想史》第 3 卷,伊文成、那夷辰等译,商务印书馆 1992 年版,第 93 页。

② 宋成有:《新编日本近代史》,北京大学出版社 2006 年版,第 383 页。

卓绝的国民道德",①目的在于从精神和物质两个方面动员国民支持侵华战争。自从开展国民精神总动员运动之后,由于政府要求厉行节约、购买公债、禁酒节烟、步行往来、穿国民服、不许烫发等等,国民的个人生活受到半强制乃至完全强制的限制。

与思想上、精神上的法西斯化进几乎同步的是,物质上的统制也伴随战争的升级而越来越彻底。1938 年 4 月,日本公布了经第 73 届国会通过的作为推行战时体制根本措施的《国家总动员法》。总动员法包括政治、经济、军事、文化教育、言论出版以及劳工运动等多方面的内容。其根本目的在于把全国的国民经济、政治生活一切领域都置于法西斯政府控制之下。从此,军部通过政府掌握了可以不经议会广泛动员国家一切力量的独裁权力。1939 年 7 月 8 日,平沼内阁又发布了敕令《国民征用法》,建立了全国性义务劳动体制。

1940 年,纳粹德国在欧洲接连取得的军事胜利,在日本被解释为纳粹法西斯体制强大的结果。如何仿效并建立日本式纳粹体制,为捉襟见肘的侵华战争提供动力,就成为日本统治集团关注的问题。在此背景下,近卫文麿于 1940 年 7 月 22 日受命组成第二次近卫内阁。② 在组阁前,近卫召集内定的海相吉田善吾、陆相东条英机和外相松冈洋右等于荻洼召开了组阁筹备会,确定了施政的基本方针。其核心是"对内确立一国一党的制度,对外建设日德意轴心,并推行占领中国的政策"。③ 7 月 26 日,近卫内阁通过了《基本国策纲要》,强调对内通过建立"新国民组织"和"新政治体制","以确立国防国家的根基";对外"建立以皇国为中心,以日满支三国经济自主建设为基础的国防经济的根基"。④近卫内阁为贯彻和实施《基本国策纲要》,在国内开展了建立政治和经济的新体制运动。其主要内容包括:⑤ (1)取缔包括资产阶级政党在内的各种政党。(2)建立新体制筹备委员会,开展鼓吹一国一党的法西斯新党运动。(3)建立大政翼赞会。翼赞会设本部、支部,本部总裁由首相担任,支部头目由都道府县知事担任。基层方面,村设"部落会",

---

① 宋成有:《新编日本近代史》,北京大学出版社 2006 年版,第 383 页。

② 在 1939 年 1 月 5 日~1940 年 7 月 16 日的一年半时间里,继第一次近卫内阁之后上台的平沼骐一郎(1939 年 1 月)、阿部信行(1939 年 8 月)、米光内政(1940 年 1 月)任首相的三届内阁,都因为无法统一军部、元老、政党与政府之间的矛盾而难以长期执政。

③④ 宋成有:《新编日本近代史》,北京大学出版社 2006 年版,第 398 页。

⑤ 吴廷璆:《日本史》,南开大学出版社 1994 年版,第 721~722 页。

町设"町内会"，邻里设"邻组"。意在通过这个组织系统去实现天皇制法西斯统治。（4）建立并利用"报国会"对个人、农民、青年、妇女等团体强制实行专制统治。（5）把议会变成翼赞议会。1941 年 9 月 2 日成立"翼赞议员同盟"，参加者362 人，从而完全控制了议会的活动。（6）建立"经济新体制"，在国家统一计划下把全国的经济活动都纳入战时轨道。总而言之，通过近卫"新体制运动"，日本的政治、经济、意识形态都被整齐划一，甚至连国民的个人日常生活都被纳入了法西斯主义的政治生活和战争之中，这表明日本的法西斯体制得以全面确立和强化。

待到东条英机上台，他集首相、陆相、内相、文相、商工相和参谋总长等要职于一身，一上台就发动了太平洋战争，并在全国范围内实行极端血腥恐怖的法西斯独裁统治，日本的法西斯统治达到了顶点，但也很快走向反面。随着 1945 年日本战败投降，日本法西斯势力也宣告土崩瓦解。

综上所述，日本的法西斯化，是在近代天皇制的框架范围内，逐步扩大和强化其专制统治的一面，削弱并消除民主自由的立宪政治一面的。在这一进程中，首先是军部完成政治化和法西斯化，突破"统帅权独立"的原则，直接干预政治，然后以有力的态势推动整个国家实现法西斯化。军部是日本法西斯化的主要决策者和推动者。它是在军部的控制下，通过不断地对外战争借助天皇权威确立起来的。而且与德意不同的是，它不是先建立法西斯政权，后发动侵略战争，而是伴随着战争，在对外侵略的推动下建立起来的。

第二节　极端国家主义道德教育理念的确立与失败

1931 年"九·一八事变"之后，日本法西斯主义在扩大侵略战争的同时，为了配合战争的需要，对思想舆论界采取了严格的限制政策，对教育界也加强了统制。日本法西斯政权对教育的统制主要采取压制和引导两种手段。对日本法西斯专制政府而言，镇压只能是"治标"式的手段，重要的是通过对学生进行极端国家主义、军国主义教育，从根本上对学生的思想进行塑造，使他们成为天皇的忠顺臣民。如果说，现代化整合期日本的道德教育具有"思想对策性"，旨在通过加强国体教育实现国民整合的话，那么，进入 20 世纪 30 年代之后的日本道德教育则具有鲜明的"思想动员性"，目的在于通过加强国体教育，动员学生乃至全体国民全身心支持其侵略战争,只是动员的程度和手段随日本法西斯的发展而有所不同。这些都集中体现在法西斯政权在这一时期颁布的几个政策性文书之中:一是1937年颁发的《国体的本义》;二是1939年颁布的《赐予青少年学生的敕语》;三是1941年颁发的《臣民之道》。

一、法西斯活动期的道德教育理念

面对第一次世界大战后日益兴盛的自由主义、民主主义、社会主义所引发的所谓"思想问题",日本政府所采取的对策是,一方面利用《治安维持法》及其他强权进行所谓的"思想镇压",另一方面又通过文教政策进行所谓的"思想善导"。[①]早在1928年,文部省就在专门学务局设置了学生课,并在官立大学和直辖学校中配置了监督学生思想状况的学生主事。1929年7月,文部省又将学生课升格为学生部,并新设了调查课,强化了对思想问题等的调查。进而又于1931年6月在文部省内设置了学生思想问题调查委员会,咨询"学生左倾的原因及其对策",并根据该调查委员会的咨询报告于1932年8月设置了国民精神文化研究所,"以阐明我国国体、国民精神的原理,发扬国民文化,批判外来思想,建设足以对抗马克思主义的理论体系为目的",开展研究及其普及和再教育。[②]1934年5月,文部省又废除了学生部,设立思想局,负责对学校和社会教育团体进行思想上的指导、监督和调查,成为政府强化思想对策的据点。就在政府不断加强对言论和思想界的控制之同时,军部也于1934年9月发表了"国防的本义及其强化的提倡",提倡"确立国家观念和道德观念","剔除国际主义、利己主义、个人主义思想","弘扬民族特有的文化,防止无批判地吸收泰西文物",以"振兴国民教化"。[③]

正是这种政府和军部对言论和思想界控制的加强,引发了史上著名的"陇川

---

① 仲新監修『日本近代教育史』東京:講談社、1973年、321頁。
②③ 仲新監修『日本近代教育史』東京:講談社、1973年、322頁。

事件"①和"天皇机关说事件"②。以"天皇机关说事件"为契机,右翼团体和在乡军人会在军部的支持下,展开了一场排斥"天皇机关说"的"国体明征运动"。同年3月贵族院和众议院相继通过了"关于政教刷新的决议"和"关于国体明征的决议",政府方面也于同年一再颁布"国体明征声明"。正是在此背景下,日本政府为了"调查审议有关教学刷新、振兴之重要事项",于1925年11月废止了文政审议会,设置了由军部代表、政界代表以及学界代表组成的教学刷新评议会。对评议会实际发挥领导作用的是以国体明征的核心人物、文部省思想局局长伊东延吉为中心的干事们。③

松田源文相在教学刷新评议会会议上的讲话,明确了该评议会的指导精神:"无须赘言,我国之教学,以依据建立在国体基础上的日本精神,始终鉴于国史之成迹,克力培养国基、炼成国民,以扶翼、服务于天壤无穷之皇运为根本大义。然胚胎于对多年来输入的西洋文化咀嚼消化不充分的弊害日渐成形,近来伴随国民的自觉,显见改善之要求。也就是说,我国之教学,而今正是充分反思其精神与内容,在确立其大本之同时,进而致力于外来文化的醇化摄取,以谋求其刷新、振兴之重要时机……刻下紧急之要务,就是以国体的本旨、日本精神之真义为基础,大力匡正错误的倾向,纠正不彻底的见解……"④教学刷新评议会基于上述精神,主要围绕确立教学刷新的指导精神、树立教学刷新的方针和议定教学刷新的纲要三个事项展开评议。评议会共召开了四次大会,并于1936年11月提交了咨询报告。总体来看,咨询报告的重心不在教育制度的改革,而在于通过将"基于国体观念的日本精神"贯穿于整个教育体系,以达到思想控制的目的。⑤以下几点可以

---

① 指1933年5月发生的京都帝国大学泷川幸辰教授的《刑法读本》被认为具有自由主义思想,而被处以停职处分的事件。

② 日本宪法学、行政法学家,东京帝国大学教授美浓部达吉(1873年5月7日～1948年5月23日)于1920年代提出"天皇机关说",主张天皇只是国家行使统治权的机关,而主权应属于国民全体。1935年引发右翼人士的强力抨击,被极右派教授蒐克彦指控与"天皇主权说"相对抗,因而犯了"不敬罪"。遭东京大学解聘,其出版的书籍也被没收和禁售,甚至受到异议人士的刺杀。

③ 久保義三著『日本ファシズム教育政策史』東京:明治図書、1969年、340頁。

④⑤ 久保義三著『日本ファシズム教育政策史』東京:明治図書、1969年、340～341頁。

佐证：

第一，咨询报告强调在日本，"祭祀、政治与教学在根本上是一体不可分的"，直接将政治和学问、教育与天皇的祭祀联系起来，具有将国体思想全面渗透到学问、教育内部的意图。

第二，咨询报告不仅要求中等教育以下的学校要"成为基于国体的修炼设施"，而且主张作为学问研究之场所的大学也要体会国体的本义，要求大学中的"学问研究与学生教学之间要有明确区别"，要求大学生教育中要体现"作为日本人的自觉修炼"。这表明由森有礼于明治中期确立的精英教育机关与民众教育机关之间的原理区分，已经不复存在。

第三，在将学校变成修炼设施的方针下，咨询报告主张"有必要刷新学科课程、教学科目的内容，教育方法、学校组织等"，并特别以习惯养成、修炼、实践躬行、锻炼等用语来加以说明，表明了谋求学校教育由以往的知识为本向修炼、修养为本转换。[①]

根据该评议会咨询报告的精神，文部省于同年7月废止了思想局，并作为外局设置了教学局。教育评议会所提出的设置教学刷新的中心机关的建议，得到了实现。这一教学局下设企划部、指导部和庶务课，主要负责学会、思想情报的收集及其对策，教员再教育，文化讲义，印刷物的出版发行等工作。

而在此之前的5月，文部省思想局编辑发行了《国体的本义》，并发送到全国的学校，要求各学校在学科教学和学校例行活动等中加以使用。中等学校以上的学校要将其作为修身科的教材使用的不在少数。正如该书开头所说的那样，"本书是鉴于明征国体、涵养振兴国民精神乃刻下之急务而编纂的"，从而完成了教学刷新评议会回避的阐明国体内容的工作。

《国体的本义》的内容目录如下：

绪言

第一　大日本国体

一、肇国

二、圣德

---

① 寺崎昌男、戦時下教育研究会『総力戦体制と教育』東京：東京大学出版社、1987年、13頁。

三、臣节

四、和与"诚"

第二　国体在国史中的显现

一、贯穿国史的精神

二、国土与国民生活

三、国民性

四、祭祀与道德

五、国民文化

六、政治、经济、军事

结语

由于《国体的本义》内容很长,在此按部分简要地归纳一下其主要内容及其精神。① "绪言"部分提起全书的主题,主要阐述的是:明治维新以来,日本一直处于欧化主义与国粹主义的对立之中。正是在此背景下,日本颁布了《教育敕语》,明示了"基于国体之大道"。但是此后由于西洋思想的不断流入,思想上、社会上的混乱不止。近年来流入的民主主义、无政府主义、社会主义,究其根底,乃是个人主义。而个人主义即使在欧美也陷于穷途末路了。因此,日本国民应该认清西洋思想的本质,体会国体的本义,克服前述的混乱。

第一部分"大日本国体"主要阐述的是日本的国体,即日本的统治权主体是万世一系的天皇。其中指出,日本是一大家族国家,而且这一国体万古不变、天壤无穷。关于国体的历史起源,主要援引《古事记》和《日本书纪》的神话加以说明。天皇乃皇族天照大神之子孙,是"现御神"、"现人神"。所谓"现御神",就是具有人身之神,而所谓"现人神",就是以人形出现于这个世界的神。因此,"皇位属于皇祖之神裔,乃继承皇祖皇宗肇始之国,担负使之成为安定开化国家之大业之天皇之御位,系于皇祖之一体,于当今显彰其雄心,繁荣国家,慈爱百姓之天皇御位。"在以皇室为本家的"君民一体的大家族国家"中,天皇与臣民的关系是"义如君臣,情同父子","作为一大家族国家,亿兆一心奉戴圣旨,充分发挥忠孝之美德,是为我国体之精华"。

---

① 以下有关《国体的本义》的所有引文内容,参见:宮原誠一、丸木政臣、尹ヶ崎暁生、藤岡貞彦『資料日本現代教育史』(第4卷)東京:三省堂、1974年、283~295頁。

第二部分"国体在国史中的显现"首先列举了诸如建武中兴时天皇亲政的实现等日本历史上的若干事例,来证明日本的历史发展就是天皇中心的日本国体的显现。在此基础上,从国土、国民生活、国民性、国民文化等多方面来说明日本国体在日本历史中的体现。在政治上,强调天皇亲政的原则,全面否定立宪君主制和天皇机关说;在军事方面,引用《军人敕谕》阐述天皇作为大元帅统帅日本军队,其军队连战连胜,宣扬了国威,使得日本"立足于世界列强之列,处于承担维持东洋和平进而维持、增进广大人类福祉的责任之地位"。

"结语"部分主要强调皇国臣民面对现今的问题应具有的觉悟和态度,即"首先要致力的事业是,基于国体之本义,醇化引起各种问题的外来文化,创造新日本文化"。

据副田义也的考察,如果把《国体的本义》中的《教育敕语》引文加起来的话,大体上相当于《教育敕语》全文。[①] 由此可以说《国体的本义》全面继承了《教育敕语》的精神。但是,从内容上来看,《国体的本义》又赋予了《教育敕语》一些新的解释,补充了一些新的内容。就《国体的本义》的核心主题——国体理念而言,与《教育敕语》相比,具有如下一些特色:[②]

第一,《国体的本义》大量援用《古事记》和《日本书纪》等中的神话记载来解释国体,使得其国体论带有浓厚的神话、宗教色彩。而《教育敕语》中虽然也有诸如"皇祖皇宗"、"肇国宏远"之类的表述,保留了与神话进行联系的可能性,但是其国体概念基本上停留在作为文化共同体、道德共同体的乌托邦意义,与直接引用神话来说明国体的《国体的本义》,还是有一定距离的。

第二,《国体的本义》中说天皇是现人神。在《教育敕语》中,天皇并不是神,至少根据《大日本帝国宪法》,天皇只是在权限上受到政府和议会限制的君主而已。而且根据当初井上毅起草《教育敕语》的原则(即不与特定宗教、宗派的信仰相矛盾)来看,《教育敕语》中的天皇也不可能被视为神。从国家权力的正式见解来说,天皇被视为神是在否定天皇机关说之后。

第三,《国体的本义》把日本视为以皇室为本家或宗室的"君民一体的一大家族国家"。这一思想在《教育敕语》中并没有明确,只是为作此解释准备了可能性。

---

① 副田義也『教育勅語の社会史』東京:有信堂、1997 年、272 頁。
② 副田義也『教育勅語の社会史』東京:有信堂、1997 年、275~277 頁。

第四,作为臣民的道德规范,《国体的本义》中片面地强调忠孝。而在《教育敕语》中,不仅多元地列举道德规范,而且列举了不少适应新时代需要的道德规范。总体来看,《国体的本义》的教育论相比于《教育敕语》,更接近于《教学圣旨》。可以说,《国体的本义》取的是《教育敕语》的民族主义(nationalism),丢的是《教育敕语》的现代主义(modernism)。

总体来说,《国体的本义》是在日本军部主导的法西斯主义在政治上逐步得势、天皇现人神说取代天皇机关说的时代背景下颁发的政治文书,因此,它在继承《教育敕语》的同时,对《教育敕语》的内容加以引申,将国体概念神话化、宗教化,把神政的、家族国家主义发挥得淋漓尽致。因而被人们视为宣扬日本式法西斯思想的宣传册。

二、法西斯成熟期的道德教育理念

《国体的本义》发行之后不久,1937 年 7 月 7 日,"卢沟桥事变"爆发。日本开始步入全面侵略中国的战争轨道。日本的国家体制迅速军国主义化、法西斯化。1937 年 8 月日本内阁通过了《国民精神总动员实施纲要》,拉开了以"举国一致、尽忠报国、坚韧持久"为三大口号的国民精神总动员运动的序幕,目的就在于建立适应战争需要的举国一致体制。正是在这样的背景下,日本政府于 1937 年 12 月 10 日成立了作为内阁总理大臣咨询机关的教育审议会。审议会由敕命的总裁 1 名和内阁任命的委员 65 人构成,是战前有关教育的审议会中规模最大的审议机构。[①]

内阁总理大臣近卫文麿在教育审议会第一次大会上阐明了设置审议会的目的。他说,由于文化的显著发展和时代的进步,对于教育内容和制度整体,都需要基于根本的、综合的调查和研究,提出具体的改革方策。"特别是考虑到当下我国面临的重大时局,亦即随后而来的内外形势之时,谋求教育的刷新振兴以备我国将来的飞跃发展,是必不可少之事"。因此,设置教育审议会,官民一体,解决当前的问题。教育审议会自 1937 年成立到 1942 年 5 月被废止,共召开了 14 次全体会议、61 次特别委员会会议和 169 次报告整理委员会会议,共提出了 7 份咨询报告和 4 项建议。审议内容涉及初等教育、中等教育、高等教育、社会教育和教育财

---

①　仲新監修『日本近代教育史』東京：講談社、1973 年、335 頁。

政等领域,就当时日本教育上面临的问题,从制度、内容、方法等各方面,提出了详细的改革方策。但是正如篠田弘所指出的那样,审议会的报告和建议与其说是着眼于对日本的教育制度进行根本的改革,莫如说是为了应对全面侵华战争的爆发这一时局,把重点放在贯彻日本教育之根本精神以及为此而进行的内容和方法改革上。贯穿教育审议会改革方案的教育之根本理念就是"皇国之道",它所强调的就是修皇国之道,归一于皇国之道,"炼成"对国家有用之人物。①

教育审议会并没有在道德教育理念上作全面的展开。但是,就在教育审议会工作的同时,日本政府颁发了两份文书,展示了日本适应举国一致体制的道德教育理念:一是 1939 年以天皇名义颁发的《赐予青少年学生的敕语》;二是文部省于1941 年下发的《臣民之道》。

(一)《赐予青少年学生的敕语》

1939 年 5 月 22 日,文部省、陆军省、海军省主办了"陆军现役将校学校配属令"公布 15 周年纪念大会,从全国挑选了 31 000 名学生代表,举行了天皇检阅仪式。当天,天皇将文部大臣荒木贞夫叫到宫中,颁发了《赐予青少年学生的敕语》。同年 7 月,文部省传达了将该敕语的誊写本下发给各学校的指示,并要求各学校从此之后都要于每年 5 月 22 日举行奉读《赐予青少年学生的敕语》的仪式,男子中等学校以上的学校(含青年学校)都要举行分列式,女子学校和小学高年级也要尽可能举行分列式或部队行进等仪式,以纪念天皇检阅。②

《赐予青少年学生的敕语》全文如下:③

培国本,养国力,以永世维持国家隆昌之气运,任极重,道甚远。而其任实系于汝等青少年学生之双肩。期望汝等尚气节,重廉耻,稽古今之史实,鉴中外之时势,精思思索,长其见识,所执不失中,所向不谬正,各自恪守本分,修文练武,振作质实刚健之风气,以堪负荷之大任。

《赐予青少年学生的敕语》颁布之后,文部省于同年 10 月在文部省内设置了"关于圣训述义的协议会",召开了 7 次会议,主要任务就是对《赐予青少年学生的

---

① 仲新監修『日本近代教育史』東京:講談社、1973 年、337 頁。
② 安川寿之輔『十五年戦争と教育』東京:新日本出版社、1986 年、111 頁。
③ 《赐予青少年学生的敕语》的全文参见:佐藤秀夫『続・現代史資料 8』(教育・御真影と教育勅語 1)東京:みずほ書房、1994 年、426 頁。

敕语》和《教育敕语》进行述义解释，并解释二者之间的关系，以作为编纂教科书的重要指针。根据该协议会的理解，《赐予青少年学生的敕语》可分为两段：第一段从开头到"系于汝等青少年学生之双肩"，主要阐述青少年学生肩负的谋求国家兴隆的大任；第二段从"期望汝等尚气节"到结尾，主要教导青少年为了完成大任应该遵循的修养须知和实践方法。

协议会在讨论过程中指出了《赐予青少年学生的敕语》的三个特点：第一，该敕语并非以 1939 年 5 月 22 日天皇检阅学生代表为契机而颁发的，主要是出于当时时局严峻的考虑；第二，这是天皇首次仅以青少年学生为对象而颁发的敕语，仅此就可以让学生感受到责任和进而产生感激之心；第三，这是天皇针对所有男女学生颁发的敕语。关于《赐予青少年学生的敕语》与《教育敕语》的关系，协议会认为，《赐予青少年学生的敕语》是从青少年的立场对《教育敕语》中的"扶翼皇运"的解释，但同时还指出，《教育敕语》中的"扶翼皇运"与《赐予青少年学生的敕语》中的"负荷之大任"虽然在目的上是相同的，但是后者是在特别考虑到了时局的特性基础上提出的。① 而所谓的时局，不外乎就是日本由于全面侵略中国遭遇到顽强抵抗而不得不建立的国家总动员体制。《赐予青少年学生的敕语》实际上是政治权力借用天皇的语言，将所有青少年学生纳入到国家总动员体制中去。② 也正如森川辉纪所说的那样："如果说 1908 年的《戊申诏书》为了适应日俄战争后的帝国主义化而强调'实业'的价值，那么这次的《赐予青少年学生的敕语》则是适应战时体制，强调'军事'（武）的价值。"③

（二）《臣民之道》

《臣民之道》发布于 1941 年 7 月，是由 1937 年成立的文部省教学局编纂发行的。全文的内容目录主要如下：④

序言

---

① 副田義也『教育勅語の社会史』東京：有信堂、1997 年、286～287 頁。
② 副田義也『教育勅語の社会史』東京：有信堂、1997 年、288～289 頁。
③ 森川輝紀『国民道徳論の道「伝統」と「近代化」の相克──』東京：三元社、2003 年、212 頁。
④ 文部省『臣民の道』［EB/OL］http://www2s.biglobe.ne.jp/～shigeaki/ShinminMi-chi.html. 2006-04-03.

第一章　建设世界新秩序

　一、世界史的转换

　二、建设新秩序

　三、确立国防国家体制

第二章　国体与臣民之道

　一、国体

　二、臣民之道

　三、祖先之遗风

第三章　实践臣民之道

　一、作为皇国臣民的修炼

　二、国民生活

结语

　　总体来看,《臣民之道》的内容除了第一章之外,基本上与《国体的本义》类似,也正因如此,《学制八十年史》将其视为《国体的本义》的通俗版、普及版。但是副田义也认为,正是第一章的新内容使得《臣民之道》有别于《国体的本义》。[①] 下面就按照顺序简要地概括一下《臣民之道》的主要内容。

　　"序言"部分主要基于欧美文化的流入导致日本传统文化受损这一现状的认识,强调排斥自我功利思想,弘扬实践以服务国家为第一义的皇国臣民之道,乃是当前之急务。内容与《国体的本义》的"绪言"相似。

　　第一章"建设世界新秩序"主要阐述当前世界正处于重大历史转换期——个人主义、自由主义、唯物主义支配下的旧世界秩序正处于崩溃之边缘,需要建设新的世界秩序;指出"卢沟桥事变是日本长期受到压抑的国家生命的爆发",以此事变为契机,日本在列强的监视下迈开了创造道义世界、建设新秩序的第一步;强调日本要履行建设新世界秩序的使命,确立国防国家体制刻不容缓。

　　第二章"国体与臣民之道"与《国体的本义》的内容相似,主要阐明要完成建设新世界秩序的使命必须遵循的国体和臣民之道。即明确"万世一系的天皇奉皇祖之神敕永远统治"的国体和"臣民亿兆一心,践履忠孝之大道,以赞天业"的臣民之道。第一节"国体"中指出,只有"君民一体"的日本才能够建设道义世界。因为是

---

① 　副田義也『教育勅語の社会史』東京:有信堂 1997 年、294 頁。

家族国家,所以也可使世界成为一个家族。第二节"臣民之道"有两处引用了《教育敕语》的所有德目,引文相当于《教育敕语》全文的三分之二。

第三章"实践臣民之道"基本上是《国体的本义》后半部分内容的概括,强调实践臣民之道乃是国民当前的课题,并阐述了臣民要重修行,作为皇国臣民,修炼要基于皇国之道,要教与学、知与德如一。而且还结合国民生活的具体情况,教导臣民践履臣民之道的须知。

如前所述,《臣民之道》有别于《国体的本义》之处,主要在于其第一章对世界局势的认识。正是在这一世界历史认识基础上,要求国民遵循"臣民之道"。然而,其历史认识与其说是客观的世界认识,莫如说是一种主观臆想,带有自我欺骗的妄想性。副田义也结合日本的民族主义对《臣民之道》进行了分析,并指出其如下几个特性:(1)它未意识到日本民族主义的原罪,即日本的独立是以侵略为条件的;(2)它将日本民族主义侵略自我目的化了,具有美化侵略的蒙骗性;(3)它没有看到日本的民族主义与邻国的民族主义形成对抗,并在国际社会中受到非难的事实;(4)它只体现了导致国际孤立的军事官僚的民族主义,而忽视了重视国际协调的民族主义;(5)它没有日本的民族主义将导致日本亡国的预感。[①]

第三节　"皇国民炼成"道德教育体制

一、"皇国民炼成"道德教育体制的建立与崩溃

"炼成"这个词在今日之日本社会几乎是一个"死语",但是在 20 世纪 40 年代却流行一时,势不可挡。尽管其流行的时间在日本近代教育史中只不过短短几年,但却代表了日本现代化扭曲和中断期道德教育乃至整个国民教育体制的特征。

1941 年 3 月,文部省根据教育审议会的建议颁布了《国民学校令》,其中第一条规定:"国民学校,以依据皇国之道,实施初等普通教育,进行国民的基础性炼成为目的。"自此之后直至 1945 年 8 月日本战败为止,"炼成"就作为战时日本学校教育的最高目的君临于日本的教育界。正如土屋忠雄所指出的那样,在日本的

---

①　副田義也『教育勅語の社会史』東京:有信堂、1997 年、298～305 頁。

"近代学校史上,不以教育为目,而提出以炼成为目的,还尚属首次"。① 也就是说,"炼成"的出现具有取代"教育"的意味,也意味着要对明治以来的教育理念进行根本的清算。所以,寺崎昌男说:"'炼成'这一词语,是内含对以往教育的批判、'革新'原理而由文部省创出的造词"。②

根据1940年的《文部省国民学校教则案说明要领及解说》的官方解释,所谓"炼成",就是"磨炼育成之意","是依据皇国之道,将儿童内在的所有力量即全部能力集中到正确的目标上,育成、强化国民性格"的教育方法。不过,寺崎昌男认为,"炼成"并非单纯的教育方法,而是深含"皇国之道"这一目的的方法概念。因此,他赞成"所谓炼成,就是磨炼和育成皇国臣民的素质"这样的界定,并认为用"皇国民的炼成"这一术语才是完整的表述。基于这样的认识,他把炼成视为方式而非方法,认为"方式与所谓的教育方法不同,指的是包含教育目的、内容、方法的总体教育实践的形式"。③ 寺崎的观点应该是符合当时日本的教育实际的,因此,我们在此透过对"炼成"体制的考察来了解战时日本道德教育的体制。

(一)"皇国民炼成"体制的演变

"炼成"一词之所以能够登上日本的教育舞台,成为日本教育目的的正式用语,主要是两大背景因素交杂在一起发挥着作用。一是旨在构筑总体战体制的社会、政治动向,即随着战争的逐步扩大,军部的国民动员和政府的国民整合运动逐步合为一体;二是围绕所谓思想问题而引发的教育领域的全面重组。前者属于来自教育外部的要求,后者则属于教育内部的发展,但均与作为国家总体战的重要要素——思想战或精神动员密切相关。④ 所以,可以说,炼成就是直接应总体战的要求而登场的。也正因如此,其对象超越了学校教育的范围,涉及所有国民的一切生活领域,延伸到国家机构的各个角落。

虽然"炼成"一词正式作为日本的教育目的用语最早出现于1941年的《国民

---

① 石田雄ほか『教育学全集3·近代教育史』東京:小学館、1968年、204頁。
② 寺崎昌男、戦時下教育研究会『総力戦体制と教育』東京:東京大学出版社、1987年、5頁。
③ 寺崎昌男、戦時下教育研究会『総力戦体制と教育』東京:東京大学出版社、1987年、1～5頁。
④ 寺崎昌男、戦時下教育研究会『総力戦体制と教育』東京:東京大学出版社、1987年、5頁。

学校令》中,但是,"炼成"这一概念出现于当政者的头脑中却远在此前,而且其含义也随局势的发展而不断地发生着变化。1942 年,时任文部次官菊池丰三郎的回忆就证明了这一点。他说:"在文部省,谈论'炼成'或'国民炼成',已经是 10 年前的事了。那是昭和八、九年前后,因为学生思想调查等的事情而研究讨论教育改善方策时的事了。此后,设置了教学刷新评议会,进而又于最近成立了教育审议会,其含义也越来越加深了。"①因此,我们赞成寺崎昌男的说法:"作为教育概念的炼成,虽然是直接应总体战的要求而登场的,但是另一方面它又包含对明治以来的教育现代化过程中积累的各种矛盾进行总决算的一面,炼成绝不是 20 世纪 40 年代突然冒出的,是具有某种历史根据而登场的。""炼成既有前史,也有后史。"②寺崎基于这一认识,将以全体国民为对象的"炼成体制"在国家层面的成立过程从政策史的角度将其分成五个时期。③ 以下就主要依据寺崎的历史分期来考察、分析一下日本现代化扭曲与中断期的道德教育体制——"皇国民炼成"体制。④

"皇国民炼成"体制的第一期从 19 世纪 20 年代后半期开始到 1936 年前后。这一时期,可称作炼成的先行形态的非学校式教育方式抬头,并开始向国民教育内部流入。关于"炼成"的由来,一直就有各种说法,但是有两点基本是共同的:一是认为炼成"是日本传统教育的教育方法";二是认为它是与以知识为本的学校教育结构具有不同性质的"以人的修养为本而确立的结构"。也就是说,炼成的原型并非源自教育界内部,而是出自外部对近代学校批判的谱系。炼成的直接而且是最重要的先行形态是二十世纪初到三十年代在日本社会上兴起的广义的修养运动。教育学家宫坂哲文将其区分为两种类型:其一是到实际的宗教修行道场去参拜;其二是在宗教修行道场以外的其他一定场所进行集体住宿训练。⑤ 前者主要

---

① 菊池豊三郎「皇国民錬成の眼目」『日本教育』第 2 巻第 9 頁、1942 年 12 月。
② 寺崎昌男、戦時下教育研究会『総力戦体制と教育』東京:東京大学出版社、1987 年、4 頁。
③ 寺崎昌男、戦時下教育研究会『総力戦体制と教育』東京:東京大学出版社、1987 年、15~20 頁。
④ 以下引文,除特别标注的之外,均请参见:寺崎昌男、戦時下教育研究会『総力戦体制と教育』東京:東京大学出版社、1987 年、15~52 頁。
⑤ 宫坂哲文「『行』教育運動の根底」『帝国教育』第 764 号、1942 年 6 月、8 頁。

是指大正中期以后"学生和一般知识阶层"作为个人修养手段开始参加的禅宗、日莲宗等的修行;后者是非宗教但却采用宗教修行方式的修养运动,亦即炼成的直接原型。[①] 除了这种民间的修养运动之外,军队教育也具有作为炼成先行形态的性质。据寺崎的推测,"炼成"一词直接受到军队教育用语"练成"的影响。据参谋本部第二部长永田铁山的解释,军队教育中的所谓"练成",并非以每个军人个体为对象,而是将团体作为一个教育的客体,是将干部士兵组成的一体进行教育训练。[②]

民间修养运动和军队教育自大正中期开始逐渐对学校教育产生影响,导致了"炼成"的出现。1925 年和 1926 年,日本政府公布了《陆军现役将校学校配属令》、《青年训练所令》,在青年教育领域实施军事教练制度,在学校成立少年团,导入军队式集体训练,等等。这些都体现了军队教育的影响。另一方面,学生和教师广泛加入民间修养团体,作为思想对策之一环而实施的教师再教育地点定在寺院、神社以及当时流行的农民道场,也体现了民间修养运动的影响。1935 年 11月,在文部省设置教学刷新评议会的宗旨说明中,首次出现了"炼成"一词。在1931 年的教学刷新评议会的咨询报告中,虽然没有采用"炼成"一词,但却多次使用了与后来的"炼成"一词含义大体相同的"修炼"一语,并且建议"设置修养锻炼之道场",推进以道场的方式培养学生的品格。应该说这份咨询报告在炼成观的形成过程具有重要的意义。但是,从总体而言,1937 年之前的"炼成"或"修炼",大多是孤立的、单发性的,没有达到动摇教育整体结构的程度。

第二期从 1937 年 12 月教育审议会的成立到 1940 年左右。在这个时期,炼成不仅以具体的实践形态出现,而且被明确作为教育审议会咨询报告中关于国民

---

① 以上这种民间的修养运动,从人的形成的方式角度来看,具有如下几个特点:(1) 是在与日生活隔离的特定设施(道场)中进行的;(2) 重视宗教活动、身体活动、农耕作业等身心一体的行为活动,是具有反知性主义、精神主义背景的实践至上主义;(3) 相比于个人修养,更重视在师徒一体的住宿生活中的集体修养;(4) 以作为国民中坚的青年和成人为主要对象,具有一种人格改造机能;(5) 作为前提,贯穿着皇室中心主义。参见:寺崎昌男、戦時下教育研究会『総力戦体制と教育』東京:東京大学出版社、1987 年、29 頁。

② 军队教育中的这种练成具有如下特征:(1) 以大队和中队等集团为对象;(2) 以演习为典型的实践训练;(3) 是各种军队内教育的集大成教育。参见:寺崎昌男、戦時下教育研究会『総力戦体制と教育』東京:東京大学出版社、1987 年、31 頁。

学校教育目的的用语,迅速成为教育界的流行用语。就其前提而言,主要是"卢沟桥事变"爆发之后,随着日本全面侵华战争的不断扩大,基于军方直接要求而实施的国民动员和政府主导的精神动员相互交杂于一体。也就是说,"炼成"是在军队教育系谱与民间修养运动系谱的合流中兴起的。1938 年 6 月教育审议会发表的《青年学校教育义务制实施纲要》的说明和文部省次官通告《关于实施集体劳动作业运动的文件》中都把"炼成"作为其宗旨提出。炼成实践不仅体现在青年教育领域,而且形成了一定的社会基础。文部省开始将"国民精神总动员运动"视为"一种训育运动",在动员学校组织学生参加神社参拜和劳动服务等各种活动的同时,还与国民训育联盟这样的民间团体合作,促进"行的教育"在学校中的推广。在产业报国运动中,厚生省发布通告,指示"要设立如住宿讲习那样以'行'为中心的特别教养机会"。根据这样的指示,各地设立了培养工厂指导者的道场。总而言之,一场被称作"行的运动"超越了教育界的范围,在日本国民生活的各个领域扩展开来。

正是在这样的背景下,教育审议会自 1938 年之后相继提出了一系列的咨询报告,并在咨询报告中将"炼成"作为国民学校、中等学校、师范学校、青年学校等的目的用语,将"修炼"作为大学、专门学校、社会教育的目的用语。在此过程中,文部省于 1939 年 5 月以天皇的名义发布了《赐予青少年学生的敕语》,要求青少年学生"修文练武",以堪大任。至此,"炼成"或"修炼"首先在教育界确立了稳固的地位。不过,在学校教育领域中采用的炼成,并非其他领域中开展的"道场中心方式",而是一种通过包含"学习"要素在内的全体生活来进行的炼成,也可称之为"生活型"的炼成。

第三期从 1941 年 3 月颁布《国民学校令》开始到 1943 年左右。在这一时期,"炼成"一词超出教育界范围在全社会引起巨大反响。从 1942 年开始,社会上出现了各种炼成论。炼成由此超出了作为学校教育方法的层次,扩大到了全体国民的范围,成为广义的国民教育或国民生活的重组原理。而构成炼成扩大影响的重要背景,就是 1941 年 12 月太平洋战争的爆发迫使日本全面进入总体战体制。随着总体战体制的不断强化,日本政府相继颁发了《战阵训》、《臣民之道》、《礼法要领》等一系列规定战时日本国民生活方式的重要理念文书。1942 年 5 月,大东亚建设审议会发表了关于文教政策的咨询报告,确定了"要建立健全原则上教育由国家运营之体制……确立一贯的国家教育计划,使学校、家庭和社会形成一体,进行皇国民的炼成"之方针。^① 由此,炼成成为培养"大东亚之领导国民"不可缺少的理念。

这一方针或理念进而在各种各样的国家体制中被具体化了。1942 年,大东亚省在总务局内设置了"炼成课",1943 年又将 1941 年成立的"兴亚炼成所"和 1942 年成立的"兴南炼成院"合并为"大东亚炼成院",以完善旨在培养侵略大东亚的日本人的炼成机关。文部省于 1942 年设置了"国民炼成所"。翌年,又将"国民炼成所"和"国民精神文化研究所"合并为"教学炼成所",主要用作校长和高级教员的再教育机关。农林省和厚生省针对农民骨干和工人干部也开展了炼成运动。内务省则在 1940 年就发布训令,将部落会、町内会等基层行政组织规定为"实现国民之道德炼成和精神团结的基层组织",旨在将炼成作为从基层生活整合国民的手段。^② 大政翼赞会也于 1941 年 4 月成立了"炼成部"(后来扩大为局),在中央训练所这样的机关实施国民各阶层领导者的炼成。其麾下的各种组织也都设立了负责炼成的部局。大日本翼赞壮年团、大日本产业报国会、商业报国会、大日本青少年团、大日本妇人会等组织,还设置了各自的中央训练所或中央道场,进而在府县、地方等各个层次实施炼成事业。1942 年 9 月,翼赞会炼成局编制了《国民炼成基本纲要》,将各种组织的国民炼成事务和机关统统收归大政翼赞会管理,以实现国民炼成事业的组织一元化。

由此确立的"炼成体制"具有如下几个特点:第一,炼成的目的并非单纯的教育或修养,而是与"皇国之道"和"肇国之精神"这一大东亚战争下的天皇制意识形态建立了直接而密切的联系;第二,炼成的对象超越学生和国民领导者层次,涉及全体国民;第三,炼成场所、机关遍布国家机构和国民生活的各个角落;第四,炼成的内容和方法具有统一的规准。^③

第四期从 1943 年开始到 1945 年 8 月结束。这一时期是"炼成体制"走向崩溃的阶段。随着决战阶段的到来,国内外形势的日趋严峻,"炼成体制"已经缺乏充分展开的余地,炼成理念的混乱也逐步扩大。在此过程中,炼成变成了神风突

---

① 企画院研究会『大東亜建設の基本綱領』東京:同盟通信社、1943 年、299 頁。

② 内務省訓令第 17 号「部落会町内会等整備要綱」。

③ 寺崎昌男、戦時下教育研究会『総力戦体制と教育』東京:東京大学出版社、1987 年、19 頁。

击队"特攻"所象征的诱骗国民去送死的"自发性"强制装置。而且,学童疏散、劳动动员、战时防空生活等非常事态也都被解释为炼成,足见"炼成"的含义已经被无限制地扩大。虽然"炼成"一语当初是作为一个与军事上的"动员"和政治上的"整合"密切相连的概念发挥其功能的,但是毕竟还具有作为教育概念的一面。而今,事实上已经逐渐失去了其作为教育概念的特征。也就是说,炼成在无限膨胀中自我消解了。

(二)国民学校教育中的"皇国民炼成"体制

下面我们来考察一下学校教育中的"皇国民炼成"体制。在学校教育中最全面地接受炼成理念并付诸实践的,当属国民学校。因此,下面重点考察一下国民学校的炼成。

根据教育审议会的建议,文部省于 1941 年 3 月 1 日公布了《国民学校令》,14 日又公布了《国民学校令施行规则》,从同年 4 月 1 日开始正式实行国民学校制度。从《国民学校令》的规定来看,日本的初等教育制度发生了如下几点变化:

第一,明治以来沿用了 70 年的"小学校"名称被改为"国民学校"。

第二,国民学校修业年限为 8 年,均为义务教育,比原来的 6 年义务教育延长了 2 年(但后来由于战争的原因,未能实现)。

第三,国民学校分为初等科和高等科,初等科修业年限为 6 年,高等科修业年限为 2 年。

第四,为高等科毕业者设置特修科,修业年限为 1 年。

第五,初等科设置国民科、理数科、体练科和艺能科 4 门学科,高等科除了这 4 门学科之外,还设置了实业科。每门学科之下还设置了若干科目。国民科设置修身、国语、国史和地理等 4 门科目;理数科设置算数和理科 2 门科目;体练科设置体操和武道两门科目(女生可不修武道);艺能科设置音乐、习字、图画和手工 4 个科目(此外,初等科还为女生设置了裁缝、高等科为女生设置了裁缝和家务科目);实业科设置了农业、工业、商业和水产科目,高等科可增设外语等科目。

第六,强化了就学义务。废除了以往因贫困原因可以申请免除就学义务或延期的制度;采取设置特别养护制度等措施,促进身心异常儿童的就学;基于国民学校是国家设施的考虑,废除了以往承认的可以在家庭接受义务教育的制度。

第七,新设教头,成为继校长之后的管理职位。①

《国民学校令》第一条就明确规定了"国民学校以遵循皇国之道,实施初等普通教育,进行国民的基础性炼成为目的",意味着国民学校是以进行国民的基础性炼成为目的而诞生的。《国民学校令施行规则》进一步规定了国民学校的教育方针:

第一,奉体《教育敕语》的宗旨,通过教育之整体,修炼皇国之道,特别要加深对国体的信念。

第二,应使其掌握国民生活所必需的普通知识技能,醇化情操,培育健全的身心。

第三,在明晰我国文化特质的同时,知晓世界之大势,自觉皇国之地位和使命,启培大国民之素质。

第四,应身心一体地开展教育,避免教授、训练、养护的相互分离。

第五,各学科及科目要在发挥各自特色的同时,密切相互之间的联系,以使之归于国民炼成之一途。

第六,应重视仪式、学校例行活动等,并使之与学科成为一体,以举教育之实。

第七,应密切与家庭和社会的联系,以使儿童教育成为一个有机整体。

第八,应根据国民生活具体实际开展教育,高等科还需对其未来的职业生活有适当的指导。

第九,应考虑儿童的身心发展、男女特性、个性、环境等因素,实施适当的教育。

第十,要唤起儿童的兴趣,养成自修的习惯。②

从以上的规定,并结合《国民学校令》的有关规定,可以发现国民学校的炼成体制具有如下特点:(1)在学科教育上,开始由分科教育向学科整合转变。(2)强调学科教育与仪式、学校例行活动等学科外活动的相互联系;(3)强调学校与家庭和社会之间的密切联系。总而言之,国民学校的炼成意在整合学校教育的方方面面,动员学校教育各领域充分发挥各自的教育功能,以达到培养"大国民"素质的目的。

---

① 《国民学校令》的有关规定,参见:奥田真丈监修『教科教育百年史・资料编』东京:建帛社、1985 年、259 页。

② 奥田真丈监修『教科教育百年史・资料编』东京:建帛社、1985 年、260 页。

　　有研究揭示,国民学校制度实施之后,国民学校中的炼成实践和研究轰轰烈烈地开展起来,形态复杂多样,不过大体上有这么几种类型:第一,以学校例行活动、仪式、训练之类的学科外活动为重点;第二,以少年团为中心组织教育活动,并与学校例行活动和学科教育有机结合;第三,利用宗教性的"行"实践,构成炼成的主要内容;第四,将军人援护教育作为学校经营的支柱,并贯穿于从学科教育到例行活动、仪式、少年团活动等所有活动之中;第五,在学科教学中重视炼成实践的研究;第六,为谋求家长对新制度的理解,并进而作为社区教化方法,搞活母之会、母姐会的活动,对家庭教育施加影响。而其中最普遍的炼成形态是第一种类型。① 这说明在国民学校的炼成中,首先表现为以仪式、少年团活动为中心的学科外教育的扩大乃至膨胀。

　　这一点我们可以从东京都本乡区诚之国民学校的仪式等学科外例行活动的变化及其内容中看出。从 1940 年开始,诚之国民学校除了入学典礼、开学典礼等定期的学校仪式之外,逐渐增加了其他仪式或例行活动,1940 年有 25 次,1941 年26 次,1942～1943 年度达到 30 次。该学校 1943 年实施的仪式、参拜之类的活动有②:神武天皇祭(4 月 3 日)、大诏奉戴日(4 月 8 日)、靖国神社临时大祭(4 月 24日)、天长节(4 月 29 日)、升挂鲤鱼旗(5 月 1 日)、端午节(5 月 5 日)、大诏奉戴日(5 月 8 日)、敕语奉读式(5 月 22 日)、海军纪念日(5 月 27 日)、大诏奉戴日(6 月 8日)、季节纪念日(6 月 10 日)、大诏奉戴日(7 月 8 日)、都制施行奉告暨纪念式(7月 10 日)、大诏奉戴日(8 月 8 日)、大诏奉戴日(9 月 8 日)、白山神社例祭(9 月 21日)、军人援护敕语奉读式(10 月 3 日)、靖国神社祈愿参拜(10 月 3 日)、大诏奉戴日(10 月 8 日)、靖国神社遥拜式(10 月 16 日)、忠灵塔参拜(10 月 27 日)、创立纪念日(10 月 30 日)、《教育敕语》下赐纪念日(10 月 30 日)、明治节(11 月 3 日)、大诏奉戴日(11 月 8 日)、多摩御陵参拜(11 月 25 日)、英灵室参拜(12 月 7 日)、大诏奉戴日(12 月 8 日)、靖国神社参拜(12 月 10 日)、皇太子殿下生日(12 月 23 日)、新年拜贺式(1 月 1 日)、大诏奉戴日(1 月 8 日)、大诏奉戴日(2 月 8 日)、纪元节(2

---

　　①　寺崎昌男、戦時下教育研究会『総力戦体制と教育』東京:東京大学出版社、1987 年、104～105 頁。

　　②　寺崎昌男、戦時下教育研究会『総力戦体制と教育』東京:東京大学出版社、1987 年、105 頁。

月 11 日）、大诏奉戴日（3 月 8 日）、陆军纪念日（3 月 10 日）。

除了仪式以及在仪式基础上派生出来的各种例行活动之外，这个时期的少年团活动也越来越活跃。比如诚之国民学校在 1941 年 5 月 22 日举行了少年团组成式之后直到 11 月，主要是分班进行上下学训练，但是在太平洋战争爆发之后，开始实施列队行进，少年团由此成为进行团体训练的机会。从 1942 学年度开始，不再像以往那样以少年团为单位举行活动，而是以参与像本乡区少年团训练动员大会（9 月 1 日）、东京市少年团主办的水上炼成大会（9 月 5 日）、青少年团水上炼成大会（9 月 8 日）、少年团体练大会（11 月 9 日）这样的例行活动为中心。此外，还利用"冬季休课日"进行诸如学区内的清扫活动或母子寮慰问（10 月 4 日）、岩佐中佐出生之家的访问（2 月 24 日）之类的社区活动。伴随少年团活动的活跃，学科外教育活动进一步扩大。当时的文部省初等教育课课长清水虎雄在《日本教育》杂志 1942 年第 1 期发表的《大东亚战争与国民教育》一文中的一段话，也从一个侧面证明了当时的学科外教育实践是如何的盛行：

有教育者认为国民学校如果不开展学科以外的活动就不成其为炼成。这一点自不待言，但是国民学校炼成教育的主体是在国民科、理数科、体练科、艺能科、实业科等各学科中进行的，皇国民的素质需要通过各学科才能真正炼成。例行活动训练的时间不是炼成的主体，体练科也不是炼成教育的重点。①

尽管在实践中，国民学校的炼成被很多人理解为以学科外教育为主体，但是从文部省的意图来说，炼成是以学科教育为主体的。这一点也可以从《国民学校令施行规则》关于各学科的宗旨或目的规定中看出：国民科"以习得我国之道德、语言、历史、国土国势等，特别是明晰国体之精华，涵养国民精神，自觉皇国之使命为要旨"；理数科"以获得准确地考察、处理通常之事物现象的能力，并将之导之于生活实践中的合理创造精神，培植为国运发展之基础为要旨"；体练科"以锻炼身体，磨炼精神，培育阔大刚健之身心，培养献身奉公的实践能力为要旨"；艺能科"以修炼国民所需的艺术技能，醇化情操，以充实国民生活为要旨"；实业科"以领会产业之一般，在获得有关农业、工业、商业或水产的普通知识技能的同时，养成勤劳的习惯，自觉产业的国家使命，培植为国运发展作贡献的基础为要旨"。

---

① 寺崎昌男、戦時下教育研究会『総力戦体制と教育』東京：東京大学出版社 1987 年、108 頁。

表 6-1　　　　　　国民学校初等科各学科、科目的教学时数

学科	科目	教学时数					
		一年级	二年级	三年级	四年级	五年级	六年级
国民科	修身	10	11	2	2	2	2
	国语			8	8	7	7
	国史			1		2	2
	地理					2	2
理数科	算数	5	5	5	5	5	5
	理科			1	2	2	2
体练科	武道	5	6			6	6
	体操			6	6		
艺能科	音乐	3	3	2	2		
	习字			1	1	1	1
	图画			2	男4 女2	男4 女2	男4 女2
	手工						
	裁缝（女）				2	2	2
每周教学时数		23	25	27	31	33	33

资料来源：奥田真丈监修『教科教育百年史』东京：建帛社、1985 年、175 页。

　　由这些目标规定以及各学科、科目的教学时数安排（参见表 6-1、6-2）可以看出，所有学科都承担着"皇国民炼成"的使命，而其中最为重要的当然是处于首位学科地位的国民科了。《国民学校令施行规则》对国民科下设的 4 个科目的目的作出了如下的规定：国民科修身"要基于《教育敕语》之旨趣，指导其实践国民道德，培养儿童的德性，使其自觉皇国道义之使命"；国民科国语"要使其掌握日常之国语，养成其理解能力和表达能力，通过国民性的思考感动，涵养国民精神"；国民科国史"要使其理解我国历史之大要，自觉皇国的历史使命"；国民科地理"要使其理解我国国土国势及诸外国情势之大要，培养爱护国土之精神，使其认识到皇国在东亚以及世界的使命"。除了国民科之外，体练科以其"身体力行"的特质而在炼成中占有举足轻重的地位。体练科下设的体操明确"要课以体操、教练、游戏竞技及卫生，在谋求身心健康发展的同时，进行团体训练，培养遵守纪律、崇尚协同

的习惯",武道"要使其习得简单的基础动作,锻炼身心,以涵养武道"。①

表 6-2　国民学校高等科各学科、科目的教学时数

学科	科目	教学时数	
		一年级	二年级
国民科	修身	2	2
	国语	4	4
	国史	2	2
	地理	2	2
实业科	农业科	男5 女2	男5 女2
	工业科		
	商业科		
	水产科		
理数科	算数	3	3
	理科	2	2
体练科	体操	男6 女4	男6 女4
	武道		
艺能科	音乐	1	1
	习字	3	3
	图画		
	手工		
	家务	5	5
	裁缝(女)		
每周教学总时数		33~35	33~35

资料来源:奥田真丈监修『教科教育百年史·资料编』東京:建帛社、1985 年、265 頁。

----

① 以上有关《国民学校令施行规则》的引文均请参见:奥田真丈监修『教科教育百年史·资料编』東京:建帛社、1985 年、260~265 頁。

　　负责国民学校初等科教科书编辑工作的文部省图书局编修课课长井上赳,在国民学校制度行将实施的 1941 年 3 月 30 日,就智育与炼成的关系,发表了如下的讲话,说明了学科教育在炼成中的作用:

　　最近的言语中,人们在谈论所谓偏重知识的教育一事。说是必须打破这种偏重知识的教育。国民学校的确应该排除这种偏重知识的教育而开展身体力行的教育。这种身体力行的教育就是修炼,就是炼成。说什么要让儿童脱离学科去坐禅,那不是国民学校的教育。……适应儿童的身心发展进行修炼、炼成,才是国民学校教育的思想,……以往动不动就把中等学校的入学考试作为目标,把死记硬背一些无用的片断性知识者选拔为优等生。要排斥的就是这种教育。①

　　不难看出,井上的这种"身体力行的教育"、"适应儿童身心发展"的教育中含有否定偏重知识的教育和重视体验的思想。他这种炼成观自然也影响到国民学校教科书的编辑。

　　必须指出的是,国民学校这种以学科外教育和学科教育为两翼的炼成体制,随着战局不断恶化,也在不断地发生变化。自 1943 年内阁通过"学生战时动员体制确立纲要"之后,以中等学校以上为对象的动员体制不断强化。不久,这种劳动动员运动也以增加劳动作业的形式波及国民学校。1944 年 1 月 10 日,文部省国民教育局长向各地方长官发布了《关于国民学校教育的战时非常措施的函》,要求强化国防训练和劳动动员。根据这一通告,国民学校高等科的劳动作业时间由原来的 30 天延长到 60 天,而且劳动作业被视为"修炼",在修炼的名义下实施。与此同时,学科教育的重点也发生变化,特别要求从"体现行学一体之本义"的观点,加强有关精神训练、国防训练、增强生产、职业指导等事项的教育。1944 年 8 月 24 日,文部省又以文部次官的名义向地方长官发布了《关于国民学校儿童及青年学校学生劳动协力的函》,要求国民学校初等科的学生也要参与劳动协力。1945 年 3 月 18 日,根据内阁通过的决战教育措施纲要,要求初等科以外的所有学生从 1945 年 4 月 1 日开始原则上停课 1 年,以参与到粮食总产、军需生产、防空防卫及

---

　　① 寺崎昌男、戦時下教育研究会『総力戦体制と教育』東京:東京大学出版社、1987 年、111 頁。

其他与决战直接相关的业务中去。根据这些法令,国民学校实践中劳动作业的比重日趋增大。

此外,1944 年 6 月 30 日,日本政府公布了《学童疏散促进纲要》。根据这一纲要,东京和其他重要都市的学童开始集体疏散。疏散期间,学童的炼成依然受到高度重视,只是炼成的内容和形式都进行了相应的调整。比如东京都早在 1944 年 4 月就开设了东京都国民学校战时疏散学园,并确立了疏散学园的教育方针:(1)进行行学一体、师徒同行的炼成,特别要重视生活训练;(2)要重视劳动,根据农耕畜产及其他环境的特点,要求学生进行劳动作业;(3)课堂学习、劳动的时间分配,要考虑环境形势的状况,适当调整,等等。可见,在战时体制下,劳动动员、学童集体疏散也都在"行学一体"的名义下被视为炼成实践,得到了大力推进。但是正如有学者指出的那样,"实际上,由于集体疏散,儿童被剥夺了学校和家庭生活的场所,国民学校设置当初的'生活型'炼成的基础已经丧失"。[①]

二、"皇国民炼成"体制下的修身教育内容与方法

(一)修身教科书的修订

自 1931 年"九·一八事变"之后,随着战争的逐步升级,日本开始逐步确立、强化法西斯体制,教育也被纳入极端国家主义、军国主义的轨道。在此背景下,日本政府两次对国定修身教科书进行了修订,即所谓的第四期和第五期国定修身教科书。[②]毫无疑问,这两期的修身教科书浓厚地反映了这个时期的特色。

1.第四期国定修身教科书

文部省早在 1932 年就开始向高等师范学校和道府县师范学校征求有关改善寻常小学修身书内容的意见,并组织修身书编纂者实地参观教学。此外,为了改善修身书的内容,还向教科书调查会提出咨询,并参考调查会的咨询报告,确定修订修身教科书的方针。在此基础上,开始了寻常小学修身书的修订。寻常小学修身书从 1934 年开始每个年度出版一个年级的用书,到 1939 年全部出版完毕。高

---

① 寺崎昌男、戦時下教育研究会『総力戦体制と教育』東京:東京大学出版社、1987 年、117 頁。

② 寻常小学修身书为第四期,高等小学修身书为第三期。

等小学修身书的修订程序基本与寻常小学修身书一样，并从 1930 年 4 月开始每年度出版一个年级用书，至 1932 年出版了所有 3 册。在出版发行修身教科书的同时，文部省还按年级编写了配套的《国定小学修身书编纂趣意书》，包括序言、编纂的根本方针、教材的选择和排列的一般方针、教科书的种类和任务、题目、实例、训辞，教师用书、儿童用书、挂图等内容。

第一，从教科书的内容上来看，整体上特别强调神国观念和军国主义道德。作为教科书的编纂方针，寻常小学《国定小学修身书编纂趣意书》中指出："要依据《小学校令施行规则》第 2 条的规定，基于《教育敕语》的宗旨，教授对于成为忠良臣民来说适当的道德之要旨，以涵养儿童的德性，指导道德实践，特别要明征国体观念"。[①] 高等小学也基于类似的方针编纂教科书。从具体的内容上来看，这一期的修身教科书充分体现了在忠孝原理之下整合臣民道德，贯彻基于家族国家主义的国体明征思想的意图。具体地说，如果要把教科书中出现的主要德目分成有关国家的道德、有关人际关系的道德和个人道德的话，那么对国家的道德就占了全部道德的 35％。[②] 其中，有关天皇、国体、国民义务的道德占了很大的比重，此外还有"纪元节"、"明治节"、"天长节"等有关节日、祭日的教材也明显增加（参见表 6-3、6-4）。对国家的道德所占的比重之大乃是修身教科书历史上的第一次。

表 6-3　　　　　　　　　寻常小学修身书中各课的标题[③]

年级	各课的标题
一	1. 入学：好好学习好好玩；2. 天长节；3. 老师；4. 朋友；5. 不要大声喧哗；6. 精神饱满；7. 食物；8. 善始善终；9. 有生命的东西；10. 暑假；11. 遵守规章；12. 爱护财物；13. 不要隐瞒过错；14. 不撒谎；15. 别人的东西；16. 附近的人；17. 体谅；18. 不要给别人添麻烦；19. 我的家；20. 正月；21. 学习；22. 爸爸、妈妈；23. 尊敬父母；24. 遵守家长的教导；25. 兄弟姐妹；26. 忠义；27. 好孩子

① 宫田丈夫『道德教育资料集成』（第 2 卷）、東京：第一法規 1959 年、514 頁。
② 奥田真丈監修『教科教育百年史』東京：建帛社 1985 年、477 頁。
③ 宫田丈夫『道德教育资料集成』（第 2 卷）、東京：第一法規 1959 年、36～48 頁。

年级	各课的标题
二	1. 二年级生；2. 自己的事自己做；3. 开动脑筋；4. 保持身体卫生；5. 强健身体；6. 孝行；7. 兄弟姐妹和好；8. 亲戚；9. 尊敬祖先；10. 尊敬老人；11. 不要懒惰；12. 坚强忍耐；13. 氏神；14. 远足；15. 遵守规则；16. 不作失礼貌的事；17. 亲切对待朋友们；18. 宽容别人的过错；19. 不要遵从不好的劝诱；20. 要救人于危难；21. 天皇陛下；22. 纪元节；23. 忠义；24. 遵守约定；25. 正直；26. 不要忘恩；27. 好孩子
三	1. 我们的学校；2. 尊敬老师；3. 朋友；4. 孝行；5. 努力工作；6. 学问；7. 整理；8. 行为礼仪；9. 爱惜有生命的东西；10. 不要忘恩；11. 遇事不慌张；12. 容忍；13. 勇气；14. 正直；15. 健康；16. 明治节；17. 国旗；18. 守规则；19. 俭约；20. 慈善；21. 皇大神宫；22. 忠君爱国；23. 协同；24. 近邻之人；25. 公益；26. 皇后陛下；27. 好的日本人
四	1. 明治天皇；2. 能久亲王；3. 靖国神社；4. 孝行；5. 兄弟；6. 用功；7. 纪律；8. 发明；9. 不要迷信；10. 身体；11. 沉着；12. 忠实于工作；13. 自立自营；14. 不要说任性的话；15. 谦逊；16. 宽大；17. 祝日、大祭日；18. 我的乡土；19. 公益；20. 博爱；21. 立志；22. 尊皇室；23. 国歌；24. 礼仪；25. 重视人的名誉；26. 好习惯；27. 好的日本人
五	1. 我国；2. 举国一致；3. 尊重国法；4. 公德；5. 礼仪；6. 卫生；7. 公益；8. 勤劳；9. 俭约；10. 振兴产业；11. 进取之气象；12. 自信；13. 勤学；14. 勇气；15. 度量；16. 朋友；17. 信义；18. 诚实；19. 谢恩；20. 博爱；21. 皇太后陛下；22. 忠君爱国；23. 兄弟；24. 父母；25. 孝行；26. 德行；27. 好的日本人
六	1. 皇大神宫；2. 皇室；3. 忠；4. 孝；5. 祖先与家；6. 勤勉；7. 师徒；8. 自立自营；9. 公益；10. 协同；11. 职分；12. 宪法；13. 国民之务（其一）；14. 国民之务（其二）；15. 国民之务（其三）；16. 国交；17. 德器；18. 仁爱；19. 勇气；20. 至诚；21. 国运之发展；22. 国运之发展（续）；23. 创造；24. 教育；25. 教育敕语；26. 教育敕语（续）；27. 教育敕语（续）

表 6-4　　　　　　　　**高等小学修身书中各课的标题**[①]

年级		各课的标题
一	男生	1. 我国；2. 爱国；3. 家；4. 孝行；5. 亲属；6. 敬老；7. 至诚；8. 正直；9. 反省；10. 责任；11. 勇气；12. 进取之气象；13. 身体；14. 职业；15. 勤勉；16. 自立自营；17. 质素；18. 纪律；19. 礼仪；20. 公德；21. 公正；22. 宽容；23. 同情；24. 共同；25. 地方自治；26. 国交；27. 戊申诏书
	女生	1. 我国；2. 爱国；3. 家；4. 孝行；5. 亲属；6. 婆婆；7. 贞操；8. 女子的本分；9. 至诚；10. 正直；11. 反省；12. 责任；13. 勇气；14. 身体；15. 职业；16. 勤勉；17. 质素；18. 纪律；19. 礼仪；20. 公德；21. 公正；22. 宽容；23. 同情；24. 共同；25. 地方自治；26. 国交；27. 戊申诏书
二		1. 建国之精神；2. 历代天皇的盛德；3. 国民的诚忠；4. 国体之精华；5. 孝；6. 兄弟姐妹；7. 夫妇；8. 朋友；9. 恭俭；10. 博爱；11. 学问；12. 业务；13. 智能　14. 德器；15. 公益世务；16. 公益世务（续）；17. 国宪国法（其一）；18. 国宪国法（其二）；19. 国宪国法（其三）；20. 国宪国法（其四）；21. 国宪国法（其五）；22. 义勇奉公（其一）；23. 义勇奉公（其二）；24. 皇运扶翼；25. 忠孝一致；26. 斯道；27. 君民一德
三		1. 皇位；2. 国家；3. 臣民；4. 宪法；5. 公正；6. 爱国；7. 家；8. 祖先；9. 亲子；10. 夫妇；11. 亲族；12. 忠孝；13. 人格；14. 仁爱；15. 报恩；16. 勇气；17. 睿智；18. 至诚；19. 社会；20. 职业；21. 财产；22. 名誉；23. 公益；24. 秩序；25. 振兴国民精神的诏书（其一）；26. 振兴国民精神的诏书（其二）；27. 总括

第二，从教材的编制上来看，这一期国定教科书的显著特征就是文字表达、内容编制上的技术性改良。编纂宗旨书中要求在编纂的时候，"把儿童的道德情感及意志方面的陶冶置于更重要的地位"，要求根据儿童的生活经验，深入儿童的内心中去。还要求在题目表达上少用"命令、禁止的形式"，"文字更加简明一些，记事更具体一些，以便儿童理解"。[②] 根据以上方针编成的教科书，一改从来的各课题目以德目为主要形式的做法，而以"学校"、"老师"、"朋友"、"暑假"、"正月"等生

---

①　宫田丈夫『道德教育资料集成』（第 2 卷）、东京：第一法规、1959 年、539～598 页。

②　宫田丈夫『道德教育资料集成』（第 2 卷）东京：第一法规 1959 年、514～518 页。

活题材为主(参见表6-3),教材根据儿童的生活来安排,以使教材具有生活气息。插图也色彩化,意在使儿童感到亲切。在这一点上可以看到大正自由教育中提出的儿童中心的生活教育、生活修身思想的影响。

2. 第五期国定修身教科书

第五期国定教科书是适应《国民学校令》的实施而编纂的。国民学校的修身教科书从1940年开始着手编纂,并从1941年度开始,每年度出版两个年级的修身用书,初等科的修身教科书到1943年全部编纂完毕。高等科一年级的修身教科书于1944年编纂完成,二年级用教科书没有出版。国民学校的国民科修身教科书的编纂方针在同时出版的教师用书总论中得到阐述。从中我们可以看到这一时期修身教科书的特征。

第一,从教科书的内容上来看,带有浓厚的以炼成少年国民为目的的战时教材的性质,军国主义色彩更加浓厚。国民科修身教科书教师用书的总论中指出,要将《国民学校令施行规则》第3条关于国民科修身指导目的的规定("基于《教育敕语》的宗旨,指导学生实践国民道德,涵养儿童的德性,使其能自觉皇国的道义使命"),与国民科的目的(即"明确国体精华,涵养国民精神,使其自觉皇国之使命")和国民学校教育的本旨("依据皇国之道")结合起来思考,指出所谓"国民道德",包括个人道德、社会道德等一切作为"皇国臣民"的道德,所有道德最终都须归结到"扶翼天壤无穷之皇运"这一"皇国之道"上来;所谓"儿童的德性",就是通过修炼"皇国之道"而获得的"作为皇国臣民"的德性;所谓"自觉皇国的道义使命",就是对《教育敕语》的实践性奉体。基于对国民科修身指导目的的理解,国民科修身教科书教师用书的总论中还列出了修身之重点内容:第一,必须尽力明确祭祀的意义,涵养敬神之念;第二,不要忘记使学生体会日本的政治、经济及国防渊源于国体的缘由,明确立宪政治的精神,产业与经济的国家意义,以及国防的本义,涵养遵法、奉公之精神;第三,对女孩要特别注意涵养妇德;第四,与修身指导应为一体的礼法,不要仅仅停留于单纯形式化的容仪,应是发自恭敬亲和之心而形于外的行为;第五,还要重视行为习惯养成,必须与家庭密切联系,养成善良的习惯。① 依据上述精神编纂而成的第五期教科书当然不是为了培养作为个人、社会人的道德品质,而是带有依据"皇国之道"培养国民道德的教化性质。从教科书

---

① 宫田丈夫『道德教育資料集成』(第2卷)東京:第一法規、1959年、935～939頁。

的道德内容上来看,对国家的道德占了五分之四,①其中大部分是有关国体和天皇的,而且有关举国一致、促进国家发展的内容增多。而作为家族伦理的孝在减少,并被融入到忠的一体之中(可参见表6-5、表6-6)。

表 6-5　　　　　国民学校初等科修身教科书的各课标题②

年级	各课的标题
一 (好孩子·上)	1. 学校;2. 老师;3. 天长节;4. 朋友;5. 精神饱满;6. 食物;7. 暑假;8. 遵守规章;9. 强壮的孩子;10. 运动会;11. 大米;12. 爸爸、妈妈;13. 帮忙;14. 看家;15. 新年;16. 我的家;17. 客人;18. 万岁;19. 不要依赖别人;20. 小国民
二 (好孩子·下)	1. 二年级生;2. 最高敬礼;3. 五月节;4. 捞鳞;5. 纸船;6. 青蛙跃柳;7. 叔叔和婶婶;8. 运货马车;9. 暴风雨之日;10. 致军人;11. 氏族神;12. 远足;13. 明治节;14. 割稻;15. 公园的草坪;16. 生日;17. 天皇陛下;18. 纪元节;19. 日本国;20. 好孩子
三 (初等科修身1)	1. 御国之始;2. 春;3. 日本的孩子;4. 少子部连蜾蠃③;5. 时间纪念日;6. 种痘;7. 燕子的窝;8. 夏日的傍晚;9. 大神之使;10. 秋;11. 哥哥;12. 一心;13. 一粒米;14. 多闻丸;15. 消防演习;16. 日丸旗;17. 冬;18. 圆山应举;19. 不屈不挠的精神;20. 皇后陛下

---

① 奥田真丈監修『教科教育百年史』東京:建帛社、1985年、478頁。

② 宮田丈夫『道德教育资料集成』(第2卷)東京:第一法规、1959年、1 199~1 202頁。

③ 少子部连蜾蠃,人名,原名"蜾蠃","少子部连"乃是皇帝赐姓。关于赐姓的来历有一段典故。雄略帝曾命蜾蠃聚蚕。蜾蠃误听聚婴儿以奉(蚕、婴儿在日本读音相似)。雄略帝大笑,遂赐婴儿于蜾蠃曰:"汝宜自养。"蜾蠃即养于宫墙下。仍赐姓"少子部连"。帝复诏蜾蠃曰:"朕欲见三诸岳神之形。汝臂力过人,自行捉来。"蜾蠃登三诸岳,捉大蛇来奉帝。蛇身长大,眼光赫赫。帝掩目不观焉。仍改赐名为雷。

年级	各课的标题
四 (初等科修身2)	1．由春到夏；2．君之代；3．靖国神社；4．能久亲王；5．宫古岛的人们；6．日本是神国；7．野口英世；8．日本是海洋国家；9．未被烧毁的镇；10．由秋到冬；11．山田长政；12．谈吐；13．明治天皇的御德；14．雅澄的研究；15．轮渡；16．由新年到春天；17．乃木大将的少年时代；18．久留米飞白花纹织物；19．钻研的少年；20．大陆与我们
五 (初等科修身3)	1．大日本；2．佐久间艇长的遗书；3．近江圣人；4．开票之日；5．农夫作兵卫；6．通润桥；7．礼仪；8．久田船长；9．军神的音容；10．胜安芳；11．咸临丸；12．间宫林藏；13．瓜生岩子；14．皇大神宫；15．特别攻击队；16．皇室；17．四海；18．饭沼飞行员；19．北满之露；20．从古至今
六 (初等科修身4)	1．奉体大御心；2．我们的家；3．青少年学生的御检阅；4．父与子；5．伺候老师；6．松下村塾；7．野村望东尼；8．国民皆兵；9．伊能忠敬；10．岩谷九十老；11．松坂的一夜；12．纳税；13．大堡开拓之父；14．大尝祭的御仪；15．高田屋嘉兵卫；16．日本刀；17．铁银的一刀经；18．帝国宪法；19．战胜庆祝日；20．新世界

表 6-6　　　　**国民学校高等科修身教科书的各课标题**[①]

年级		各课标题
一	男生	1．去除稚心；2．御府；3．御国学；4．朋友之交；5．勤劳之心；6．新经济；7．反省与努力；8．增产粮食；9．孝行；10．至诚；11．祝日、大祭日；12．科学与国民生活；13．勇气；14．古代武士的觉悟；15．皇国的使命
	女生	1．去除稚心；2．御府；3．御国学；4．朋友之交；5．勤劳之心；6．新经济；7．孝行；8．公公；9．增产粮食；10．反省与努力；11．祝日、大祭日；12．科学与国民生活；13．至诚；14．贞操；15．皇国的女子

---

① 宫田丈夫『道德教育资料集成』（第2卷）東京：第一法规、1959年、1 202～1 203頁。

　　第二，从教材的编制上来看，第五期教科书的重要特征之一就是采取了所谓的生活基本主义方针，即注意在儿童的日常生活中进行道德实践指导。作为编辑方针，所有国民学校教科书均将炼成皇国民作为主旨，同时为了实现这一主旨，把所有教科书按照学生的心理发展阶段划分为四个阶段，并基于每个阶段学生的心理特点，进行相应的教材编制。修身教科书也不例外，按照每两年为一个阶段将国民学校的 8 年划分为 4 个阶段，根据学生的生活、心理和道德意识的发展，安排适当的教材。第一阶段"紧密结合儿童的游戏、学校的例行活动、家庭中的习惯养成，以期儿童德性的情意方面的炼成"；第二阶段"在结合季节和年度的例行活动涵养儿童的情操之同时，唤起国民觉悟，以使其形成道德理想"；第三阶段"在教材中多纳入历史故事、英雄谈等素材，随着年级的上升，要注意逐渐启培、促进自律的道德判断能力"；第四阶段"进一步加强自律的道德判断能力的炼成，同时积极地促进皇国的道义使命的自觉"。[①] 依据如上编辑方针，第五期国定修身教科书为了避免像修身教科书的枯燥无味，没有采用从前的所谓"德目基本主义"和"人物基本主义"编制方法，而是采用了可称之为"生活基本主义"的方式，注重根据儿童的实际生活经验进行教材排列。虽然灌输国体观念和军国主义思想是修身科的主要使命，但是在小学低年级并没有直接地谋求这一点。在一年级教材《好孩子》(上)中，所谓军国的教材，只有快要结束时的 1 课而已。这主要是考虑到这个年龄段的孩子还无法理解皇国史观和军国主义的思想之缘故。但是随着年级的上升，反映极端国家主义、军国主义思想观念的教材显著增加。

(二) 修身科的教学方法

　　在教育敕语体制和国定教科书制度下，修身科教育的目标和内容都是给定的，教师的职能就在于基于国家规定的目标将国家规定的内容传授给学生，教师自主发挥的空间非常有限。即使在教育方法层面的革新改良，也受到诸多限制。大正期间兴起的修身教学方法改良势头，在进入 30 年代之后，随着极端国家主义、军国主义的逐步猖獗而受到压制。1932 年至 1945 年这一段时间里，最能代表日本修身科教学方法特质的当属炼成。虽然如前所述，炼成在此期间不仅仅属于教育方法层面，但是起初就是作为教育方法来看待的。而炼成的方法也最集中

---

① 宫田丈夫『道德教育資料集成』(第 2 卷) 東京:第一法規、1959 年、939 頁。

体现在国民学校修身科教学之中。

《国民学校令施行规则》第 1 条第 4 项中规定,国民学校"应身心一体地开展教育,避免教授、训练、养护的相互分离",对此,文部省《国民学校令施行规则总则编的解说》的解释是"本项是关于统一教育方法的",并指出,作为教育方法,一般可以分为教授、训练和养护,但是"在最终目标上是一个,即'炼成'。因此,三者一体就可以实现国民人格的统一性发展"。也就是说,文部省是将"炼成"视为融知识与实践、精神与身体为一体的教育方法,亦即通过身体力行掌握知识技能的方法。① 文部省进而将炼成界定为"以儿童的陶冶性为出发点,依据皇国之道,将儿童内在的所有力量即全部能力集中到正确的目标上,育成、强化国民性格"。

那么,学科教育中如何体现炼成呢?文部省在《国民学校令施行规则总则编的解说》中作了一定的说明,如"学习应该同时就是'行'或者是作为'行的学习'","应该重视作业,通过实践启培智德","应该重视习惯养成,使其自觉地掌握善良的习惯",等等。② 也就是说,在学科教育中,炼成是被作为排斥偏重智育的弊端而强调的学行一体的实践指导方法的。

这样的炼成在一切学科都是一样的,但是尤其体现在强调国家主义思想的国民科之中。关于修身教学,1934 年就任文部省设立于 1933 年的"教育调查部"部长的篠原助市曾作了如下强调:"在开展修身教学时,讲授民间故事,教授训辞,让学生理解,培育信念,也是课堂的一个工作。但是这并不是说在领会国民道德之大要之后,付诸实践。莫如说是以儿童的生活经验为基础,积极地启发道德意愿"。③

需要指出的是,虽然修身科中的炼成在技术、方法层面具有一定的进步性,但是由于它是要依据"皇国之道"这一规则将学生引向"正确的目标",即将学生培养成"皇国民",因此,从根本上来说,炼成属于一种他律的教育方法。所以,无论这种炼成有多么成功,最终都超越不了权威主义道德和他律道德的境地。

---

① 奥田真丈監修『教科教育百年史』東京:建帛社、1985 年、210～211 頁。
② 奥田真丈監修『教科教育百年史』東京:建帛社、1985 年、211 頁。
③ 梅根悟監修『世界教育史大系 39・道徳教育Ⅱ』東京:講談社、1977 年、277～278 頁。

第四节　效果分析

日本军国主义在 1931～1945 年期间发动的"十五年战争"是一场名副其实的总体战。发动一场全面的总体战必须有举国一致体制的支撑。而要建立举国一致体制,仅仅依靠专制统治和强制是不够的,必须通过软性手段对国民进行精神总动员,引导和促进国民在思想上与政府保持高度的一致。在此背景下,道德教育被赋予了精神动员的任务——通过对学生进行极端国家主义、军国主义教育,从根本上对学生的思想进行塑造,使他们成为忠于天皇和国家,全身心支持战争的顺从臣民。因此,在一定程度上来说,"十五年战争"期间的日本道德教育就是为了战争的教育,就是一种极端国家主义、军国主义教育。

这可以从这一时期的教科书内容中反映出来。修身教科书上公开鼓吹"惟神之道"、"八竑一宇",赞扬"大东亚神战",号召学生为扬皇威于海外而不惜牺牲;小学国语教科书中则把近代侵略战争描绘为爱国战争,歌颂战争中涌现出的"烈士"、"志士",鼓吹为国杀敌,死得其所。不仅鼓吹武士道精神,将以服从和战死为美德的日本军人及其献身精神神圣化,而且也把日本宣扬为受神所庇护、不可战胜之神国。

必须指出的是,这种极端国家主义、军国主义教育不仅体现在义务教育阶段,也同样波及包括高等教育在内的所有教育。1935 年美浓部达吉的天皇机关说被作为危险思想遭受攻击,表明高等教育领域也被皇国化了。这实际上标志着显教彻底压倒了密教。

应该说,日本的教育在教导民众忠君爱国、勤奋勇敢、奉公守法、阶级融合、民族团结方面,是成功的,对建立举国一致体制发挥了重要的支撑作用。"十五年战争"期间,日本国内各界,无论是执政者,还是在野的政治势力;无论是达官显贵、知识分子,还是平民百姓;无论是专制主义者,还是自由主义者,都在支持战争中表现出空前的一致和团结。就连原本强烈主张和平主义的社会主义者也都纷纷"转向",成为侵略战争的狂热支持者。整个日本都陷入狂热的军国主义、极端国家主义狂潮中。军人、民众自发为天皇而死者不在少数。青年们群情激昂,只要身体允许,纷纷走向战场。留在国内的,包括残疾人都以各种不同的形式为战争服务。就连日本的女性也同样投入这股狂潮中,积极为侵略战争打气鼓劲,卖命出力；或为了保佑日本士兵平安，在街头组织制作"千人缝"①；或为鼓舞士兵的战斗意志，突击嫁给士兵②；或组成慰安妇团，亲临战场，用自己的身体鼓励日本士兵勇敢作战。

军国主义成为官民共识和行动的国家，在近代世界史上，除日本外可以说找不到第二国。正是由于最高当局与普通百姓在扩张侵略战争上达成广泛的一致和共识，才使得日本不断进行对外扩张成为可能。没有多数民众的全力支持、参与和配合，倾全国之力的长期性全民战争是难以想象的。而这种军国主义的民众基础的形成和维持，所依靠的正是民族主义和军国主义互为表里的爱国主义教育。

然而必须指出的是，进入 20 世纪 30 年代之后的军国主义教育并非突来之物，而是明治以来的国家主义教育传统的延续和发展。尽管 20 世纪 30 年代之前的国家主义教育主要关注的是国家建设，30 年代之后的军国主义教育主要着眼于军事侵略，侧重点上有所不同，但是二者在坚持国家主义的学校目的论，以《教育敕语》为基本指导理念，以宣扬国体观念为核心等方面，表现出巨大的连续性。换句话说，20 世纪 30 年代之后的军国主义教育与之前的国家主义教育存在着内在的逻辑关联。那种试图割断昭和军国主义与明治国家主义之间的内在连续性，认为日本的近代史是由"明治健康的民族主义"变质为"昭和的超国家主义"，③或是由"光明的明治"变质成了"黑暗的昭和"④的说法是站不住脚的。向卿在其《日本近代民族主义（1868～1895 年）》一书中在对就近代日本民族主义进行深入分析的基础上指出："以甲午战争为界，明治日本所确立的民族国家和民族主义意识形态，与昭和超国家主义之间存在着内在的逻辑关联。"⑤他认为，近代日本天皇制国家赖以统合民众的主要原理，一是前近代的天皇制意识形态（道德性），二

---

① 所谓"千人缝"，指的是一千个过路女人每个人缝一针，赠送给日军士兵作为护身符。

② 甚至出现过为了免除丈夫后顾之忧而在新婚丈夫出征时当着丈夫的面跳海殉国、殉情的真人真事。

③ 丸山真男语。参见：『福沢諭吉選集』（第 4 卷）東京：岩波書店、1952 年、415 頁。

④ 司马辽太郎语。参见：安川寿之輔『福沢諭吉と丸山真男——「丸山諭吉」神話を解体する——』東京：高文研、2003 年、391～396 頁。

⑤ 向卿：《日本近代民族主义（1868～1895）》，社会科学文献出版社 2007 年版，第 459 页。

是战争利益的诱导（武力性）。① 日本近代民族主义"道德性"和"武力性"的双重性格清晰地表明，明治民族主义与昭和军国主义之间存在内在关联。正是因为日本近代民族主义"道德性"和"武力性"的双重性格，造成日本现代化道路的"畸形"发展。

日本模式的现代化之路与国家暴力及主体意识的缺失形影相随。（1）日本近代化之路以扩张和掠夺为特征。从作为统合民众及为国家提供正当性的"保卫国家的独立（维护国权）"，到以"东洋政略"为主要内容的"扩张国权"就是一切，明治民族主义逐步背离了人类的文明，"扩张至上"的军国主义道路就成为其自然的归结。（2）在天皇制专制国家下，民众被定位于"忠君臣民"，从而丧失了独立性，成为国家的工具或手段。这不仅造成了民众对天皇制国家的盲从，使日本走向了国民规模的反动，而严重阻碍了人的解放，使日本的现代化之路从一开始就是不健全的。②

向卿的分析是有一定道理的。的确，明治维新之后的日本，为了富国强兵，一再地通过煽动情绪发动战争，又通过战争来煽动情绪。1895 年的甲午中日战争是日本国运的一个逆转点。胜利不但给日本带来了巨大的经济实惠，而且振奋了国民的精神；1905 年的日俄战争更是大长大和民族的志气，放眼亚洲，日本已成为傲视亚洲的新生代列强之一。对战争有理、有利的贩卖与对民族情绪的煽动，互促互进。一般而言，一个过度张扬民族主义的国家，比较容易产生战争法西斯。因此说昭和的极端国家主义、军国主义是在明治国家主义、民族主义的基础之上生发出来的，并非无凭无据之说。

生发于明治国家主义教育基础上的军国主义教育，的确起到了把国民的热情动员到侵略战争中去的作用。但是当军国主义教育将其精神动员功能发挥到极致之际，也使得其失去了作为教育的道德本质。

---

① 向卿认为，维系民众与天皇制国家的纽带是"反近代的"道德和武力侵略可以产生的利益。前者使民众无法从内部产生出对天皇制的质疑乃至反抗力量，而只能形成对它的"主体的"绝对服从；后者则使全体国民的感情被动员到对外战争，并在日本牢固确立了"战争可以发财"的思想。参见：向卿：《日本近代民族主义（1868～1895）》，社会科学文献出版社 2007 年版，第 453 页。

② 向卿：《日本近代民族主义（1868～1895）》，社会科学文献出版社 2007 年版，第 461～462 页。

在某种意义上讲,战前日本的现代化成也战争,败也战争。如果说甲午战争使日本迅速成长为新兴资本主义国家,日俄战争使日本一跃进入资本主义强国行列,那么"十五年战争"则使得日本的现代化遭受扭曲、中断,现代化的成果也几乎化为乌有。如果说日本在日俄战争中取得的胜利在很大程度上起到了证明明治时期采取的许多改革政策正确性和合理性的作用,那么日本在第二次世界大战中的战败,在许多人的眼里也同样具有证明其制度是失败的效果。① 从道德教育的角度反思这场日本发动的这场侵略战争,我们不能仅仅将眼睛盯在这场战争和军国主义教育本身,我们更应看到应该看到国族(nation)与普世这两种价值之间的内在张力。日本的失败给我的教训是:一个国家不仅要提供国族教育(民族精神和爱国主义教育),更应当推广体现普世价值的教育。

---

① Marshall, B. K. *Learning to Be Modern: Japanese Discourse on Education*. Boulder: Westview Press. 1994 p. 142.

第七章
现代化再启动期的道德教育

第一节　现代化的再启动

　　日本尽管自明治维新起踏上了自上而下地启动的现代化列车,但由于存在着特殊历史背景下匆忙堆起的"倾斜基底"和缺乏调适自身"转换期的痛苦"的必要机制①,最终被错误地导向引入法西斯主义的歧途,不仅中断了现代化的进程,而且走上了对外侵略和自我毁灭的"逆行道"。"日本用它的一切为赌注去冒险,结果失去了一切。80 年来的巨大努力和非凡成就都化为乌有。在日本土地上有史以来第一次响起了外国征服者的脚步声。"②

　　1945 年 8 月 15 日,日本宣布无条件投降。随后不久,美国占领军陆续进驻日本,开始了对日本长达近 7 年之久的占领统治。战争本身是一个惨痛的经历,战败也是日本现代史上的一大灾难,然而战败同时也构成了日本历史的一个重大转折,即成为日本现代化的新起点。日本正是以战败为契机,通过一场系统的改革,重新启动了现代化的车轮,经过不懈的努力成功地实现了其百年来梦寐以求的追赶型现代化目标。从这种意义上说,恩格斯所说过的一句话还是适用的,即"没有哪一次巨大的历史灾难,

---

① [日]吉田茂:《激荡的百年史》,孔凡等译,世界知识出版社 1980 年版,第 29～38 页。
② [美]埃德温·奥·赖肖尔:《当代日本人》,陈文寿译,商务印书馆 1992 年版,第 89 页。

不是以历史的进步为补偿的。"①

一、现代化再启动时的形势

探讨日本现代化再启动时的形势必然要首先从因战争及战败所造成的损失和影响谈起。

战争给日本的经济造成空前严重的损失和巨大的破坏,给日本国民生活带来可怕的灾难,也给日本经济的恢复和发展带来严重的困难。据战后日本经济安定本部的估算,战争造成的物质财富的损失与 1935 年的国民财富总额相比,损失了25.4%,其中住房和船舶损失最为严重。战争造成包括 69 万一般平民在内的268 万人丧生,包括伤员在内的 875 万人受害。劫后余生的社会生产力已濒临崩溃。工业生产实际上处于停滞状态,农业生产也因肥料、饲料、农机等生产资料的极端缺乏和农业劳动力在战争过程中的剧减受到很大破坏,造成减产大约 1/3 左右。粮食危机、物资匮乏、通货膨胀、大批失业,这一切使日本国民的生活陷于极端困难的境地。面对日本当时的经济情况,舆论普遍认为,日本国民的生活"即使要恢复到战前的水平也不过是对遥远的将来的一个梦幻"。② 战争除了 给日本经济造成巨大的物质破坏之外,还使日本经济的后进性表现得更为突出和严重。这种后进性不仅明显体现在生产关系方面存在着落后甚至属于封建性的东西之外,还表现在产业技术水平的后进性和产业结构的后进性中。这一切,再加上领土狭窄、资源贫乏、人口"过剩"等日本的基本国情,使得战后日本经济发展面临重重困难。正是在这个意义上,当时美国占领军总司令官麦克阿瑟认为日本已沦为"第四等国",成为"一个被国际社会所抛弃的国家"。③

战争给日本人民带来的不仅是国土的满目疮痍和濒临崩溃的经济,而且还有荒芜文化的断壁残垣、支离破碎的社会心理和难以抚平的心灵创伤。战争期间,国民在军国主义教育下,相信日本不可战胜的神话,对战争目的的正确性亦深信不疑,为"尽忠报国"直到精疲力竭。随着日本战败,人们开始醒悟到"自己被出卖

---

① 《马克思恩格斯全集》,第 39 卷第 149 页。

② [日]森岛通夫:《日本为什么"成功"》,胡国成译,四川人民出版社 1986 年版,第 235 页。

③ [美]赖肖尔:《日本人》,孟胜德、刘文涛译,上海译文出版社 1980 年版,第 373 页。

了",因而"对战争、对把民族拖入战争的领袖们、甚至对整个过去都产生强烈的反感"。① 由于战败,日本人由"大日本主义"的日本文化优越论急剧跌至怀疑、贬斥一切传统文化的深渊;由于战败,原来支配日本人的权威、权力、制度在瞬间彻底崩溃了。一时间,整个日本社会由于出现了"价值真空"而陷于无规可循的道德迷失状态。由于失去了应该遵循的道德规范,再加上欲摆脱现实的贫困,人们便由精神上的痛苦开始转向行动上的不择手段了。不管干什么,只要能使自己快活就行——这种生活哲学在当时的日本已趋于普遍化。② "原来谨小慎微、遵纪守法的民族变得习惯在小事上作奸犯科、违法乱纪"。③

在人们迷惘、困惑、忧虑、惆怅甚至道德沦丧的同时,大多数日本人殚精竭虑地为生存而挣扎之背后,"是人们对和平的渴望和避免悲剧重演的决心。人们需要某些新的、比遭到苦难的旧日本更好的东西。他们虽然迷惘,但仍以未曾有过的方式面对改革"。④

战败给日本带来的最严峻形势是日本有史以来第一次处于被外国占领统治之下。这是战后日本现代化一开始就面临的最现实、影响最深的形势和因素。尽管在占领指挥系统上,纵向说有由美国、英国、苏联、中国、法国、荷兰、加拿大组成的"远东委员会"作为最高领导机构,横向上说有由美国、英国、苏联和中国组成的"对日理事会",但实际上由于"美国不允许这两个机构拥有任何实质性的影响",所以"占领日本几乎完全为美国人的独家表演"。⑤ 虽然占领期间美国尽量利用日本人的精神支柱——天皇和日本现成的政府和统治体制来更有效地贯彻美国的占领政策,虽然有时(特别是占领初期)亦鼓励、利用左派民主力量以制衡日本政府从而更好地实现其占领目的,但这一切均不能改变日本当时的一切政策都是在美国占领军和美军最高司令官控制和指挥下制定和推行的本质。日本著名经济学家都留重人对此所做的评述可以说是精辟而又恰当的,他说:"总的来说,我们可以说,国内政治领导层的一百八十度的转弯和自由主义甚至还有社会主义思

---

① [美]埃德温·奥·赖肖尔:《当代日本人》,陈文寿译,商务印书馆1992年版,第85页。
② [日]户川猪佐武:《战后日本纪实》,刘春兰译,天津人民出版社1984年版,第20页。
③④ [美]埃德温·奥·赖肖尔:《当代日本人》,陈文寿译,商务印书馆1992年版,第85页。
⑤ [美]埃德温·奥·赖肖尔:《当代日本人》,陈文寿译,商务印书馆1992年版,第86页。

想从休眠中重新觉醒过来,对改革过程只产生了微弱的影响。在占领期间,日本人自己也确实提出了一些积极的思想。然而,同 1868 年以后明治维新时期(当时冒出许多改革思想并且实际上付诸了实施)相比,这一次国内产生的改革思想总起来说有些墨守成规或软弱无力,而且也不具有非迫切实行不可的力量。当我们认识到日本所面临的问题的艰巨性,即需要对日本的社会经济结构进行重大改革的时候,我们必须说,正如当时日本人自己所普遍评论那样,人民总的来说是处于心理或精神上的衰竭状态。"① 由此,我们可以说,美国单独占领日本及其对日政策是战后初期影响日本现代化的主要因素。

美国的战后对日政策,早在二战结束前就已着手研究,到日本投降时已形成了基本方案。1945 年 9 月 22 日美国政府公布的《日本投降后初期美国的对日政策》就是 1951 年之前美国占领日本期间对日政策的纲领性文件。从这份文件来看,战后初期美国的对日政策带有比较强烈的惩罚性质,主要目的是使日本非军事化,消除使日本可能拥有战争能力的经济社会结构,并削弱日本作为美国竞争对手的竞争力量,从而最终达到使日本不能成为对美国的威胁的目的。总的来说,从中很少能看出恢复和发展日本被战争严重破坏并濒于崩溃的经济的热情。甚至该文件还清楚地表明:"日本的困境是由其本身行为造成的直接后果,盟国将不承受治理战争破坏的负担。其治理只有日本人民放弃所有军事目的,并勤奋而又专心地致力于和平的生活方式方为可能。"② 也就是说,重建日本经济的责任主要落在日本人民及其政府的身上。1945 年 12 月美国政府发表的日本赔偿方案即"鲍莱赔偿方案"不仅表明美国占领军不想卷入日本经济重建工作中去,而且还坚持要把日本经济限制在轻工业的发展阶段。

尽管占领当局不久就认识到"鲍莱赔偿方案"缺乏现实性并且日益感到不得不面对这样的事实,即他们必然会卷入日本的经济重建工作中去,但直至 1948 年秋之前,在是否在协助日本经济恢复过程中承担较大的责任,还是让日本人自己穷于应付、自作自受之间,是犹豫不决的。尽管进入 1948 年秋之后,由于"冷战"

---

① [日]都留重人:《日本的资本主义》,复旦大学日本研究中心译,复旦大学出版社 1995 年版,第 44 页。

② Nakamura Takafusa, *Lectures on Modern Japanese Economic History* 1926~1994, LTCB International Library Foundation,1994, p. 134.

的开始,出于在军事上把日本变成美国在亚洲的前哨基地、在政治上把日本变成反对社会主义国家的"反共堡垒"的目的,美国开始由对日本经济的限制转向对日本经济的扶植(具体表现为:中止解散财阀的工作;修改限制垄断资本的《经济力量过度集中排除法》和《禁止垄断法》;停止中间赔偿计划;增加恢复日本经济所提供的援助等。而最能代表美国对日经济扶植的政策的是《经济安定九原则》和"道奇路线"的制定与实施),但1945~1950年的革新性经济改革的主要影响仍然是当初作为目标的社会、经济结构的民主化(这一点可从以下几点看出:农地改革始终没有变,而且1950年还制定《农地法》来维护农地改革的成果;至于解散财阀和防止垄断资本复活的政策虽有转变,但只是变一半、维持一半,变中有不变,不变中又有转变。它正反映了美国对日政策的内在矛盾,既想解散和限制日本垄断资本,又想利用日本垄断资本为美国远东战略服务)。[①] 促成美国占领政策发生重大变化的最后契机是1950年6月爆发的朝鲜战争。[②] 而战后日本改革的主体部分至此已基本完成。[③] 也就是说,1945~1950年美国占领政策的重心及特点是进行了民主化改革,而实行民主化改革的主要目的又在于使日本非军事化,彻底消灭使日本可能拥有战争能力的经济社会结构。

　　总之,战后这场改革是由占领军当局领导、以非军事化和民主化为主要价值取向的改革。对于日本来说,这是继明治维新之后的又一次大变革。如果说前一次变革是日本基于西方列强的压力而作出的主动反应和选择,那么第二次变革则是国际社会,主要是以美国为首的西方社会,为扫除日本军国主义、摧毁前一次改革后确立起来的大日本帝国而进行的全面的强行改革;明治维新是日本主动从西方引进君主立宪的专制制度,而战后改革则是西方社会向日本"强行"导入现代民主体制。正是在这种"外压"的背景和条件下,西方现代民主被导入日本社会,也正是这场"外压型"的民主化改革启动了战后日本现代化的进程。

　　在注意到"占领"这一外部因素的重要性之同时,我们也要看到以下两点:(1)正如美国著名历史学家所言,"占领不仅是催化剂,但也不是战后日本的唯一

　　① 香西泰、寺西重郎『戰後日本の経済改革』東京:東京大学出版会、1993年,5頁。
　　② ［日］都留重人:《日本的资本主义》,复旦大学日本研究中心译,复旦大学出版社1995年版,第44页。
　　③ 香西泰、寺西重郎『戰後日本の経済改革』東京:東京大学出版会、1993年,72頁。

动力"。是"战争的痛苦、失败、失望和被占领加在一起,把日本推过了现代化运动的第二个分水岭"。① 另一位美国著名历史学家赖肖尔所说的以下一段话也是这个意思,即"整个战争历程——建立帝国野心的失败及其引进的国家的崩溃——促使日本按照占领时期选择的方向前进……占领时期的成功,在很大程度上是由于它们沿着日本内在力量所推进的相同方向前进的缘故。外国军事占领当局的强有力领导也许将这些力量汇聚到比较小的渠道,使它比一般情况下流得更快。但是从根本上来说,占领只是为战后日本发展创造了有利条件,而不是决定了战后日本的发展。"②(2) 虽然占领当局在这场改革中起主导作用,但在具体的改革过程中,占领当局的每一项改革意图都是通过日本政府实施的,因而实际的改革方案往往是占领当局与日本政府不断交涉、协商的结果。③ 这就意味着这场"外压型"改革最终确立的体制是以民主为理念,以日本现实为基础的体制(在议会制下,保留经过改造的天皇制的就是一个很好的证明)。这种新的政治、经济和社会体制,是战后日本现代化得以顺利而有效展开的重要体制基础。

二、非军事化、民主化改革

以联合国名义进驻日本的美国占领军当局,由于必须负担起执行《波茨坦公告》等有关处理战后日本规定的责任,同时也出自削弱曾经是美国强大竞争对手垄断资本力量的目的,在不损害美国本身在日本的利益和不改变日本社会的资本主义性质的范畴内,对日本政府发出一系列的非军事化、民主化改革指令、备忘录或口头指示,通过日本政府实行了一系列的改革,这就是日本现代历史上的"第二次系统改革"。

在美国看来,日本的法西斯军国主义是战前日本政治体制的产物,这一体制又促进了日本的法西斯军国主义化。美国的这种看法意味着,改革日本的政治体制才是解决日本各种问题的根本。因此,战后改革首先从改革政治体制入手。战

---

① [美]约翰·惠特尼·霍尔:《日本——从史前到现代》,邓懿、周一良译,商务印书馆1997年版,第272~273页。

② [美]埃德温·奥·赖肖尔:《当代日本人》,陈文寿译,商务印书馆1992年版,第91页。

③ [日]大内力:『戦後改革と国家独占資本主義』(『戦後改革』第1卷)東京:東京大学出版会、1974年、6~7页。转引自:林尚立《政党政治与现代化》,上海人民出版社1998年版,第196页。

后日本政治体制改革的成果主要体现在 1946 年 11 月 3 日公布的《日本国宪法》中，其主要特点如下：

第一，从天皇主权到国民主权的转变。主权问题是一国立法的基础。1889 年的《大日本帝国宪法》规定，"大日本帝国是由万世一系的天皇统治"、"天皇是国家的元首，总揽统治权"；"天皇神圣不可侵犯"，"统帅陆海军"，尸拥有裁定法律、拟定法律的权力。这是封建皇权在维新政权中的再现，是日本制度中的封建残余。新宪法改变了旧宪法的天皇主权说，确立了国民主权说。新宪法规定"主权属于国民"，而天皇只是"日本国的象征，是日本国民整体的象征。其地位，以主权所属的全体国民的意志为依据"。宪法虽然规定天皇行使公布宪法修改案、法令、政令及条约，召集国会、解散议会，公布国会议员选举，任命内阁总理大臣和最高法院院长等权力，但又严格地规定这些权力的行使是"根据内阁的建议与承认"，不得擅自行使。这就是说，天皇行使国事权力只是形式上的、礼仪性的，而且辅佐天皇的枢密院、贵族院等特权机构也都被废除，其支柱——军部也被摧毁，只剩下了象征性的天皇。在麦克阿瑟的授意下，裕仁天皇本人也于 1946 年元旦发表了《人格宣言》，宣布自己是人而不是下凡到人间的神，自我否定了天皇拥有的神权。与此同时，新宪法还规定了日本国民的基本人权、参政权、财产权、自由权、生存与人身自由权以及要求赔偿权等等。从天皇主权到国民主权的转变，实际上是一场深刻的社会关系变革，在旧宪法下，日本国民尚未作为一个独立的个体得到法律的保护，他们不是以公民的身份平等地参与社会关系，只是以臣民的身份简单地隶属于天皇制国家和家庭组织，即所谓"在家孝父母、在国忠天皇"。而在新宪法下，每一个日本国民均能以公民身份平等地参与社会生活。这一社会关系的变革，对日本社会历史发展产生巨大而又深远的影响。

第二，非军事化原则的确立。新宪法第 9 条明文规定："日本国民衷心谋求正义与秩序的国际和平，永远放弃作为国家主权发动的战争，武力威胁或使用武力作为解决国际争端的手段。为达到前项目的，不保持陆海空军及其他战争力量，不承认国家的交战权。"从中我们可以看出，非军事化原则已经成为战后日本国家的基本原则之一。非军事化原则的确立是使日本不再威胁世界和平及安全的有力措施，顺应了世界历史发展潮流，也反映了日本广大国民渴望和平的良好愿望，从而也制约着任何恢复军国主义的企图或行为。

第三，三权分立的权力均衡机制的确立。"三权分立"亦即意味着"权力制衡"，是指立法、行政、司法三种权力分别由国会、内阁和最高法院掌管。制衡是指上述三个机构在行使权力后，彼此相互平衡、相互制约。美国把资产阶级的三权分立制度引进日本，是为了防止权力的滥用和独裁专制，充分保障国民的自由民主权利。三权鼎立、分权制衡机制的确立规定了战后日本政治的运行模式，从而完成了明治后期以来本应完成却未完成的政治转型，实现了资产阶级政治体制的法制化、程序化和民主化，增强了现代国家的自律性和他律性，减少了不负责任的做法。这样，资产阶级内部无论发生了什么样的问题或出现什么样的危机，都能够在这个框架内得到调整，进而为日本资本主义现代化的发展开辟了广阔的道路，同时也为日本资本主义现代化过程中的相对政治稳定发挥了巨大的作用。[1]

"占领当局并没有停留在政治改革上。为了创造比旧的社会和经济秩序更有助于成功地推行民主制度的条件，美国占领当局还大胆地进行了社会和经济改革。"[2]占领军进行的经济改革最具代表性的是解散财阀（更确切地说是改组财阀）、农地改革和劳动改革，它们被认为是促进日本经济民主化的三大支柱。这些改革比较彻底地消除了日本资本主义经济所具有的封建因素。解散财阀一方面革掉了日本垄断资本主义的血缘的、家族的封建主义要素，另一方革掉了财阀家族以股票垄断经济的控股关系即垄断关系，从而为民间企业创造了竞争的环境，为后来日本企业管理体制的改革和企业经营管理的现代化、特别是为建立一支掌握现代化管理技术的新型管理专家集团，为促进日本工业的技术革新和现代化创造了必要条件。农地改革消除了农村的寄生地主制，解放了生产力，促进了日本农业生产的发展，同时也为日本工业的发展提供了劳动力，并且农村新产生的大量自耕农便成为支持战后保守政权的社会基础。劳动改革消除了战前那种具有封建色彩的劳动条件，承认了建立工会的自由和团结斗争的权利。工人政治地位的提高和经济条件的改善形成了战后经济民主的社会基础；工人生活水平的提高为工业产品提供了更广阔的市场；工人运动的发展迫使日本的企业改进经营管理，提高劳动生产率。从这个意义上讲，劳动改革亦为后来的日本企业管理的改进及其现代化，为提高工业劳动生产率起了促进作用。

占领当局的改革还扩展到许多其他领域，比如废除身份制度、废除户主制度

---

① 金明善：《日本现代化研究》，辽宁大学出版社 1993 年版，第 111～123 页。

② ［美］埃德温·奥·赖肖尔：《当代日本人》，陈文寿译，商务印书馆 1992 年版，第 89 页。

和长子继承制、实行男女平权原则等等。总之,占领当局意在日本推行一场"全面的民主主义"改革。这种"全面的民主主义"就是要在日本实现政治民主、经济民主和社会民主。全面的民主改革使得政治、经济和社会领域在民主的维护和发展上,形成相互促进、制约的关系,从而保证了战后体制的民主主义特征。例如,战后财阀的解体,独占性垄断行为的禁止,旨在消除农民寄生地位并使其获得自主性的农地改革,使得像战前那样的专制统治失去了经济基础;而家族制度的废除和获得一定自主性的教育体制的形成,则为战后民主化发展提供了一定的社会基础。同样,政治体制内的权力制衡和有效监督,使得经济和社会领域的反民主倾向,无法直接得到强有力的政治支持。这种民主主义特征,在一定程度上保证了战后政治、经济和社会体制生长的活力和空间。①

　　从战后日本现代化发展的角度来看,占领改革实际上为日本社会提供了一个全新的发展环境。即一套新的制度和一套新的价值体系。历史发展的一般逻辑表明,现代化发展形成的社会动员,必然带来广泛的政治参与要求,因而,现代化的过程往往伴随着民主化运动。民主化运动的核心,是要维护和实现人的基本权利,为此,变革现有的政治、经济和社会体制,使其走向民主化,就往往成为其具体的政治要求。制度的体制的转型,既是现代化发展的要求,也是现代化发展的结果。但是由于其中涉及权力、秩序和价值,所以这种转型往往是在各种抗争中进行的,其最终的成败对现代化发展具有决定性的意义,许多后发型现代化国家的现代化发展往往在这个关口上陷入困境。然而,战后日本现代化的发展在此问题上却没有遇到太大的挑战。这与战后日本现代化发展从一开始就是一个民主体制和民主价值体系下展开的有关。占领改革带给日本社会最重要的东西,就是一套西方式的民主体制和民主价值体系。由美国人主导制定的战后日本宪法,为这套西方式民主体制和民主体系在日本社会扎根和发展提供了重要保证。这样,战后日本现代化发展和战前日本现代化的发展以及其他后发型现代化国家发展不同,面临的不是如何实现体制稳定转型、接受民主价值、有效接纳政治参与的问题,而是如何使现有体制得以维持和发展,使民主价值得以深入和发扬的问题。这是两个在程度和性质上都不同的问题。所以虽然战后日本现代化发展在所面

　　①　林尚立:《政党政治与现代化——日本的历史与现实》,上海人民出版社 1998 年版,第 197～198 页。

临的这些问题上,也遇到过困境和危机,但没有发生大的曲折。①

故而,有人说尽管改革是以实现日本社会经济结构非军事化、民主化为主要目标,其"经济效益微不足道或者根本没有,但它们为民主制度造就了一个稳固的社会基础"②,而且"广泛的社会改革,给日本的社会和经济注入新的血液,为以后的蓬勃经济活动奠定了基础"。③ 正是在这个意义上,不少学者都肯定战后改革对日本社会发展所起的积极作用,即"离开战后的民主改革,就谈不上日本的战后体制,也谈不上战后的经济发展。"④换言之,战后日本的民主改革构成战后日本现代化的新起点,为战后日本现代化准备了新的环境。

第二节 从《教育敕语》到《教育基本法》

战前日本的教育一方面促进了战前日本的现代化特别是经济现代化,从而使日本成为唯一逃脱了沦入第三世界的非西方国家,另一方面也在日本中断现代化进程以至走上对外侵略和自我毁灭的道路中扮演了极不光彩的角色。早在二战期间美国研究对日占领政策时就高度关注日本教育改革问题。1943 年 8 月,美国原驻日本大使,当时的国务卿特别顾问格鲁就在广播演说中指出:"必须改革日本的教育,通过再教育,从根本上改变日本的思想和生活,永远铲除对军国主义的崇拜。"⑤因此,在美国占领日本之后,在军事上解除了日本的武装之后,在政治、经济等制度方面进行了非军事化、民主化改革之同时,亦在教育领域进行了非军事化、民主化改革。这一改革可分成两个阶段:第一阶段是对旧的教育体制进行清算,以清除军国主义、极端国家主义影响的阶段,同时亦是摸索、构建战后日本教育民主化改革蓝图的阶段,在时间上大体上是自日本战败至 1947 年 3 月《教育

---

① 林尚立:《政党政治与现代化——日本的历史与现实》,上海人民出版社 1998 年版,第 263 页。

② [美]埃德温·奥·赖肖尔:《当代日本人》,陈文寿译,商务印书馆 1992 年版,第 263 页。

③ [日]大来佐武郎:《发展中经济类型的国家与日本》,中国对外翻译出版公司第二编译室译,中国对外翻译出版公司 1981 年版,第 122 页。

④ 正村公宏『日本経済論』東京:東洋経済新報社、1978 年、29 頁。

⑤ 高木八尺『日米関係の研究』東京:東京大学出版会 1971 年、214 頁。

基本法》颁布之前；第二阶段是制定《教育基本法》、《学校教育法》等一系列法律，并在此基础上建立资产阶级民主主义教育体制的阶段。就框定战后日本教育体制的基本法律来说，其制定工作至 1950 年基本完成。新的教育体制体现以下一些主要特点：在教育行政上，排除中央集权制，贯彻地方自治原理；在学校制度上，体现教育机会均等原则，实行单轨制，同时实施九年免费义务教育；在教育内容和方法上，强调尊重教师的教育自主性、专门性，等等。而其中对于战后日本教育改革来说，最为根本的莫过于教育理念的巨大转变，转变的标志是《教育基本法》的颁布和《教育敕语》的被废除。

道德教育是专以培养受教育者的德性为目的的，因此，与教育理念、教育理想具有最密切的关系。[1] 战前，《教育敕语》为日本的教育规定了基本方针和指导思想，同时亦构成战前日本道德教育的唯一价值渊源；战后，《教育基本法》作为日本的"教育宪法"，为战后日本教育确立了新的基本理念，从而也为战后日本道德教育规定了基本性质和方向。因此，以教育理念为中心，透过教育理念的转变来把握道德教育理念的变迁，应该说是一条正确而且必要的道路。

一、《教育敕语》的处理——新教育理念的摸索

如何处理《教育敕语》，是战后日本教育改革的最大问题，也是最为复杂的问题。之所以复杂，是因为教育理念是教育中的根本问题，而更为重要的原因是它和如何处理天皇制这一更为根本的问题密切相连。

战后日本统治层一贯执著于维护国体、拥护《教育敕语》的路线。1945 年 8 月 15 日，裕仁天皇通过广播向国民发布停战诏书，要求国民"维护国体"并"发扬国体之精华"，同日，太田耕造文部大臣向地方长官和直辖学校校长等发布训令，要求"奉体大诏之圣旨"、"至诚维护国体"，"在荆棘中恢复教学，在焦土上复兴国力"。[2]

8 月 18 日，前田多门就任战后第一届内阁的文部大臣，开始研究战后教育改

---

① 海後宗臣『社会科・道德教育』(《海後宗臣著作集》第 6 卷)東京：東京書籍、1981 年、406 頁。

② 戰後日本教育史料集成編集委員會『戰後日本教育史料集成』(第 1 卷)東京：三一書房、1982 年、27 頁。

革的方针。9 月 15 日发表的《建设新日本的教育方针》，是日本政府为适应战败和被占领的事态而独自制定的战后教育改革构想。关于"新教育的方针"，其中提出："今后的教育要在更加努力维护国体之同时，清除军国的思想及政策，以建设和平国家为目标，把教育的重点放在提高国民的文化修养、养成科学的思考能力和爱好和平的信念、提高智德水平等方面。"① 其中虽然也包含要以民主主义、和平主义的精神来取代军国主义、极端国家主义的积极因素，但是仍然坚持以承诏必谨、维护国体的皇道中心思想为教育方针之基础。文部省为了贯彻执行"新教育方针"，于 10 月 15 日、16 日在东京召集了师范学校和地方视学官举办讲习会，在这一讲习会上，前田大臣一方面积极主张清除军国主义和国家主义教育观，另一方面又认为"《教育敕语》表明了培养忠良国民的理念"，"为了发扬国民的道德，有必要奉戴《教育敕语》"，② 总之是要在不改变天皇制政治的前提下，以《教育敕语》为教育的根本指导思想，实现民主主义、和平主义的新日本教育方针。

继前田之后，安倍能成、田中耕太郎相继就任文部大臣。在他们的大脑中始终有着这样的共同思想：不应该否定规定战前教育之根本的《教育敕语》，因为《教育敕语》中规定的是天地之公道，所展示的不仅是作为国民应该遵循的规范，而且是作为人应该遵循之道。对它进行歪曲的只是后来抬头的军国主义，其本身并无不当。因此，在战后的今日，应该"虚心坦怀地重读《教育敕语》，继承其精神之真谛"。③ 其中以田中耕太郎的思想最具有代表性。在他就任学校教育局长（1945年 10 月）之时就开始试图将《教育敕语》与自然法建立联系，以谋求在理论上使《教育敕语》正当化、合理化。田中于 1946 年发表了《国民道德的颓废及其重建》一文，其中对由以"国体明证"运动当代表的错误的国家主义所导致的国民道德颓废表示叹息，强调"国民道德的重建必须依据自然法的原理来进行。在此意义上，《教育敕语》今后应当继续保持其道德权威。"④ 田中进而在 2 月 21 日的地方教学

---

① 戦後日本教育史料集成編集委員会『戦後日本教育史料集成』（第 1 巻）東京：三一書房、1982 年、121～122 頁。

② 戦後日本教育史料集成編集委員会『戦後日本教育史料集成』（第 1 巻）東京：三一書房、1982 年、122～124 頁。

③ 山住正己、堀尾輝久『教育理念』（『戦後日本の教育改革』第 2 巻）東京：東京大学出版会、1970 年、120 頁。

④ 新堀通也『道德教育』東京：福村出版、1977 年、86 頁。

课长会议上训示："《教育敕语》与我国的淳风美俗和世界人类的道义核心是相符的……应该说是自然法。也就是说《教育敕语》中罗列了相当的个人、家族、社会及国家的各种道德规范,这些与儒教、佛教、基督教伦理是共通的。所谓'施于内外而不悖'不外乎是表明其普遍性的事实。当然……敕语并不能说是完美的,但不完善绝不是谬误。"①

对于田中局长的训示,《读卖报知》社论提出了严厉的批判(1946 年 2 月 24 日),社论指出:"诚然,谁都不否认《教育敕语》中包含有自然法的要素,但问题不是各个语词的片断,而是作为整体的《教育敕语》的性质。把君臣之义、父子之情这样的东西作为最高原则,其他作为从属的道德体系不应该看成是单纯的自然法,而是封建儒教的立场,应该有从民主主义的立场对其进行历史地审判的立场。"②《朝日新闻》也发表社论(3 月 20 日)指出:"在建设和平日本的今天,《教育敕语》在思想上不适用是当然的,应该革除其原来的地位。"③

在《教育敕语》存续论受到激烈批判的情况下,又出现了一种奏请新教育敕语的动向。为协助美国教育使节团工作而组成的日本教育家委员会可以说是这一潮流的典型代表。该委员会在向美国教育使节团提出的教育改革意见书中,第一个就是关于《教育敕语》问题的。该意见书提出,"从来的《教育敕语》作为明示天地之公道的东西绝对没有错,但是随着时势的推移,也存在着不适合作为国民今后精神生活的指针的地方",因此建议重新颁布明示国民教育新方针和国民生活新方向的诏书。新诏书的基调是尊重人性,提倡自主精神、自由与责任、自治与遵法精神,重视国际精神、和平与文化等。④ 新诏书的内容具有资产阶级民主主义色彩,许多都成了后来的《教育基本法》内容的原型,与旧《教育敕语》相比是进步的,但仍然用天皇的名义颁布诏书,这就等于承认主权在天皇,与田中等人的思想是殊途同归的。舆论界对这一奏请新教育敕语的动向也保持高度警惕,并提出批判,如有报纸社论指出,"国民道德的基准乃至文教的指导原理""应该以人民的名

①②　山邉光宏『人間形成の基礎理論』東京:東信堂、1994 年、113 頁。
③　堀松武一『日本教育史』東京:国土社、1985 年、257 頁。
④　戦後日本教育史料集成編集委員会『戦後日本教育史料集成』(第 1 卷)東京:三一書房、65 頁。

义,采用宣言的形式决定,而不应采用敕语的形式"。①

对于《教育敕语》的命运来说,把握教育改革主导权的美国占领军的态度是至关重要的。而占领军自占领之初就对《教育敕语》保持了极为"慎重"的态度。在1945年10～12月相继发布的四大教育指令中,尽管向人们展示了战后日本新教育要根据以尊重基本人权为核心的民主主义原则来进行这一方向,但却有意删除了有关《教育敕语》的用语,对《教育敕语》处理问题予以回避。在随后的时期里,占领军总司令部内积极致力于构想明示新教育理念的新教育敕语。所谓的"京都新教育敕语草案"就是由当时的同志社大学神学科主任有贺铁太郎受占领军方面的委托制定的,而日本教育家委员会的新教育敕语颁发论同样也有着占领军方面的背景。② 直至美国教育使节团来日之时,美国占领军方面对《教育敕语》尚无明确的态度。在此背景下,使节团报告书尽管体现了以"自由主义"、"承认个人的价值和尊严"为基调的资产阶级民主主义教育理念,但并没有把《教育敕语》作为直接的批判对象,也没有从正面涉及到《教育敕语》的存废问题,只是停留在批判并建议停止在学校仪式上奉读《教育敕语》和向"御真影"行礼的惯例上。占领军及使节团报告书的这种态度并不是孤立的现象,而正是美国既想消除日本军国主义、极端国家主义的根基,又想利用天皇制以便于占领统治顺利实施的矛盾政策的反映。应该说,这也正是日本政府中《教育敕语》拥护论绵延不绝的一个重要原因。

由于《教育敕语》问题与天皇制这一国家体制问题紧密相连,因此,在天皇制处理问题未获解决之前,《教育敕语》的处理问题自然也就很难有一个明确的结论。对于战后日本民主主义教育体制的确立和教育改革的实现来说,最具根本意义的是《日本国宪法》的制定和以《日本国宪法》精神为依据的《教育基本法》的颁布。

美国教育使节团来日之时,《日本国宪法》草案正在起草过程中,也是天皇制问题成为巨大政治论争点的时候。币原内阁坚持在天皇为统治权总揽者的"天皇机关说"框架内对《大日本帝国宪法》进行修改,而以社会党、共产党为首的革新势力则要求明确规定国民主权。其间,占领军出于确立日本政治稳定的需要,抢在

---

① 大田尭『戦後日本教育史』東京:岩波書店、1978年、101頁。
② 鈴木英一『日本占領と教育改革』東京:三一書房、1983年、89～147頁。

苏联介入之前（第一次对日理事会是在 1946 年 4 月 5 日召开的），拒绝了日本政府的宪法修改草案（即"松本丞治草案"），并向日本政府提出了以象征天皇制、主权在民和放弃战争为主要内容的宪法修改纲要（即所谓"麦克阿瑟草案"）。以政府为首的保守势力面临大选在即的形势，对于坚持"天皇为统治权总揽者"还是"国民主权"，缺乏自信，因而以"麦克阿瑟草案"为蓝本于 3 月 6 日发表了《宪法修改纲要》，交全国讨论；而事实上本来在这一点结成联盟的社会党和共产党对于该"纲要"的意见也不一致，因而在四月的大选中，保守党派占据多数。于是在第一届吉田内阁（1946 年 5 月 22 日～1947 年 5 月 20 日）开始了对新宪法的国会审议。另一方面，审判战犯的远东军事法庭于 6 月 17 日宣布不追究天皇的战争责任。这样，天皇的战争责任问题、天皇制存续问题也就有了一个明确结论。

随着新宪法体制框架的逐渐清晰、天皇制处理问题逐渐明朗化，《教育敕语》的处理问题也见到了曙光。对照新宪法的精神，《教育敕语》无论从其内容还是立法程序来说，均不能成为战后新教育的依据。要进行全面的教育改革，就必须根据新宪法的精神以法律的形式来确定新的教育理念。"教育基本法"构想正是伴随《教育敕语》拥护论和新教育敕语颁布论的衰退而呈现出的一种新的思想。

首先提出制定教育基本构想并积极予以推进的正是任第一届吉田内阁文部大臣的田中耕太郎。他是在国会审议新宪法草案过程中开始酝酿这一构想的，并于 1946 年 6 月 27 日众议院审议中首次公开提出。田中是在一方面认识到必须由国会对教育的根本方针进行规定（即制定"教育根本大法"）以及实行"教育权的独立"（即教育不受官僚的干涉和政党派别的干涉，保持中立），另一方面又坚持维持存续《教育敕语》的思想指引下，展开其"教育根本法"构想的。田中的教育根本法计划不久就被付诸实施。为此而采取的措施主要有两个：一是设置教育刷新委员会（1946 年 8 月 10 日）；二是在文部省大臣官房设审议室并招聘行政法权威东京大学教授田中二郎为参事，开始制定教育根本法草案。

教育刷新委员会（以下简称"教刷委"）是以日本教育家委员会为母体而设的直属内阁总理大臣的审设咨询机关。它在决定战后日本教育改革的基本路线上发挥了巨大的历史作用，在制定《教育基本法》之际也不例外。教刷委于第二次大会上进入实质审议阶段，会上有许多委员提出了应明示与新宪法精神相一致的新教育方针的发言，对此，田中详细地阐述了包括教育理念（教育目的）、教育机会均等、女子教育、义务教育、政治教育、宗教教育、学校教育、教育行政及其他项目（科学教育、家庭教育、社会教育、体育）内容的教育根本法构想。在该构想中，田中一方面提出教育目的、理念应该包括"探求真理和完善人格"、"培养可以履行作为民主、文化国家及社会之成员的责任且身心健康的国民"等内容，另一方面又阐述了对于战前的军国主义极端国家主义教育方针（即以前的《教育敕语》）不进行直接的批判，而是采用提出新教育方针来对其进行间接地排除的宗旨。①

此后，教刷委设立专门审议"教育之根本理念"的特别委员会，即第一特别委员会。第一特别委员会在做出不奏请新教育敕语而是以民主的方式决定教育理念即制定教育基本法的决定之后开始进入"教育根本理念及教育基本法问题"审议的。只是，虽然委员会均普遍意识到"教育根本法的教育理念是对《教育敕语》的教育理念的取代"，但是正如该委员会主任羽溪了谛在教刷会第 13 次总会上（11 月 29 日）所强调的那样，制定《教育基本法》并不是为了取代《教育敕语》，更不是否定《教育敕语》，因为《教育基本法》与《教育敕语》被看做是不同程度上的、在形式上有区别的东西，因而《教育敕语》可以继续存在下去。② 委员会对《教育基本法》的审议，是以研讨文部省审议室制定的《教育基本法纲要案》（1946 年 9 月 22 日）的形式进行的，并于 1946 年 11 月 29 日向教刷委总会提出《教育基本法案纲要案》。总会于 1946 年 12 月 27 日向总理大臣提出了包括"关于教育的理念及教育基本法"和其他三方面事项在内的第一次建议。按照教刷委的建议，教育基本法的具体起草工作此后是以文部省审议室为中心来进行的。文部省起草的教育基本法草案首先在教刷委第 25 次总会得到认可后，在内阁会议上予以确定，后又经过枢密院的修改，于 1947 年 3 月 13 日提交众议院审议。3 月 31 日，《教育基本法》公布并实施。

伴随《教育基本法》的制定，文部省对《教育敕语》的态度也在发生着变化。③第一个变化是，根据教刷委禁止在学校仪式上奉读《教育敕语》的决定，于 1946 年10 月 8 日发布了《关于敕语及诏书等的处理》的文部次官通告，要求"放弃以《教育敕语》作为我国教育的唯一渊源的想法，与此同时，应采取在广阔的古今东西之

---

①　平原春好『教育と教育基本法』東京：勁草書房、1996 年、19 頁。

②　山住正己、堀尾輝久『教育理念』、452～453 頁。

③　新堀通也『道徳教育』東京：福村出版、1977 年、93～94 頁。

伦理、哲学、宗教等中寻求教育渊源的态度"，①但并没有否定《教育敕语》所包含的道德、伦理价值。

第二个变化是，在国会审议教育基本法草案过程中，采取不承认《教育敕语》与《教育基本法》相矛盾部分之有效性的部分否定态度。文相高桥诚一郎在国会上答辩说："《教育敕语》作为统治权者的意志具有约束国民的效力，但在新宪法施行之同时，与其相矛盾的部分就失去其效力，此外在《教育基本法》施行之同时，与它相矛盾的部分也就失去其效力，其他部分我想则可以并行不悖。因此，《教育敕语》大概就成为类似于孔孟之教之类的东西了。"②

第三个变化是对《教育敕语》的全面否定。1948 年 6 月 19 日根据占领军的指示，众议院做出了《关于排除〈教育敕语〉等的决议》，参议院也作出了《关于确认〈教育敕语〉等失效的决议》。从而为文部省处理《教育敕语》提供了决定性的方向。特别是众议院决议中还含有对文部省以往的暧昧态度提出批判的语言。因此，文部省于同月 25 日发出《关于〈教育敕语〉等的处理》的通知，要求贯彻众参两院的上述决议宗旨，并回收《教育敕语》等的副本。至此，长达半个多世纪为日本人提供道德价值观方向的《教育敕语》终于在《教育基本法》公布 15 个月后，彻底从学校中消失了。

从《教育基本法》的制定和《教育敕语》被废除的曲折历程中，我们不难发现，一方面《教育基本法》是在作为法律的《教育基本法》与作为天皇言论的《教育敕语》不矛盾的前提下被构想并制定的，换言之，代表新教育理念的《教育基本法》是在缺乏对代表旧教育理念《教育敕语》正面的鞭辟入里的批判的情况下制定的；另一方面《教育敕语》又是根据占领军总司令部管辖国会并曾推动《日本国宪法》制定工作的民政局而非管辖教育的民间情报教育局的指示被"排除"和"确认失效"的。也就是说，《教育敕语》是在政治压力下而非深入的学理批判的情况下被否定的。这一点是我们在理解和评价战后日本教育理念（也可以说是道德教育理念）转变的实质及其意义时必须首先明晰的。

---

① 新堀通也『道德教育』東京：福村出版、1977 年，第 93 頁。

② 戦後日本教育史料集成編集委員会『戦後日本教育史料集成』（第 1 卷）東京：三一書房、242～245 頁。

二、《教育基本法》的思想构造

《教育基本法》作为遵循新宪法宗旨、阐明新教育理念的"教育宣言",同时也是战后日本"教育法中的核心法律,即教育宪法"。因此,战后日本的教育体制也可称之为"教育基本法体制",从战后日本教育是以法律为基础建立起来的意义上讲,战后日本的教育体制实际上也可称作"教育基本法体制"。故此,《教育基本法》的制定和《教育敕语》的废除实际上也就意味着由教育敕语体制向教育基本法体制的转变。随着这一转变,道德教育的性质也随之发生巨大变化。这种变化首先集中体现为道德教育理念的规定形式及其内容构成的变化。

在战前,作为由政治统治权的总揽者、军队统帅权的保持者和现世神基于"皇祖皇宗之遗训"而发布的道德命令,《教育敕语》实际上是"日本国家作为伦理实体成为价值内容的垄断性决定者的公然宣言",[①]它左右着国民个人价值观的决定和国民教育的方向。整个国民教育以《教育敕语》为准绳,在"富国强兵"的国是指引下,推行着以"忠君爱国"为德目核心的教育,实际上成为培养国民道德的"道场"。

战后,作为以法律的形式,即由国会制定的新教育理念的宣言,《教育基本法》的制定意味着由政治君主发布道德命令这一从前的反民主主义形式向主权者国民通过其代表宣告新教育理念的民主主义形式的转变,同时也意味着国家与道德教育的关系的转变,即由国家权力(政治权力)对个人价值观的强制向对国民各自"良心自由"的保障转变。这一点,从国民主权的立场应给予高度的评价。

以法律的形式规定的新教育理念,作为国民自己的"教育宣言",当然要代表全体国民的公意,即反映最大公约数的国民的意愿,具有与国民各自"良心自由"不抵触的普遍性内容。[②]《教育基本法》所规定的新教育理念正是体现了这一特点。从《教育基本法》的规定内容来看,前言、第一条和第二条基本阐明了新日本教育的理念,可以说是法律的主体部分,而其中第一条"教育目的"最为重要。"前

---

① 丸山真男语。藤田昌士『道德教育——その歴史・現状・課題——』東京:エイデル研究所、1985 年、53 頁。

② 藤田昌士『道德教育——その歴史・現状・課題——』東京:エイデル研究所、1985 年、56 頁。

言"中首先强调的以《日本国宪法》精神为依据,高歌"建设民主的文化的国家"和
"为世界和平与人类福利作出贡献"这一宪法理想的实现,"从根本上来说应取决
于教育的力量",并明确指出要彻底普及"对尊重个人尊严、冀求真理与和平的人
的培养"以及"旨在创造既有普遍性而又富有个性的文化教育"。在此基础上,作
为教育的目的,提出"教育以完善人格为目标,培养出和平国家和社会的建设者,
即爱好真理和正义、尊重个人价值、注重劳动与责任、充满独立自主精神的身心健
康的国民"(第一条),进而指出这一教育目的"必须在所有场合,利用一切机会去
实现",为此"须尊重学术自由,适应实际生活需要培养进取精神,并通过相互尊敬
与合作,努力为创造与发展文化作出贡献"的教育方针(第二条)。

明确规定了教育目的,这是《教育基本法》的重大特点。而且从条文中我们不
难发现该目的的核心是"完善人格"。在田中的原案即《教育基本法纲要案》中,
"完善人格"这一处原本是"探求真理与完善人格"。田中所说的"真理"并非是指
科学真理,而是指人正确的存在方式这一意义上的真理。田中认为,教育首先要
探究这种"人正确的存在方式"。并把每个人实现这种正确的存在方式看作是对
自己人格的完善。[①] 在田中看来,人是具有自由意志并可进行善恶判断的存在,
但善恶的价值则是由神的意志客观地规定的。从真理是"绝对的、客观的、不可变
的,是超越种族、阶级国家、历史而存在的"这一价值绝对主义立场出发,他赋予了
《教育敕语》以自然法的地位。遵循天主教自然法的观点把《教育敕语》的道德价
值普遍化、圣典化,必然要求把培养宗教情操作为实现"完善人格"这一目标的手
段。所以田中认为:"完善的人格,在经验人中是不可能求得的,除最终求助于超
人的世界亦即宗教之外别无他途。"[②]

田中"追求真理与完善人格"的提法在教育刷新委员会第一特别委员会的审
议中最终被改为"开发人性"。之所以做如做改变,据务台理作的解释,"人格"是
法律和道德上的语言,作为教育目的的表述过于狭窄了,教育精神之基础应该是
尊重个人的自由;"完善"对于人来说,无论通过何种努力均非易事。人作为一个
"人格者"追求完善,与尊重人性的自由在含义上是不一样的。而如果是"开发人

---

① 明星大学戦後教育史研究センター『戦後教育改革通史』東京:明星大学出版社、
1993 年、113 頁。

② 山口和孝『新教育课程と道德教育』東京:エイデル研究所、1993 年、120 頁。

性",则是无论谁均可在一切场所、利用一切机会来进行的。这是由于不具有人性的人是不可能之缘故。人要成为一个人格者大概很困难,但使人性得到发展则应该是可能的。因为要使人性中最优秀的东西获得发展是在一切场所、一切机会中均可以做到的。① 如果说田中所依据的是天主教的先验价值绝对主义立场,那么务台的思想则体现了新教的立场,即人文主义立场。②

文部省在制定教育基本法草案时,又将"开发人性"改为"完善人格"。之所以如此改动,文部省的解释是,"所谓'开发人性'也好,'完善人格'也好,只是视点上的差异,内容上并无变化,人格是在人之所以成为人即人的存在与非人的存在相区别的各种特性的集合、统一和调和的意义上与人性无大的差别。只是(1)说到人格的时候,一般考虑的是人与动物等相区别之处,即人之所以成为人的东西,而人性这一词中则包含有人与动物共有的野性;(2)人性这一词语尚未充分普及,因而存在着许多说难懂的非难。其次,'开发'一词是从发展人所具有的各种特性之反面即内在这一面说的,而说到'完善'的时候是以应有的状态为前提,重点可以说放在超越这一面,二者之间存在着丝微的差别。③ 因此,所谓完善人格,是基于对个人价值和尊严的认识,尽可能而且协调地发展人所具有的所有能力。④ 这一解释虽然有点倾斜于田中的观点,但与田中的"最崇高意义上的完善的人格像应该是神"⑤或"完善的人格在经验性的人那里是不可能求得的,除最终求助于超人的世界即宗教之外别无他途"的主张并不一致。也就是说,文部省的解释走的是介于田中与务台中间的路线,具有妥协的性质。田中本人曾对这种妥协性理解表示不满,他认为"个人的价值和尊严从现实的人自身中是导不出的",文部省的

① 水原克敏『現代日本の教育課程改革——学習指導要領と国民の資質形成——』東京:風間書房、1992 年、73〜74 頁。

② 水原克敏『現代日本の教育課程改革——学習指導要領と国民の資質形成——』東京:風間書房、1992 年、74 頁。

③ 鈴木英一『教育行政』(『戦後日本の教育改革』第 3 巻)東京:東京大学出版会、1970 年、318 頁。

④ 戦後日本教育史料集成編集委員会『戦後日本教育史料集成』(第 1 巻)東京:三一書房、420 頁。

⑤ 戦後日本教育史料集成編集委員会『戦後日本教育史料集成』(第 1 巻)東京:三一書房、77 頁。

解释"未能充分地体现道德价值的重要性"。①

　　尽管在"完善人格"与"开发人性"的反复变化中尚有值得进一步深究的问题，但在"人"而非"臣民"这一纬度上追求新教育理念之基调的宗旨是始终未变的。这一立场即意味着对战前那种把对天皇的忠义这一国家意志作为个人道德价值基准的理念的一次根本转变，意味着对个人的解放。用务台理作的话来讲，《教育基本法》是要"将人的教育从在世界到处碰壁的狭隘的国家教育中解放出来"。②

　　那么在这种"人的教育"中，"形成国民"的课题被赋予了什么样的位置呢？换句话说，《教育基本法》是如何处理"为了市民个人的教育"和"为了国家的教育"之关系的呢？应该说，《教育基本法》所追求的绝非只是所谓的"个人解放"这一面，"特别重视作为公民的教养也是《教育基本法》的特征"。③《教育基本法》第一条中在提出"完善人格"这一目标的同时，还要求培养"国家社会的建设者"，就是典型体现。所谓"国家社会的建设者"，根据文部省当时的解释，意思是说，国民不再像以前那样是天皇的臣民，而且也不是"单纯的构成者、成员这一消极意义上的国民"，而是积极建设国家社会的主体。这里所说的"国家社会"不单单是日本的国家与国内社会，还包括国际社会，而且还必须是"和平"的。④ 关于"完善人格"与"形成国民"之间的关系，文部省的解释是这样的："教育必须首先以完善人格为目标来进行。不过，完善人格，并不只是为了个人而完善个人，教育还必须使这样的人同时成为优秀的国家与社会的建设者"，"教育在以完善人格为终极目标之同时，还必须期待培养作为和平的国家和社会的建设者、身心健康的国民"，"完善人格并不是培养国家社会建设者所能穷尽的。完善人格超越培养国家与社会建设者而有更广阔的领域。只有首先是站在这一宽广立场培养的人才能成为优秀的

---

　　① 田中耕太郎『教育基本法の理論』東京：有斐閣、1981 年、81 頁。

　　② 藤田昌士『道徳教育——その歴史・現状・課題——』東京：エイデル研究所、1985 年、61 頁。

　　③ 这是《朝日新闻》1947 年 3 月 5 日社论"教育基本法的重要性"一文中的评述。引自：戦後日本教育史料集成編集委員会『戦後日本教育史料集成』（第 1 卷）東京：三一書房、421 頁。

　　④ 戦後日本教育史料集成編集委員会『戦後日本教育史料集成』（第 二 卷）東京：三一書房、427 頁。

国家与社会的建设者"。①

　　由上所述,我们可以说《教育基本法》一方面明示了在教育中应保障个人的尊严,另一方面又阐述了为全体国民"服务的教育的应有面貌"。② 只是"形成国民"以"完善人格"为基础,为"完善人格"所一元化。对照明治时期《学制》的教育理念,我们不难发现二者在思维方式上的相似性。正如《学制》在对近代以前"动辄高唱为国家而不知为立身之基"的教育观进行猛烈批判基础上提出个人主义、实学主义,亦即立身出世主义教育观一样,我们也可以看到《教育基本法》是在对把人只看作是实现国家目的之手段的国家主义教育思想的反省基础上,首先把人视作目的而以"完善人格"为基本来把握教育理念的;正如在《学制》高唱立身出世主义的口号背后有着"一身独立则一国独立"的思想背景一样,《教育基本法》在弘扬人的尊严和价值之同时,也有着通过"完善人格"达到"形成国民"的考虑。为了个人的教育与为了国家的教育是预定调和而不矛盾的,这是《学制》与《教育基本法》的共同思想思维方式。

　　对于《教育基本法》所提示的新教育理念,我们可以通过如下的比较来给其定位:一般从哲学的角度思考教育的时候,可以把教育看做是使人作为显现价值的主体而文化化、社会化的过程,此时根据各自强调的侧重点的不同,可分为三种立场:一是把价值看做是普遍性的价值而重视显现该普遍价值的人的立场,即人格教育学的立场;二是最重视文化化的立场,即文化教育学的立场;三是最重视社会化的社会教育学(与学校教育相对的社会教育之学相区别的社会性教育学)立场。那么不用说,以"完善人格"为"教育目的"核心的《教育基本法》的立场正是人格教育学的立场。此外,在如何确定教育目的方面,也大体有三种立场,一是认为教育目的应该具有普遍性的普遍主义立场;二是主张教育目的应该根据历史条件来确定的历史主义立场;三是坚持教育目的应该根据对人的生存之有用性来确定的实用主义立场。那么着眼于"完善人格"的《教育基本法》的立场无疑正是普遍主义

　　①　戦後日本教育史料集成編集委員会『戦後日本教育史料集成』(第1巻)東京:三一書房、426～427頁。

　　②　黒沢惟昭『国家と道徳・教育——物象化事象を読む——』東京:青弓社、1989年、140頁。

的立场。^① 务台理作所说的《教育基本法》实现了"向基于国际人类主义、人格主义的教育的大回转"，^②正是对《教育基本法》的新教育理念特质的准确把握。

第三节　由修身教育体制到全面主义道德教育体制

随着教育敕语体制向教育基本法体制的转变，日本的道德教育不仅在理念上发生了由以"忠君爱国"、"忠孝一致"为中心的"家族——国家"主义道德观（即臣民道德观）向以"重视个人尊重与价值"为主要内容的"个人——社会"道德观（即公民道德观）的转变，而且在实现这一理念的方式方法上也出现了由修身教育体制向全面主义道德教育体制的转变。

一、新道德教育的摸索——公民教育构想

在战后日本的教育改革中，对战前修身教育体制下的道德教育如何评价以及采用何种理念与方法对其进行重构，对于占领军及文部省双方来说，均是一个巨大而艰巨的课题。

占领军总司令部进驻日本之后相继向日本政府发布了一系列旨在清除日本教育体制中的军国主义、极端国家主义影响的指令，其中以 1945 年 10 月～12 月发布的"四大教育指令"最为重要，其对日本道德教育的影响也特别显著。

第一项指令是 10 月 22 日发布的《对日本教育制度的管理政策》，要求排除军国主义、极端国家主义思想并为实现日本教育的民主化进行根本的改革。其中提出了要"在教育中培养重视和平与责任的公民"。第二项指令是 10 月 30 日发布的以排除具有军国主义和极端国家主义思想、反对占领政策的教职员为目的的《关于调整、开除、认可教员及有关教育官员的指令》，第三项指令是 12 月 15 日发布的《关于取消政府对国家神道、神社神道的保证、支援、保护、监督及宣传的指令》，命令将国家与神道、神社分离。与道德教育最具直接关系的是 12 月 31 日发

---

① 明星大学戦後教育史研究センター『戦後教育改革通史』東京：明星大学出版社、1993 年、114 頁。

② 藤田昌士『道徳教育——その歴史・現状・課題——』東京：エイデル研究所、1985 年、61 頁。

布的《关于停止修身、日本历史及地理课的指令》。该指令要求中止修身、日本历史和地理三学科的教学，在取得总司令部的同意之前不得重开；回收该三学科的教科书和教师参考书；停止与三科目相关的一切法令。之所以发布这一指令，是以这三个学科的教育与国家神道思想有密切的联系，为军国主义、极端国家主义极度地歪曲和利用这一判断为基础的。然而我们同时必须注意的是，该指令除了要求停止三学科教学、回收教科书和教师参考书之外，还要求日本政府向总司令部提出三学科被禁止期间的代行计划和三学科教科书的修订计划。① 可见，指令的目的绝非永久禁止三学科的教学，而是要求改变三学科的内容。也就是说，占领军的指令并无废除专门进行道德教育的学科——修身科的意图。

总司令部在通过一系列指令摧毁了军国主义、极端国家主义教育体制之后，开始着手新日本教育的建设。美国教育使节团正是应占领军总司令部的要求而来的，并在 1946 年 3 月 31 日提交的报告书为战后日本教育构建了具体而积极的民主化构想。其中在"日本教育的目的与内容"一章中设立了"道德与伦理"一项，阐述了道德教育的应有面貌。报告书首先对战前日本的修身教育进行了诊断，即"近年来日本学校中教授的修身课程以培养顺从的公民为其目的。这种通过忠义心来维持秩序的努力，如所周知，为社会上的重要人物所支持，所以非常有效，以致后来这一手段与不正当的目的紧密联系在了一起。正因如此，修身课程被停止了教学。"然而修身科教学被停止了，绝不意味着今后不再需要道德教育了。所以报告书指出："民主主义制度与其他制度一样，需要一种与其真正之精神相符合并使之永久存在下去的伦理。而且其特有的德目是可以教授的，因而在学校与在其他场合一样，也应该教授。"②

那么，新的伦理应该如何教授呢？据报告书所述，道德教育有两种方式：一种如法国那样，设"伦理"这样的专门科目进行道德教育的做法；一是像诸如美国这些国家那样，不把必要的德目训练集中于一门学科进行的方法。关于前者，报告书指出，战前日本的修身科就是采用法国的方式，这本身并没有错误，但是由于以培养顺从的臣民为目的，而被"不正当的目的"所利用了；关于后者，报告书认为，

---

① 宫原誠一他『資料日本現代教育史』(第 1 卷)東京：三省堂、1974 年、24～30 頁。

② 以下凡有关美国教育使节团报告书的内容，均请参见：奥田眞丈監修『教科教育百年史・資料編』東京：建帛社、1985 年、349～351 頁。

民主主义就意味着价值的多样性,因此,实现民主目的的手段也应该是多样的。"只要教师受过良好的教育,具有独立的精神,富有发自爱心的忠诚,并且师生比少到可以开展个别化教学的程度,那么教育的每个组成部分中就会被注入道德整体的精神(the spirit of moral whole),伦理训练也就趋向于自动地进行。"至于战后日本究竟应该选择何种方式进行道德教育,报告书认为,只要坚持和平主义、民主主义方向,其具体方法留给日本人自己来决定。

从使节团报告书的整体精神来看,是立足于对美国民主主义的确信基础上,对在美国认为是理想的教育制度与方法总是充满自信地被予以推荐。教育委员会制度、男女同校制等建议就是其典型体现。但是,对于道德则采取了相当宽松的态度。① 可以说,使节团报告书对于设立专门进行道德的学科是表示认可的,至少未予否定。

总的来说,在美国方面,无论是旨在除旧的四大教育指令(特别是第四大指令),还是意在布新的使节团报告书,对道德教育的关注都主要集中在道德教育的理念和方向上,对于具体如何实现新的道德教育理念即道德教育方式方法,无意过深涉入。这就为日本方面展开道德教育方式方法的构想留下了广阔的空间。

事实上,早在占领军总部发布停止修身科教学的指令之前,日本文部省方面即已开始了自己的新道德教育构想——"公民教育构想"。文部省方面最初是出于将维护国体、拥护《教育敕语》的目的与以民主主义取代军国主义、极端国家主义的目的调和起来的考虑而提出振兴公民教育之构想的。前田多门于 1945 年 10 月 5 日的新教育方针中央讲习会上就清楚地表明了要在公民教育中寻求战后日本新教育之出路的想法。② 他在 1946 年 1 月离任发言中指出:"新时代的教育中,最应重视的是公民教育。在我国,无论是校内还是校外,均未顾及到公民之道,这是带来今日之惨状的主要原因。"③

前田所说的校内外的公民教育中,文部省最早着手的是作为社会教育的校外公民教育,这与大选的宣传活动有关。文部省为了推进社会公民教育,于 1945 年

---

① 新堀通也『道德教育』東京:福村出版、1977 年、91 頁。

② 戦後日本教育史料集成編集委員会『戦後日本教育史料集成』(第 1 卷)東京:三一書房、124 頁

③ 新堀通也『道德教育』東京:福村出版、1977 年、87 頁。

11 月在社会教育局中设立了公民教育课,并提出了《适应大选的公民教育实施纲要》,于同年 12 月又发布了公民启发运动的实施细则。

学校内的公民教育主要是作为公民科构想而提出的。在文部省内久保田藤麿等人的努力下,文部省于 1945 年 11 月 1 日设立了以户田贞三为委员长,以大河内一男、和辻哲郎为成员的公民教育刷新委员,研讨如何开展公民教育。该委员会于同年 12 月 22 日、29 日相继提出两份咨询报告,其中阐述了刷新校内外之公民教育的必要性,并且还提出了许多具体的政策措施。[1] 关于学校公民教育,报告在指出以往的公民教育存在着"偏重来自上方的指导,不重视各人的自发性,轻视公共生活上所需性格的陶冶"的弊端基础上,认为新的公民教育应以"使学生理解广泛的共同生活之结构与作用,培养为此所需的素质"为目的;在坚持"基于《教育敕语》的宗旨"为基本立场的前提下,主张"对以往的观念性的、形式性的道德教育乃至社会教育的缺陷进行反省和批判,以实现公民教育真正应有的面貌"。关于学校公民教育应如何开展,报告首先提出了"公民科教育"和"公民实习"两个相辅相成的构想。关于公民科教育构想,报告是作为对战前道德教育的反省,具体地说是为了纠正以往"把通过德目教学弘扬道义之心与学习、实践社会知识、技能抽象地分离开来处理的倾向"而提出的。报告认为:"由于道德原本是社会中个人的道德,故而'修身'只有与公民知识相结合方可获得其具体内容,而且其德目也是为了在现实社会中被践行的。因此修身与'公民'应成为一体,应将二者统合确立'公民'科。"这里体现了要在"公民教育"名义之下实现道德与知识的结合或者说是德育与智育结合的精神。关于"公民实习",报告指出"为了实现公民教育的目的,整个学校的组织与运营必须成为进行公民实践的恰好场所",关于"公民实习的机会方法",报告举出了如下几点:选举年级长、班长等学生代表;学生对宿舍、消费组合、农场、图书室等场所的自治管理与运营;学生参与郊游、参观、旅行等的企划和有关地理、历史的调查、研究;在举办校友会中各种研究会、读书会、讲习会、讨论会、学校祭典、运动会等中,学生负责而自治地运营等。报告关于"公民实习"的构想实际上体现的是通过学生的实践活动来进行道德教育的思想。

在为学校公民教育提出了"公民科"和"公民实习"两种途径之后,报告还较为

---

[1] 以下凡公民教育刷新委员会咨询报告的内容均引自:宫原誠一他『資料日本現代教育史』(第 1 卷)東京:三省堂、1974 年、220～224 頁。

具体地为今后日本的公民教育确立了根本方向和基本内容。报告认为今后日本的公民教育绝对必须确立如下的方向：基于普遍性、一般性原理，彻底贯彻对有关道德、法律、政治、经济的各种问题的理解；提高对共同生活中个人能动性的自觉；要求具有对社会生活的客观、具体的认识和在此基础上的行为；培养合理精神；振兴科学与国民生活的科学化；重视纯正的历史认识；在公民教育方法上，要多角度地综合地理解社会现象（道德、法律、政治、经济、文化）的相互关系，而且对问题不要简单地罗列，而是要有重点，并给予学生立体地理解问题所需的综合性知识。对于抽象的理论问题也要尽量考虑借助学生身边的事物、现象来使其理解，以唤起青少年的兴趣。关于公民教育的内容，报告列举了 10 个方面，即：（1）人与社会（精神与身体）；（2）家庭生活（家族，衣食住·生计，家族制度）；（3）学校生活（修学、师生、朋友，纪律与自治，职业选择）；（4）社会生活（连带性、公德、公益，邻保与地方自治）；（5）国家生活（国家的发展，人权与民主主义）；（6）现代政治（近代国家的政治形态，日本的宪法）；（7）现代经济（经济的发展与经济的秩序、技术，资本主义，世界经济与国民经济）；（8）社会问题（社会政策，社会改革的思想）；（9）国际生活（国家与人类社会，国际和平）；（10）社会理想（人性，文化，共同生活的理想）。

透过上述内容，我们不难发现，该咨询报告虽然在理念上未对战前的修身教育展开认真的、深入的正面批判（集中体现在对《教育敕语》的态度上），但在方法上却具有反省并破坏战前修身教育体制的意图。在新公民教育构想中，道德教育被包摄其中并体现着德育与智育相结合和通过学生的实践生活进行道德教育这两大实践原则。

对于以上"新公民教育构想"的基本方针，占领军总部中的民间情报教育局（以下简称 CIE）表明了基本容忍的立场。对于报告中"基于《教育敕语》的宗旨"这一方针，在占领军方面尚未对《教育敕语》的处理做出明确决定的这个时期，CIE 也并未把它视为特别的问题。但是对咨询报告提倡废除修身科、设置公民科的方针，CIE 认为与占领军要求修改修身教科书和教师参考书的"指令"内容相违背，因而以"违反了占领政策"为由要求文部省重新考虑，但后来经过文部省与CIE 的数次交涉之后，在不制定修身科暂行教科书，而以制定公民教育的"教师用书"作为替代上达成一致。①

此后，文部省为了将公民教育刷新委员会咨询报告具体化，在文部省内设立了"公民教育要目委员会"，从事教材分配表（即将公民教育内容按学校阶段和年级进行分配的表格）的制定工作。文部省以这一教材分配表为基础，在全国 7 个会场举办"公民科教育讲习会"，并于 1946 年 5 月 7 日发布了《关于实施公民教育》的通知，随同下发了公民科教育方案，②从而首先拉开了公民教育之序幕。文部省下发的通知和"公民科教育方案"与公民教育刷新委员会咨询报告的基本精神是一致的。

就在按照以教材分配表为中心的公民科教育方案开始公民教育之同时，文部省也开始了制定"公民教师用书"的工作。由于文部省急于完成这项工作，所以将中等学校用书和初等学校用书的制定工作分开来进行，前者由胜田守一和竹内良知（后来又加上了马场四郎和上田薰）承担，后者由青木诚四郎负责。9 月 10 日《国民学校公民教师用书》出版，随后，《中等学校青年学校公民教师用书》（以下均简称《公民教师用书》）亦于 10 月 22 日发行，从而标志着公民教育的正式起步。③

两本公民教师用书在基本精神和思路上是一致的。正如《国民学校公民教师用书》绪论中所说的那样，编辑出版公民教师用书是为了尽可能早地开始公民科教育，以取代以往的修身教育；也正如两书的绪论（《中等学校青年学校公民教师用书》中为前言）中"纵然没有战败之事，现在亦已到了对以往的修身教育（道德教育）进行深刻反省和根本改革的时候"这一判断所表明的那样，两书关于新道德教育之论述是以对战前的修身教育进行一定的反省和批判为前提和基础的。在《公民教师用书》看来，战前的修身教育最大的缺点在于它"是显著观念性的，划一性的，陷入了恶劣的形式主义"泥潭。而产生上述缺点的主要原因在于过去仅仅强调个人与国家的关系，轻视了处于人们日常生活中心地位的社会生活本身。因

---

① 明星大学戦後教育史研究センター『戦後教育改革通史』東京：明星大学出版社、1993 年、202～203 頁。

② 宮原誠一他『資料日本現代教育史』（第 1 巻）東京：三省堂、1974 年、224～226 頁。

③ 明星大学戦後教育史研究センター『戦後教育改革通史』東京：明星大学出版社、1993 年、190 頁。

此,主张新公民科教育应以培养每个人作为社会共同生活的优良成员所不可缺少的性格,并使之掌握必要的社会生活知识、能力为目的,即在使学生们了解自己作为社会一员在家庭生活、社会生活、国家生活、国际生活等各种共同生活场所中的位置之同时,养成责任感和共同精神,并获得能以自己的知识、技术和能力为社会的发展和进步作出贡献的公民良知和性格。①

关于新公民教育的指导方法,《公民教师用书》主张应把整个学校作为开展公民教育的场所,把整个学校建设成"与实行公民生活相适应的场所",同时通过实践指导与认识指导两种手段来进行公民教育。所谓实践指导方法包括生活指导与自治修炼两种。生活指导是对学生的日常生活方式和态度的指导,而自治修炼则是让学生通过值日、作业、班级自治等体验,养成共同生活的精神和态度。通过这种实践指导,在使学生"形成作为公民所不可缺少的生活方式"之同时,掌握公民的良知。认识指导的主要目的是使学生形成作为公民的自觉,掌握牢固的社会生活所需的公民知识。认识指导的方法包括"故事与讲解"、"问题法"、"讨论法"和"调查与研究"四种。

从《公民教师用书》的整体内容来看,它是公民教育刷新委员会咨询报告的发展性继承,或者说是继承性发展,综合二者我们不难发现共同的倾向,即对战前修身教育的批判和反省多半集中在对修身教育方法的批判和反省上,而对修身教育的目标和内容的批判则相对地暧昧和不彻底。这主要起因于文部省方面在1948年6月《教育敕语》被废除或确认失效之前对《教育敕语》处理所持的暧昧态度(因为对修身教育目标、内容的批判必然牵涉到对《教育敕语》的批判)。与对修身教育的批判倾斜于方法层面的批判互为表里,战后初期日本公民教育、道德教育构想中也体现着重视方法的立场。②

总的来说,透过战后初期文部省的新公民教育构想,我们可以发现这么两个特点:在内容上重视社会生活,以社会生活为中心;在方法上强调德育与智育的相结合和学生的自治与实践活动。尽管其存在着对战前修身教育缺乏结构性批判

①　凡《国民学校公民教师用书》和《中等学校青年学校公民教师用书》内容之引文均出自:宫田丈夫『道德教育资料集成』(第3卷)東京:第一法规出版、1959年、243～346頁。

②　藤田昌士『道德教育——その歴史・現状・課題——』東京:エイデル研究所、1985年、81頁。

的缺陷,但是与战前的修身教育在内容上以国家为中心,在方法上德育与智育相脱节、智育为德育所歪曲以及管理主义、形式主义的训练相比,其进步意义是不言自明的。正因如此,《公民教师用书》受到了 CIE 的高度评价。

然而,正如《中等学校青年学校公民教师用书》中所说的那样,"今后,道德教育将被作为包括公民科在内的'社会科'之一部分来进行研究。这样看来,可以预料将来作为独立科目的'修身'恐怕不会再开设了,大概会新设'社会科'这一学科,在新的方向下改革道德教育。"也就是说,这一原本作为可以取代战前修身科的新公民科,在 1947 年新教育制度开始之时,就让位于社会科了。不过文部省的公民教育构想,特别是《公民教师用书》的宗旨、方法,通过参与制定社会科学习指导要领的胜田守一、马场四郎、上田薰等人,在以社会科为中心的新教育中被充分地继承了下来。

二、新道德教育方式的确立——以社会科为中心的全面主义道德教育体制

1947 年 3 月 31 日《教育基本法》、《学校教育法》同时公布并实施,战后的新教育制度由此而开始。在这些法律中并没有设立有关道德教育的专门规定,道德教育的基本思想和指针是被包含在《教育基本法》第一条所规定的"教育目的"和《学校教育法》第 18、36、42 条所规定的小学、初中、高中的教育目标之中进行考虑的。这样,道德教育就被看作应在全部教育领域中,利用一切机会来进行。不难看出,这正是美国教育使节团报告中所提到的全面主义道德教育思想。战后日本的全面主义道德教育亦可以说正是随新教育制度的实施而正式开始的。①

新教育制度下的全面主义道德教育思想更清晰地体现在战后日本第一次课程改革中。而这次课程改革的基本精神又集中体现在战后首次制定的中小学课程标准即《学习指导要领》中。文部省于 1947 年 3 月 20 日公布了中小学《学习指导要领·一般篇》,紧接着又制定了各主要科目的《学习指导要领》。新制中小学正是根据这些《学习指导要领》开始新教育实践的。《学习指导要领·一般编》主要由新制中小学教育的一般目标、儿童的生活、学科课程、一般学习指导方法、学习结果的考查等内容所组成。其中第一章"教育的一般目标"在明确了必须遵循《教育基本法》所规定的根本目的并且通过一切教育活动努力达到这一目的的基

---

① 山邊光宏『人間形成の基礎理論』、116 頁。

本宗旨和原则之后,为了更有效地实现教育的根本目的,把人的生活分成个人生活、家庭生活、社会生活、经济生活及职业生活四个侧面,并按照这四个方面,为日本的国民教育确立了具体的教育目标,共 25 项。虽然所提出的是教育的一般目标,但其中直接表明要形成道德态度的项目很多,其中有关家庭生活的 3 项目标中至少有 2 项直接提到要形成道德态度,它们是"敬爱家族,重视家庭生活的伦理秩序,并且有使之维持和进步的态度";"对于家庭生活,要有清纯的理想,在努力实现它的同时,要具有使其生活民主化并且快乐明朗的态度"。另外,在个人生活的 7 项目标中至少有 2 项、社会生活的 9 项目标中至少有 6 项、职业生活及经济生活的 6 项目标中至少有 4 项是与道德态度养成直接相关的。[①] 这表明其中的道德教育色彩是极为浓厚的。换句话说,修身科虽然被废止了,但并不表示道德教育被忽视,相反可以说是被极为重视的。由于"要领"中并未设置对于道德教育进行说明的部分,因此,也就意味着上述教育目标中的道德态度形成任务就由全部学科、全部教育活动来完成。

虽然说是全面主义道德教育,但并不意味着其中没有"中心",这一中心正是集战后日本新教育的精神和最大困难于一身的社会科。[②]《学习指导要领·一般编》中说:"从今日我国的国民生活来看,培养有关社会生活的良知与性格极为必要,社会科正是以此为目的而新设的。只是,要实现这一目的,就必须将以往的修身、公民、地理、历史等学科内容融合为一体来学习,社会科就是为替代这些教材而设的。"《学习指导要领·社会科编 I》第一章"序论"中对社会科的作用作了如下的说明,即"这次新设的社会科的任务是使青少年理解社会生活,并养成致力于其进步的态度和能力"。[③] 从中我们可以看到,虽然作为综合学科的社会科不再像文部省公民教育构想中作为取代修身科的学科——公民科那样,是一个以进行道德教育为主要任务的学科,但是从社会科中明确规定包含"修身"和"公民"之内容和继承了文部省公民教育构想中知识与道德相结合的宗旨两点来看,社会科可以说是公民科的发展性继承,公民科是发展性地消解在社会科之中了。对于社会科

---

① 以上及以下凡有关 1947 年《学习指导要领·一般篇》内容均参见:宫田丈夫『道德教育资料集成』(第 3 卷)東京:第一法規出版、1959 年、349~394 頁。

② 大田堯『戰後日本教育史』東京:岩波書店、1978 年、165 頁。

③ 岩本俊郎他『史料道德教育の研究新版』東京:北樹出版、1994 年、176 頁。

与公民科的关系,参与编辑公民教师用书和制定新《学习指导要领·社会科编 I 》两项工作的上田薰有过较为明确的阐述。他说:"公民教师用书的思想不仅展示了新道德教育之根本,而且也可以说是先得了统合历史与地理的社会科的思想。"①"新学科社会科在其性质上与公民科相似的地方很多,不,可以说公民教师用书的立场与内容正是社会科成立之根据。在 1947 年的《学习指导要领·一般编》中,再三说明社会科不只是以往的修身、公民、地理、历史的合并,这莫如说正是说明了被消解的公民科思想构成其基础这一事实。再重复一下,公民科的立场是建立在知识与道德的结合上。而且此时的知识也并不是说不包含历史和地理的知识。"②

在理清了社会科与公民科的关系之后,再来看一看新社会科的具体目标,我们就不难发现社会科在新教育制度下的全面主义道德教育中占据着中心的地位。《学习指导要领·社会科编 I 》第一章中为社会科确立了 15 项目标,这 15 项目标无不可以看做是道德教育的目标③,特别是其中的第 1、2、3、11、12 等项更是可以直接地作为公民教育、道德教育的具体目标。④ 比如第一项目标是"要引导学生加深作为人的自觉,发展人格,加强社会连带意识,为共同生活的进步作出贡献,同时作为一个礼仪端正的社会人而行动";第二项目标是"使学生对于各种社会,即家庭、学校及各种团体,理解其成员的作用与相互依存关系,并认识到自己的地位与责任";第三项目标是"在社会生活中合理地判断现象,同时养成行动要尊重社会秩序与法制的态度,……发展其以正义、公正、宽容、友爱的精神增进共同福利的兴趣和能力";⑤等等。

从社会科与公民科的关系以及社会科的任务和目标中,我们在看到社会科在全面主义道德教育中的中心地位之同时,也可发现社会科中的道德教育的特点关键在于"对社会生活理解"(即知识的侧面)与"致力于社会生活之进步的态度"(即行为的侧面)之间的结合上。那么在社会科中"知识"、"理解"与"行为"、"态度"是

---

① 梅根悟監修『世界教育史大系 39・道德教育史Ⅱ』東京:講談社、1981 年、286 頁。
② 梅根悟監修『世界教育史大系 39・道德教育史Ⅱ』東京:講談社、1981 年、243 頁。
③ 山邊光宏『人間形成の基礎理論』、117 頁。
④ 押谷慶昭『道德の授業理論』東京:教育開発研究所、1988 年、13~14 頁。
⑤ 梅根悟監修『世界教育史大系 39・道德教育史Ⅱ』東京:講談社、1981 年、294 頁。

如何结合的呢？这就要看社会科的方法原则。《学习指导要领·社会科编Ⅰ》第四节中为我们展示了实现社会科目标的方法原理，即"社会科是以青少年能够理解社会生活并为其进步而协力为目标的，为此，要丰富并深化青少年的社会经验，所以社会科学习必须以青少年生活中的具体问题为中心，通过各种旨在解决这些问题的自发性活动来进行。"①也就是说，社会科所追求的不是"学科知识的系统性"，而是"生活的统一性"，因而社会科学习指导的根本在于通过让学生充分利用各种知识、经验去解决其所面临的现实生活的具体问题来统一地培养理解、态度、能力。简言之，社会科的方法原理就是"问题解决法"。《学习指导要领·社会科编Ⅰ》第五节中还进而依据这一方法原理把作为学习内容的各学年的"问题"，以"社会生活的主要机能、人类活动的基本范畴"为横轴、领域（scope），以"儿童成长的连续性阶段、儿童的兴趣和关心的推移"为纵轴、序列（sequence），加以设定，基本采用的是单元构成的方式。②这种把被认为是社会主要机能和人类生活的基本范畴的各"领域"，按照由近及远、由小到大、由具体到抽象的方式加以排列并让学生反复学习的方式，我们通常称之为社会功能主义和同心圆扩大方式。遵循这种方式的社会科课程的制定与实践，以早在文部省的《学习指导要领》发表之前就已着手的埼玉县的"川口计划"开其滥觞，以作为富山县综合开发计划之一环的社会科计划、广岛县本乡町的"本乡计划"、兵库县明石附小的"明石计划"、福冈县的"久留米计划"等为其先驱而在日本全国普遍展开。其间，社会科的核心课程化（core course）倾向显著扩大，为推进旨在确立由生活中心课程与周边课程组成的核心课程（core curriculum）结构的运动，日本还于1948年10月由成立了由著名教育家、大学教师、教育科研人员等第一线人员以及文部省教科书局官员和学校行政管理人员组成的核心课程联盟。福岛县郡山市的"金透计划"、千叶县馆小市的"北条计划"等都是核心课程运动的典型。这样，在战后的数年间，可以说是经验主义教育这一全新的方法原理给日本的学校和教师们带来困惑，同时也吹来最清新空气的时期。

在这一生活中心、儿童中心的经验主义方法原理之下，社会科的学习过程就是解决问题的过程。在这一解决问题过程，就如同学生们在集团中相互合

---

①② 　奥田眞丈監修『教科教育百年史』東京：建帛社、1985 年、1 028 頁。

作,面对问题共同探讨解决问题的方法,同时各自承担相应的责任那样,解决问题过程亦即学习过程,亦即道德形成过程。对于社会科中的道德教育的特点,亦即"理解"与"态度"的结合关系,上田薰有过更明确的阐述。他在强调社会科重视社会生活中不可缺少的"伦理性的培养"之同时,还指出如果从"理解"与"态度"的关系这一角度来考虑社会科的话,那么就不能把二者分离开来,否则的话,就不可能把握住社会科的本来宗旨,还有它的伦理性,"应该是在理解中培养态度,并通过态度来促进理解"。也就是说,道德与知识的紧密结合是社会科成立的根据与前提,社会科若不至陷于单纯的"知识启蒙"或"道德说教"的陷阱,就必须同时形成"理解"与"态度"。此时,"理解"与"态度"结合的关键一是要重视学生的自发活动,二是要从学生的具体生活环境出发。在强调"理解"与"态度"同时形成之必要性的同时,上田还指出,社会科所着眼的伦理性培养只有通过"间接的过程"来完成,比如让学生对父母、家庭成员的睡眠时间进行调查,使其在理解父母的"辛苦"之基础上形成对父母的感谢之情等;让学生调查、了解交通事故,使其在理解交通事故的前因后果基础上形成遵守交通规则的道德态度等。此外,他还指出,社会科中的伦理性培养还内在于讨论法等社会科的学习方法本身之中。[①] 总之,社会科中的道德教育所遵循的是在"理解"与"态度"相结合之前提下的由"理解"到"态度"的路径。也就是说,"理解"更为根本,"理解"为"态度"提供基础与保证。

既然"理解"在社会科的道德教育中占据着基础与保证的地位,那么就有必要对这一"理解"本身作一考察。《学习指导要领·社会科编Ⅰ》第一章中明确指出:"要理解社会生活,最为重要的是理解其生活中各种各样的相互依存关系。而且,这种相互依存关系尽管因看法不同可有各种划分,但在这里可以将其分为三种:(1)人与他人的关系;(2)人与自然环境的关系;(3)个人与社会制度设施的关系。人与人的相互依存关系,不仅仅是单纯的个人间的关系,更进一步说,还包含着被看做是若干个人之集合的各团体相互之间的关系,这对理解社会生活的重要性是不言而喻的。"[②]也就是说,这里所说的"理解"是以"相互依存"的社会观为基

---

① 藤田昌士『道徳教育——その歴史·現状·課題——』東京:エイデル研究所、1985 年、85 頁。

② 岩本俊郎他『史料道徳教育の研究新版』東京:北樹出版、1994 年、176 頁。

础的。对此,当时就有许多日本学者指出了其中完全缺乏事物相互间的矛盾对立这一现实而本质的侧面。宗像诚也在 1948 年 20 世纪研究所举办的社会科教育讨论会上对其提出批判,认为以美国的"弗吉尼亚计划"为参考而制定的《学习指导要领·社会科编》尽管描绘出了"相互依存关系"这一"甚为合理的社会像",但"实际上由于美国社会与日本社会之间存在着相当大的差异,所以虽然在方向上具有真实性,但要移植到日本就会变成谎言。"①丸山真男也在同一路线上提出了批判,他说,今日日本最重要的课题首先是"把人从旧的社会束缚中解放出来,然后使这些被解放出来的自由人成为建设新社会的能动力",然而若像现在这样,在旧的社会羁绊大量残存的背景下就匆忙强调相互依存,其结果必然是把现实的社会秩序作为给定的,重点要求个人适应它。②在一些学者对社会科强调适应社会这一侧面进行批判的同时,也有人从社会科强调适应社会的教育这一角度对其进行分析,值得我们倾听。如仓泽刚在 1947 年出版的《社会科的基本问题》一书中指出,"社会科"一词正式出现在美国教育界的 1916 年正是第一次世界大战期间。当时,为了克服由于战争引起的社会秩序混乱局面,把美国人培养成为真正的美国人,成为"掌握真正民主主义精神的美国人"是摆在教育面前的最紧迫课题,社会科就应此需要而产生。同样,在战后日本,由于长期的战争,社会出现了前所未有的混乱,社会道义、节操遭受严重破坏。而另一方面还面临着在民主主义基础上建设和平与文化的国家这一巨大历史课题。因此,就必须在迅速克服当前社会无秩序的局面之同时,巩固民主主义和平国家的基础。故而,为了引导直面这些社会问题的青少年,巩固和平国家的基础,就必须让他们体会何为现代民主社会,并广泛而深入地理解贯穿于民主社会中的相互依存关系。正是在这样的宗旨下,社会科作为战后日本新教育的"明星"、"核心"、"希望"而登场了。③

　　根据丸山真男等人的批判,社会科过早地强调"相互依存"是不恰当的,而按仓泽刚的解释,社会科强调适应社会的教育是有其一定合理性的。不恰当也好、合理也罢,现实中的社会科存在的非现实性却是不可否认的事实。作为战后新教育先驱性实践之一——"本乡计划"的研究指导者,大田尧在后来的回顾中就特别

---

① ②　20 世紀研究所『社会科教育』(上卷)東京:思索社、1948 年、33 頁。
③　　倉沢剛『社会科の基本問題』誠文堂新光社、1947 年、16～20 頁。

指出了社会科的新教育游离于历史和传统,游离于现实的问题。[①] 正如日本学者右岛洋介所评述的那样,以社会科为中心的新教育,由于既游离于日本的历史性现实,也未植根于民众的生活,从而陷于观念性的、空洞的计划,因而也就不可能使儿童们从对现实的真实认识中产生问题意识并形成为了真正的民主主义社会而建设的严格自觉和道德的机会。这样,以社会科为中心的道德教育目标的实现效果就被大打折扣了。

在全面主义道德教育中,还有一个与社会科并列并对社会科道德教育发挥补充作用的"生活指导"领域。如前所述,在公民科教育设想中,生活指导曾被作为公民科教育的一个重要方法受到重视,但在公民科教育中,生活指导主要是作为"形成社会生活习惯"层次上的生活指导,是生活指导中最初步、最基础的指导,而且是被作为方法包摄在公民科教育之中,尚未形成一个独立的领域。然而新教育制度下的生活指导主要是在由美国引进的指导(guidence)理论、方法的影响下发展起来的。guidence 在美国原本是在社会急剧变化、价值观日趋多样化等的现实中,为谋求使个性、能力、生活环境各异的每个青少年能很好地适应生活环境、身心健康地发展而开展的一种活动,其领域极其广泛,包括道德指导、社会性指导、健康指导、出路指导、学业指导等等。但其特点是以心理学为基础,开展近似心理治疗性的活动。guidence 引进日本之后,译法很混乱,有译成"指导"、"教育指导"的,也有译成"辅导"、"向导"的,等等,后来逐渐地被包摄在生活指导概念之下,多译成"生活指导"。美国的 guidence 理论是在 1949、1950 年左右开始引起日本全国之关注的。其结果是 guidence 被看作是新教育所不可缺少的要素,从而为此后生活指导的扩充与发展开辟了道路。也就是说,由于 guidence 理论的引入,生活指导被逐渐作为与学科学习中的"学习指导"相并列,同时又与其保持密切联系并对其发挥补充作用的一个领域,主要在学科外的教育活动中进行。当然发展了的生活指导既不是单纯的社会生活习惯的形成指导,也不仅仅是近似于心理治疗性的 guidence,而是一种对儿童的一般生活态度的指导,它与学科指导相配合,发挥着援助儿童根据自我决定谋求自我实现、实现整体人格的完善的作用。

通过以上分析,再对照杜威的道德教育思想,我们不难发现战后日本以社会

---

① 右岛洋介『民主的道德教育の理论』東京:新評論、1978 年、58 頁。

科为中心的全面主义道德教育中跳动着杜威思想的强大旋律。众所周知,杜威的道德教育思想是建立在自然主义哲学和经验科学基础上的,为其道德教育思想提供支持的哲学立场是实用主义或者说是工具主义。杜威的道德思想极为丰富。但把握住他在哲学和教育上反对任何形式的二元论这一基本立场,是理解其道德教育思想的关键。正如美国学者埃利亚斯(Elias,J.L.)所说:"杜威关于人的哲学的一个鲜明特点就是反对传统哲学在肉体与灵魂、物质与精神、品格与行动、动机与结果问题上的二元论;在教育上,他同样反对关于儿童与社会、兴趣与纪律、禀性与文化、知识与行为的二元论。"[①]杜威虽然承认人在各个方面有差别,但更重视这些因素的内在统一,于道德也是如此。在杜威看来,人的道德方面与其理智的、生物的、社会的方面是统一的,"道德与整个性格有关,而整个性格又与人的全部具体特征和表现相等。一个人有德性,并不意味着培养了少数可以指名的和排他的特性;所谓有德性,就是说一个能够通过在人生一切职务中与别人的交往,使自己充分地、适当地成为他所能形成的人。""结果行为的道德性质与社会性质是一致的。"[②]这样,杜威不仅把人的道德方面与其他方面联系起来,而且把道德与社会生活联系了起来。正是基于这种道德=整个性格的观念,他主张实行全人主义的道德教育,即通过让学生参与社会生活、通过各科教学、通过教育方法等多种途径来开展道德教育。

要理解杜威全人主义道德教育思想的实质,还必须把握住他关于理智、知识与道德、行为的关系的观点。杜威在《民主主义与教育》一书中指出:"学校道德教育最重要的问题是关于知识和行为的关系。"[③]国内学者赵样麟教授甚至认为,知和行的关系问题乃是实用主义教育思想的核心。如前所述,杜威反对把知识与行为完全割裂开来的二元论倾向,认为二者相互交融,不可分割。胡适在《实验主义》一文中曾极恰当地道出了杜威之所谓的知行关系,"处处是行,处处是知,知即

① Elias, J. L., *Moral Education*: *Secular and Religious*, Florida: Robert E. Krieger Publishing Co., Inc., 1989, p. 41.

② John Dewey, *Democracy and Education*, New York: Macmillan, 1963, pp. 357~358.

③ [美]约翰·杜威:《民主主义与教育》,王承绪译,人民教育出版社1990年版,第377页。

从行来,即在行中;行从知来,又即是知。"①然而知与行的天平上,杜威似乎又更为强调知识、理智在行为、道德中的作用。正如胡克(Hook,S.)在为《杜威全集》第9卷《民主主义与教育》写的序言中指出的那样,"杜威在人类经验的一切领域,特别是调查研究,主要强调'智慧的方法',这表明了'智慧'的作用是杜威伦理哲学和教育哲学中的唯一绝对价值。"②在杜威看来,理智之所以重要,是因为理智、知识是形成道德习惯的前提,也是个体道德选择和形成道德判断力的基础。当然杜威所说的理智、知识并非指所有的知识,而是指"通过尝试和检验而获得的"知识即"实际的知识"。

杜威的上述道德教育思想通过美国教育使节团报告书以及战后初期日本教育学者的引进介绍影响进而指导着战后初期的日本道德教育。

第四节　效果分析

明治维新以来的日本现代化发展,以日本在第二次世界大战中战败为界,可分成战前阶段和战后阶段。同战前的现代化是以明治维新为其前提一样,战后日本现代化的发展则以占领改革为其重要前奏曲。占领改革是一次具有很强政治和战略目的的改革,因而这场改革虽然经历时间不长,但对作为战败国日本来说,所产生的影响是深远的。这不仅在于改革摧毁了一套旧制度和旧体制,建立了一套新制度和新体制,而且在于改革给日本社会带来了一套新的价值体系。因而,与战前相比,战后的现代化能够在更高层次的政治背景下展开,即战后的现代化发展是在以民主为理念的体制下展开的,而战前的现代化却是在以专制为理念的帝国体制下展开的。

在这场民主化改革中,道德教育被赋予了传播新理念、新价值体系的重任,为此,道德教育自身也经历了一场民主化洗礼。经过民主化洗礼的道德教育,以公民教育的面目出现,通过以社会科为中心的全面主义教育体制,传播着《日本国宪法》和《教育基本法》所规定的以完善人格为目标的和平民主主义价值观念。这一观念教育与民主主义体制相呼应,给战后日本国民的观念意识带来巨大变革。自

---

① 胡适:《胡适哲学思想资料选》(上),华东师大出版社1981年版,第84页。
② [美]约翰·杜威:《民主主义教育》,王承绪译,人民教育出版社2001年版,第389页。

我价值的肯定,民主意识的普及,平等观念的形成,竞争意识的吸收,法制观念的确立,都是这一变革的主要体现。① 这一变革对长期以来从属于国家和天皇的日本社会和国民来说,是一次思想上的大解放,从而使其获得了一定的自主性。支撑战后日本现代化发展的社会和国民正是在这基础上逐渐获得发展的。具有一定主体地位和自主意识的社会和国民的出现,使得战后民主化过程能在开始之后得到一定的维护和发展。因此,尽管战后改革结束之后,战前体制都有不同程度的回复,但都没有发展到完全排斥民主主义、反对民主主义的地步。

　　但是,也应该看到,由于战后的民主改革毕竟不是自发的,而是借外力强行导入的,因此,从一开始就存在着不足。战后改革中蕴含的民主化发展要求,对于本来仅满足于君主立宪制的保守政党来说,超出了他们的需要;而对受战争严重冲击的战后日本社会来说,虽然没有超出他们的理想,但却超出了他们经济与社会生活的现实。② 这样,正如福武直所言:"外来的民主主义,受到本国残存的统治阶层的消极抵抗,所以要使那些对民主主义一无所知的日本人准确无误地接受它,确实是困难的。对于家族主义的价值体系根深蒂固的日本人来说,民主主义这一新的价值体系,具有他们难以习惯的东西。加上,在战败后经济十分困难的情况下,要往正确的方式行使民主与自由的权力,也不是一件轻而易举的事情。""因此,自由就容易变成放纵。对于只知被禁欲主义的修身教育所强化的习惯道德标准的日本来说,战前的价值体系作为理念被否定、被废弃时,自由就会逐渐失去外在控制,甚至在毫无节制的情况下采取倒行逆施的行动,极力追求私欲。这也不是不可想象的事。另外,作为民主主义的根基——尊重人权,并没有成为真正的个人主义,而是起到一种使潜在的利己主义表面化的作用。所以,它被歪曲成为:公开追求私利是天经地义的。身份阶层制的大幅度解体,更加剧了这种歪曲。而且由于民主改革,共同体内的和谐气氛也日益淡薄。在这种情况下,个人也在不受任何束缚的感觉中,拼命地追求自然需求和欲望的满足。精神主义的否定,导致了向物质私欲的胡乱倾倒。"③

---

① 金明善:《日本现代化研究》,辽宁大学出版社 1993 年版,第 183～190 页。

② 林尚立:《政党政治与现代化——日本的历史与现实》,上海人民出版社 1998 年版,第 450 页。

③ [日]福武直:《日本社会结构》,陈曾文译,上海人民出版社 1982 年版,第 59 页。

而出现民主、自由被曲解,道德失范,私欲横行,共同体气氛淡薄等情况的原因,除了上述的政治因素和历史、社会因素之外,道德教育自身存在的不足也构成一个重要因素。道德教育的缺陷首先源自于为战后日本道德教育规定基本方向的《教育基本法》是在缺乏对代表战前道德教育理念的《教育敕语》进行深入的、内在的学理批判的情况下制定并实施的。战前日本的现代化是由天皇制国家推动的。天皇制首先是一种政治结构,同时也是一种精神结构,分别以《大日本帝国宪法》和《教育敕语》为其集大成。《教育敕语》作为天皇制意识形态的集大成,其核心思想就是天皇制的核心——国体观念。然而《教育敕语》之所以能统制日本国民思想长达半个多世纪,并且至今影响犹存的原因,并不仅仅在于它宣扬了独一无二的国体思想,其有效性还有赖于其把国体观念与国民中的通俗道德联系起来的一番操作:一方面把通俗道德的思维方式吸收到天皇制里;另一方面又给通俗道德增补原本没有的世界观含义。① 这样,天皇统治下的臣民对天皇权威(国体思想)的认同,不仅出自外在的制度法则,而且也出自内心的道德法则。正是基于这种"深入人心"的权威力量,战前日本社会成为一个高度的统一体,并培养出了具有为以天皇为首的国家而献身的精神的国民。也就是说,虽然《教育敕语》在本质上体现的是"作为权力的国家"的要求,阐述的是支配——服从的道德,但是由于它进行了"作为共同体的国家"的一番"操作"(吸收了通俗道德,阐述了天皇与国民之间的共同体关系),所以才产生了色川大吉所说的如下效果:"天皇制已经融化在日本的风俗习惯之中。所以广大人民群众把它视为共同的思想,而没有认识到这是统治阶级的思想体系。"②"文化思想只有渗透到民众的心灵深处,才能发挥它本身的威力。"③《教育敕语》之所以有效,就在于它的思想已渗透到民众的最底层。因此,克服天皇制,否定《教育敕语》,无法借用他山之石,必须采用内部否定、自我否定的方法。"如果不采取自我否定的方法,企图用西欧市民社会产生的个人主义型的现代思想来变革日本民众的意识形态,只能陷入现代派的空想,最终不是灰心绝望就是独善其身。"④而从《教育敕语》被废除的过程来看,并没有

---

① [日]色川大吉:《明治的文化》,郑民钦译,吉林人民出版社1991年版,第220页。
② [日]色川大吉:《明治的文化》,郑民钦译,吉林人民出版社1991年版,第184页。
③ [日]色川大吉:《明治的文化》,郑民钦译,吉林人民出版社1991年版,第6页。
④ [日]色川大吉:《明治的文化》,郑民钦译,吉林人民出版社1991年版,第10页。

采取自我否定的方法。由于旧道德教育理念"破"得不彻底,新道德教育理念"立"得自然也就不扎实,不扎实的重要表现就是《教育基本法》所阐述的思想缺乏像战前的"通俗道德"那样深入国民人心的传统与现实的道德支撑。换句话说,《教育基本法》注意到了《教育敕语》体现的"作为权力的国家"的一面从而在世界观层次上否定了《教育敕语》,但是对《教育敕语》的"作为共同体的国家"的一面未予解析性批判,因而没有通过对传统的改造、再生,使新的民主教育理念建立在坚实的民众道德基础上,从而最终也在一定程度上影响着新道德教育理念的贯彻落实。

　　道德教育的缺陷,除了理念的否定与确立上存在的不足之外,方法论上的缺憾也是一个重要方面。以社会科为中心的全面主义道德教育,旨在以社会生活的观念和认识为基础,谋求培养社会需要的道德品质。就其强调智育与德育相结合,德育以智育为前提和基础,从而为道德教育构筑了合理的基础这一点来讲,是战前修身教育所无法比拟的,是战后道德教育改革的一个重大成果,应该给予高度的评价。但是以社会科为中心的全面主义道德教育又是不完整的,其不完整性体现在这一体制从一开始就是按照公民教育的方式,把道德教育放在公民教育之中进行构想的。在理论上讲,虽然公民教育与道德教育是两个有着密切联系、相互交叉的领域,但毕竟是两个不同的范畴,内容和方法上也有着不同的特点与要求。把道德教育放在公民教育中进行,给道德教育带来两方面缺憾:(1)在内容上,社会道德充分,而个人道德不足;(2)在方法上,认识、理解充分,但情感内化、意志锻炼不足。这两点正是以社会科为中心的全面主义道德教育的重大缺陷。

第八章

现代化再起飞期的道德教育

第一节　现代化的再起飞

　　20 世纪 50 年代至 70 年代初这 20 多年的时间是战后日本现代化的一个关键时期——起飞期。在这一时期里,日本实现了 20 世纪世界经济中最引人注目的持续的经济高速增长(参见表 8-1),并以此为背景,基本实现了追赶型现代化的目标。

　　首先从国民生产总值和国民收入这一对衡量一个国家经济发展水平和发展规模的综合性统计指标来看,1950 年时日本的国民生产总值占资本主义世界的比重只不过 15％,居于美、英、法、联邦德国、印度和加拿大之后,占资本主义世界的第七位,1960 年超过加拿大和印度进到第五位,1968 年又赶上法、英、联邦德国,跃居资本主义世界的第二位,此后一直保持这个地位。[①] 1973 年日本的国民生产总值达 1 459 769 亿日元,占全世界国民生产总值的 7.7％,占资本主义世界国民生产总值的 10％。[②] 伴随国民生产总值的增长,日本按人口平均计算的国民收入也迅速增长,在 1950 年只有 123 美元,占世界的第 37 位,[③]1960 年上升为第 26 位,1970 年又跃居第 19 位。[④]

---

① 金明善:《现代日本经济论》,辽宁大学出版社 1996 年版,第 401 页。
② 宋绍英:《日本崛起论》,东北师大出版社 1993 年版,第 198 页。
③ 宋绍英:《日本崛起论》,东北师大出版社 1993 年版,第 206 页。
④ 金明善:《现代日本经济论》,辽宁大学出版社 1996 年版,第 264 页。

　　其次，从经济结构(产业结构和就业结构)上来看，也发生了质的变化，达到了世界先进水平。主要表现在两方面：[①](1)产业结构的高度化。从就业人口的比重来看，战争结束后不久的 1947 年，日本的第一产业占一半以上(54.2%)，而第二产业和第三产业各占不到四分之一的比重(分别为 22.6%、23.3%)；1950 年三者的比重分别为 48.3%、21.9%、29.8%，无太大变化；1955 年这一比重分别为 41.0%、23.5%、35.5%，而到了国民经济现代化基本完成的 1975 年，这一比重发生了很大的变化，第一产业下降到 13.8%，第二产业上升为 34.1%，第三产业占 52.1%。[②](2)产业部门内部结构的高度化。在整个产业结构发生重大变化的基础上，各产业部门的内部结构也发生了很大变化。其突出体现就是在工业内部结构中重化工业的比重有了显著的提高。日本的重化工业化率 1960 年为 53.7%，这一年美国为 53%，英国为 58.9%，联邦德国为 58.9%，法国为 50%，意大利为 46.1%；到了 1970 年，日本的比重上升为 68.9%，同年美国为 57.4%，英国为 61%，联邦德国为 62.4%，法国为 65.2%，意大利为 51.7%。[③] 也就是说，日本已经成为发达国家中重化工业化率最高的国家。经济结构的上述变化反映了日本经济发展水平和劳动生产率的提高。

　　最后，我们再从其国际竞争能力来看一看。以经济实力为基础，日本的国际竞争能力有了很大提高。首先表现在日本的出口贸易在国际上的比重的提高上。日本的出口贸易的在 1947 年的国际市场占有率仅有 0.4%，到了 1971 年则上升为 7.5%，超过英国居世界第 3 位。[④] 在出口增长的基础上，从 1964 年开始日本的国际贸易收支就稳定地转为黑字，1965 年为 19.01 亿美元，1972 年又增至 98.71 亿美元。日本的外汇储备也不断增加。1965 年为 21 亿美元，1972 年又增至 184 亿美元。[⑤] 日本国际竞争能力增加的另一个重要表现是日本出口商品结构发生重大变化，1955 年，日本出口商品中占第一位的是纺织品，占出口总额的 37.2%，重化工业产品合计占 38%；1965 年重化工业产品占 62.5%，纺织品下降

①　金明善：《日本现代化研究》，辽宁大学出版社 1993 年版，第 383～386 页。

②　中村隆英『日本経済』東京：東京大学出版会、1978 年、34～35 页。

③　金明善：《日本现代化研究》，辽宁大学出版社 1993 年版，第 385～386 页。

④　金明善：《日本现代化研究》，辽宁大学出版社 1993 年版，第 396 页。

⑤　宋绍英：《日本崛起论》，东北师范大学出版社 1993 年版，第 203 页。

到 18.1％;1970 年整个重化工业产品的比重上升到占出口总额的 72.4％,到了 1973 年,重化工业产品占 79.4％。[1] 与产品输出的不断增加之同时,自 1965 年日本在"经济援助"名义下的资本输出开始急剧扩大,在经济合作与发展组织发展援助委员会总额中,1963 年日本占 3％,1965 年达 4.7％,1970 年实际上升到 11.5％。这样,在这方面日本就成为仅次于美国、法国的第三大国。[2]

表 8-1　　　　　　经济发展速度的国际比较(年平均经济增长率)

国别	第二次世界大战以前		第二次世界大战以后	
	1860～1913 年	1913～1938 年	1950～1960 年	1960～1973 年
日本	4.1	4.5	9.5	10.8
美国	4.3	2.0	3.3	4.1
英国	2.4	1.0	2.8	2.9
联邦德国	3.0	1.3	7.7	5.5
法国	1.1	1.1	4.2	5.9

资料来源:金明善:《日本现代化研究》,辽宁大学出版社 1993 年版,第 536 页。

总而言之,20 世纪 50 年代至 70 年代初,日本实现了国民经济跳跃式发展,从一个后进的工业国发展成为工业技术和经济实力方面同欧美发达国家并驾齐全的经济大国。

一、现代化再起飞时的初始条件

毋庸置疑,国际形势的发展给日本现代化的再起飞铺平了道路。从 1947 年 3 月美国总统杜鲁门发表了"防止共产主义在欧洲和亚洲的蔓延"的杜鲁门主义以来,随着冷战心理的加剧,再加上 1948～1949 年国民党在中国大陆的节节败退和共产党的胜利进军,美国政府明显地决定要把日本作为一个"反共堡垒"。结果使美国对日政策发生重大变化,从而加速了恢复日本经济的进程和制定单独对日和约的步伐。促成美国这一决策的最后契机是 1950 年 6 月爆发的朝鲜战争。可

---

① 宋绍英:《日本崛起论》,东北师范大学出版社 1993 年版,第 203～204 页。
② 宋绍英:《日本崛起论》,东北师范大学出版社 1993 年版,第 204～205 页。

以说,朝鲜战争成为战后日本经济、政治的发展,特别是经济恢复的一个最重要分水岭。

如前所述,美国及其占领军不仅无意参与日本经济的恢复与重建工作,而且对其经济发展加以限制。重建日本经济的工作就落在日本政府自己身上。战后初期日本经济发展的首要任务是稳定经济,恢复生产。由于社会再生产关系的紊乱,企业自我再生产能力的严重弱化和供求关系的严重不平衡,如果采取"自由放任",单纯依靠市场机制来完成这一任务,只能导致经济与社会的更大混乱,为此日本政府被迫继续实行从战时延续下来的用直接统制方法管理经济的统制经济,借助严密的政府控制与计划来治乱求安,以拯救日本。为此,日本政府于1946年3月成立了执行统制经济和中央机构——"经济安定本部",并且主要遵循统制经济做法采取了三方面的措施来稳定经济、恢复生产,它们是:实行"倾斜生产方式",以作为恢复经济的突破口;加速恢复农业生产,以克服粮食危机;采取紧急金融对策,以抑制通货膨胀。到了20世纪40年代末,日本经济有了初步的好转。但是这些好转主要是依靠政府的补贴和美国援助才得到的,因而它的基础是极为脆弱的。正如1949年3月经济安定本部发表的第三次《经济白皮书》所指出的那样,40年代末的日本经济"表面上很顺利,但在背面隐藏的实际情况"是"贸易方面入超的积累,由于企业经营的不健全而造成的实际资本的损耗,由于国土的荒废而使国民财富受到损失,国民生活水平的停滞"等。

然而就在此时,美国对日政策开始从限制日本经济发展转向扶植日本垄断资本主义。这一转变具体体现在:中止解散财阀的工作;修改限制垄断资本的《经济力量过度集中排除法》和《禁止垄断法》,为复活垄断资本大开方便之门;停止中间赔偿计划;增加向恢复日本经济所提供的援助等。而最能代表美国对日经济扶持政策思想的是《经济安定九原则》(1949年4月起实施)和"道奇路线"(1949年)的执行。《经济安定九原则》的内容主要是要求日本政府尽快制定稳定财政、金融、物价和工资以及最大限度地提高出口产业的产量的措施。为了具体实施这一原则,美国政府派道奇来日,制定了"道奇路线"。"道奇路线"的核心内容是,通过财政支出的超平衡来根除通货膨胀,以这种超平衡财政作为巨大杠杆,一举而直接建立对美元单一汇率(1美元兑360日元),开辟恢复市场经济的道路,使日本经济自然地回到世界市场。

"道奇路线"的实施使日本很快结束了战后的恶性通货膨胀;使日本重返世界

市场,出口有了很大增加,到了 1949 年出口就比上一年增加了一倍;更为重要的是标志着日本经济由统制经济向市场经济的过渡,减少或取消了价值调整补贴,企业的合理化和生产率的提高都很显著。"道奇路线"在取得以上成果的同时,也导致了要比单纯生产过剩的经济危机严重得多的所谓"稳定恐慌",即由于严格的金融紧缩政策,银根紧缺,企业经营资金拮据加重,国内有效需求减少,滞货增加,从而生产陷于停滞局面。因而 1949 年又被称为战后日本历史上"社会最暗淡的一年"。[①]

正当日本经济因为"稳定恐慌"而苦不堪言之时,朝鲜战争(1950～1953 年)爆发了。"一个邻国发生战争的悲剧给日本经济带来一种意外的收获",[②]这就是历时三年的"战争景气"(或称"特需景气")。美军的特需订货所带来的"特需景气"不仅使日本经济迅速摆脱了由道奇政策造成的萧条局面,而且为战后日本经济的全面恢复起到了"强心剂"的作用。这种"强心剂"作用主要体现在:(1)经济界一改疲软的心态,出现了激进的心理变化(如日本钢铁工业在合理化名义下实行的大规模扩建计划就是一例)[③],其结果是垄断资本的投资景气和日本经济的数量景气;(2)国民情绪由动荡不安趋于安定,开始对日本经济充满信心并为日本经济的复兴而辛勤努力。作为国民情绪安定的一个重要体现是消费景气的出现。还有一点必需指出的是,由于特需景气的支撑,日本至 1952 年完成了由统制经济向市场经济的过渡。因此,日本经济企划厅在总结这段历史时指出,由于朝鲜战争,"日本经济才有了活路",这场战争"是日本经济的回生妙药"。[④]

论述朝鲜战争在日本经济恢复中的重要作用并不是这里的主要目的,我所要说明的是至 20 世纪 50 年代初,日本经济已基本具备了以全面高速增长为典型表现、以技术革新为主要内容的经济起飞所需的基础。这种基础主要体现在三方面:(1)国民经济基本恢复到战前最高水平,有些指标甚至超过战前水平,从而为经济起飞创造了必要的物质基础。国民生产总值于 1951 年就超过了战前水平;

---

① 金明善:《现代日本经济论》,辽宁大学出版社 1996 年版,第 114 页。

②③ [日]都留重人:《日本的资本主义》,复旦大学日本研究中心译,复旦大学出版社 1995 年版,第 66 页。

④ 金明善:《现代日本经济论》,辽宁大学出版社 1993 年版,第 118 页。

农林水产业在 1950 年末就超过战前水平;个人消费水平在 1951 年也达到了战前水平。(2)战后改革以及统制经济向市场经济过渡的完成等为日本经济的现代起飞创造了必要的制度前提。(3)虽然经济结构与技术后进性仍然未能消除,但已具有实现经济结构高度化和进行技术革新的明确目的意识、自信和初步的措施。这一点对于后发现代化国家来说,在某种意义上比物质基础更为重要。

美国对日政策的转变特别是朝鲜战争的爆发给日本政治也带来了深刻的影响。战后初期的日本由于美国初期占领政策及民主化措施的推动,迎来了战后第一个多党化时代。在这些政党当中,在国会拥有议席的主要是保守系统的日本自由党、进步党(后改为"日本民主党")和国民协同党(后改为"改进党"),以及革新系统的日本社会党、共产党和劳农党。各政党及政党内的派系围绕国会议席相互激烈争夺,频繁地分化改组,在各种力量的此消彼长中,也孕育着各种发展的可能性,尚未形成一股强有力的和稳定的政治力量。

但随着冷战局面的形成和加剧,美国对日政策发生转变,在政治上,以防止"国际共产主义渗透"、"维护社会正常秩序"等为借口,转而限制各种进步力量,为保守政党登台创造了条件。1949 年 2 月,以吉田茂自由党为代表的保守主流派在大选中获得压倒多数的席位,组成第三届吉田内阁,第一次在国会中确立了保守政党的优势地位,形成了保守派支配的局面。也就是说,正是由于美国对日政策的调整,日本的保守政党得以建立稳定的支配体制。同时,也正是在这一调整之下,特别是在朝鲜战争爆发之后,美国在将对日媾和置于自己一手控制之下之同时,加快了和约制定步伐。《对日和平条约》(亦称《旧金山和约》)终于于 1951 年 9 月 8 日签订(1952 年 4 月 8 日生效),同日美国又与日本签订了《日美安全保障条约》(1952 年 4 月 8 日生效),1952 年 2 月又根据《日美安全保障条约》签订了《日美行政协定》。以这三个条约和协定为基础建立了所谓的旧金山体制。在这一旧金山体制下,虽然美军以改头换面的形式继续驻扎日本,日本的主权存在被附加了种种规定,但美国与日本之间的占领与被占领关系,在法律上改变为国与国的关系,美国不能以"盟总指令"、"一般命令"、"备忘录"等形式直接向日本政府下达指令。这样,日本在法律上取得了独立,与签署和约的国家结束了战争状态。

如果说"和约"等的签订标志着法律上媾和的成立,那么美国在和约签订之前特别是在朝鲜战争爆发的 1950 年就开始了与日本"事实上的媾和"政策。这一"事实上的媾和"政策体现在增强日本政府的对内和对外功能上:(二)在内政上,

1951 年李奇微总司令官授意吉田内阁可以对占领时期制定的各项政策和制度进行重新审查,吉田因此而设立了"政令改正咨询委员会",承担此任;(2) 在对外方面,自 1950 年起美国占领军就准许日本设立驻外事务所,处理贸易和旅外日侨的权益、财产等问题,时至旧金山和会召开前后,日本政府已有权与外国政府缔结协定。这种"事实上的媾和"同时也意味着在许多方面日本已具有独立之实,尽管这种独立与和约生效后的独立一样,要被打上引号,而且要加以更多的修饰。

总而言之,美国对日政策的调整特别是朝鲜战争的爆发使日本保守党的统治"稳定"了,日本社会"稳定"了,并且使日本实现了"独立"。如果没有冷战这个国际环境,"稳定"和"独立"决不会来得如此之快。这可以说是冷战给予日本的恩惠。然而冷战背景下的美国对日政策的调整同时也给日本带来"政治上的两极分化",即保守政党与革新政党的尖锐对立。特别是朝鲜战争爆发后美国又有意重新武装日本,从而与战后日本新宪法的和平精神产生了强烈的抵触,由此形成了保守与革新对立的核心。此后,围绕"护宪"还是"改宪",革新势力与保守势力进行了长期较量。这种对立和较量以冷战为国际背景带有浓厚的意识形态色彩。日本现代化再起飞期的一切政策正是在保守党占主导的保革对立的政治背景下展开的,而这种政治格局在 20 世纪 50 年代初即已基本形成。

20 世纪 50 年代初,正当日本政治"稳定"并恢复"独立",经济开始复兴之际,资本主义世界相对稳定,出现了战后世界性的科技革命和技术进步,主要资本主义国家的经济都开始回升,进入战后经济高速增长的长周期。这一客观环境为日本的重新崛起提供了绝好机会。

二、现代化再起飞的战略与政策

然而有利的形势本身并不能直接决定现代化的再起飞,它还需要人来把握并通过人基于正确的判断而制定的战略与政策来影响现代化的进程。面对上述形势,日本政府亦即保守党政权基于其保守主义思想所做出的选择是:最大限度地利用冷战格局和世界性科技进步与经济增长的长周期,使日本在冷战格局下定位为"美国保护下的通商国家",即把日本的安全保障委托给美国,在美国的核保护伞下一心一意地埋头发展经济。也就是说,日本保守政府从一开始就具有鲜明的致力于经济发展的目的性。这是任何后发展国家能否迅速实现经济增长和工业化、摆脱社会经济后发展特征的首要前提。查默斯·约翰逊(Chalmers Johnson)

在总结"日本模式"时曾明确指出："日本这个国家在经济领域的效能首先归功于它有明确的优先目标。50多年来,日本把发展经济放到了首要位置"。[①] 基于发展经济的明确目的,日本政府主要采取了以下三方面相辅相成的战略与政策。

(一)推行国家主导的以赶超欧美、实现经济现代化为目标的"成长主导型"经济发展战略

日本政府在结束战后经济全面恢复阶段的第2年即1956年度的《经济白皮书》中宣称："以恢复为杠杆的增长已告结束。今后的增长将由现代化来支撑。而且,现代化的进展只能是通过迅速而稳定的经济发展才有可能。""现代化是国民经济前进的唯一的去向"。[②] 如果说这是日本政府首次正面提出通过迅速而稳定的经济发展实现现代化的战略之标志,那么50年代前半期的产业合理化则代表着这一战略事实上的开始,[③]而1960年《国民收入倍增计划》的制定与实施则表明其正式而且全面的展开。也就是说,日本在20世纪50年代开始至70年代初的现代化再起飞期里所推行的是以实现现代化为目标的"成长主导型"经济发展战略。20世纪50年代与60年代两个时期的政策之间存在着规模和深度的差异,但不是性质上的不同。

再起飞之初的日本虽然已基本恢复到战前的水平,但与其他发达资本主义国家相比,仍然具有明显的后进性,而且还是一个"资源小国"。在此形势下,如果仅靠市场机制的作用来实现现代化势必是一个缓慢的过程,不能满足迅速赶超的需要。因此日本不得不寻求某种政府干预的方式,以加速这一进程。日本政府对经济生活的干预首先而且集中地体现在为发动经济增长而采取的几项措施上:(1)推动资本积累。战后日本的资本积累不仅超出了战前水平,而且超过了其他主要资本主义国家,从而保持了资本主义国家中的最高发展速度。日本大规模的资本积累除了垄断企业在生产过程中的直接剥削(压低工人出资)以及不变资本的节约等内部因素之外,日本政府在其中发挥了直接或间接的重要作用。日本政

---

① チャーマーズ　ジョンソン著、矢野俊比古監訳『通産省と日本の奇跡』東京:TBSブリタニカ、342頁。

② 金明善:《日本现代化研究》,辽宁大学出版社1993年版,第537~538页。

③ 关于"产业合理化"的性质、意义,杨栋梁先生有过很好的阐述。请参见:吴廷璆:《日本近代化研究》,商务印书馆1997年版,第185~232页。

府的作用主要在于通过财政、税收政策和金融政策等对国民收入进行有利于垄断资本的再分配,以增加大量的资本积累。(2)促进以技术革新为内容的设备更新。在所有资本主义国家里,技术革新即是促进固定资本投资的主要因素。不过这一因素在日本尤其突出,因为战前日本的技术水平远远落后于欧美资本主义国家。在日本以技术革新为主要内容的固定资本大规模更新中,日本政府同样发挥了积极的作用。20世纪50年代前半期的产业合理化政策与极力限制技术、设备的更新和改造而主要以增加劳动投入来提高生产量的(可称之为"人海战术"或"数量第一主义")"倾斜生产方式"政策不同,特别强调生产技术和设备的现代化,可以说是开日本政府倡导并促进以技术革新为内容的设备更新政策之滥觞。尽管产业合理化政策由于客观条件限制只能暂时停留在"点"与"线"的水平上,属于战后日本工业现代化的初期阶段,但正因为产业合理化具有与"倾斜生产方式"不同的现代化性质,是以"点"与"线"的现代化为前提完成经济复兴任务的,所以才有可能在经济自然恢复的动力"基本耗尽"的时候,又为日本经济的"起飞"储备了新的更大的能源,使1956年《经济白皮书》作者后藤誉之助的焦虑变成了"杞人之忧",[①]从而揭开了经济高速增长的序幕。[②](3)确定"增长极"。战后日本政府受赫希曼的不平衡增长理论和罗斯托的"主导部门序列变化理论"的影响,通过产业政策,为日本国民经济的各时期发展确立了主攻方向,不失时机地选准对整个经济发展有重大连锁影响的起主导作用产业部门并加以扶植,从而为日本企业的经营活动指出了主攻方向。佐贯利雄认为,日本在经济恢复和高速增长时期,先后确定并扶植了三组带头战略性主导产业。第一组带头产业是电力工业。其中特别是火力发电的发展为大量消耗电能的原材料工业的发展创造了条件,从而带动了石油、石油化工、钢铁、造船等第二组带头产业的发展。这些原材料工业又为加工组装工业的发展创造了条件,特别是带动了收入弹性更高的汽车、家用电器等机械工业的发展,使之成为第三组带头产业。这三组带头产业相互关联,交替领先,互为促动,推进了日本产业结构的重化工业化和经济高速增长。佐贯利雄的

---

① 后藤在1956年《经济白皮书》中指出,依靠自然恢复的增长已经结束,以后的发展必须依靠技术革新和现代化,但一般认为,这一判断本身也包含一种今后经济发展速度可能会减慢的悲观情绪。

② 吴廷璆:《日本近代化研究》,商务印书馆1997年版,第231～232页。

这种概括比较确切地反映出战后日本政府通过确定和扶植主导产业实现经济高速增长的过程。日本在工业化进程中对"增长极"的确定并非局限于选择主导产业，还选择了主导性的企业组织形式，确定了产业组织方面的"增长极"。日本政府所选择并加以扶植的产业组织形式便是战后改革期曾被要求解散的财阀，从而使日本形成了以私人垄断资本集团为核心的产业组织结构。(4) 制订经济计划。不平衡经济增长并不是无序增长。为实现经济赶超和跳跃性发展的目标，政府在发动经济增长的过程中还必须有效地驾驭经济增长。因为相比较而言，不平衡经济增长中的协调比平衡经济增长中的协调更为重要。政府对主导产业部门的选择及扶植只能实现局部协调，而且这种局部协调的功能主要在于发动经济增长，其协调的局部特性和自发性难以使经济增长成为持续的过程，政府还必须辅以整体性协调。这种整体性协调对于后发国家来说难以自发形成，要求政府以一定的强制手段促成。这样，制订经济计划便成为实现整体协调的最佳选择。[1] 战后日本政府在发动经济增长的过程中制订了一系列的经济计划。从 1949 年至 1973 年，日本政府共制订了 8 个经济计划。经济计划主要有两方面功能：一是选择和扶植主导产业，通过其局部协调功能发动经济增长；二是适时地实现主导产业的调整和转换，通过连续的局部协调实现经济增长的整体协调。[2]

　　总之，现代化再起飞期的日本体现出发展导向型国家的特征。这一点诚为日本经济学家所言："从经济活动方面来看，日本政府利用租税以及其他资金，进行了对民间企业提供行政服务、社会资本投资以及扶植各行各业等各种经济活动。无论战前还是战后，亦无论对内还是对外，日本政府超越了所谓古典式的作为夜警国家的政府的经济活动范围，在国民经济的所有方面都进行了积极的介入。"[3] 不过战后日本的发展导向型模式与战前还是有区别的：(1) 它不是靠战前那种政治权力高度集中的专制体制而实现的，而是在民主政治体制下，通过行政权力的集中而实现的。因而，战后的国家主导在行政上的意义要远远强于在政治上的意义，而战前的情况则完全相反。(2) 它不是以国家垄断和财阀支配而形成的统制

---

　　①② 　李晓：《东亚奇迹与"强政府"》，经济科学出版社 1996 年版，第 34～35 页。
　　③ 　稲田献一他『経済発展のメカニズム——その理論と実証——』東京：創文社、1972 年、239 頁。

经济为基础,而是以"使凯恩斯的需求管理、改革有效化的'民主主义'市场制度"为基础。① 这种经济体制虽然强调政府在经济生活和社会生活中的主导作用,但并不否定或抑制市场在经济发展中的作用。

从总体上讲,战后日本国家主导所起的作用是积极有效的,是日本战后实现现代化的关键所在。日本政治学者猪口孝把这些作用概括为三个方面:(1)调动和组织自身的内在力量,如培养人才、树立国家主义与社会责任心、培养忠诚和集团主义等,并通过自助自立和自力更生,发展经济;(2)通过必要的政策和行政措施,以弥补市场的缺陷,使经济保持长期稳定和发展;(3)通过提供情报,行政财政和政策的诱导和各种建议,间接地协调产业关系,引导产业发展方向,从而保证经济发展的合理性和持久不衰的活力。②

(二) 推行日美关系基轴主义和经济主义外交

日本现代化再起飞期的基本外交路线是在20世纪50年代初第三届吉田内阁时期形成的。从吉田茂所确立的战后日本外交路线来看,它主要包括两个方面,即日美关系基轴主义和经济中心主义。以这两个方面相比,日美关系基轴主义是"手段",经济中心主义是"目的"。"日美基轴"与"经济外交"构成吉田外交路线的两个相辅相成的侧面,而经济外交具有更本质的意义。③

战后日本推行"以日美关系为基轴"的外交是为了"对冷战格局加以最大限度利用",使日本在冷战格局下定位为"美国保护下的通商国家",成为冷战格局的最大受益者。如果借用战前日本军国主义者使用的所谓"生命线"、"利益线"的说法,战后日本的"生命线"正是日美安保条约,战后日本的"利益线"正是以美国为主导的世界自由贸易体制。总之,日美关系对于日本来说是"巨大利益的源泉"。对于日本来说,在构筑了"以日美关系为基轴"的框架之后,如何在这个框架之中,为了执著地追求自身利益,为了对作为"被保护者"必然要付出的政治代价——自主外交权力的丧失加以弥补,而不断调整同美国的关系,便成为外交上的重要课

① 礒村隆文『日本型市場経済』東京:日本評論社、1982年、85頁。
② 猪口孝『日本——経済大国の政治運営——』東京:東京大学出版会、1993年、46～47頁。
③ 冯昭奎、刘世龙:《战后日本外交 1945～1995》,中国社会科学出版社1996年版,第31～32页。

题。1960 年修改日美安保条约,是日本调整同美国关系的一个重要事件(该事件与 1951 年签订日美安保条约和 1972 年美国归还冲绳并称为"战后日美三大交涉")。如果说 1960 年日美安保条约的修订标志着 20 世纪 50 年代日美关系"磨合期"的结束,两国关系从此进入了 20 世纪 60 年代的"黄金期",那么 20 世纪 50 年代可以看做是日本推行"利用冷战格局外交"的国内机制的形成期,而 20 世纪 60 年代则是日本通过扩大与深化同美国的关系,达到从冷战格局受益的"高峰期",整个五六十年代是日本在日美关系上采取"对美一边倒"方针的时期。[①]

日美同盟的"安保体制"构成战后日本政治经济体制的重要支柱。因为,一方面这一体制保证了日本国内政治经济体制的稳定。在 20 世纪 50 年代,这种内在的关系体现得最直接,到了 20 世纪 60 年代,在"安保"有用论的基础上,为适应国内经济发展需要而经济主义化的日美同盟,在客观地维持了日本国内政治支配的安定。[②] 另一方面,这一体制的存在也保证了日本国内政治经济体制运作的成效。因为有这种军事和政治同盟的存在,日本就将战后有限的财力投入到经济和社会建设中,[③]从而在美国军事和外交的保护伞下,实现"一国繁荣"的发展战略。

战后"经济外交"的口号是日本政府在 1957 年发表的《外交蓝皮书》中提出来的,但在实际上,日本的经济外交在 20 世纪 50 年代初就已经开始了。独立后初期,日本经济外交的重点是"重返国际社会"。一方面同各国签订双边通商条约或协定,积极发展双边经济关系,另一方面力争加入国际货币基金组织,关贸总协定等国际组织,积极发展多边经济关系。获取最惠国待遇是开展对外经济关系的关键课题。在美国的支持下,日本于 1952 年 4 月加入了国际货币基金组织,同年 10 月被批准"暂定加入"关贸总协定,1955 年实现了正式加入关贸总协定的目的。日本在加入国际货币基金组织和关贸总协定时,其贸易自由化和资本自由化还远远没有实行。为了实现增长与追赶的目标,日本对欧美国家实施了可称之为"民族主义的经济外交"政策,包括实施保护色彩浓厚的关税制度、粮管制度以及严格

---

① 冯昭奎、刘世龙:《战后日本外交:1945～1995》,中国社会科学出版社 1996 年版,第 7～12 页。

② 林尚立:《政党政治与现代化——日本的历史与现实》,上海人民出版社 1998 年版,第 203 页。

③ 渡边治著『現代日本の支配構造分析——基軸と周辺——』東京:花伝社、1988 年、20～21 頁。

的外汇管理制度。当时作为西方盟主的美国则认为日本经济的迅速增长有助于加强西方的整体力量,因而对日本的经济民族主义采取了相当宽容的态度。但是随着日本经济迅速增长,进出口贸易迅速扩大,西方国家要求日本实行贸易与投资自由化的呼声日益强烈。国际贸易与投资自由化的进程,使日本获得了机遇,也受到挑战。日本面临着艰难的选择:要么把自己推向世界经济舞台,接受严峻的考验;要么退出竞争,脱离国际社会。日本既然选择了外向型经济发展战略,贸易与投资自由化对日本又是一个极好的机会。如果错过了这次机会,将意味着日本不能在经济方面加入西方阵营,也就断绝了外向型经济的出路。正是在这种国际经济形势的压力之下,日本加快了实现贸易与投资自由化的步伐。至 1963 年 8 月,日本的贸易自由化率已达 92%;1967 年开始采取资本自由化的措施,至 1976 年日本投资自由化率达 96.2%,大体完成了投资自由化的过程。

经济的高速增长,一方面需要不断地开辟和扩大产品的销售市场,另一方又需要有源源不断的能源和原材料,以维持生产。而日本是一个资源小国,非进行国际贸易不可。所以战后国际贸易自由化的进程和日本不失时机的加入这一进程,无疑对日本的现代化起到了巨大的促进作用,同时也是其实现经济高速增长不可缺少的条件。这就是说,战后日本推行的日美关系基轴主义和经济主义外交及时把握住了国际形势的有利条件并加以充分利用,从而为日本的现代化再起飞创造了有利的外部环境乃至基本前提。

(三) 强化国家权力与权威,谋求政治与社会稳定

在整个 20 世纪 50 年代,事实上主要有三种不同的政治势力主张推行三种不同的政治路线。其一是以社会党为中心的革新势力提出的"和平与民主主义路线",其具体主张是拥护宪法,反对日美安保条约,反对建立自卫队。其二是保守势力中以吉田茂为代表的所谓"战后派官僚政治家"(亦称主流派)的经济主义路线,主张将日本纳入美国所主宰的西方安全保障和自由贸易体制中,实现"安全"与"繁荣"两大基本目标;主张利用和平宪法,走"重经济、轻军备"之路,主要凭借经济实力而不是军事实力来塑造日本战后的国家形象,从而谋求在国际政治中的发言权;同时根据经济发展状况,逐步、分期增强防卫力量。其三是保守势力中以鸠山一郎、岸信介为代表的"战前派党人政治家"(亦称反主流派)基于"传统国家观"的保守主义路线,主张日本作为"主权国家",必须掌握对内统治国民,对外排

除威胁的力量,为此必须实现"改宪"和"再军备"。在各种政治主张及其势力的交错抗争中,第二条路线(亦称吉田路线)占据了支配地位,但却是一个艰苦的过程。如果说吉田路线的正面提出与支配地位的初步确立是在 20 世纪 50 年代初吉田内阁时期实现的话,那么 50 年代末 60 年代初代表第一条路线与第三条路线大决战的日本国民反对并最终推翻岸信介政权的群众运动才阻止了岸信介将第三条路线推行下去,又回到了第二条路线上来,亦即从反面巩固了吉田路线。总之,20世纪 50 年代吉田路线的确立是错综复杂的政治势力激烈斗争的结果。

保守势力中以吉田茂为首的主流派和以鸠山一郎、岸信介为首的反主流派在外交、改宪问题上存在分歧,但在强化国家权力与权威,谋求社会稳定方面却是一致的。这种一致中正体现着保守主义政治哲学中的有序发展思想。在战后日本保守政党的政治纲领及保守主义政治哲学中,一再强调,真正的进步与发展只能从秩序中来。在这里,保守政党主观上确有肯定现存秩序,反对社会主义运动引发的"斗争"和"破坏"的政治倾向;但是依此价值观来构想整个现代化战略时,保守政党就自觉地把稳定有序的发展,看作现代化战略的重要组成部分。在保守政党看来,稳定而有序的现代化发展的关键因素,在于稳定的政治与社会。因为,只有确立了稳定的政治与社会,才有可能形成稳定而连续的政策,从而保证现代化发展本身有序地持续展开。为此,保守党政策在积极主导具体的经济与社会发展的同时,还积极地建立和巩固战后日本的政治和社会秩序。

在 20 世纪 50 年代,保守政党在建立和巩固稳定的政治与社会秩序方面,至少采取了以下两方面措施:(1) 在具体的政策和行政中,通过强化司法和行政体制,加强对社会的协调和监控能力,以强制保持社会稳定。其中最为典型的是采取强化国内治安的政策,强制实现社会稳定。如吉田内阁出于稳定政局,发展经济之需要,于 1952 年向国会提出《破坏活动防止法》案,对左翼势力和在野党加以抑制;虽然遭到强烈的反对,但保守势力主导的国会仍于 7 月通过了该法案。1953 年还通过《町村合并促进法》缩小和限制地方自治体的直接民主主义和地方自治权限。鸠山内阁和岸信介内阁在强化国家机器、限制国民民主权利和稳定保守党政权方面与吉田内阁相比更是有过之而无不及。为了对付民主运动,岸内阁于 1958 年 10 月突然向国会提出《警察官职务执行法修正案》,并试图强制通过这一法案,但最终由于反对强烈而未能如愿。(2) 复活和利用天皇制权威,以维护和巩固现存的政治统治,因此在 20 世纪 50 年代出现了天皇制复古运动。特别是

《旧金山和约》生效后,原来起支配作用的占领军不复存在,保守政党尚未组合完毕,稳定的保守统治远未确立。在这一过渡期内,以吉田茂为首的保守派主流企图将明治宪法下天皇曾经拥有的对民众的至高权威与其政治统治权分离,移到战后新的政治制度中加以利用,因而尽量恢复了传统的制度、仪式,来巩固其统治。但吉田并没有恢复明治宪法下天皇拥有的政治权力,而且与他在国家安全上完全依赖美国,使自己的军队成为美军附属军队的思想联系,吉田不允许军队与天皇有哪怕是形式上的联系。1954 年 12 月吉田引退后统治阶级的国家安全政策和天皇制政策虽有变化,但吉田的复活和利用天皇制传统权威的天皇制复古思想仍是整个 20 世纪 50 年代统治阶级天皇制政策的基础。

在岸信介内阁由于强行通过日美安保条约而在国民的一片反对声中倒台之后,池田内阁上台。1960 年池田内阁的上台实际上标志着战后日本政治质的转换,即从战前型的思维向战后型思维、从以政治为重心向以经济为重心的转换。[①]池田勇人就任首相之后,为了缓和日本广大群众及在野党与自民党政府之间的尖锐矛盾,为了改变岸信介内阁时代的强权政治形象,提出了"低姿态政治"和"宽容与忍耐"的口号,并采纳下村治等经济学家的建议,推行"国民收入 10 年倍增计划",巧妙地把国民经济的高速增长转换成与每个人生活息息相关的收入倍增,从而把国民的注意力和积极性从政治斗争的热点引向追求"收入倍增"和发展经济上来。

继池田病退之后就任首相的佐藤荣作与池田同样作为"吉田学校的优等生",继续推行吉田路线和经济增长至上主义,成为战后持续时间最长的政权(长达 7 年零 8 个月)。经过池田和佐藤内阁期间的两次经济高速增长周期,终于实现了明治维新 100 年来的梦想,成为世界经济大国。

经济的持续高速增长反过来巩固了保守政权的基础,保证了自民党的长期执政。而反对党社会党虽然在 20 世纪 60 年代前在围绕媾和和安保问题的国民运动空前高涨背景下曾获得迅速发展,但进入 60 年代之后则处于停滞乃至下降的趋势。"保革之争"和反美运动趋于缓和,日本国内政局转向平稳。

但这并不表明日本政府在此之外未采取稳定社会的措施。比如在池田内阁

---

① 冯昭奎、刘世龙等:《战后日本外交 1945～1995》,中国社会科学出版社 1996 年版,第 43 页。

时期,为了给贯彻实施《国民收入倍增计划》创造一个稳定的社会环境,于 1961 年制定了旨在稳定国家政治生活的《政治性暴力行为防止法》,并试图强制通过,由于群众反对之声强烈而未果。在“政防法”成为废案后,池田内阁采取最大限度地扩大对现行法律的解释的方法,达到“政防法”的宗旨。1964 年 6 月终于在 46 届国会上强行修改《暴力行动处罚法案》,以清弭街头暴力为名,把矛头指向群众的示威游行。除立法措施之外,保守党内阁还采取了权威主义社会整合措施。由于 60 年代日本进入经济高速增长时期,保守政党的统治得到强有力的支持,以企业为基础的新的统治结构形成,天皇的传统权威已不再是保守政治必不可少的东西,因而也不再是统治阶段追求的重要目标,天皇制复古运动开始衰退。这样在 20 世纪 50 年代,保守政党的社会整合主要依靠天皇的“象征”性权威,进入 60 年代,随着“企业国家”的出现,保守党的社会整合就从主要依靠天皇权威,转向主要依靠企业权威。① 企业权威成为日本社会整合的“新基轴”。② 但这并不意味着保守政府放弃了天皇象征性权威主义整合方式,只是天皇权威退居企业权威之后而已,事实上,20 世纪 60 年代天皇的传统权威在部分领域也得到了复活和强化,不过在天皇制的权威得到部分复活的同时,表现出“象征化”与“元首化”的新特点。天皇的元首化和国际化与 20 世纪 60 年代天皇制复古运动衰退并不矛盾,它表明天皇已成为保守统治结构中的一环,被统治阶级用来加强其统治权威或政治家个人权威。在这点上它与 20 世纪 50 年代天皇被作为道德中心来维护其统治稳定的做法是不同的,③而且企业权威的形成,除了和企业在社会生活中占据主导地位有关,也与天皇权威的影响有关。这种影响主要体现在两个方面:一是在天皇制的影响下,基于日本传统的集团主义,近代产业的发展形成了家族主义的经营传统。这种传统在战后企业中得到了延续,而这种传统下发展出来的终身雇佣、年功序列和企业福利,使劳动者对企业产生了很强的归宿感;二是战前的天皇制培养出了极富献身意识和忠诚感的产业劳动者。战后,随着天皇权威的崩溃,产业劳动者很自然地把这种献身意识和忠诚感从天皇、国家这个大集团转向企业这个小集团。但是也应该看到,虽然战后企业权威的形成深受天皇权威的存在与变

---

① 渡辺治『戦後政治史の中の天皇制』東京:青木書店、1990 年、44 頁。
② 渡辺治『戦後政治史の中の天皇制』東京:青木書店、1990 年、36 頁。
③ 北京大学日本研究中心:《日本学》第 6 辑,北京大学出版社 1996 年版,第 54~84 页。

化的影响,但维系企业权威的长期基础,则是共同构成天皇权威和企业权威的日本社会传统的家族主义和集团主义。① 在以天皇为顶点、家族为基础的天皇制家族主义国家体制下,天皇权威为国家主义的最集中体现;那么在主权属于国民、稳定支配体系基础在于企业的民主国家、企业国家体制下,强调企业权威也不妨看做是新形势下国家主义的体现。因为在新的时期里,国家的政治目标即经济目标,国家的目标通过企业的目标来实现。

以经济建设为中心,以国家主导为手段,以日美关系基轴主义外交为环境保障,以稳定而有序的社会管理为基础而构成的战后日本保守政党的现代化发展战略,是一个有机的体系。这其中既蕴含了保守主义的基本价值观和世界观,又包含有很强的战后日本社会发展现实环境的规定性。战后发展的事实表明,这套战略总体上是成功的。

第二节　由和平民主主义到福利国家主义

如果说20世纪40年代后半期日本教育政策的主要课题是通过非军事化、民主化改革摧毁极端国家主义和军国主义教育体制并建立资产阶级民主主义教育体制的话,那么20世纪五六十年代日本教育政策的中心任务则在于根据国民经济现代化的发展及其需要对这一战后教育体制进行改组、扩充和完善。

这一改组、扩充和完善的政策措施主要包括两方面的内容。第一,根据国民经济的发展,在不断地扩大教育投资之同时,按照经济主义的合理化和能力主义的多样化原则,适时地调整教育的结构和内容。② 伴随日本经济的恢复与增长,日本政府不断地增加教育投资。特别是进入20世纪60年代之后,日本政府把"教育投资论"作为制定教育政策的基本指导思想,重视教育投资的经济价值,从而更加注重教育投资的不断扩大。在1950～1972年的二十多年的时间里,日本

① 林尚立:《政党政治与现代化——日本的历史与现实》,上海人民出版社1998年版,第151～152页。
② 关于这一点请详见:(1)梁忠义:《战后日本教育与经济发展》,人民教育出版社1981年版;(2)梁忠义:《日本教育与经济》,东北师大出版社1989年版;(3)梁忠义:《日本教育发展战略》第3篇,吉林教育出版社1993年版。

的教育经费增长了 25 倍,超过了同期日本国民生产总值和国民收入的增长速度。教育投资的不断增加推动了教育的进一步普及与发展。在九年制义务教育的普及成果得到巩固的基础上,日本的高中入学率和高等教育入学率均有大幅度的提高。初中毕业生升入高中的比率在摆脱了 20 世纪 50 年代前半期在 50％左右徘徊的局面之后,于 1961 年超过 60％,1965 年上升至 70％,1968 年达到 80％,1972 年升至 90％;高等教育的入学率也由 1954 年的 10.1％,升至 1960 年的 10.3％和 1970 年的 23.6％。由于教育的普及与发展,1970 年 25 岁至 64 岁的日本国民中,受过高中以上教育者的比率已达到 43％。在扩大教育投资、促进教育的普及与发展之同时,日本政府还适应经济结构变化的需要,按照经济主义的合理化和能力主义的多样化原则,适时地调整了教育结构和内容。能力主义的基本理念就是教育要为经济的高速增长培养各种各样具有不同技能和能力的人才。

调整教育结构和内容的措施主要体现在两方面:(1) 高等教育的多样化。高等教育学校体系由单一的四年制大学扩充为以四年制大学为主体,短期大学和高等专门学校为两翼,研究生院为顶层的三类型四层次的多样化结构;调整高等院校科系结构,增加理工科的比重。(2) 后期中等教育的多样化。调整普通高中、职业高中、综合高中的比例;在普通高中设置职业课程;高中职业教育在课程种类和教学内容上实现多样化等。如果说政令改正咨询委员会 1951 年 11 月提出的《关于教育制度改革的咨询报告》拉开了日本教育结构走向多样化的序幕,20 世纪 50 年代日本产业界所提出三项的"意见"和"要求"[①]构成教育结构多样化的直接动因并预告了教育结构多样化的基本路线,那么 60 年代则是基于"人的能力开发论"和"教育投资论"全面贯彻能力主义原则,展开教育结构多样化措施的时期。

第二,基于国家主义理念,强化国家对教育的控制。在战后的民主化改革中,占领当局在摧毁日本军国主义的同时,也对日本的国家主义予以有力的打击,并试图以民主主义代替国家主义。然而正如保守主义政党所说的日本不能没有天皇制一样,保守主义也不能没有国家主义。占领统治一结束,保守政党就迫不及待地要恢复国家主义在日本社会政治生活中的地位和作用。1955 年,自民党成

---

　① 它们分别是日经联于 1952 年提出的《关于重新检讨新教育制度的要求》、1954 年提出的《关于改善当前教育制度的要求》和 1956 年提出的《关于适应新时代要求的技术教育的意见》。

立时就明确认为,当时的政治经济和社会所面临的危机,一半的原因是战败与战后初期占领政策的失误,而占领政策失误的一个重要方面,就是为了达到使日本国家弱化这个占领政策的基本目的,基于宪法而开始的教育制度及其他诸多制度的改革采取了不少不适当地压制国家观念和爱国心,并使国家权力过度分裂和弱化的举动与措施,从而使国民丧失对祖国的爱和自由独立的精神,使国家陷入危机。① 正是基于这一"危机感",保守政党与政府首先采取了一系列旨在恢复国家在教育中权力的措施。

　　强化国家对教育的控制,基本上是沿着两条密切相关的路线并行推进的:一是强化对教育"外部事项"的管理与控制的路线,主要措施包括:(1) 1954 年制定并强行通过了旨在限制教师政治活动的"教育中立性二法",即《关于确保义务教育诸学校中教育的政治中立的临时措施法》和《部分修改教育公务员特例法》,名为确保教育的政治中立,实际也具有抑制日本教职员组合(即日本教师工会,以下简称"日教组")的意图。(2) 1956 年制定并强行通过了《关于地方教育行政的组织及运营的法律》(亦称"新教育委员会法"),改教育委员会的公选制为任命制,并确立了文部大臣对教育委员会的指导权。(3) 1957 年实施教师勤务评定制度。这是任命制教育委员会成立之后进行的第一项,也是最大的一项工作,它是以直接统制手段对教师进行教育管理的手段。(4) 制定学校管理规则。新教育委员会法不单单意味着由公选制向任命制的转换。根据该法律,文部省提出了可称作是"学校管理规则样本"的《关于公立小学、初中管理规则的试案》,都道府县教育长协议会于 8 月 10 日制定了《学校管理规则方案》,1958 年,除两个府县之外的所有都道府县教育委员会和 80％以上的市町村教委制定了《学校管理规则》。《学校管理规则》强化了教委与校长的权限,加强了对学校内教职员工作的监督。(5) 1958 年修改《市町村立学校职员工资负担法》,向校长支付管理职津贴,1960 年 4 月 1 日起向教头亦支付管理职津贴。这一措施旨在明确校长、教头的管理立场,保证校长、教头的工资级别等,从而更好地实现学校管理目的。以这种教育委员会的任命制与勤务评定为强大的盾牌,日本的教育行政机构急速地加强了中央控制,强化了管理体制。文部省、教育长(教育委员会)、指导主事、校长这样一套

---

　　① 林尚立:《政党政治与现代化——日本的历史与现实》,上海人民出版社 1998 年,第 254 页。

专门贯彻上级指示的上意下达的体制建成了；学校内部校长、教头、各种主任到一般教师这样的等级制度也在不断加强。

第二条路线是强化国家对教育"内部事项"即教育内容的管理与控制的路线。主要措施包括：(1) 1952～1953 年通过部分修改《文部省设置法》、《学校教育法》、《教育委员会法》，明确了文部大臣的学习指导要领制定权和教科书检定权，强化了文部省作为中央监督官厅的性质。(2) 1958 年全面修订《学习指导要领》，并使之基准化和具有法律约束力；修改教科书审定基准，强化教科书检定。(3) 1961年实施全国性学力调查。文部省的真实意图在于加强对教育内容的控制、测试教师的忠诚程度，同时取得资料，掌握人才的全国分布状况，以资经济、合理地进行劳动力分配。与教育结构和内容的多样化是以政令改正咨询委员会《关于教育制度改革的咨询报告》为其起点一样，日本政府加强国家对教育的控制也是以其为契机的。日本加强国家对教育控制的基本制度框架主要是在 20 世纪 50 年代确立的，进入 60 年代之后，国家对教育的控制基本上是在这一框架下展开的。

20 世纪五六十年代的教育政策虽然包含有对战后教育体制进行改组的内容，但从总体来看，主旨是为了谋求教育的合理化以适应由于朝鲜战争期间的特需景气而获得复兴的产业界的教育要求，并不是要否定战后教育体制从而回归到战前的体制。虽然在实施这一政策的过程中，出于抑制反对派抵制运动的需要而谋求复活战前的教育行政观是不可否认的事实，但它只不过是派生的，并不能构成这一时期教育政策的中心内容。①

教育政策重心的转移不仅带来教育制度上的变化，而且带来道德教育理念的转变。我们不妨用一句话来概括这一转变，即教育理念由和平民主主义向福利国家主义的转变。虽然这一概括未必全面，但却大体可以代表这一转变的主流及其特点。

《教育基本法》自制定以来尚未经过任何修改，但这并不能否定日本的教育理念得到转变这一事实。在日本，有许多学者指出，自 1950 年前后开始，日本政府就一直试图通过种种直接或间接的方式推进旨在使《教育基本法》的理念、原则"空洞化"的政策，这些方式包括：(1) 通过对构成教育基本法体制的主要法律进行修改或制订新法，来对作为支柱的《教育基本法》的理念和原则加以事实上的修

---

① 村山英雄、高木英明『教育行政要説』東京：ぎょうせい、1978 年、50 頁。

改；(2) 通过行政立法(政令、省令、告示、通知等)对《教育基本法》的理念与原则进行事实上的修改与制约；(3) 通过对《教育基本法》条项的行政解释来对其理念和原则加以修改；(4) 对《教育基本法》的条文本身进行直接修改。① 而日本的教育理念正是在上述改革过程中得到了转变。

最能完整、系统地体现 20 世纪五六十年代日本道德教育理念的文件莫过于天野贞祐的《国民实践要领》和中央教育审议会(以下简称"中教审")的《理想的日本人》。前者可以说是 20 世纪 50 年代道德教育理念的典型表述，而后者则是 60 年代道德教育理念的集中体现。虽然二者均未获法律效力，但却能完整地体现日本政府在这一时期的政策意图，而这些意图又通过其他途径、方式得到了实施，尽管是非系统的，非全面的。

一、20 世纪 50 年代天野贞祐的《国民实践要领》

《教育基本法》的制定经历了一个曲折的过程。制定之后，特别是自 1950 年左右开始仍然不断地经受着挑战与考验。1949 年 5 月，吉田茂首相设立了作为首相私设咨询机关的文教审议会(翌年 4 月改称"文教恳谈会")，成员包括铃木大拙、长谷川如是闲、马场恒吾、安倍能成、高桥诚一郎、板仓卓造、铃木文史郎、天野贞祐、和辻哲郎和仁科芳雄。在 5 月 17 日召开的文教审议会的第一次会议上，吉田茂说，过去日本军队之所以强大是因为有《教育敕语》，因此，为了弘扬国民道义，希望文教审议会能制定出一个可以取代《教育敕语》的类似"教育纲领"或"教育宣言"之类的东西。② 对此，舆论反应强烈，认为此举意在统制国民思想。在制定《教育基本法》时发挥中心作用的田中耕太郎(当时任参议院议员)也向《每日新闻》投书表示反对。在强大的舆论压力下，文教审议会在第二次会议上(6 月 29日)作出了暂不制定"教育纲领"的决定。但是这一"纲领"或"宣言"却可以说由在吉田茂"三顾之礼"之下走马上任的天野文相(任期为 1950～1952 年 8 月)以个人立场出版的《国民实践要领》这一形式具体化了。③

① 三上昭彦「教育基本法の五十年」『教育』1997 年第 1 期。
② 大田堯『戦後日本教育史』東京：岩波書店、1978 年、91 頁。
③ 倉田侃司、山崎英則『新しい道徳教育――一人ひとりの生き方を問う――』京都：ミネルヴァ書房、1989 年、103 頁。

天野贞祐在 1950 年 11 月 7 日召开的全国都道府县教育长协议会大会上提出了制定可以取代《教育敕语》的"教育纲要"的想法。他说,虽然制定了各种各样的教育有关法令,但由于缺乏内容,所以给教育的发展带来诸多不便。因此,想以"教育纲要"的形式制定一个人人从心底里遵守的修身基准,作为教育之基础,并将其作为《教育敕语》的替代,谋求民主主义社会所必需的道德的复兴。① 为进一步明确其构想,他于 11 月 18 日在《朝日新闻》上发表了题为《我是这样考虑的——取代《教育敕语》的东西》的文章。他认为,人要生存必须要有应该遵循的道德基准。对日本人来说,以往发挥这种作用的是《教育敕语》。但是《教育敕语》现在被废除了,因此,日本人的道德生活产生了真空。不过《教育敕语》的主要德目"孝父母、友兄弟、夫妇相和,朋友相信,恭俭持己,博爱及众,修学习业,以启发智能,成就德器,进而广公益、开世务,常重国宪,遵国法"等均可原封不动地作为现在的国民道德基准,但是以敕语的形式规定道德基准不够妥当,因此有必要考虑以其他什么形式制定出可以与《教育敕语》发挥同样作用的东西。② 这种东西就是"国民实践要领"。

《国民实践要领》是由当时京都大学的高坂正显、西谷启治、铃木成高遵照天野贞祐的嘱托制定的。《国民实践要领》由前言和正文两部分所组成。③ 前言中指出,日本人"现今正遭逢由于媾和条约的缔结而获得再度成为独立国家的资格和开始步入自主重建道路的时期"。然而"国家独立的根源在于国民的自主独立精神,而这一自主独立精神只有等待国民确立了应有的道义方可发现"。可是,"确立道义的根本,在于我们每个人意识到自己自主独立的人格的尊严,超越利己之心步入光明正大之道,从而成为内部具有自立之地的人";"此外,还在于尊重他人人格的尊严,摆脱私心,相互敬爱,从而形成贯穿着深刻的和的精神的家庭、社会和国家"。总之,"所谓自主独立的精神与和的精神,是道义精神的两个侧面",可见,天野强调"独立"与"和"共存的思想。

---

① 小野健知郎『新道德教育读本增补版』東京:大明堂、1982 年、132 頁。

② 戦後日本教育史料集成編集委員会『戦後日本教育史料集成』(第 3 卷)東京:三一書房、352～353 頁。

③ 以下有关《国民实践要领》的内容请见:『戦後日本教育史料集成』(第 3 卷)東京:三一書房、353～359 頁。

正文由"个人"、"家"、"社会"和"国家"四章所组成,每一章中列举了一些德目并加以解释和说明。这些德目分别是:

第一章 个人

(1) 人格的尊严 　　(2) 自由 　　　　(3) 责任

(4) 爱 　　　　　　(5) 良心 　　　　(6) 正义

(7) 勇气 　　　　　(8) 忍耐 　　　　(9) 节度

(10) 纯洁 　　　　 (11) 廉耻 　　　　(12) 谦虚

(13) 思虑 　　　　 (14) 自省 　　　　(15) 智慧

(16) 敬虔

第二章 家

(1) 和合 　　　　　(2) 夫妇 　　　　(3) 亲子

(4) 兄弟姐妹 　　　(5) 教养 　　　　(6) 家与家

第三章 社会

(1) 公德心 　　　　(2) 相互扶助 　　(3) 纪律

(4) 修养与礼仪 　　(5) 性道德 　　　(6) 舆论

(7) 共同福利 　　　(8) 勤勉 　　　　(9) 健全的常识

(10) 社会使命

第四章 国家

(1) 国家 　　　　　(2) 国家与个人 　(3) 传统与个人

(4) 国家的文化 　　(5) 国家的道义 　(6) 爱国心

(7) 国家的政治 　　(8) 天皇 　　　　(9) 人类、和平与文化

从以上德目来看,虽然也包含有具有日本特色特别是儒教特色的德目,但大多是在世界各国均可见到的共同的、普遍性的德目,总体上给人一种——罗列日本人作为个人,在家庭、社会、国家中应该践行的所有德目之感觉。不过透过——罗列德目这一现象,也不难发现其基调和主旨。其中第一章中的第十六个德目"敬虔"和第四章中的第六个德目"爱国心"和第八个德目"天皇"可以说是所有德目的"龙眼",代表着天野真实而且是主要的意图。

关于"敬虔",天野作出了如下的解释:"我们的人格与人性通过对永恒绝对者的敬虔的宗教心得到进一步的深化。人通过宗教心形成对人生最后阶段的自觉,获得安定的心情",阐述了宗教心的必要性。进而又指出:"自古以来的人类历史

中,人之成为人之道已经明确,如果没有敬爱神明、归依佛门、尊奉上天的人们的存在也就谈不上保持良心和爱的精神"。

在所有德目中,天野倾注心血最多的莫过于第四章"国家"的内容。在该章中,天野首先阐述了国民应该谋求国家的存续和繁荣的义务。天野认为:"人在国家生活中,生长在同一块土地上,讲同样的语言,形成了一种血缘联结,并且生活在同一个历史与文化传统之中。国家是我们存在的母体,是伦理、文化的生活共同体。因此,如果国家的自由与独立受到侵犯,我们的自由与独立也将失去,我们的文化也就不得不失去其基础。"故此"我们应该保证我们的国家稳定地存在和延续,维护其不容侵犯的独立,并为其清新、繁荣、高雅的文化的确立作出贡献。"那么在新的国家生活中,国家与个人的关系又是怎样的呢?在这点上体现了天野作为康德哲学研究者的康德哲学思想背景。天野在直面个体与整体之间的关联之同时,指出:"国家生活只有个人为了国家而努力,国家也为了个人而尽力方才成立。因此,国家不应轻视个人的人格和幸福,个人也不要失去爱国家之心。"阐述了个人与国家之间的密切相关性,论述了理想的相即状态。然而关于这一点,我们只要再联系一下天野在1950年11月1日召开的全国社会教育委员研究协议会上所说的一段话,就可明确天野在这里更强调的实际上是爱国心的必要性,尽管不是要否定个人的人格与幸福。他说:"战后的今日,出现了屡屡极端地主张个人的自由,不,是放纵,从而无视为国家社会效力这一面的倾向。国家原本不是个人单方面的手段,个人也不是国家单方面的手段。没有个人的幸福也就没有国家的昌盛,没有国家的昌盛也就不可能有个人的福利。"[1]关于爱国心之重要性,天野在"要领"中进一步指出,"国家的盛衰兴亡系于国民中爱国心之有无",真正的爱国心不单单是一个国家一个国家的问题,与广泛的人类爱是一致的。在"天皇"这一项目下,天野进而又将"爱国"与"敬爱天皇"联系了起来。他说:"我们,作为独自的国体,拥有天皇。天皇是国民统合的象征。因此,我们应该敬爱天皇,尊重国体。"天野实际上是想把日本人道德的中心置于天皇。这一点只要对照一下"国民实践要领草案"中对"天皇"条项的解释就可明晰,即"作为独自的国体,我国具备国家之象征——天皇。在漫长的历史过程中,天皇是我国的特征。作为国家之

① 船山謙次『戰後道德教育論史』(上)東京:青木書店、1981年、102頁。

象征,天皇的地位具备道德中心的性质。"①可以想象,第四章的内容特别是有关"爱国心"和"天皇"的内容实际上说出了天野最想说的话。在天野看来,当时的日本人忘记了祖国,无视天皇的存在。对此,天野深表叹息,因而强调通过振奋敬爱天皇和热爱祖国的精神来谋求国家的复兴。②

天野原打算于媾和条约在国会通过之日,以文部大臣的名义提出《国民实践要领》。他的这一想法是在 1951 年 9 月 22 日到富山县讲演的旅途中向记者披露的,并在 10 月 15 日的参议会正式会议上的答辩中得到进一步确认。文部大臣的想法与国会答辩引起人们很大的反响,批判之声不绝于耳。11 月 4 日《朝日新闻》报导了《国民实践要领》大纲,17 日《读卖新闻》又独家刊登了"文相草案"的全文,使国民终于看到了其内容。对这一草案,《读卖新闻》等各主要报纸均发表社论予以批判。11 月 26 日参议院文部委员会邀请了城户东一、金森德次郎、矢野一郎等 9 位人士作为参考人召开了公听会。除矢野一郎明确表示"赞成主旨"之外,其他人均对"应由文相提出道德要领"和"把天皇作为道德中心"的做法直接或间接地阐述了反对意见。天野在"四面楚歌"的形势下不得不放弃在任期内以文部大臣的名义发表"要领"的想法,而于辞职 7 个月后的 1953 年完全以个人名义出版了《国民实践要领》。

对于天野的《国民实践要领》,日本著名学者稻富荣次郎有过这样一段评价:"战前的神格化天皇观与文相论理性的天皇之间有着分歧,而且这一分歧很大、很深。由于是迅疾地制定而成的,不容易被克服也是实情。正因如此,天野文相煞费苦心的发言尽管说得是当然之理,还是被理解为空洞的道学者的说教,从而不能获得全体国民大众的同感。……煞费苦心的'实践要领'被作为天野敕语而埋葬的原因大概亦在于此。但不管怎样,天野文相是一个伦理学者,可以说是为了使终战后颓废的日本道德教育回到正轨而奋斗的第一人。"③稻富的这段评价尽管有值得商榷之处,但至少从一个侧面提出了天野《国民实践要领》遭受挫折的原因及其对以后日本道德教育的影响这两个重要问题。尽管"天皇制就像失去头部的蜥蜴一样,虽然处于顶点的权力机构经历了巨大的改革,但依然拥有难以否

---

① 大田尧『戰後日本教育史』東京:岩波書店、1978 年、197 頁。
②③ 稻富栄次郎『明治以降教育目的の変遷』東京:同文書院、1968 年、118 頁。

定而以分散的形式之力量残存于民众意识之中"这一情况属于事实,但是随着新宪法的颁布、农地改革的实施和民法的修改,国民主权、基本人权、男女平等等价值体系在逐渐地渗透,天皇制再也不具有像战前那样的精神统合力。在此形势下倡导天皇的道德中心地位的做法遭受挫折也不是不可理解的。

不过,日本政府谋求振奋"爱国心"、强调天皇地位的政策动向并没有因此而告终,而且呈逐渐加强之势。吉田茂首相于 1952 年 9 月 1 日的自由党议员大会和 11 月 26 日的第 15 届国会上的施政方针演说中,一再强调培养爱国心对于重新武装重要性,认为必须向学生们讲述日本的国体和日本民族的优秀性。[①] 继天野之后就任文部大臣的冈野清豪于 1953 年 2 月在众议院预算委员会上指出,《教育敕语》乃是包含千古之真理的"不朽经典","太平洋战争就是日本人优秀性的例证",希望"国民恢复对日本民族优秀性的自信","了解国家,提高国民道德"。[②] 1953 年 5 月上台的大达文雄文相在第 16 届特别国会众议院文教委员会上一再强调"以扶翼天壤无穷之皇运为根本理念的《教育敕语》与以培养自主性与和平精神为基调的《教育基本法》不矛盾","《教育敕语》中表现出的道德精神,作为我们民族的传统,不单不违背《教育基本法》所揭示的目的,而且还应成为其基础。"《教育敕语》中的"扶翼皇运"就是"爱国土、爱民族的精神",现在可把"扶翼皇运"改为"维持国运"。[③]

在日本保守党政府的政策动向中最为引人注目的是 1955 年建立了保守联盟(即自由党与民主党合并为自由民主党)之后推出的所谓"教育三法案"。其中的《临时教育制度审议会设置法案》明确规定设立直属内阁总理大臣的临时教育制度审议会,以对现行的教育制度进行研讨和调查审议。根据清濑一郎文部大臣(1955 年 11 月~1956 年 12 月在任)的说明,调查审议的对象是:(1) 修改《教育基本法》;(2) 明确国家在教育内容方面的责任;(3) 重新研讨学校制度。关于修改《教育基本法》的理由,清濑指出,《教育基本法》第一条中所列举的完善人格、和平的国家与社会、真理、正义、个人的价值、勤劳、责任、自主的精神八个教育目的均可以说是世界共同的,但由于未列举忠诚、亲孝行等内容,因而"在维持日本美

---

① 船山謙次『戦後道徳教育論史』(上)東京:青木書店、1981 年、82 頁。
② 船山謙次『戦後道徳教育論史』(上)東京:青木書店、1981 年、140~141 頁。
③ 船山謙次『戦後道徳教育論史』(上)東京:青木書店、1981 年、141~142 頁。

丽的传统这一点上薄弱",《教育基本法》的教育目的虽然"不坏",但却"不足"。①
从以上这些我们确实可以感受,天野贞祐确是为把战后日本道德教育拉回"正轨"
而奋斗的第一人。

　　虽然日本政府试图通过修改《教育基本法》来改变教育理念的目的未能实现,
但是其基本意图的确通过其他方式得到了一定的贯彻。这一点可以从 20 世纪
50 年代的几版社会科学习指导要领内容中看出。日本学者小松周吉曾就民主主
义的要素(原则)、各要素之间的比重以及社会科目标中作为学习内容的民主主义
的地位三点,以 1947、1951、1955、1958 年各版的初高中社会科学习指导要领为中
心,考察了战后民主主义教育的变迁,所得出的结论是:(1) 关于民主主义的要
素,各版指导要领在措词上没有什么大的变化,但自 1951 年版以后,"责任"、"协
力"这样的德目逐渐增多,此外强调"公共福利"这一点也较为明显;(2) 把民主主
义的根本作为尊重人格、人权的思想准备来对待的态度在 1951 年版以后逐渐加
强、扩大,其结果一方面是责任、协力这样的德目表现增多,另一方面是经济、政治
方面的学习渐趋狭窄、浅化,并且加强了道德色彩。(3) 在实现民主主义的条件
方面。自 1955 年版以后,经济、政治和社会学习不再着眼于现实存在的问题,而
只是对其原则加以形式化的指导。民主主义不再是被作为社会认识来培育,而是
把重点转移到了要使学生肯定性地理解经济和政治的现状,并形成对其协力的态
度上了。(4) 尽管民主主义的要素基本没有什么变化,但由于社会科目的目标发
生了大的变化,因此其要素间的比重、关系也不得不发生变化。比如 1947 年版中
在使学生以相互依存关系(而非相互矛盾关系)为中心理解社会生活的 15 项目标
中,有关国家、爱国心的目标一个也没有。但到了 1951 年版,社会科目标中被集
中为四个项目,其中不仅要求理解社会生活,而且强调"培养积极参与的态度和能
力";在初高中日本史的"特殊目标"中,还列举了"对乡土及国家具有深深的爱与
尊敬"。在 1955 年版的初中社会科目标中,要求历史要"使学生对国家的传统与
文化有正确的理解",地理要"培养对国家"和乡土的热爱;此外在"学习民主主义
诸原则"之际,要"通过对各具体现象的学习,培养爱国家的心情和敬爱其他国民
的态度"。到了 1958 年版,社会科目标由五项构成,其中第五项是"使正确地理解
我国在世界中的立场,提高作为国民的自觉,培养建设民主的而且有文化的国家,

---

　　① 铃木英一『現代日本の教育法』東京:勁草書房、1979 年、82~83 頁。

以及为世界和平与人类的福利作贡献的态度"。而且要求在进行其他四项目标教育时要"经常结合着予以考虑"，[①]反映出这一目标的重要性。

二、20世纪60年代中教审的《理想的日本人》

从1950年至1960年是战后日本教育方向转变的决定性时期，它是与日本资本主义由"复兴向高速增长"转变的时期相重叠、相照应的。进入20世纪60年代以后，由于财界与国家结合体制的确立，经济界的要求通过国家权力这一媒介被贯彻于教育政策之中，出现了教育政策从属于经济政策的倾向。

构成经济界对教育界要求的基调，从根本上来说就是要确保适应产业结构变化的劳动力的观点。即为适应以"技术革新"和"提高生产力"为基础的高速增长政策需要，要求学校制度要多样化，教育要适应学生的能力和倾向性。而且把具有能安分守己的"满足感"和"适应能力"，对企业具有强烈的归属意识的工人推崇为"高质量的劳动力"。进而还随着日本经济的发展，逐步强调使爱公司精神和爱国心一元化，形成支撑日本经济向海外发展的意识的重要性。[②]

经济界的上述要求在日本政府的政策中得到了充分的反映。1960年安保斗争之后成立的池田内阁制定的《国民收倍增计划》可以说是20世纪60年代日本政府所有政策的支柱。它把教育政策纳入经济计划之中，这就决定了20世纪60年代教育的方向。[③]　池田首相在经济方面强调收入倍增论，在教育方面则高唱从背后支撑经济发展的"育人"政策（亦称"人才开发政策"）。这一思想与当时经济审议会的咨询报告《经济发展中人的能力开发的课题与对策》（1963年）以及文部省的白皮书《日本的成长与教育——教育的展开与经济的发展》是一致的。池田内阁的人才开发政策的基本思想是：作为经济政策的一环，必须设法提高人的能力；而要提高人的能力则必须大力振兴科学技术教育，同时加强道德情操教育。池田内阁所确立的人才开发政策亦为后来的佐藤内阁所继承和大力推行。

作为人才开发政策重要一环的道德教育在20世纪60年代备受关注。在加强道德教育时，日本政府首先想到的就是通过修改《教育基本法》来明确、系统地

---

① 小松周吉「指導要領の変遷から見た民主主義の定義」『現代教育科学』1968年4月号。
② 大田堯『戦後日本教育史』東京：岩波書店、1978年、288頁。
③ 梁忠义：《日本教育发展战略》，吉林教育出版社1993年版，第302页。

贯彻自己的理念。池田内阁的文部大臣荒木万寿夫（1960 年 7 月～1963 年 7 月
在任）在就任后不久的 8～10 月份集中展开了一场要求重新检讨《教育基本法》的
运动。荒木文相对《教育基本法》的不满主要在于《教育基本法》中没有列入"培养
出色的日本人"的内容。他在 1960 年 8 月 19 日举行的都道府县教育委员长、教
育长联合大会上致词说："如果说教育的根本目标在于培养出色的日本人"，那么
"《教育基本法》难道就不缺些什么吗?!"[①]并且在同年 10 月 15 日举行的参议院文
教委员会上说："关于宪法，现在有宪法调查会，自成立以来已对此进行了 4 年多
的研究了。对于《教育基本法》，我想在大选之后，要广泛地召集有经验、学识者来
重新进行研究"，[②]更加公开地道出了对《教育基本法》进行修改之意图。

荒木文相修改《教育基本法》的构想遭到了舆论的强烈反对。日教组亦展开
了一场轰轰烈烈的反对修改《教育基本法》的斗争运动。荒木的意愿因而未能达
成。但是荒木文相以及日本政府的政策意图却在使《教育基本法》的教育目
标具体化的名义下得到了一定的体现和贯彻。教育课程审议会（以下简称"教
课审"）的咨询报告《关于学校道德教育的充实方策》和中教审咨询报告《理
想的日本人》就是其中的典型代表，尤其是后者最为突出，堪称 20 世纪 60 年代
日本道德教育理念的集大成之作。

教课审于 1963 年 7 月 11 日向文部省提交的咨询报告《关于学校道德教育的
充实方策》共由基本方针、道德教育的现状与问题以及充实方策三部分构成。
在"基本方针"中，报告首先指出道德教育的根本在于尊重人的精神，国家社会
中的伦理必须在此基础上确立，《教育基本法》虽然已规定了其普遍原理之大纲，
但是要使之成为与日本国相称的实践指针，还必须根据日本的历史和传统，对其
进行补充，将其内容具体化。在将内容具体化时，报告强调要注意以下几点：
(1) 在尊重个人的价值之同时，必须注意培养作为国家社会的优秀建设者而充满
自主精神、身心健康的日本国民；(2) 在进行道德教育时，从日常生活中选取生动
的教材，同时注意汲取古今东西之经验与教训，尤其是要充分利用日本文化、传统

---

① 戦後日本教育史料集成編集委員会『戦後日本教育史料集成』（第 7 巻）東京：三一書
房、44～45 頁。

② 戦後日本教育史料集成編集委員会『戦後日本教育史料集成』（第 7 巻）東京：三一書
房、48～52 頁。

中的优秀产物,以充实其内容;(3)鉴于日本在国际社会中的地位和作用,要更加重视提高作为国民的自觉,培养公正的爱国心;(4)在道德教育中,培养作为人的丰富情操和提高人性是根本,因此,今后要从宗教或艺术等方面来进一步贯彻情操教育。其次,报告还指出,"伴随科学技术划时期的进步而来的机械化和组织化等,常易伴随着否定人性的倾向",因此希望道德教育能够使学生养成正确理解和处理经济高速增长政策和技术革新的种种偏差与矛盾的尊重人的精神准备。①

以教课审上述咨询报告的内容为参考,文部省于 1964 年、1965 年和 1966 年向各小学和初中发放了各年级的《道德指导资料》。这一"指导资料"被有的学者称之为 1958 年版《学习指导要领道德编》及《指导书道德编》的"修订版"。② 两者之间的不同之处至少有两点:(1)道德项目比重的放置方式上有差异。在"指导资料"中,增加了"遵法、尊重公共、爱家族、爱国心"等项目,而删去了"合理的批判精神和主张权利"这样的项目。(2)德目构成方式上存在着不同。在 1958 年的"指导要领"和"指导书"中,各德目是并列地提出的(在这点上可以说是平等的),但在"指导资料"中,却被在价值上序列化了。③ 通过德目的序列化,政府把自己的意图贯彻了下去。

大约就在教课审向荒木文相提出上述咨询报告之同时,荒木向中教审提出了"关于扩充后期中等教育问题"的咨询,其中作为"应研讨的问题",把"理想的日本人"确定为第一个研讨事项。之所以要研讨"理想的日本人"这一问题,文部省的解释是:《教育基本法》虽然规定了尊重人的精神和共同体伦理的理念,但是关于具体的日本人并不明确。这一解释与教课审咨询报告是一致的,也是 20 世纪 50年代以来日本政府一贯强调的。教课审上述咨询报告可以说是使《教育基本法》目标"具体化"的初步尝试,文部省进而想通过研讨"理想的日本人"来彻底解决这一问题。

中教审为研究"理想的日本人"设置了第 19 特别委员会,任命了大约 30 名委

---

① 戰後日本教育史料集成編集委員会『戰後日本教育史料集成』(第 8 卷)東京:三一書房、283～284 頁。

② 江藤恭二、鈴木正幸『道德教育の研究』東京:福村出版、1982 年、69 頁。

③ 宮坂哲文「道德指導資料の価値観」『現代教育科学』1964 年 7 月臨時増刊。

员,主任由高坂正显担任。委员会经过了几年的审议,于 1965 年 1 月 11 日发表了中间草案,意在听取各方面的意见,然后进行修改。不仅如此,高坂还在草案发表后的 1965 年 6 月 25 日以自己的思想为基础,从哲学的立场出版了《私见理想的日本人》(以下简称《私见》)这一著作。其主要目的是给政府"明确后期中等教育的理念提供线索"。由于加上了"私见"这一词,很容易被认为只是高坂个人思想的总结,但从经过来判断,其内容亦不妨看做是委员会集体的意见。①

中间草案的基本框架如下:

序论:当前日本人的课题

1. 人像的分裂与第一要求

2. 民族性的忘却与第二要求

3. 民主主义的未成熟与第三要求

4. 日本的象征

正论:理想的日本人

第一章　作为个人

第二章　作为家庭人

第三章　作为社会人

第四章　作为日本人

《私见》对其主要问题逐一地予以理论说明。在进行理论说明时,专从现代西方哲学中寻求其根据,进而还引用伦理学、社会学、经济学、科学、意识形态问题对其进行补充。《私见》的主要特点有:(1) 以社会向善论为理论根据,强调在提高人性的同时,维持、促进科学技术的发展并开发与其相适应的能力;(2) 关于日本的未来,强调在承认日本属于自由主义阵营这事实之同时,应立足于以和平主义为基础的中立主义;(3) 作为日本人的课题,强调日本应该发挥作为东方文化与西方文化、北方文化与南方文化(即发达国家文化与发展中国家文化)之间的桥梁作用;(4) 关于民主主义,认为日本有着由外部过于性急地导入的历史背景,强调今后应该使其进一步成熟化、彻底化;(5) 关于日本的象征,鉴于 1958 年《学习指导要领道德编》中未记述这一点,强调应把赋予日本的象征天皇以正确的地位和培养爱国心作为燃眉之问题加以解决。(6) 关于德目,以西方思想为理论论证,

---

①　稲富栄次郎『明治以降教育目的の変遷』東京:同文書院、1968 年、133 頁。

因而稍带有抽象的、观念性的色彩,以"应该……"这样的方式共罗列了 19 个德目。①

中间草案一发表,就引起日本国民的异常关心。围绕着这一草案,存在着赞成与反对两种意见。进步主义者自始就表示嘲笑与反对,而保守主义者则多持共鸣、赞成的态度。因此,中间草案一时成了新闻界始终抓住不放的问题。文部省基于 70% 以上的舆论持赞成态度这一判断,对中间草案进行了一定的修改,于 1966 年 10 月 31 日正式出版了《理想的日本人》,中教审也将其作为"附记"列入《关于扩充完善后期中等教育》的咨询报告中。

《理想的日本人》与《私见》相比,除了在德目列举方式上由命令的形式改为较柔和的普通表达方式,德目数目由 19 个整理成 16 个,德目顺序做了一定的调整以及新加上了"前言"之外,主要思想与内容基本上没有什么变化,其内容之根源与《私见》一样均可溯至天野的《国民实践要领》。文部省正式出版的《理想的日本人》的基本框架如下:②

前言

第一部分　当前日本人的课题

1. 现代文明的特色与第一要求

2. 当今的国际形势与第二要求

3. 日本的应有状态与第三要求

第二部分　特别期待于日本人的要求

第一章　作为个人

第二章　作为家庭人

第三章　作为社会人

第四章　作为国民

"前言"中首先指出,《理想的日本人》以探讨"作为主体人的应有状态"、描绘日本人理想的形象为己任,其"表述的乃是人性之中各种德性的分布图"。因此,

---

① 有关《私见理想的日本人》的内容请参见:高坂正顕『私見期待される人間像』,筑摩书房、1965 年。

② 以下有关《理想的日本人》的内容均参见:[日]"战后日本教育史料集成"编委会:戦後日本教育史料集成編集委員会『戦後日本教育史料集成』(第 8 卷)東京:三一書房、74~83 頁。

教育者可以将其作为参考充分地加以利用;其中阐述的各种德性哪些可以作为青少年教育的目标,如何表述,可由各级教育工作者或教育机构自身来决定,但"从日本教育的现状来看,具有作为日本人之觉悟的国民;认识到职业的尊严并拥有勤劳美德的社会人;具有坚强意志的自主独立的个人,这些作为教育目标,是应当充分留意的。"

在第一部分中强调了以下三点:(1) 产业技术的发展、经济的繁荣给人类带来了许多恩惠,但常常也伴随有歪曲人性的倾向。为此,在现今的技术革新的时代,要在开发人的能力之同时,提高人性。即在现今"必须重新思考《日本国宪法》和《教育基本法》所提出的和平国家、文化国家这一国家理想的意义。要成为福利国家,就必须在通过开发人的能力使经济上变得富裕起来之同时,通过提高人性,使精神、道德也丰富起来。"从中不难看出福利国家思想的主旋律。(2) 在今日的世界中存在着相互对立的思想,因此在文化上、政治上也都存在着紧张的关系。"处于东西对峙与南北对立之间"的日本人应该是"认识到日本使命的世界人",是"面向世界的日本人"。"日本不仅要获得和平,而且要为和平出贡献。"而日本要成为和平国家,就"必须强大","这里所说的强盛、坚强,原本意味着以人的精神、道德的强大、坚强为中心的日本独立自主所必需的一切力量"。(3) 日本的民主主义是在战后导入的,因此"尚未充分地在日本人的精神风土中扎下根来"。"民主主义的本质在于,在重视个人的自由与责任,遵守法制秩序之同时,渐进地谋求大众的幸福"。因此,为了确立这种民主主义,要求自我觉醒,开发社会知性,并形成尊重少数派意见的态度。

与第一部分主要阐述了"对于今日日本人的当前要求"有所不同,第二部分主要陈述了"特别期待于今后的日本人的要求"。第一章中列举了"作为个人"应有的德性:(1) 自由;(2) 发展个性;(3) 珍惜自己;(4) 具有坚强的意志;(5) 具有敬畏之念。其中首尾的(1)(5)这两个德目具有核心意义。关于"自由",《理想的日本人》解释说,人与动物的不同在于人有人格,"人格的核心乃是自由",而自由的本质规定乃是自制与责任。自由"不是随心所欲,不是为所欲为";现今存在的"只讲自由而忽视责任,只主张权利而无视义务的倾向"是"对自由的误解"。"所谓人,就是这个意义上的自由的主体;自由是各种德性的基础。"关于"敬畏之念",《理想的日本人》强调,"对生命根源的敬畏之念"是一切宗教情操的根源,"在我们生命的根源上,有父母的生命,有民族的生命,有人类的生命。这里所谓的生命不仅指单纯的肉体生命,我们还有精神的生命。这种对于生命的根源亦即神圣的东西的敬畏之念,就是真正的宗教情操。人类的尊严与爱基于此;深厚的感激之情由此喷涌;真正的幸福亦基于此。"如果说"自由"在这里是个人道德的基础,那么"敬畏之念"则是被作为通向家庭道德、社会道德、国家道德、人类道德的情感桥梁或纽带而提出的。

第二章列举了"作为家庭人"应该:(1)把家庭作为爱的场所;(2)把家庭作为休息的场所;(3)把家庭作为教育的场所;(4)使之成为开放的家庭。正如《理想的日本人》中"家庭中的种种爱进一步发展,也就成了对社会、国家和人类的爱"这句话所表明的那样,《理想的日本人》是希望通过维系、培育家庭道德来联结个人道德与社会道德、国家道德,实现个人道德的飞跃与升华。

第三章为社会人列举了以下四个德目:(1)埋头工作;(2)为社会福利做出贡献;(3)发挥创造性;(4)尊重社会规范。其中所着力强调的是对自己所属社会的忠诚与埋头工作的劳动热情,并且指出"职业无贵贱之分","重要的不是职业的分工,而是懂得如何埋头于自身的工作",倡导以安分守己、埋头工作的劳动主义为美德,进而要求人们为了"社会整体的福利"而具有"建立在社会连带意识基础上的社会服务精神"。

第四章要求"作为国民"要:(1)具有纯正的爱国心;(2)具有对于象征的敬爱之念;(3)发扬优秀的国民性。在这里,《理想的日本人》基于"个人的幸福与安全仰仗于国家之处极多,为世界人类的发展作贡献之道路通常也是通过国家来开辟的"这一国家观,强调培养"纯正的爱国心",即"进一步提高自己国家的价值之心"的努力。与此同时,《理想的日本人》强调"对天皇的敬爱之念,说到底是同对日本国的敬爱之念是相通的。盖在于敬爱日本国的象征——天皇,是同敬爱它的实体——日本国相通的"。

对照一下《理想的日本人》与《国民实践要领》,我们可以发现二者之间存在着很多类似之处,如:(1)形式上类似。均触及时代形势,并且以此为前提和基础,论述了今后应该如何行动;(2)标题基本一致。《理想的日本人》第二部分1~4章的标题与《要领》正文1~4章的标题完全一致。(3)虽然在纲目上有诸多不同,但在内容上极为相似。如强调培养爱国心和对天皇的敬爱之念就是始终一致的。这种类似性与一致性在很大程度上是由《要领》的制定者高坂正显、天野贞祐在制定《理想的日本人》中发挥了重要作用所致。

不过我们依然可以发现二者之间的不同之处：(1)《要领》本来就是以罗列国民应该践行的德性为主旨，而《理想的日本人》则意在列举可作为理念的内容。不过两本著作间可发现的诸多一致之处这一事实本身即意味着《理想的日本人》虽然具有明确的理念的意图，但实质上只具有作为实践要领的内容。(2)《要领》是作为个人著作提出的，而《理想的日本人》则是由公共之手（文部省）出版的；(3)《要领》的主旨是为在"现在"这一时代生存提供指针，而《理想的日本人》则只是以维持"现在"为其目的，即维持现状的保守色彩很强，很少能感受到面向未来的勇气和雄浑气魄；(4)正如出光兴产会长、松下电器会长等大企业代表全面参与制定《理想的日本人》这一事实所表明的那样，《理想的日本人》在继承过去的道德传统之同时，还把垄断资本的教育要求推向前台，因而在内容上包容了福利国家论、现代化论、能力开发论、生命哲学、实存哲学、开放经济论、日本主义等各种各样可以利用的思想，特别是现代化思想。而相比之下，《要领》则多一些儒教的德目和康德伦理学的色彩。

虽然《理想的日本人》陈述它是以将《教育基本法》的抽象理念具体化从而使其在日本人的精神风土中扎下根来为主旨，而佐藤荣作首相在国会答辩中也一再强调不改变《教育基本法》，但是《理想的日本人》仍被舆论看作是在形式和内容两个方面对《教育基本法》提出了挑战。从《理想的日本人》的形成经过，特别是从《理想的日本人》发表之际中教审会长森户辰男所发表的谈话来看，《理想的日本人》确有此嫌。森户谈话中讲到，"要防备有事"，要"有保守祖国的决心"与"充实自卫力量之必要"，"我相信有必要对战后的和平国家与和平教育的思想进行根本反省和改变"，公开发泄了对战后教育特别是和平教育的不满，提示了有对"战后教育改革进行再改革"的必要及改革的方向。①

由于《理想的日本人》具有强烈的向《教育基本法》的教育理念挑战之嫌，所以自草案发表以来就遭到舆论界特别是革新派的猛烈抨击，因而其结果未能获得作为文部省政策依据的地位而得到正面、全面系统的落实。但是它却受到了以财界为首的保守势力的大力欢迎，因此虽然《理想的日本人》本身迄今已成为被人们遗忘的存在，但其中流动的思想对此后日本的学习指导要领、教科书给予的巨大影

---

① 戦後日本教育史料集成編集委員会『戦後日本教育史料集成』(第 8 卷)東京：三一書房、83～87 頁。

响却是不容忽视的。① 它实际上与滩尾文部大臣1967.年12月发表的强调国防教育的谈话和日本政府举办的"明治百年祭"及与此相关联的活动一起为1968年的课程改革规定了方向。1968年学习指导要领修订的主要基调就是"培养作为国家、社会成员之自觉的日本人"。堀尾辉久关于1958年和1968年学习指导要领的两次修改所做的如下评述，从一个侧面道出了1968年修订的实质。他说："1958年的修订以纠正'偏向教育'为大旗，与其说把政府公认的意识形态包容进去，莫如说是以将和平教育清除出去为主要着眼点。因此，即使和平教育被清除出去了，也未直截地引进国防教育。此时特设的'道德'也陈述需要进行'民主道德'的教育。其目标首先是把框架安上，赋予指导要领以国家基准性，将外围的壕沟填平。于是在1968年修改中就积极地推进着与'理想的日本人'相适应的教育。"②

　　基于以上分析，透过《要领》与《理想的日本人》之间的类似性，我们实际上可以把握到20世纪50年代至70年代初日本教育理念的基本趋向：强调公共意识、共同体意识的培养与教育，特别是基于对国家作为命运共同体的认识，宣扬福利国家思想，强调爱国心之重要性，并寻求重建（但不是单纯的复古）以天皇为中心的民族共同体。透过《要领》与《理想的日本人》的不同之处，我们同样也可窥探到20世纪50年代与60年代教育理念的某些区别。如果说20世纪50年代的爱国心更多地是与日本独立这一政治主题联系在一起的话，那么，进入60年代之后的爱国心则更多地与经济成长紧密相连，"以劳资协调为轴心，将企业利益与国家利益视为同一，将对企业的归属意识与爱国心重合在一起，构成爱国心的新内容。经济的发展创造了使之成为可能的条件，而'爱国心'也是从企业利益出发所要求的。"③如果说20世纪50年代的教育理念还带有某些复古色彩的话（因而被称为"逆流"），那么进入60年代之后的教育理念，正如日本政府在明治百年纪念活动中使用的"创造新的历史"、"第二次飞跃"、"民族使命感"等统一的表现方式所表明的那样，"并不单纯在怀旧，留恋过去的荣耀，而是为了使复兴的日本资本主义向海外展开新的飞跃，在对国民意识进行动员，在诱导、制造舆论。"④

---

①　铃木英一『現代日本の教育法』東京：勁草書房、1979年、88頁。

②　大田堯『戦後日本教育史』東京：岩波書店、1978年、301頁。

③　大田堯『戦後日本教育史』東京：岩波書店、1978年、299頁。

④　大田堯『戦後日本教育史』東京：岩波書店、1978年、298頁。

第三节　从全面主义道德教育体制到特设道德教育体制

伴随在理念上由和平民主主义向福利国家主义方向的调整,日本的道德教育在体制上也由全面主义道德教育体制向特设道德教育体制迈进。这一迈进过程大体上由三个阶段所组成:(1) 准备期;(2) 形成期;(3) 确立期。

一、特设道德教育体制的准备

从第三次吉田内阁成立之年的 1949 年左右开始,吉田茂总理大臣一有机会便宣扬加强爱国心教育和振兴国民道义的必要性。而他所考虑的加强道德教育绝不是振兴全面主义的道德教育,而是另有所指、另有所图。对吉田茂道德教育观心领神会的天野贞祐在就任文相后不久,就提出了所谓的"天野构想",这一构想包括理念和方法两个方面内容。理念方面构想集中体现在《国民实践要领》之中,而方法层面的构想则主要表现为特设新的道德教育学科的想法。

天野在 1950 年 11 月 7 日召开的全国都道府县教育长大会上不仅提出了要制定"教育纲要"以取代过去《教育敕语》所充当的角色的想法,同时还提出了特设"新的修身科"的设想。他说:"社会科对(教授)社会道德比较适当,但对(教授)个人道德则不充分。因此,希望对社会科进行发展、整理,特设以人生论和思想问题为主的学科,即新的修身科。"[1]虽然他的新修身科设想包含有对社会科的指责,但结合他于同年 11 月 18 日发表在《朝日新闻》上的一篇文章"我是这样考虑的——取代《教育敕语》的东西"的内容来看,天野无意要复活战前那种修身科。他说,"以往的修身科存在着不知不觉就会成为单纯的说教的倾向",并且不管修身科教学进行得如何好,其结果仍然是"以知识为媒介的智育,而非本来意义的德育"。而在这方面"社会科可以说比修身科前进了一步。与很容易就停留于个人道德的以往的修身科相比,(社会科)确实具有更宽广的视野,但遗憾的是,并未充分取得其成果",因此,主张"以以往的修身科和社会科为契机",研究新的道德教育。[2]

---

[1]　大田堯『戦後日本教育史』東京:岩波書店、1978 年、194 頁。

[2]　戦後日本教育史料集成編集委員会『戦後日本教育史料集成』(第 3 卷)東京:三一書房、352～353 頁。

天野的思想概括起来就是:修身科以教授个人道德见长,但存在着易停留于个人道德的缺陷;社会科以教授社会道德见长,但存在着忽略个人道德的不足。完满的道德教育应该是个人道德与社会道德不偏不倚,因此应该对修身科和社会科进行扬弃,设立新的道德教育学科。

"天野构想"引起日本社会的广泛议论,赞成与反对的两大阵营之间展开了激烈的论争。但就当时的社会形势而言,支持全面主义道德教育,反对复活修身科或特设新道德教育学科的立场依然占据着优势。在此背景下,天野文柜就于同年11月就道德教育的振兴方策以及是否特设道德教育科目问题向教育课程审议会提出咨询。教课审很快于1951年1月向文部大臣提交了《关于振兴道德教育的咨询报告》。报告由前文、一般方策和教育计划及指导上的方策三个部分所组成。报告在前文中对战后日本(道德)教育改革成果予以肯定之后,也指出了战后日本道德教育未能充分进行的问题。作为问题的原因,报告指出道德教育的计划与指导上存在着需要反省的地方,同时也提醒人们注意成人社会对儿童造成的不良影响。关于如何振兴道德教育,报告在"一般方策"中阐述:"道德教育是学校教育整体的责任。因此,在各学校中,所有教师均须自觉认识到其指导上的责任。""作为道德教育的振兴方法,不希望设立以道德教育为主体的学科或科目。道德教育的方法,与其采用自上而下地给予儿童、学生以一定的说教的做法,不如采用使儿童、学生自主地思考并在实践过程中体会的做法。以道德教育为主体的学科或科目不仅有很容易就成为类似于过去的修身科的倾向,而且有恐成为陷于过去教育之流弊的切口。相信通过对社会科及其他现行课程加以重新研讨,并予以正确的运营,是可以有效地进行具有实践保证的道德教育的。"可见,该报告所确认并强调的依然是全面主义立场。那么如何进一步落实全面主义道德教育从而达到振兴道德教育的目的呢?报告指出,各学校必须确立适应学生发展的道德教育计划的体系,并在进行道德教育计划与指导时要注意:(1)分阶段有重点地进行道德教育。即对幼儿园和小学的儿童,重点要放在"以身边的日常生活为基础的行为的道德形成"上;对初中生要重点"培养道德理解和判断力,贯彻落实生活指导";对高中生则需要使其对"道德的原理性基本问题进行系统学习并对其进行有组织的生活指导"。(2)利用特别教育活动的各种机会,谋求道德理解与实践的结合与统一。为了帮助各学校制定有效的计划,报告要求文部省编制道德教育手册。①

可见,教课审的咨询报告一方面对天野加强道德教育的问题意识予以了肯定,另一方面又对其特设新道德教育学科的想法予了否定,从而进一步明确了全面主义原则。需要指出的是,教课审咨询报告的这一精神与此前第二次美国教育使节团报告书关于道德教育的建议宗旨是一致的。第二次美国教育使节团报告书在谈到"道德与精神教育"时指出:"道德与精神价值就在我们的周围;我们可以在我们的家庭生活、我们的学校生活,特别是那些我们举行宗教仪式的场合中发现它们。出色的教师、出色的家长和出色的宗教指导者们总是辨别出这些价值,并帮助青少年在日常经验中运用这些价值。在每个学校教学中教师可有很多机会教导学生,学问的追求和技能的习得不仅仅是发展智力,同时也是完善德性。……认为道德教育只来自于社会科的想法是完全无意义的。道德教育应该在整个教育课程中予以强调,并且不与青少年在家庭和宗教、社会机构中所受训练相脱离。"②可见,第二次使节团报告书在主张全面主义道德教育原则方面比第一次使节团报告书更明确、更坚定。应该说第二次使节团报告书关于道德教育的建议也是构成教课审咨询报告全面主义道德教育主张的重要思想背景之一。

在接受了教课审报告之后,文部省迅疾于 2 月 8 日公布了《道德教育振兴方策》。振兴方策共由五项组成:(1) 尽早编写为道德指导提供指引的道德教育手册;(2) 在正在修订的学习指导要领中,对道德教育的重要性及注意事项加以阐明;(3) 重新研讨特别教育活动。为了使特别教育活动充分有效地发挥其道德教育职能,对各学校的特别教育活动的计划给予建议和指导;(4) 选择有益于道德教育的图书和视听教材;(5) 其他方策。③ 其中前三项构成基本方策的重点。基于以上振兴方策,并作为其具体化,文部省成立了专门的委员会负责编写道德教育手册,于 4、5 月间公布《道德教育手册纲要》;并于同年 7 月公布了《学习指导要领一般编》和《学习指导要领社会科编》的修订本。

---

① 以上有关教课审咨询报告的内容,请参见:戦後日本教育史料集成編集委員会『戦後日本教育史料集成』(第 3 卷)東京:三一書房、341～342 頁。

② 奥田眞丈監修『教科教育百年史・資料編』東京:建帛社、1985 年、391 頁。

③ 戦後日本教育史料集成編集委員会『戦後日本教育史料集成』(第 3 卷)東京:三一書房、342～343 頁。

这样,由天野等人提起的振兴道德教育问题由于《道德教育手册纲要》和1951年版学习指导要领的公布而以对新教育的道德教育方针的进一步确认与落实而暂且有了一个结论。然而,很显然,这一道德教育振兴方策与保守政府的总体文教政策要求是不完全一致的。

随着日本政治的逐步独立、经济的日趋自立,要求加强道德教育、特设道德科的保守势力的呼声日劲,而另一方面与此相对抗的革新势力也锋芒渐锐。正是在这一背景下,继天野之后就任文相的冈野清豪于1952年8月16日的记者会上提出了要新设"生活道义"科的想法;并于同年12月向教课审提出"关于改善社会科,特别是道德教育、历史、地理教育"的咨询,在诉说道德教育不充分的同时,谋求使地理、历史作为学科独立。其目的极为明确:如果地理、历史独立出来的话,那么道德教育也就具有成为一门独立学科的充分可能性。1953年8月,教课审提出了《关于改善社会科的咨询报告》。从报告的总体精神来看,与1951年的《道德教育手册纲要》和学习指导要领的基本方针,也就是战后新教育的基本路线是一致的,拒斥了使社会科解体的意图;仍主张道德教育在以社会科为中心的同时,通过学校全部教育活动来进行,并以培养以尊重基本人权为中心的民主道德为重点目标。[①]然而就在教课审咨询报告提出的第二天,中央教育审议会对其进行了审议,并提出了《关于改善社会科教育的咨询报告》,该报告在大体上同意教课审报告宗旨的同时,对"以基本人权为中心的民主道德"作了如下的注解,即"'以尊重基本人权为中心的民主道德'的意义应该理解为民主道德的中心是尊重人格,进而为社会公共服务的意义,因此在实施时,要尽量沿此宗旨不可遗漏。"[②]根据教课审与中教审咨询报告的宗旨,文部省于8月22日发表了《关于改善社会科的方策》。[③]从其内容来看,基本上仍沿袭着以往有关社会科和道德教育的立场,但是也呈现出微妙的差别,那就是从列举的德目上来看,"为社会公共尽力"、"爱国"这样的表达明确地登场,而尊重基本人权、确立批判精神之类的话则不被明确提

---

①　戦後日本教育史料集成編集委員会『戦後日本教育史料集成』(第4卷)東京:三一書房、423～427頁。

②　戦後日本教育史料集成編集委員会『戦後日本教育史料集成』(第4卷)東京:三一書房、427頁。

③　戦後日本教育史料集成編集委員会『戦後日本教育史料集成』(第4卷)東京:三一書房、427～430頁。

及。很显然"方策"倾斜于中教审咨询报告的立场。而这一微妙的差别实际上也预示着教育方向的某些调整。

文部省先后共发表了五次社会科学习指导要领修订案的中间草案,其间,世间对文部省的修订方针、内容提出了很多批判,其中有些意见亦被采纳。在第五次草案中,安藤正纯文相按照自己的意志,亲自对社会科学习指导要领案进行了修改,更加强调了天皇的地位以及宗教、国家庆祝日等内容。这一修订案被部分修正之后,成为 1955 年 12 月正式公布的《小学学习指导要领社会科编》(初中和高中的要领分别于 1956 年 2 月、12 月公布,一般统称"55 年版"社会科)。该指导要领在继续坚持全面主义道德教育原则的同时,承认社会科对于道德教育的"特别地位",特别强调社会科要:(1)培养在日常生活中具体地表现尊重人的精神和丰富的心情的生活态度;(2)形成自主、统一的生活态度;(3)培养以这些态度为基础、过清新明朗的社会生活所需的生活态度;(4)养成创造性地解决问题所需的能力。①

二、特设道德教育体制的形成

20 世纪 50 年代中期是战后日本历史的一个重要分水岭:国际关系趋向缓和,并开始以平等身份跻身于国际社会;经济经过 10 年的恢复,已达到并在某些领域超过了战前的最高水平,为此后的高速发展创造了必要的物质技术基础;政治上形成了所谓的"五五年体制",进入了一个新的政治时期。

其中,"五五年体制"的形成对于战后日本现代化的发展来说最具根本意义。"五五年体制"就其实质而言,就是自民党领导体制。从日本战后现代化过程反观"五五体制",可以说"五五年体制"又是一个长期稳定的领导体制。如果说第三届吉田内阁的组成标志着日本政治进入了一个保守主义时代的话,那么"五五年体制"的形成则实际上表明日本长期稳定的"保守政权"时代的诞生。"五五年体制"的形成,从根本上来说,是战后日本经济和社会发展的需要。这种需要具体体现为战后日本经济界对长期稳定政权的迫切要求。实际上,"五五年体制"或者说"自民党领导体制",是经济界即财界要求的结果,同时在一定程度上也可以说,是

① 宫田丈夫『道德教育资料集成』(3 卷)東京:第一法规出版、1959 年、547～550 頁。

靠财界的大量金钱建立起来的。① 因而,"五五年体制"形成之后,日本政府目标非常明确:高速推进日本的经济发展,全面实现现代化。

但是,尽管在 1955 年保守大联合到 20 世纪 60 年代池田内阁出现这段时期里,先后出现的鸠山一郎内阁与岸信介内阁,都对战后日本经济和现代化发展作出了新的、长远的构想,并为高速经济成长奠定了一定的基础,但在这五年时间里仍然纠缠在保守大联合之前就争论不休的日美安全保障、修改宪法和再军备等政治问题上,并形成了自民党与在野党、自民党与社会大众之间的严重对立。②

自民党的这一政党方针与特点同样也体现在教育领域里:即一方面适应经济发展,采取了加强科学技术教育的措施;另一方面又更加执着于从形式和内容两方面加强国家对教育的控制。教科书问题、教育三法问题、教师的勤务评定问题等即是其中最具代表性的问题。正是在这一强化国家对教育的控制的过程中,实现了保守政府特设道德课的目标。

1955 年 3 月清濑一郎文相向教课审就教育课程的全面修订,特别是道德教育的应有方式提出咨询。在 1957 年 9 月 14 日由新委员组成的教课审召开的第一次大会上,文部省提出了希望审议会以贯彻道德教育、充实基础学力、提高科学技术教育和强化职业陶冶四点为中心进行审议的要求,特别强调有必要特设专门的道德教育时间、明确教育课程的国家基准。③ 教课审于同年 10 月 12 日举行的第四次大会上就做出了特设道德教育时间的决定,于同年 11 月发表了"关于小学、初中道德教育的特设时间"这一中间报告,并于翌年 3 月向文部大臣提出包括特设道德课在内的小学、初中教育课程全面修订的最终咨询报告。

根据教课审 1957 年 11 月发表的基本方针,文部省于同月发表了《道德教育基本纲要》;在接受了教课审最终咨询报告的当月 18 日,文部省又以次官通告的形式下发了《关于小学、初中"道德"的实施要领》,并作为实施要领的附件随同下发了《"道德"实施纲要》。通告要求从 1958 年度 4 月新学年开始就开设道德课,

---

① 升味準之輔『戰後政治』(下)東京:東京大学出版会,1983 年、436～439 頁。转引自:林尚立著:《政党政治与现代化》第 199 页。

② 林尚立:《政党政治与现代化——日本的历史与现实》,上海人民出版社 1998 年版,第 120 页。

③ 戰後日本教育史料集成編集委員会『戰後日本教育史料集成』(第 6 卷)東京:三一書房、297～299 頁。

开展道德教育。作为修订教育课程全面实施（小学从 1961 年开始实施，初中从 1962 年开始实施）之前的暂定措施，先按照 1951 年版的课程基准，在小学的"学科外活动"和初中的"特别教育活动"的时间中每周辟出一学时由班主任老师负责进行道德指导。随同下发的《"道德"实施纲要》具有特设道德课实施手册的性质，详细地说明了道德课的宗旨、目标、指导内容、指导方法、指导计划等等。[①] 其基本内容与后来的《学习指导要领道德编》（7 月发行）和《道德指导书》（9 月发行）相同：《"道德"实施纲要》中所阐述的有关基本事项的部分为《学习指导要领道德编》所继承；而有关指导、建议的部分则为《道德指导书》所吸收。

文部省于同年 8 月 28 日对《学校教育法施行规则》进行了部分修改，使道德课与"学科"、"特别教育活动"、"学校例行活动及其他"一样作为教育课程之一部分获得了法的根据，并要求从 9 月 1 日开始正式实施。文部省进而又于同年 10 月以官报告示的形式公布了《学习指导要领》，从而也使其中包含的特设道德也具有了法的约束力。此后，文部省又于 1959 年 7 月对《教职员许可法》进行了修改，把"道德教育研究"作为大学教职课程的必修科目，要求所有希望取得教师许可证者均须取得该科目的两个学分。

在高中虽然没有特设道德课，但在 1960 年 3 月发表的教课审咨询报告中也要求新设"伦理、社会"作为社会科的一个科目，并从 1963 年度开始实施。

由于道德课的特设，日本进入到了一个在以道德课为核心的特设道德教育体制下开展道德教育的时期。而要明确特设道德教育体制及这一体制下的道德教育的特点，我们首先必须明确这一特设道德课的性质与特点。根据文部省当时发表的有关文献[②]，特设道德课至少具有以下几个根本的特点：

第一，道德课是作为通过学校全部教育活动进行的道德教育之一环而设立并实施的，同时又担负着通过对道德课以外的场合（具体是指各学科、特别活动等场合）中开展的道德教育进行补充、深化和统合以进一步提高道德教育成果的任务。

文部省所给出的特设道德课的理由（或者说宗旨）主要有三点：（1）通过学校全部教育活动进行道德教育是一种理想状态，今后也应坚持这一方针。但是鉴于

---

① 戦後日本教育史料集成編集委員会『戦後日本教育史料集成』（第 6 卷）東京：三一書房、307～336 頁。

② 主要指：（1）小学、初中的《"道德"实施要领》；（2）小学、初中的《学习指导要领道德编》；（3）小学、初中的《道德指导书》。

以往教育实践中全面主义仅停留于口头或原则上，现实中很容易陷于什么道德教育也未进行的状况，即使为了进一步提高通过全部教育活动进行的道德教育的成果，也应该特设道德课。(2)虽然迄今一直在强调着社会科和特别(教育)活动中的道德教育，但是，社会科和特别活动均有各自的特点和固有的目标，如果给它们增加过重的道德教育负担就会扭曲这些领域的性质。另一方面即使从道德教育自身方面来说，如果仅依靠社会科和特别活动中的道德教育，就存在着难以实现诸如谋求道德性的内化等道德教育的基本目标等难点。社会科和特别活动中的道德教育今后应继续重视，但是也应认识到其必然存在的局限，从而在其之外设立道德课相互配合，共同提高道德教育成果。(3)虽然生活指导在全面主义道德教育体制下发挥着重要的补充作用，但是生活指导这一概念自身在今日已被多义地使用着，其主张的宗旨并不十分明确。①

从文部省特设道德课的宗旨来看，文部省并没有采用当时的道德教育论争中要在全面主义与特设主义之间作出非此即彼的选择这一思维方式，而是采取了既以通过学校全部教育活动进行道德教育这一全面主义方式为基本，又"反省现状，为了纠正其缺陷，进而谋求其贯彻与强化而特设新的道德教育时间"这一折衷方式。"补充、深化、统合"这一概念是文部省实施特设道德课时发布的小学和初中的《"道德"实施纲要》中首次出现的表达，不仅在1958年公布的小学和初中《学习指导要领道德编》中被使用，而且在此后的各次学习指导要领中均被作为表示道德课性质、特点的基本用语而使用着，直至今日。而所谓"补充、深化、统合"，正如当时的《道德指导书》反复强调道德课一定要"谋求道德性的内化"所表明的那样，其实际内涵就是"道德价值的内化"。

第二，道德课既不是学科(课程)，也不是特别活动，而是与学科、特别活动相并列的处于第二位置的一个教育课程领域。以下三点象征着道德课的非学科性，从而也与战前的修身科构成区别：(1)道德课的指导任务由班主任老师负责，即使在实行科任制的初中阶段，也不要求有与道德教育相应的教师许可证；(2)不使用教科书；(3)虽然也进行评价，但不采用打分的方式进行成绩评定。这三点被俗称为道德课的"三不主义"。"非学科"这一点，在某种意义上讲是道德课性质

①　飯田芳郎『現代道德教育考——激せず偏せず留まらず——』夏京：文教書院、1985年、183～185頁。

与特点中最基本的东西。[①]

第三,道德课是使学生养成所期望的道德习惯、道德情感、道德判断力,主体地加深对个人在社会中的应有姿态的自觉,从而最终谋求提高道德实践能力的时间。

由道德课的上述特点,我们不难看出,在新的道德教育体制中,道德课占据着核心的地位,也正因如此,人们把这一道德教育体制叫做特设道德教育体制。那么,特设道德教育体制下的道德教育特别是特设道德课又基于什么样的目标,以何种内容展开的呢?

第一,道德教育的目标。关于学校道德教育的目标,小学与初中的《学习指导要领》均规定,道德教育"以培养学生一贯坚持尊重人的精神,并将这种精神贯彻于家庭、学校及其他各自作为其中一员的社会具体生活中,努力创造个性丰富的文化以及发展民主的国家和社会,主动为和平的国际社会作贡献的日本人为目标"。为了实现这一整个学校的道德教育目标,《小学学习指导要领》中为道德课规定了如下的具体目标:(1)指导学生理解并掌握日常生活的基本行动方式;(2)指导学生加深道德情感,培养判断正邪善恶的判断力;(3)促进学生个性的发展,指导其确立创造性生活态度;(4)指导学生提高"作为民主国家、社会的成员所必需的道德态度与实践意愿"的内容(《初中学习指导要领》无此目标规定)。

第二,道德教育的内容。作为道德课的教育内容,《小学学习指导要领》采用了与道德课上述目标相对应的方式,把 36 个项目的内容分成四大"纲目"或"柱子":(1)主要有关"日常生活基本行为方式"的内容(6 个项目);(2)主要有关"道德情感、道德判断"的内容(11 个项目);(3)主要有关"个性的发展、创造性生活态度"的内容(6 个项目);(4)主要有关"作为国家、社会成员的道德态度与实践意愿"的内容(13 个项目)。《初中学习指导要领》把初中道德课的 21 项教育内容分成三个领域进行安排:(1)在充分理解日常生活的基本行为方式、形成习惯之同时,能够根据时间与场合有恰当的言行(共 5 个项目);(2)提高道德判断力和情感,并将之运用于人际关系之中,以确立丰富的个性与创造性的生活态度(共 10个项目);(3)使发展作为民主的社会和国家的成员所必需的道德性,以协助建设更好的社会(6 个项目)。

在特设道德课的过程中,以 1958 年道德课成立为高峰的数年间里,学者、评

---

① 飯田芳郎『現代道德教育考——激せず偏せず留まらず——』、185 頁。

论家之间以及教育行政和现场的教师中间展开了激烈的道德教育论争。论争的焦点随着时间的发展而有所变化,并逐渐从道德教育的本质性问题转向具体的实施形态,进而转向方法论问题。① 主要焦点包括:(1) 国家可在多大程度干预与国民良心有关的问题,即文部省(国家权力)以学习指导要领的形式对作为个人自由与良心问题的道德和道德教育问题进行框定,是否违反了教育中立性原则的问题。(2) 对照在对战前修身教育反省基础上新确立的道德教育原则,特设道德课的道德教育目标与内容是否妥当的问题。(3) 有关道德教育方法的问题,其中生活指导与道德教育的关系问题最为主要。② 论争最激烈的表现形式是,文部省方面为了尽早向广大教师传达既非学科又非特别活动的道德课的宗旨、性质、任务,强行在全国五大会场召开了道德指导者讲习会。而针对文部省的这一行动,日教组和民间教育研究团体(33 个)为了阻止其实施,召开自主的研究集会,并动员工会会员、学生、普通劳动者,对官办讲习会进行了激烈的抵抗。

尽管如此,由于特设道德课在教育课程中获得了位置而且获得了法令根据,所以从 1958 年起开始,如何思考和实施道德课的摸索,逐渐成为主流。而这种摸索又是在教育委员会、大学有关人士等指导体制方面缺乏充分的共同理解、站在各自的立场各持所论,特别是对生活指导与道德课几乎未作区别的状态下进行的。③

三、特设道德教育体制的确立

虽然 1958 年道德课的特设标志着日本道德教育由全面主义体制向特设道德体制转变,但是离特设道德教育体制的确立尚有一段距离,因为从全国来看,许多学校和教师并没有给予特设道德课以充分的重视,或是不设道德课,或是使道德课有名无实。针对这一情况,荒木文部大臣于 1962 年向教课审提出了"关于学校道德教育的充实方策"的咨询,教课审于 1963 年 7 月 11 日提出同一名称的咨询报告。以这一咨询报告的公布为契机,日本的道德教育又发生了新的转变。

---

① 間瀬正次『戦後日本道徳教育実践史』東京:明治図書出版、1982 年、40 頁。
② 请参见:(1) 間瀬正次『戦後日本道徳教育実践史』東京:明治図書出版、1982 年、40～42 頁;(2) 吉田一郎他『子どもと学ぶ道徳教育』京都:ミネルヴァ書房、1992 年、163～166 頁;(3) 現代教育科学研究会『道徳教育の原理とその展開』東京:あゆみ出版、1987 年、60～63 頁。
③ 瀬戸真『これからの道徳教育』東京:教育開発研究所、1987 年、4 頁。

该咨询报告共由"基本方针"、"道德教育的现状与问题"以及"充实方策"三部分组成。①在"基本方针"中,除了在使内容具体化的名义下强调了爱国心、文化传统与宗教情操教育等等之外,特别要求人们注意学校道德教育的重要性,即"关于充实道德教育,不单纯是学校,即使家庭和一般社会中的所有国民均须以一贯的态度予以协助。但是在当今由于一般社会中的道德规范力量的弱化和家庭中指导力量的下降等原因,必须特别注意学校道德教育的重要性。"从中不难看出,教课审希望以加强学校道德教育来弥补家庭、社会道德教育职能弱化与下降而带来的不足。

对于道德教育的现状,教课审报告作了如下的把握,即"从小学、初中的道德教育现状来看,可以看到由于教师的热情和适当的指导,以及获得了地区的协力,已取得了相当的成果。但是在学校和地区之间尚存在着相当大的差距,一般而言,还不能说已充分取得了其效果。"从文部大臣的咨询目的以及教课审报告的问题意识来看,教课审报告更关注的是存在的问题,并谋求解决这些问题。而要解决这些问题,首先当然探明问题的原因。基于对现状的基本认识,报告分析了问题的原因,主要有以下几点:(1)教师中存在着不少对指导理念不明确,对道德指导缺乏热情和自信的人;(2)在各学校中,感到在制定具体、有效的指导计划、选择适当的教材方面有种种困难者不在少数;(3)部分学校存在着学校经营管理弛缓,不能充分保证秩序的状况;(4)家庭教育、社会教育与学校道德教育之间出现价值观相异和动摇的情况;(5)教育委员会等机构的道德教育指导方面尚存在着道德教育指导主事配置不充分、指导不彻底的一面。

基于以上的"基本方针"和对道德教育问题及其原因的把握,报告提出了如下8方面具体的充实方策:(1)为便于各学校进行具体的道德指导,有必要根据学生的发展阶段,进一步明确道德指导的具体目标与重点;(2)为了使教师能进行更有效、适当的道德指导,有必要尽可能丰富地提供教师用的指导资料,并就指导方法加以解说;(3)为了养成道德断力和情感、培养道德实践意愿,希望使用对学生来说适当的道德读物资料;(4)在教师职前教育阶段,应要求学生必修对道德教育来说是基础的科目,同时进一步充实、改善现行的教职专业科目"道德教育研

---

① 以下有关教课审咨询报告等内容,均请参见:戦後日本教育史料集成編集委員会『戦後日本教育史料集成』(第8卷)東京:三一書房、283～284頁。

究"，加强教师的指导力量；（5）为了使教师确立道德观，把握道德教育的指导理念，提高其进行道德教育的意愿，应进一步进行有组织有计划的在职教育；（6）有必要确立学校的道德指导体制，整备理想的道德教育氛围和环境；（7）有必要保持学校道德教育与家庭、社会的联系与协作，以求净化教育环境，进一步提高道德教育效果；（8）为了进一步加强教育委员会等中的指导体制，要采取扩充指导主事、贯彻道德指导的必要措施。①

以上的充实措施归纳起来不外乎是五点：（1）目标、内容的具体化；（2）编制道德教育用资料（包括教师用和学生用两方面）；（3）提高教师的道德教育能力与素质；（4）完善道德教育的校内外环境；（5）强化行政指导体制。

根据教课审咨询报告的基本方针与建议，文部省迅疾采取了各种教育行政措施，主要有：编写并分发道德指导资料；指定道德教育研究推进学校和道德教育研究学校；扩充强化道德教育讲习会；同意使用学生用道德读物资料等。其中最值得注意的是1964年至1966年三年间相继编辑发行了可供道德课使用的教材《道德指导资料》。这一《道德指导资料》中所体现的一个基本思想就是目标优先或价值优先的思想，即"指导资料"采用的是把《学习指导要领道德编》中所规定的德目作为学生应该掌握、达到的目标，放在前面作为标题，然后收集与该德目相符合的资料的形式形成的。而且从这时候开始，道德课被认为应该以追求价值、形成价值观为取向，学生日常生活中的道德问题则被看做只具有为追求价值时提供一个线索的意义而已。② 由此，日本的特设道德教学进入了一个所谓的价值主义时代。

根据已故宫田丈夫教授的研究，战后日本的道德教育由全面主义向特设主义时代转变，而特设道德教学又从生活指导主义，经过生活主义向着价值主义时代发展而来的。③ 即在1958年道德课特设至1961年新学习指导要领完全实施之前的过渡期里，道德课的教学是作为班级（班会）活动的延长，按照生活指导的思想与方法进行的，此即所谓的生活指导主义时代。"生活指导主义"的立场是以当时的"道德教育不需要论"（即认为道德教育特别是特设道德课进行的道德教育不能培养儿童对生活的认识和洞察真实的能力的观点）或"生活指导万能论"（认为通

---

① 以上有关教课审《关于学校道德教育的充实方策》咨询报告的内容均引自：戦後日本教育史料集成編集委員会『戦後日本教育史料集成』（第8卷）東京：三一書房、283～286頁。

② 田浦武雄『道德教育の構造』東京：福村出版、1978年、71～72頁。

③ 转引自：間瀬正次『戦後日本道德教育実践史』東京：明治図書出版、1982年、104～105頁。

过生活指导就可进行充分的道德教育的观点)为其背景的。该立场的基础有两个方面：一是对儿童的人性具有绝对信赖感的人文主义思想；二是重视在充满问题、包含矛盾的现实生活中儿童解决问题、开辟道路的生活过程本身的现实主义思想。① 随着修订学习指导要领进入完全实施阶段、道德课作为一个与班会活动不同的领域的确立，特设道德教学也就开始了以生活问题为主的道德指导阶段，即生活主义阶段。生活问题主义的道德指导模式由四阶段组成：(1) 意识问题的阶段（意识化阶段）；(2) 分析问题的阶段（明确化阶段）；(3) 追究问题的阶段（概念化阶段）；(4) 解决问题的阶段（态度化阶段）。具体地说，就是在导入阶段形成共同的生活问题意识；在展开阶段通过集团思考(讨论)分析、追究问题以谋求概念化、一般化；在终结阶段各自解决问题以求形成道德态度。这里所说的意识化、明确化、概念化和态度化成为当时道德指导的指标。② 从生活主义立场的道德教学模式来看，它所主张的是在"道德课"里使用问题解决法来解决儿童生活中所面临的道德问题。但生活主义并不把道德内容或价值看做是可以教给儿童的内容，而是作为提供解决问题的一个手段来对待的。1963 年教课审咨询报告的发表及此后文部省《道德指导资料集》的编辑、发放标志着日本道德课的教学逐步朝着价值主义方向发展。即此前的道德教育重视儿童的生活经验，而此后的道德教学将以资料为中心，以学习资料中所包含的特定的价值为目的。③ 也就是说，今后的重点将放在理解道德价值上，把理解道德价值或德目作为道德课的主要目标。总之，教课审咨询报告的发展构成日本特设道德教学的重大转变，具有非同寻常的意义。

在 20 世纪 60 年代，对于道德教育的充实来说，除了教课审咨询报告所代表的新方向之外，《学习指导要领》的再度修订也是一个重大事件。文部大臣于 1965 年 6 月向教育课程审议会提出关于改善小学和初中教育课程的咨询，1968 年又提出了关于改善高中教育课程的咨询，并根据教课审提出的咨询报告分别于 1968、1969、1970 年相继公布了新修订的小学、初中和高中的《学习指导要领》。

这次学习指导要领的修订实际上主要是围绕两大主题展开的：一是旨在追求教育的效率性和教育内容精选的"教育现代化"主题；二是旨在纠正对人性的扭

---

① 青木孝赖他『新道德教育事典』東京：第一法规出版、1980 年、21～22 頁。
②③ 間瀬正次『戦後日本道德教育実践史』東京：明治图書出版、1982 年、104～105 頁。

曲、追求国家整合性的"统一与协调"的人的形成这一主题。[①] 沿着第一主题,这一次课程修订呈现出如下特点:以结构主义建立课程体系,加强了基础学科的知识结构,强调学习指导要领、教科书的统一性和计划性,增加了基础学科的标准学时。另外为贯彻能力主义原则,加强课程与教材的科学性,把现代科学的先进成果大胆地编入课程,增设了许多新兴学科,并把数理科学的一些基本概念和原理下放到低年级,试图以层层加深的高难度的科学性课程教学,来提高学生的学习质量与能力。[②]

第二个主题中"统一与协调"中的所谓"统一"是对国家统合性的自觉问题,集中体现在公民教育中;所谓"协调"是指人的成长发展上的协调。沿着这一主题的要求,这次的课程修订又至少呈现出如下特点:第一,对课程领域进行了归纳整理,即把小学和初中课程归纳为学科、道德、特别活动三大领域;把高中课程分为学科和特别活动两大部分。第二,更加强调以道德教育为基轴加强公民素质的培养。教课审所提出的修订小学教育课程四点基本方针中有两项是有关加强道德教育的,即第三项"培养正确的判断力和创造性、丰富的情操和坚强的意志的基础"和第四项"培养对家庭、社会和国家的正确理解与热爱之情,培植责任感和协力精神,培养国际理解的基础"。与1958年强调个人道德教育相比,这次更加强调公民素质的培养。体现这一方针,这次修订中,小学的社会科、国语、体育、音乐等学科中均增加了有关公民素质形成方面的内容,强调爱国心、民族传统、集团行动、陶冶情操等即是其体现。初中课程修订也不例外,表现出对公民素质形成的重视,直接体现在社会科、道德课和特别活动之中。作为社会科的目标之一,提出了"立足于广阔的视野,加深对我国国土的认识和对我国历史的理解,在此基础上,在培养作为我国公民的基础教养之同时,使自觉认识到尊重个人的尊严与人权是民主的社会生活的基本,培养主动为国家社会的发展作出贡献的态度"这一方针,不只是停留于普遍的民主主义思想,而是把培养对日本的国土和历史有充分理解的"爱国公民"作为目标。道德教育中也是如此,1958年的内容构成中,日常生活的行动方式、道德情感、公民道德的项目数三者之间比例是5:10:6,而

---

① 水原克敏『現代日本の教育課程改革——学習指導要領と国民の資質形成——』東京:風間書房、1992年、437頁。

② 梁忠义:《日本教育与经济》,东北师范大学出版社1989年版,第110页。

在这次的比例则变成:3：5：5,公民道德的比率由 29％提高到了38％。[1] 在特别活动中,指示"在国民庆祝日等举行仪式时,要使学生在理解这些庆祝日的意义之同时,希望升国旗并让其齐唱《君之代》"。虽然采用的是"希望"的表达和语气,但由此开始了国家对在仪式上升国旗、唱《君之代》的强制进程。

这次课程改革,道德教育除了更加强调公民素质的培养之外,还有如下几点变动:

第一,进一步明确了学校整体道德教育的任务和道德课的目标。由于以往的学校道德教育的目标规定比较含糊,特别是与学校教育的一般目标雷同,给整个学校道德教育带来混乱,所以这次的《学习指导要领》明确了道德教育"为培养能够……主动对和平的国际社会作出贡献的日本人,以培养作为其基础的道德性为目标",以与学校教育的一般目标相区别。为了进一步将通过学校全部教育活动的道德教育与道德课的道德指导作出区分,明确道德课的目标,这次《学习指导要领》提出了"日常生活的基本行动方式"(属道德习惯)的培养主要通过前者来进行,道德课专以提高道德判断力、丰富道德情感、提高道德态度和实践意愿的想法,即道德课专以培养内在素质为主。此外,值得注意的是,这次对小学和初中的道德课目标作了区分,即在初中的目标中加上了"对于人性的理解"和"确立道德态度中的自律性"两条。

第二,在考虑学生的发展特征以及中小学道德教育的一贯性的基础上,对内容进行了精选和必要的整理和综合。废除以前的"三纲目"、"四领域"的划分内容方法,并且把小学的德目整理综合成 32 项目,初中也减少到 13 个项目。

第三,在内容处理上,强调根据需要有所侧重,并把几个内容结合起来进行指导。

自 1963 年开始的道德教学价值主义倾向,由于这次《学习指导要领》修订得到了进一步的加强:[2]"由资料入手并通过资料进行思考"的道德指导取代了"由生活入手再回到生活"的道德指导,并成为道德教育的主流。这一倾向可以从 20 世纪 70 年代中期以来日本出版的有关道德教学理论与实践的书籍中看出。比如日本现代道德教育研究会出版的《道德教育的授业理论》(1981 年)总结了 10 个具有代表性的主张及其理论的展开,其中几乎看不到生活指导主义立场的,价值

---

① 水原克敏『現代日本の教育課程改革——学習指導要領と国民の資質形成——』東京:風間書房、1992 年、464 頁。

② 間瀬正次『戦後日本道徳教育実践史』東京:明治図書出版、1982 年、157 頁。

主义立场则随处可见,如井上治郎的"资料即生活论"、竹内一郎的"道德价值一般化论"、杉谷雅文的"道德价值实践化论"、广川正昭的"道德价值形成论"等皆是围绕着价值的实践与形成而展开的①。

随着时间的推移,道德课的设置在逐步被落实,然而就在特设道德课逐步被落实的同时,又出现了虽然仍坚持着全面主义原则,但实际的研究与实践主要是围绕着"道德课"的教育为中心进行的倾向。而"道德课"的教学又逐步朝着学科教学方向发展,以教师为中心,通过资料向学生直接传授特定的道德价值的方向发展,从而出现了划一化、形式化的现象。

第四节　效果分析

发生在战后日本经济混乱即将结束的 1950 年的朝鲜战争构成了战后日本现代化由再启动期转向再起飞期的重大契机。如果说占领改革使日本完全放弃了明治维新以来的奋斗目标——"富国强兵"中的"强兵"路线的话,那么朝鲜战争之后,日本开始真正地向着"富国"这一目标进军,继续推进战前未能完成的、以欧美先进国家为榜样的追赶型现代化。基于对传统的继承和现实的抉择,日本确立了以经济发展为中心,以国家主导为手段,以日美安全保障体制为国际保障,以稳定、有序的社会管理为基础的现代化战略。

保守主义政府的这一现代化战略从根本上来说就是一种国家主导型现代化模式。因此,国家权力能否得到服从、国家行动是否有效决定着这一战略或模式的能否实现。而国家权力能否得到服从、国家行动是否产生效力,又与人们的社会偏好和社会支持,亦即社会中的人们和集团对于国家的价值判断有关,说到底,是国家权威或国家的合法性问题。② 而国家权威的合法性以特定的价值信仰体系为其表现形式,以特定的权利义务关系为其本质,其形成是国家自觉努力的结果。③决定国家合法性的信仰体系是由多种因素构成的,国家权威合法化的方式与途径

---

① 間瀬正次『戦後日本道徳教育実践史』東京:明治図書出版、1982 年,第 157 頁。
② 时和兴:《关系、限度、制度:政治发展过程中的国家与社会》,北京大学出版社 1996 年版,第 195 页。
③ 时和兴:《关系、限度、制度:政治发展过程中的国家与社会》,北京大学出版社 1996 年版,第 211 页。

也是多种多样的。由于教育是进行政治社会化的重要途径,因而也就必然构成国家权威合法化的重要途径之一。也正因如此,战后日本的保守政府在教育立国的战略下,很自然地将教育作为社会统合的重要机制,推行教育主义的统合战略。这种教育统合主要围绕着两个中心展开:一是国家主义的民众统合;二是能力主义的民众统合。[①] 所谓国家主义的民众统合,就是通过教育体系向民众灌输国家意识形态,培养起一种共同的"长期延续的政治文化",这种政治文化的范围包括政治传统的延续性、对民族国家的认同意识、对国家目标的拥护、对国家制度的信赖与支持、对政治领袖人物的情感、对政府行为及其成就的评价等等内容。基于日本的历史与传统,这种国家意识形态的核心内容不外乎是爱国心、拥护天皇制、守卫国家的气概、公共意识形态和秩序观念等。而所谓能力主义统合就是在公共教育中贯彻经济主义的合理化和能力主义的多样化原则,以最大限度地开发人力资源,使教育与实际的社会经济需要高度吻合;同时重视使开发出来的能力产生社会效果,为此,能力主义教育还有意识地引导人们把自身的能力开发与对社会和国家的奉献紧密地联系在一起。这样,能力主义与国家主义就建立了联系。以上的国家主义统合和能力主义统合是通过整个教育来贯彻的,但相比之下,国家主义统合的特点更多地体现在以道德课为核心的道德教育中,而能力主义统合则更多地体现在教育制度和结构中。

那么,这种统合的效果又如何呢?要明确这一点,就必须对这一时期日本教育的力学背景有所把握。如前所述,进入 20 世纪 50 年代之后,以冷战为背景,日本的政治势力出现了两极分化的倾向。执政的保守政党与在野的革新政党之间的对立极其尖锐,几无妥协余地。由于两大势力的未来取决于国民的政治意识,因此,在被认为对国民思想构成重大影响的教育问题上,其对立尤为尖锐。对立、论争的焦点主要表现在以下三方面:[②](1) 在把学校教育对象限定在多大范围或者说把教育机会扩充到多大程度这一问题上,不存在根本的对立。不过同执政党强调与能力相适应的机会均等(即能力主义机会均等)相比,在野党则具有为所有希望入学者保障其机会的意向。之所以在这一点上没有出现决定性对立,一是因

---

① 林尚立:《政党政治与现代化——日本的历史与现实》,上海人民出版社 1998 年版,第 225 页。

② 新堀通也、青井和夫编『日本教育の力学』東京:東信堂、1983 年、33~34 頁。

为国民中平等主义取向很强；二是因为这一问题多半属于量的问题。（2）在应该教授什么样的教育内容这一问题上，针锋相对。与执政党倡导培养国民的自觉和作为社会一员的责任感、重视职业教育相对立，在野党则强调培养阶级意识、权利意识，重视普通教育。（3）在谁应该成为教育政策的主体这一问题上也存在着鲜明而又尖锐的分歧，执政党以国民统合、维持教育水准、教育机会均等化等为理由，旨在强化国家的教育权限；而与此相反，在野党则以避免国家统制的危险、开展适应地方实情的教育、国民的行政参与等为理由，主张教育的地方自治。另外，执政党认为，依据代表全体国民之意愿的国会的立法意志，行政当局不仅对教育的外部性事项，即使对内部性事项也应该承担责任。而与此相对，在野党则以学问的自由和教师职业的专门性为根据，认为立法机关、行政机关不应干预内部性事项，要求保证教师以教育自由和教师工会对政策决定的参与。

虽然围绕着教育政策，以上两大政治势力之间存在着尖锐的意见分歧与对立，但由于整个 20 世纪五六十年代都是由保守政党，特别是 1955 年保守大联合之后由 自民党一党执政的缘故，人们会觉得政府、执政党所企求的政策目标大体上实现了，但是由于如下的原因，现实并不一定按照执政党、政府所设想的那样进展：[①]（1）执政党的立法活动受到日本社会在进行决策时重视全员意见一致的传统思想的制约。执政党虽然在国会控制着多数，但如果依靠多数强行通过某项决策就很容易受到舆论斥之为“滥用多数”的非难。因此，为了避免这种危险，自民党一般会作出一定的让步。（2）由于教育的地方自治，中央政府的教育政策在地方落实时受到阻止的情况不在少数。（3）政府的文教政策免不了要受到反体制的教师团体，其中特别是日教组的抵制。日教组在 20 世纪五六十年代高峰时会员达 50 多万人，是日本第二大工会组织，约三分之二以上的义务教育阶段教师参加了这一组织，对学校拥有巨大的影响。日教组内部虽然分为支持社会党的主流派和支持共产党的非主流派，但由于均与左翼政党有联系，所以对政府的主要文教政策均持反对的态度。因此，国家、地方自治体的教育政策不能贯彻到学校和班级的情况不少。就这样，在两大政治势力相颉颃的关系下，执政党、政府在教育目标、内容进而还有政策决定机构等问题上不可能获得日教组、在野党的同意与支持。其结果是政府为了实施预料会遭到强烈反对的政策，不得不采取慎重的态

---

　　①　新堀通也、青井和夫编『日本教育の力学』東京：東信堂、1983 年、34～37 頁。

度,即使下决心实施了,很多情况下也并不能按所预想的那样顺利地取得进展。由于有这样的形势,教育在质上的改革很少获得进展。而与此相反,在量的扩大和机会的扩充这一点上,双方见解一致。这一状况莫如表述为两大政治势力为了求得国民的支持而不得不竞相扩大教育机会更为恰当。

教育量的扩充所带来的巨大变化是高中升学率的急剧上升(参见表8-2);与此同时,教育制度与结构,特别是高中和大学也日趋多样化,同一阶段的学校间在质上的差距也越来越大,为了进入"好"学校的竞争更趋激烈。入学考试的竞争亦给小学和初中的教育与教学带来巨大的压力和影响,并且带来了正规教育制度以外的补习学校的大量丛生。这一状况使得儿童成长环境的竞争性气氛日趋浓厚。

表 8-2　　　　　　　　高中入学率的变迁（单位％）

年度	男	女	总计
1950	48.0	36.7	42.5
1955	55.5	47.4	51.5
1960	59.6	55.9	57.7
1961	63.8	60.7	62.3
1963	68.4	65.1	66.8
1964	70.6	67.9	69.3
1965	71.7	67.6	70.7
1966	73.5	71.1	72.3
1967	75.3	73.7	74.5
1968	77.0	76.5	76.8
1969	79.2	79.5	79.4
1970	81.6	82.7	82.1

资料来源:[日]文部省:《学校教育基本调查》1971 年。转引自 International Society for Educational Information, Inc. , *Moral Education in Modern Japan* (Understanding Japan No. 55), 1989, pp. 45~46.

在上述背景之下,与教育内容、教育政策主体等教育质的问题密切相关的道德教育就出现了如下的局面:尽管文部省期望通过道德教育进一步明确个人与国家的关系,强化国家对教育的控制,但"道德教育的导入及其持续至今,具有象征而远非实质的意义。其象征意义体现在它代表着国家的权力压倒了反国家势力;它并不具有为人们所预期的那种实质意义,是因为它一直被作为一个可有可无的教育领域来对待。有效的证据表明,分配给道德教育的时间经常被用于主要学科的应试准备与训练上"。① 也就是说,文部省通过道德教育特别是道德课进行国家主义统合并未取得预期的进展。相反,能力主义统合却借助教育机会的扩大这一东风得到了全面贯彻。

尽管道德课进行的正面的国家主义道德教育由于政治的对立和能力主义教育的双重挤压,未能取得预期进展,但是这一时期日本的学校道德教育还是以日本社会的文化传统为背景,依托于全部教育活动,特别是道德课以外的学校教育活动,培养了以下两方面的意识或精神,有些是正规的、有意图地得到促进的,更有许多是非正规和无意识地形成的。

第一,集团意识。集团主义是日本社会的一个重要特性或价值取向。战前的家族国家主义就是这种集团主义的最集中体现。在战后的民主化改革中,虽然家族国家主义被否定了,但日本国民归属集团、依赖权威的传统并没有随之消失,且已积淀于国民心理的深层。日教组虽然反对官制的国家主义教育,但由于日教组的教师们自身也肩负着日本文化的传统,而且,日教组本身还极为强调集团教育。因此,集团主义就自然地渗透于日本教育的各个领域和侧面。重视集团活动是日本学校的一个突出特点,尤其体现在班级管理和特别活动之中。这一点已为日本国内外许多学者指出,也是人所公认的。而重视集团活动不外乎是要培养集团意识,培养对集团的归属感和忠诚心。友田泰正认为:"尽管缺乏个人主义是日本学校的缺陷这一点上讲是事实,但通过小组或集团活动来培养学生是日本学校的优势这一点也是事实。"②对此,美国学者杜克(Duke,B.)是深有同惑的,他认为,日本学校教育所培养的学生对所属班级、集团的忠诚心,在他以后或为劳动者时会转化成对其所属的企业、工作单位的忠诚心,由此他会成为自发、积极地工作的劳

---

① Himahara, N., *Adaption and Education in Japan*. New York: Praeger. 1979. pp. 67~68.

② Cummings W. K. et al. (Eds), *The Revival of Values Education in Asia and the West*, pp. 86~87.

动者。这就是日本学校教育对其经济繁荣作出贡献的方法之一。①

第二,学历主义意识。战前所宣扬的立身出世主义虽然作为原则,在战后的改革中被否定了,但是在现实中,它已在国民意识中根深蒂固了,并以学历主义意识这一形式体现出来。这一时期教育机会的扩大和能力主义教育的展开就是以学历主义这一体现着立身出世主义精神的国民意识为背景的。能力主义教育给学校和学生带来了激烈的考试竞争。激烈的考试竞争虽然存在许多弊端,但是,正如许多学者所指出的那样,应试教育和考试竞争也具有培养勤勉性、进取心、忍耐、注意力等现代化所必需的精神气质的效用。② 这些素质的培养主要不是通过道德课的教育,而是依托于整个学校教育活动,特别是所谓的隐蔽课程来进行的。友田泰正就从一个侧面指出了这一点。他说:"牺牲与纪律是通向人格完善的禁欲式道路这一观念可以被称作日本学校中道德教育的'隐蔽课程'。关于这一观念无任何公开的描述,但大多数教师和家长似乎对此有着共识。"③正因能力主义教育不仅为日本经济提供了大量的人力资源,而且培养出了资本主义经济发展所需的精神素质,所以有人说,能力主义统合与企业权威统合、经济主义统合相结合,对国民的统合发挥了巨大作用。

然而,我们同时也应看到,由于两大势力的对立,不仅国家主义道德教育受到阻碍,真正有助人的发展的道德教育同时也被荒废了。能力主义教育中虽然也有道德教育的效果,但毕竟是附带的,而且是着眼于配合经济发展的素质。因此,儿童的心灵成长、道德发展上存在的不平衡性也是不可否认的事实。20世纪五六十年代的青少年不良行为、暴力、堕落、犯罪等现象的大量出现,虽然有着广泛而又深刻的政治、经济、社会背景,但与关注儿童心灵的道德教育未得到落实也是有一定的关系的。

---

① Duke, B., *The Japanese School*, pp. 25~50.

② 市川昭午『教育システム的日本特质』東京:教育開発研究所、1988 年、第 449 頁。

③ Cummings W. K. et al. (Eds), *The Revival of Values Education in Asia and the West*, p. 89.

第一节　现代化的成熟

　　到 20 世纪 70 年代,日本已经彻底实现了赶超欧美发达国家的目标,一跃成为令世界瞩目的经济强国和技术大国。追赶型现代化目标的实现同时也意味着日本进入了一个丧失目标因而必须重构目标的时代。然而,在这一新的时代,日本所面临的问题仍然是严峻而复杂的。问题的严峻性和复杂性既表现在它是属于现代化成熟期的问题,与以往时期的问题具有不同的性质,同时也体现在日本的前方已经不再有可效仿的样板,因而日本需要自己探索一条不仅在经济上而且在政治上和文化上都保持其世界强国地位的新路。

一、社会的全面转型

　　进入 20 世纪 70 年代经济高速增长的日本就遇到了一系列强大的冲击,从而使得日本同其他主要资本主义国家一起,陷入了一次战后最严重的经济危机。自从"美元危机"爆发以来,美国便一再要求日本进一步开放国内市场和日元升值,从而使日本商品的国际竞争能力受到很大影响。长期的贸易顺差从 1973 年 4 月转为逆差,入超幅度日益扩大,市场问题更加严重。加之,1973 年下半年第四次中东战争中石油生产国提高石油价格和限制石油出口量而爆发的所谓"石油危机",更加重了石油几乎全部依靠进口的日本经济的困境,直接促成了这场危机的到来。日本经济在受到这次危机打击后,发展速度明显下降,而且在今后长时期内也难以恢复过去那种高速发展的局面。日本报刊不得不承认:"我国的'增长神话',只能说一去不复返了。"日本政府在 1974 年 12 月召开的经济政策阁僚会上宣布,今后日本经济实行"低速增长路线"。[①]

经济危机的爆发和高速经济成长的终结,虽有偶然的历史因素作用,但从根本上讲,是战后日本经济与社会发展的必然结果,第一次石油危机只不过为这种结果的出现提供了契机。[②] 所以,伴随高速经济成长的终结,日本经济和社会就进入了全面转型的发展时期。而这一转型又是以已经取得的现代化成果为基础的,具体体现在以下几方面:

(一)成熟化的发展

作为发达的工业国家,日本已告别了明治维新以来的赶超型现代化时期,正由成长阶段迈入成熟阶段,主要表现为:

第一,经济结构的变化。由于第三产业在国民经济中的比重大幅增长,所以经济高速成长之后,日本就开始从以第二产业为中心的社会,向以第三产业为中心的后工业社会转型;[③]随着产业的发展,特别是"金本位制"解体后,在日元不断升值的压力下,日本企业为了扩大企业基础,保证市场和利润,在高速经济成长终结后,就逐渐扩大在海外的投资,建立各种分支资构。随着海外投资的增多,日本企业也就趋向多国籍化。

第二,社会结构的变化。伴随工业化发展和广泛的地域开发,日本社会日益城市化。城市化的发展使日本由传统的农村社会日益向现代的城市化社会转化;城市化的发展不仅破坏了传统的家族结构,导致区域共同体的崩溃,而且也带来整个社会生活方式的变化。虽然企业组织把大批的人集中在企业的权威之下,使日本成为一个"企业社会",但日益扩大的社会生活空间和内容,还是使得人们越来越关注自身的权利和地位,传统的社会等级结构因此被动摇。

第三,社会意识的变化。据日本总理府"关于国民生活的舆论调查"结果,

---

① 金明善、徐平:《日本·走向现代化》,辽宁大学出版社 1990 年版,第 556 页。

② 歴史学研究会『転換期の世界と日本(5)』東京:青木書店、1991 年、第 236～273 頁。

③ 薮野祐三『先進社会=日本の政治(2)「構造崩壊」の時代』東京:法律文化社、1990 年、41～44 頁。

1959 年回答自己生活水平属于"中"的占被调查者的 73％,但到 1964 年一下子达到 87％,1974 年更高达 91％。以后虽然有所增减,但大体维持在 90％左右。① 可以说,大约有 90％的日本国民对现有生活抱有满足感。日本舆论界把这种生活满足感称作"中流意识"。这意味着高速经济成长终结后,生活保守主义成为支配日本社会的思想,其价值取向是追求个人生活的富有和安定。这种生活保守主义的现实态度是十分复杂的:对于现实,满足于现实的生活状态,并希望维持现状,为此他们对保守政党表示认同和支持;对于个人与社会,注重个人利益和私生活,曾经作为战前和战后日本现代化发展动力的"无私奉公"的国民精神,逐渐被"无限奉私"的新国民精神所取代,个人的权利与幸福、家庭的平安与富有成为最高的价值,从而使现代化发展原有的动力丧失;对于国家,基于日本作为世界经济大国而存在的现实,产生了作为日本人的强烈优越感,对日本在世界经济体系中争取自身利益和"掠夺"他国资源,表示默认和支持,从而形成了很强的"经济主义的民族主义"。②

(二) 信息化的发展

战后,世界的科学技术以前所未有的迅猛速度向前发展,产生了一系列新兴科学技术,并形成一些新兴科技群。石油危机后,大体上是从 20 世纪 70 年代中期开始,在世界范围内,一场新的技术革命兴起。这场新技术革命的基本特征是,以微电子计算机或信息产业为中心,情报、通信、机械三位一体,也包括生物工程、新材料、光导纤维、激光、新能源等新技术、新产业的发展。现代世界经济与社会的发展越来越明显地表现出对科学技术的依赖,当前世界上各种竞争均可归结为科技竞争或智力竞争,而且竞争是极其严酷的。对于"经济大国"和"资源小国"的日本来说,其发展科学技术的必要性显得尤为突出。

事实上,战后日本经济也主要是靠科技起家和教育立国的。然而经过 20 世纪五六十年代对国外先进科技的引进、模仿、应用和吸收,日本的科技水平已大幅度提高,因而不仅很少可能引进廉价的先进技术,而且可引进的先进技术也不多了。因此,要确立"经济安全保障",最具战略意义的手段就是加强科学技术研究,

① 高增杰:《日本的社会思潮与国民情绪》,北京大学出版社 2001 年版,第 153 页。
② 林尚立:《政党政治与现代化——日本的历史与现实》,上海人民出版社 1998 年版,第 276 页。

推动创造性的"自主技术"的开发。这就意味着其后日本的科技发展进入了一个新的阶段。在内外因素的复合作用下,日本也于 20 世纪 70 年代中期开始兴起了一场新科技革命,从而带动日本社会向信息化社会方向发展。科学技术特别是信息化技术的飞速发展在给日本带来的巨大物质财富和便利的同时,也带来了一些不利影响:它改变了人们的周围环境,减少了人与自然交往的机会;影视文化的发展使人们间接经验剧增,直接经验锐减;生活给人们带来舒适与便利的同时,也导致人本来所具有的各种素质的退化、人际间真诚情感的日益淡薄,在信息化的泛滥中,人却日益感到孤独。这一问题也是各工业化国家共同面临的问题。

(三)国际化的发展

从 20 世纪 70 年代以来,国际化就成为日本政治、经济和社会发展都不得不面对的问题。国际化问题作为战后世界经济发展和日本经济大国化的产物,产生于 20 世纪 60 年代末 70 年代初,到了 20 世纪 80 年代开始突出起来,并成为关系到 21 世纪日本发展的重要课题。① 进入 20 世纪 70 年代特别是石油危机以来的国际经济基本关系与结构的特点是,无论在广度上还是在深度上,都大大加快了经济国际化的进程,世界经济正朝着跨国的相互依存的利害关系紧密交织在一起的网络经济演变。"美元危机"、"石油危机"对包括日本在内的世界经济形成的巨大冲击就雄辩地证明了这一点。不过日本国际化潮流形成的直接动因还在于日本的经济发展和经济的大国化。20 世纪 60 年代末 70 年代初,日本在高速成长结束后,随着贸易和资本的自由化发展,为了保持不断发展的活力,就开始从国际化的角度考虑未来的发展。由日本专家与政府官员组成的"日本地域开发中心"在 1970 年出版的《国际化中的日本列岛》一书中就明确提出"70 年代是国际化时代"的口号,并从国际化的角度探讨了日本未来发展和作为经济大国日本所应承担的责任。② 这一口号很快得到印证。进入 20 世纪 70 年代,随着美国"金本位制"的取消以及经受两次石油危机打击后的西方发达国家为重振经济而对日本提出的市场自由化要求日益强烈,日美、日欧的经济摩擦开始加剧。世界经济关系

---

① 林尚立:《政党政治与现代化——日本的历史与现实》,上海人民出版社 1998 年版,第 524 页。

② 日本地域開発センター『国際化の中の日本列島』東京:至诚堂、1970 年、序文。转引自:林尚立:《政党政治与现代化》第 524~525 页。

中摩擦的加剧意味着日本正在迈入一个新的国际化时代。在这一时代中,不仅经济国际化必须向纵深方面拓展,即由过去那种单纯追求"外向型国际化"行动向"外在国际化"和"内在国际化"并重过渡;而且要在制度、行动和观念上实现国际化,从而与国际社会建立广泛的联系,以便在积极的协调与合作中保证日本的发展。与社会发展的"高龄化"和"成熟化"相比,社会发展的国际化是一个更为直接关系到未来生存和发展的"有效空间"问题,因而它对日本现在与未来的挑战也更大。

二、新保守主义的发展战略与政策

战后以来,特别是"五五年体制"确立以来,日本开始推行一条保守主义路线。这条路线以"日美安保条约"为支柱,对外无条件追随美国,对内维护宪法第 9 条的和平主义,实施了以经济建设为中心的现代化发展战略。正是在此战略推动下,日本经过经济复兴和高速成长两个发展时期,一跃成为世界上屈指可数的经济大国。

然而,进入 20 世纪 70 年代之后,日本开始面临自明治维新以来所没经历过的全面深刻的社会转型。这种转型不仅基于日本社会本身发展的逻辑,而且也基于战后整个资本主义社会发展的逻辑,因而,是任何力量都无法阻挡的。面对现实发展的趋势,随经济高速增长的终结而开始衰败的自民党统治,日本再次从现实主义出发,调整国家发展战略,即从保守主义转向新保守主义。日本的新保守主义国家发展战略的形成与实施,因政治、经济、社会局势的变化以及对这些变化的认识程度而大体上经历了摸索、初步实施和全面推进三个阶段。

(一)新保守主义国家战略的摸索(1972～1982)

进入 20 世纪 70 年代之后,日本的统治层内部就产生了摸索新的国家发展战略的动向。产生这一动向源于日本统治层如下的基本认识:经过战后的经济高速增长,日本已经成长为"经济大国";"经济大国"地位的获得意味着追赶欧美这一明治维新以来的大目标业已实现,同时也意味着有必要制定新的国家发展目标;如果不能成功地制定新的目标,日本就有陷入像西方先进国家那种停滞状态的危险。但是,正如度边治所指出的那样,促使日本统治层摸索新的发展战略,还有着更现实的因素:第一是国际因素。伴随日本的"经济大国"化,日本与其他国家的经济摩擦在扩大。如果放任不管的话,就会影响日本经济的海外扩张。而支撑日本经济高速增长并带来日本大国化的国际架构——以美国为盟主的资本主义世界体制——正处于风雨飘摇之中,这使得日本不能再继续坚持以往的政治、经济路线。第二是国内因素。伴随经济高速增长所带来的社会变化,国民意识也在不断地发生巨大变化(反公害运动、消费者运动等新兴市民运动的高昂和企业中青年工人意识的变化,就是其典型的象征)。对这些事态,如果不立即采取适当的对策,就有可能带来统治危机。[①]

1972 年田中角荣内阁执政,经过三木内阁、福田内阁和大平内阁,直至 1982 年铃木内阁下台的 10 年时间,日本五届内阁对日本的国家发展战略进行了探索和调整。20 世纪 70 年代的国家发展战略是以广义的综合安全保障战略的形式体现的,主要包括如下两方面的内容:

第一,在内政方面,开始反思和处理经济高速增长所带来的矛盾和弊端,追求经济的稳定增长。这种经济发展战略的调整,源自田中内阁"日本列岛改造计划"的失败。20 世纪 70 年代初,日本统治层内部带有强烈危机意识并积极摸索新的国家战略的,还只限于部分垄断资本家团体(如经济同友会等年轻财界人士团体)和官僚机构(通产省、警察、法院等)。就政党的主流而言,依然是维持高速增长期的路线。[②] 1970 年的美元危机引起世界金融大混乱,日本经济也受到不小冲击。佐藤政权因无法有效地应对这场冲击而被田中角荣政权取而代之。可是田中政权仍然继续坚持池田、佐藤的高速增长路线,推行"日本列岛改造计划",试图在 70 年代使日本经济再度实现高速增长。田中角荣在执政前夕出版了《日本列岛改造论》一书,实际上成为田中内阁的基本执政方针。其主导思想是:日本经济的高速增长为日本社会经济的现代化带来了丰硕成果,但同时也产生了许多亟待解决的负面问题,为确保日本经济的持续高速增长,必须制定新的经济增长政策,以解决过密与过疏问题、城市问题和公害问题,推进公共事业建设和国土开发。可见在石油危机之前的这一段时间里,虽然经济高速增长所依存的国内、国际体制出现一系列破绽,但日本的统治层内部尚未就构建新的国家战略的必要性达成一致。

由于国际国内经济发展的大环境已经改变,加上计划本身缺乏周密的科学调

---

① 渡辺治『企業支配と国家』東京:青木書店、1990 年、189~191 頁。
② 渡辺治『企業支配と国家』東京:青木書店、1990 年、191~192 頁。

查和论证，"日本列岛改造计划"推行不久就暴露出许多严重问题，致使地价、物价飞涨，日本经济出现空前混乱，经济发展速度骤然下降，民众对"日本列岛改造计划"和田中内阁的不满和批判迅速增加。1973 年秋爆发的第一次石油危机更是对以谋求经济高速增长为核心的"日本列岛改造计划"形成了致命打击，使 1972 年成立的田中政权在一年之后就陷入全面危机。经济发展的危机引起政局的动荡。自民党内福田赳夫等反田中的非主流派借机大张挞伐，并利用《文艺春秋》揭露田中通过金钱控制政治的文章，对田中内阁及田中本人大肆攻击，迫使田中下台。原来藏匿在幕后的金权政治一旦被揭露，就引起广大人民对垄断资产阶级腐败政治的激烈批判。派阀攻讦、金权政治及受贿丑闻大大削弱了自民党的统治力量。而社会党等革新政党抓住有利时机，发展和扩大自己的势力，其结果是在 1974 年的参议院选举和 1976 年的众院选举中，首次出现"朝野伯仲"的局面。

政局的不稳和经济发展速度的下降，表明日本的政治经济结构需要调整和改造。因此，统治层在制定新的国家发展战略的必要性这一点上迅速达成一致。1973 年 7 月《综合研究开发机构法》的颁布和 1974 年综合研究开发机构（简称 NIRA）的设立就是一个重要标志和体现。① 大平正芳在就任首相之后，又进一步组织研究小组进行国家发展战略研究，旨在使 NIRA 的研究成果具体化。其战略构想为 1979 年 8 月内阁决定的《新经济社会七年计划》和通产省的《80 年代的通产政策展望》等所继承和具体化。太平政权认为，随着现代日本经济大国化的实

---

① 在 NIRA 及其委托研究中所形成的国家战略主要包括如下内容：(1) 能源开发与产业结构的转换。石油危机给日本经济带来的冲击暴露出日本资本主义的脆弱性。为了弥补这一点，一要大力发展节能技术特别是开发可替代石油的能源（其中加大原子能开发研究是其中心），二要对高耗能的衰退产业进行调整，促进产业结构向省能性转换，完成资本密集型、耗能多的"工业化结构"向技术密集型的"后工业化型结构"转换，以最终使技术要素替代资源要素在经济成长中的支柱地位。(2) 环太平洋协作构想。即为了日本资本主义的持续成长，在维持日美同盟的国际经济体制的同时，把亚太地区构建为日本独自的市场。(3) "日本型福利社会"战略。这一战略是基于对欧美等西方先进发达国家的"福利国家"型发展战略的反省而提出的。其基本内容是：缩小政府承担的福利范围，扩大家族、地域和企业承担的福利范围。(4) "参与"与"联合"。这是作为实施上述战略所需的稳定的政治体制的构想而提出的。强调所谓"参与"，旨在把 20 世纪 70 年代初抬头的新市民运动吸收到体制侧，以谋求其对政府政策的支持；而强调所谓"联合"，是基于"保革伯仲"的政治状况而提出的以国民多数的保守意识为基础的政党联合政治。参见：渡边治『企业支配と国家』東京：青木书店、1990 年、195～200 页。

现和多年追求的国家目标的达成,应寻求新的国家目标。为此,大平政权基于日本社会的全面转型,提出了使日本从经济中心时代向"重视文化时代"转型的战略构想和为实现此战略而必须进行的政治、社会体制改革的主张。大平政权的改革构想是:在国际上,维持和强化日美友好关系,实行"综合安全保障改革";在国内,推行以摆脱赤字和国债为目标的财政重建和建立精干、有效行政的行政改革。由于在财政重建上受挫,大平政权在其整体构想完全展开之前就终结了。但是大平政权迈出了战后保守主义向新保守主义转变的第一步,为1982年上台的中曾根政权全面推行新保守主义路线奠定了基础。①

继大平政权之后的铃木善幸政权继续沿着大平政权的战略构想前进。1980年10月铃木内阁成立了首相咨询机构"临时行政调查会"(简称"第二临调")。第二临调经过两年的紧张工作,分五次提出了咨询报告,主张把"对内实现有活力的福利社会,对外增加对国际社会的贡献"作为行政财政改革的指导思想,并就农业、社会保障、文教、能源、科学技术、外交、经济合作、防卫、税制等政策的调整,各种国营企业的改革,提出了详尽而具体的意见。铃木内阁多次表示不惜以政治生命为代价,按照第二临调提出的政策设想推动行政改革。但未及具体动手,铃木便宣布下野。

总的看来,在这一时期,历届内阁都制定并实行了"经济稳定增长"的战略方针,并进行了一系列的具体探索,为后来日本经济发展战略的转换奠定了基础。

第二,在外交方面,推行日美同盟前提下的"多边自主外交",寻求在国际事务上发挥更大的作用。这一时期日本外交战略的转变,主要表现在田中、福田和大平三届内阁的外交政策上。田中内阁主张实行自主的外交路线,提出以"以美协调为主轴"、以恢复日中邦交为"首要课题"的"等距离多边外交政策"。田中角荣于1972年9月访华,签署了中日两国联合声明,恢复了中日邦交。除了实现中日邦交正常化,田中内阁的"新中东政策"也体现了日本自主外交的意图。② 日本的

---

① 歴史学研究会『転換期の世界と日本(5)』東京:青木書店、1991 年、139~152 頁。

② 1973 年第四次中东战争爆发,给严重依赖中东石油的日本经济以沉重打击,引发了日本国内的经济混乱、社会动荡和国民恐慌。为保障日本石油供应,日本政府不得不反思过去对美过分依赖的做法,对中东政策进行了重大调整,出台了"新中东政策",一反追随美国推行的亲以色列政策而宣布支持阿拉伯各石油供应国。

这次行动,曾被评论为战后首次脱离美国政策轨道的自主外交。

随着 20 世纪 70 年代后期世界政治、经济格局的变化,日本更有意识地增强经济外交的自主性,并以经济实力为后盾,凸显日本在国际的存在。1976 年就职的福田内阁提出并实施了所谓的"全方位和平外交"政策。福田内阁调整外交战略的主要目的,是充分利用日本"经济大国"的实力和地位,改变日本"经济大国、政治小国",依赖和追随美国世界战略的形象,争取在国际政治舞台上获得同美国平等的地位。福田内阁的外交成就最突出体现在以"福田主义"和签订中日和平友好条约为核心的亚洲地区"自主外交"上。1977 年 5 月,福田首相在伦敦发达国家首脑会议上,强调经济上的国际协调,提出日本要承担起做"世界经济的火车头"的责任。[1] 1977 年 8 月,福田出访东南亚各国,为缓和东南亚的反日气氛,提出了被人们称之为"福田主义"的日本东南亚外交政策原则。"福田主义"的实质是,通过标榜日本不做军事大国的和平主义承诺,使日本不但在经济方面,而且在政治、文化、社会等各个领域,"以对等合作者"的立场,同东南亚各国展开全面的国际交流。[2] 鉴于美国亚洲战略的转变和苏联威胁的增加,在福田内阁末期,于 1978 年 8 月同中国缔结了和平友好条约,并促成实现了邓小平的首次访日和会见昭和天皇。从此,日中关系进入一个崭新的阶段。

大平内阁在外交政策方面基本上继承了福田内阁的"全方位和平外交"方针,并在一定程度上将其推进了一步。大平内阁的外交战略主要表现在两个方面:一是提出日本要做"西方一员"的外交方针,充分发挥日本作为经济大国在国际事务中的应有地位和作用;二是提出了"综合安全保障战略",重视"环太平洋外交",强调以日美关系为轴心,发展日中友好合作,加强同亚洲太平洋地区的国家合作。为落实"环太平洋国家合作设想",1980 年 1 月大平出访大洋洲三国,初步达成了资源能源合作的协议。

综观 20 世纪 70 年代的日本外交战略,有两点值得注意:第一,虽然这个时期日本提出所谓的"自主外交"和"全方位和平外交",但仍是以加强日美关系为基轴,并未改变对美国世界战略的从属性。二是尽管从 70 年代后期开始提出不仅要在经济方面,而且要在国际政治方面发挥更大的作用,但这一时期日本外交战

---

[1]　李莹:《日本战后保守政治体制研究》,世界知识出版社 2009 年版,第 65 页。
[2]　吴廷璆:《日本史》,南开大学出版社 1998 年版,第 125~126 页。

略的实质依旧具有明显的"经济安保外交"的特征。所以,总体而言,20世纪70年代的日本外交战略带有明显的过渡性。

(二) 新保守主义战略的初步实施(1983～1992)

20世纪80年代,是日本战后发展史上的一个重要时期,既是对战后日本保守主义国家发展战略进行全面总结的时期,更是此后日本国家战略发展的一个新的起点。

进入20世纪80年代,随着经济实力的增强,日本的国际威望、国际地位明显提高,国内要求在国际事务中增大日本的发言权、改变"经济大国""政治小国"形象的呼声日渐高涨。一向崇尚实力政治、强调提高日本军事影响力的中曾根康弘顺应了这一发展需要,很自然地被推到日本政治的前台。1982年上台的中曾根上台伊始就亮出自己的新保守主义政策设想。中曾根的新保守主义就其内容而言,是大平内阁以来的"保守改革"思想的继续和发展。他是在"战后政治总决算"的旗帜下展开其新保守主义构想的。在"总决算"中展开的新保守主义,在对战后日本政治、经济、社会和文化进行全面清算的同时,也基于日本社会的转型和发展趋势,对未来日本的政治、经济与社会发展提出了自己的战略构想与相应的政策主张,主要内容如下:

第一,实现"国际国家日本"。从明治维新到二战后,日本实际上经历了两次"开国运动",但日本并没有因此成为"国际性的国家",这是因为日本的努力所追求的不是贡献国际社会,而是最大限度地谋求自身的利益。这种"一国繁荣主义"的路线虽然使日本实现了追赶型现代化,但同时不仅对日本自身现代化的全面发展而且对日本在国际上地位的提高都产生了不利的影响。面对20世纪80年代世界经济和政治的大转换以及日本的长远发展目标,日本统治层意识到必须使日本从"一国国家"走向"国际国家"。所以,中曾根上台后,就明确表示要把日本建设成"向世界开放"、"对世界和平与繁荣作出积极贡献"的国际国家作为他任期内的最大任务,认为实现"国际国家"目标是日本"制定并推行一切世界政策的出发点"。① 在这种新的价值观指导下,日本通过对国际事务的积极参与,对国际义务的承担和国际交往的密切与拓展,开始逐步朝着成为对国际社会有贡献、对全球

① 《朝日新闻》1985年1月14日第1版。

发展有帮助,具有全球意识和世界观念,并在全球架构内发展自身的"国际国家"方向发展。实际上,日本为建立"国际国家"而进行的努力背后既有日本雄厚的经济实力作为后盾,更有着一个很重要的政治动机,即使日本尽快走出作为二战战败国所"规定"的国家状态,在世界经济强国的基础上,迅速成为世界格局中的主导性大国,即不仅在经济上,而且要在政治和文化上对世界起主导作用。

第二,走"小政府、大社会"的道路,建设有活力的"日本型福利社会"。在国家主导经济发展和建设"管理化社会"过程中,日本政府对经济和社会的全面干预和控制,形成"大政府、小社会"的局面。"大政府、小社会"局面的长期化所带来的是沉重的财政支出和庞大而效率不高的行政,从而最终无法适应社会的变革和发展。新保守主义认为,政府对经济和社会的过分干预,不但削弱自身的行政机能,而且使社会实现自我调节的市场机能失效和社会自身活力衰竭,因此,要摆脱政府所面临的财政与行政危机,促进社会实现新发展,关键在于改变政府职能,即走"小政府、大社会"的道路,其核心是减少直接干预,通过有序而成熟的市场机制和民间活力,推动社会发展。① 为此,中曾根在经济方面缓和行政控制,扩大民间机构的活动范围,推行市场自由化和公营企业民营化②;在社会方面推行"有活力的日本型福利社会"构想。所谓"有活力的日本型福利社会"的基本特征是:1. 福利由政府和民间共同承担;2. 缩小政府承担的福利职能,扩大家族、地域和企业的福利范围,积极发扬日本以家族主义、地域主义、企业主义以及与福利社会产业化的原则相结合为基础的"日本型集团主义"在推进社会福利发展上所具有的活力;3. 在限制福利行政,紧缩福利财政,推进"福利民营化"的同时,有力推进以受益者负担为基础的福利有偿化;4. 在福利行政上,建立合理的国家与地方的分担关系以及行政机关与福利团体、居民组织、地域团体和社会自身服务组织之间的合理关系。③

如果说中曾根的建设国际国家日本的目标背后有着新国家主义的思想背景

---

①　二宮厚美『日本経済と危機管理論』東京:新日本出版社、1982 年、204～206 頁。

②　猪口孝『日本——経済大国の政治運営——』東京:東京大学出版会、1993 年、84～91 頁。

③　猪口孝『日本——経済大国の政治運営——』東京:東京大学出版会、1993 年、233～234 頁。

的话,那么其建设"有活力的日本型福利社会"的目标背后则有着新自由主义的思想支撑。新国家主义是日本统治者在新的形势下用以加强保守统治、统一民族思想,以便为达到新的目标创造相应的政治条件的思想工具。究其性质"与战前狭隘的民族主义和国家主义不同,但也不是不要日本民族文化传统的国际主义",而是以爱国心为内涵,国际化为外延的大国主义国家主义。新自由主义虽然反对凯恩斯主义赋予国家广泛的宏观经济调控职能,但也不完全反对国家对经济生活的干预,只是主张干预以为私人垄断创造良好的竞争条件为目标,明显强调国家的政策职能,从而与古典自由主义相区别。也正因新国家主义和新自由主义的上述特征,才使得二者看似对立却能在新保守主义的大旗下为了共同的目标而效力。

必须指出的是,虽然民族主义意识强烈的鹰派保守政治家中曾根康弘上台执政标志着新保守主义在日本正式登场,日本新保守主义思潮的影响和新保守主义政治势力在日本国家政治、社会生活中的作用得以迅速提升和强化,但是由于日本国内条件与国际上冷战环境的制约,中曾根所代表的以大国主义为特征的新保守主义还更多地停留在政治理念和政治思潮这一层面,其全面推进还是进入20世纪90年代之后的事。

(三) 新保守主义战略的全面推进(20 世纪 90 年代)

进入 20 世纪 90 年代,随着冷战结束,海湾战争爆发,地区冲突的加剧,世界格局出现单极化趋势。在日本国内,经济上在经历了 20 世纪 80 年代的"泡沫经济"后复苏乏力,政坛上也由于丑闻迭出动荡不宁。1993 年,执政长达 38 年的自民党从政权宝座上跌落下来,基于世界冷战政治格局而形成的"五五年体制"随之土崩瓦解。随着 1994 年村山富市上台组阁,政党结构上"保革对峙"的结束,日本政坛呈现总体保守化局面,标志着日本新保守主义发展到一个新的阶段。如果说 20 世纪 80 年代的新保守主义是在以中曾根康弘为代表的保守势力推动下兴起的话,那么 20 世纪 90 年代的新保守主义则是在小泽一郎、桥本龙太郎等保守派政治家的推动下得到迅速发展的。20 世纪 90 年代的新保守主义继承并发展了中曾根内阁的新保守主义。

20 世纪 90 年代日本新保守主义战略的内容主要包括如下几方面:

第一,在国际事务上,倡导"普通国家"论,积极推动日本在国际社会发挥独特作用。从 20 世纪 80 年代起,日本外交就把谋求实现政治大国地位作为外交政策总目标。由于考虑到"政治大国"一词的敏感性,20 世纪 80 年代更多地使用了"国际国家"这一表述。而以小泽一郎为代表的 20 世纪 90 年代新保守主义则没有那么多的顾忌,毫不掩饰地提出要使日本成为与其经济大国实力相称的政治大国。新保守主义政治势力之所以积极追求政治大国目标,除了日本有强盛的经济实力作为物质基础和精神支柱以外,一个重要的潜在动机就是急欲彻底摆脱二战后形成的战败体系。在他们看来,摆脱战败体系,既是日本走向政治大国的必要前提,也是其必然结果。这一思想在小泽一郎的《日本改造计划》(1993 年)一书中提出的"普通国家论"中表现得淋漓尽致。小泽一郎在《日本改造计划》一书中提出,日本应该摆脱战后"重经济、轻军备"的"商人国家"路线,推动日本向"普通国家"过渡。所谓的"普通国家"主要包括两点:一是日本应该面向开放的世界,拥有大国的国际权利;二是日本应该拥有向海外派兵的权利。① 日本积极追求成为政治大国并发挥大国作用,具体体现在全球性事务和地区事务两个方面。在全球性事务领域,把成为联合国安理会常任理事国并在各类国际组织和多边机制中占据重要地位作为主要目标,不仅要在经济上为世界作贡献,而且要在军事上承担国际责任。而日本要在军事上承担国际责任的愿望,如向海外派兵,与现行宪法第九条相抵触。为此,新保守主义提出修改宪法,以适应不断发展变化的国际形势。1992 年通过《联合国和平维持活动合作方案》,打破宪法禁忌,突破了日本军队走出国门的限制。1997 年新的《日美防卫合作指针》明确表示日本将参加美国在海外的军事活动,行使集体自卫权。除此之外,日本凭借雄厚的经济实力积极开展联合国外交,一方面增加对联合国会费的分摊份额,另一方面利用经济援助和积极开展外交活动争取世界各国特别是大国的支持。在地区事务领域,力图把经济与援助优势转化为地区政治与安全中的主导地位与作用,致力于推动以日美同盟为主、多边合作为辅的地区战略,寻求在地区格局与秩序中占据有利地位,发挥主导作用。

根据日本著名政治学者渡边治的考察,20 世纪 90 年代抬头的新大国主义政治潮流尽管在强化日美同盟、加强自卫队方面与此前的大国主义持同样的主张,但是并不像此前的大国主义民族主义那样强调对美的自立,相反主张应该以日美同盟关系为基轴形成冷战后的世界新秩序。而且新大国主义在主张积极参与联

---

① 肖伟:《战后日本国家安全战略》,新华出版社 2000 年版,第 193 页。

合国事务、强化联合国的作用这一点上,也与以往的大国主义显著不同。总体而言,新大国主义不持一国主义的姿态,其特征在于其以日美为基轴的大国主义同盟构想。①

第二,在政治上,推行改革,以打破既有的保守政治体制。以小泽一郎为首的新保守主义者,一方面主张对外要成为"普通国家",做出国际贡献,另一方面则主张在国内确立与此相适应的政治体制。为了实现这一目标,小泽一郎提出了"政治改革"论。尽管选举制度与政治资金制度、政治腐败防止制度以及选举运动的改革被小泽称为是"四位一体"的改革,但他明确指出其中最重要的改革措施是选举制度的改革。具体说,就是废除中选举区制,代之以小选举区制。与20世纪80年代中曾根实行的自民党政治下的大国主义政治不同,90年代的新大国主义主张不打破中选区制=自民党一党支配体制,就不可能改革既有的经济主义政治。② 因此,新大国主义猛烈攻击现存的自民党执政体系,并主张彻底打破它。这应该说是20世纪90年代新大国主义一个不同以往的最显著特征。但是,正如孙政所指出的那样,新大国主义所说的打破自民党执政体系,并不是要打破保守政治体制本身,而是为了打破战后保守革新对立的政治体制,实现保守政治完全占统治地位的"保守两党制",目的是消除革新势力对保守政治的约束和限制,实现日本政治的彻底保守化。③

第三,在经济上,放弃保护主义的政策,主张强化世界自由贸易体制。基于泡沫经济的破灭造成整个日本经济的萧条和日本成为经济大国之后贸易摩擦日益尖锐的现实,日本的新保守主义主张放弃既定的保护主义经济政策,以允许大米贸易的自由化、放松对流通业的管制为龙头,推进市场开放和放松管制,进一步强化世界自由贸易体制。这意味着对本国生产力比较低的农业和零售业等小企业阶层的舍弃。这一点也与以往的帝国主义和民族主义维护本国中产阶层利益形

---

① 渡辺治『日本の大国化とネオ・ナショナリズムの形成』東京:桜井書店、2001年、141頁。
② 渡辺治『日本の大国化とネオ・ナショナリズムの形成』東京:桜井書店、2001年、142頁。
③ 孙政:《战后日本新国家主义研究》(博士论文)第190页,南开大学,2004年。

成鲜明的对比。①

　　根据渡边治的考察,20 世纪 90 年代的新大国主义(新保守主义)在思想体系层面具有如下几个新的特征:第一,与战后的大国主义民族主义形成鲜明对照的是,新大国主义思想在一定限度内对日本帝国主义的侵略战争进行了"反省",以强调自己的构想与过去的日本帝国主义具有断绝性。第二,作为近代以来的民族主义核心的天皇制思想并没有在其中占有重要的位置。第三,强调"国际贡献"的所谓国际主义思想取代天皇制民族主义占据了中心位置。②

　　必须指出的是,20 世纪 90 年代之前的日本新保守主义政治主要由执政者自上而下地推行,但却都没有能够唤起社会阶层的广泛共鸣和响应,相反受到了来自社会各层面不同程度的反抗和抵制,因而遭遇了不同程度的挫折。而 20 世纪 90 年代的日本新保守主义是以日本政治乃至整个社会的全面保守化为背景的,得到了以"自由主义史观"为代表的新民族主义思潮的呼应。如果说以小泽一郎"国际贡献论"为代表的"新大国主义"是"来自上面"的新国家主义,那么与此相对的以"自由主义史观"为代表的新民族主义思潮则可以说是"来自下面的"新国家主义思潮。正因为新民族主义思潮的兴起从社会层面呼应了来自上层的新国家主义政治的某种需求,对新国家主义政治进行抵制的反对力量也不再具有过去那种单纯的"自下而上"的特征,这使得这一时期的新国家主义呈现出从未有过的纷繁复杂的情况。③

第二节　从福利国家主义到新国家主义

　　如果说现代化再启动期的"战后"教育政策是以制度改革为主要任务,现代再起飞期特别是 20 世纪 60 年代的"现代"教育政策的中心课题则在于量的扩充(50 年代具有由制度改革向量的扩充过渡的性质)的话,那么进入 70 年代以后日本教

---

　　①　渡辺治『日本の大国化とネオ・ナショナリズムの形成』東京:桜井書店、2001 年、141 頁。

　　②　渡辺治『日本の大国化とネオ・ナショナリズムの形成』東京:桜井書店、2001 年、142～147 頁。

　　③　孙政:《战后日本新国家主义研究》(博士论文)第 210 页,南开大学,2004 年。

育政策的重心则由量的扩充转入了质量的充实上来。

支撑以学校教育量的扩充为主旨的教育政策主要有三方面因素：一、学校教育适龄人口的增加与升学率的上升；二、高速经济增长所带来的财政收入和家庭收入的增加；三、对学校教育的信赖及对其社会效果的期待。然而支撑教育高速成长的三个因素在进入20世纪70年代，特别是70年代中期以后迅速消失。新堀通也和青井和夫对此进行了较为透彻的分析：①

第一，学校教育的适龄人口开始减少。幼儿园和小学的在学人数分别从1979年和1981年开始减少，这种适龄人口的减少于1987年、1990年和1993年波及到初中、高中和高等教育阶段。从日本近年来出生率的显著低下的状况来看，近期的将来不会出现学校教育适龄人口增加的趋势。特别需要指出的是，持续急剧上升的升学率到了20世纪70年代中期已达到了顶点。幼儿园和保育园的就园率已超过90％，高中升学率超过94％，高等教育升学率超过30％（进入20世纪80年代超过50％）。也许由于达到了饱和状态的缘故，上述就园率和升学率在20世纪70年代后半期持续处于停滞不前的状态，而且幼儿园的就园率和高中升学率分别于1982年和1983年出现了比前年度下降的现象；高中毕业生升大学和短大的志愿率从1974年的47％下降到1983年的45％，升学率也从34％下降到29％。这一切均说明学校教育的扩张在20世纪70年代中期已达到了顶峰。

第二，支撑教育高速成长的经济基础正在消失。以1973年年末的石油危机为契机，日本的经济由高速成长转为低速增长，政府总体支出出现了停滞不前的状况，而教育支出则进一步缩小了所占的比率。教育支出占国家一般会计岁出的比率从1975年的12.7％下降到1983年的9.0％，教育支出占地方普通会计的比率亦从1975年的27.8％下降到1981年的26.3％，教育支出占国家与地方的支出纯计算额的比率从22.3％减少到19.6％。

第三，学校教育的经济社会效用下降，批判学校教育荒废之声日趋高涨。由于战后学制改革所带来的义务教育年限的延长以及此后高速经济增长期高中和大学的扩张，日本国民的学习机会有了显著的改善。但是随着升学人数的增加，获得与学历相应的职业就变得困难起来，教育投资的收益率也在下降（比如20世纪60年代前半期9％的大学毕业生可获得白领阶层工作，而到了70年代前半期

---

① 新堀通也、青井和夫『日本教育の力学』東京：東信堂、1983年、43～46頁。

只有 6％左右大学毕业生可以获得此类工作）。不仅如此,缺乏学习能力和意愿的学生日趋增加,落榜、中途退学和掉队生的大量涌现,少年非行[①]和校内暴力的蔓延以及大学荒漠化不断扩大,而且这一系列现象又是在学校教育扩张达到顶点的情况下出现的,更加耐人寻味。因此,随着事态的日趋严重,人们越来越对进一步扩大学校教育的做法产生了怀疑。

以上这些变化足以说明日本政府转变教育政策的基本方向,即由以往量的扩充转向质的充实,是势所必然。而这一政策转换的必要性早在 20 世纪 70 年代初即已被认识,1971 年发表的中央教育审议会咨询报告就明确地指出了这一点,并提出了第三次教育改革的口号。20 世纪 80 年代中期的临时教育审议会咨询报告中也把中教审咨询报告所提出的第三次教育改革作为主要课题。如此看来,20世纪 70 年代以来的时期实际上就是第三次教育改革时期。[②] 伴随着新国家发展战略的形成与确立、第三次教育改革的逐步展开,日本学校道德教育理念也随之由福利国家主义向新国家主义转变。

一、20 世纪 70 年代中教审教育改革构想中的道德教育理念

如果用一句话来概括 20 世纪 70 年代日本教育的特征,可以说它是"实现1971 年公布的中教审教育改革构想的时期"。[③] 所谓"中教审教育改革构想",就是指中教审根据剑木享弘文相 1967 年 7 月的咨询而于 1971 年 6 月提交的《关于今后学校教育的综合扩充整备的基本措施》这一咨询报告中所展示的"第三次教育改革"构想。

酝酿这一中教审咨询报告的 1967 年至 1971 年这一时期,第一,正值战后日本经济高速增长时代的结束期;第二,恰是明治百年的追赶型现代化实现期;第三,也是以罗马俱乐部的"成长限度"论和后工业化社会论为代表的对现代工业文明转换期的认识开始出台的时期。但是,当时的日本对这三个相互重叠的历史性

---

① 所谓"非行"是特指青少年的违法行为和违反社会规范的行为等。

② 日本的第三次教育改革应自何时开始起算,似乎有不同的看法,一般认为第三次教育改革应从 20 世纪 80 年代中期临时教育审议会开始成立并提出咨询报告大开始。可是,一般日本学者都不否认临教审的报告基本上是以中教审 1971 年的报告为基础形成的,因此,可以说 1971 年的中教审咨询报告应该是日本第三次教育改革的源头。

③ 宫原诚一他『资料日本现代教育史增补』東京:三省堂、1979 年、1 頁。

转变的认识尚不十分成熟。① 其不成熟性表现在：一方面，对日本通过成功的经济高速增长实现了追赶型现代化从而进入新的发展阶段这一点有着超乎寻常、充满自豪与快感的认识；而另一方面则对经济高速增长的限度和现代工业文明转变的性质缺乏清醒的认识。这一背景必然给中教审咨询报告关于第三次教育改革的构想打下深深的烙印，而这一烙印也在很大程度上决定了中教审"第三次教育改革"构想的过渡性质，即由现代化再起飞期特别是 20 世纪 60 年代经济高速增长型教育政策向现代化成熟期，特别是 20 世纪 80 年代之后新保守主义改革过渡的性质，主要体现在两方面：

第一，它继承并总结了经济高速增长型教育政策，是一份具有经济高速增长型教育政策集大成意义的改革构想。这一点最突出地体现在它对 20 世纪 60 年代教育政策两个基本精神的继承与确认上：（一）能力主义。咨询报告的附属参考资料中附有"综合扩充、整备所需资源的估计"，报告是在研讨附属参考资料基础上形成的，中教审实际上意在制定与 1969 年公布的《新全国综合开发计划》和 1970 年公布的《新经济社会发展计划》相配套、作为经济计划之一环的人才开发计划。从这个意义上讲，它继承了 20 世纪 60 年代能力主义教育政策的"投资"概念。② 不仅如此，咨询报告中还一再强调教育要"发展丰富的个性"，"以发展创造性的个性为目标"，适应"能力"特点实行教育的"多样化"和"合理化"，"对素质和兴趣各不相同的学生，通过教育指导，圆满而有效地进行适应课程和能力的差别的教育"。③ 中教审会长森户辰男曾明确表示说："处于今日技术革新的时代，根据能力开发的要求，必须实行（教育）合理化的改革。就是说，要求教育机构多样化，以适应人的能力、个性特点及社会的需要，……能力主义是受到尊重的方向。"④ 从总体来看，中教审报告是一份意在在从学前教育到高等教育的整个教育

① 钟启泉：《日本教育改革》，人民教育出版社 1991 年版，第 448 页。

② 水原克敏『現代日本の教育課程改革——学習指導要領と国民の資質形成——』東京：風間書房、1992 年、517～518 頁。

③ 以下凡是 1971 年中教审报告的内容均引自：戦後日本教育史料集成編集委員会『戦後日本教育史料集成』（第 10 巻）東京：三一書房、1983 年、25～75 頁。

④ 梁忠义：《战后日本教育——日本的经济现代化与教育》，吉林教育出版社 1988 年版，第 267 页。

体系中全面贯彻能力主义的全面教育改革计划。①（二）国家主义。咨询报告在关于今后的教育和教育改革的问题上，突出了政府的作用，认为"努力维持并提高公共教育的内容、程度的水准，贯彻教育机会均等，适应国民的要求，充实、普及学校教育是政府的任务。为此，必须赢得国民的理解和支持，以长期的预想为基础，有计划地推进切实的政策的实施。""当今所谓的长期教育规划，不只限于狭隘的外在教育条件整备，而是从广阔的国际角度出发，以国家、社会的理想为基础，考虑应该使公共教育的质和量向怎样的目标发展。""对此次改革的实现·衷心期待着有关的教育工作者开始积极的努力，并希望得到国民的热情支持。此外，此项教育改革和扩充整备需要国家的巨大资源。如果考虑一下我国今后社会经济发展的趋势的话，其实现绝不是困难的。改革能否实行，则完全取决于政府的决心和努力。我们热切期待着政府的果断行动。"上述话语表明，这次教育改革是国家（政府）主导的，强调的是在教育工作中国家指导思想的贯彻。

第二，它提出了终身教育的观点。让·托马斯在 1975 年出版的《世界重大教育问题》一书中指出，当今世界都在酝酿教育改革，但在 1971～1972 年度提出改革报告的所有国家中，唯独日本明确宣布它是以终身教育为前景·从学校教育一直改革到成人教育阶段的。② 在 1971 年的日本，两个审议会的咨询报告同时提出终身教育的改革思想：一是社会教育审议会的《适应社会结构急剧变化的社会教育应有状态》；二就是中教审的这份咨询报告。前者主要从终身教育观点阐述对社会教育改革的看法，后者则主要从终身教育立场阐述对学校教育改革的建议。虽然许多有关终身教育的改革建议大多处于提出问题的阶段，但是从终身教育观点成为第三次教育改革的指导思想而且是以前的教育政策中所没有的这一点来说，其问题意识是值得肯定的。也正是这一点标志着 20 世纪 70 年代的教育与此前教育的区别。既要继续追求经济高速增长，同时又要在此前提下适应经济高速增长所带来的变化特别是消解高速增长所带来的矛盾这一背景与要求，决定了20 世纪 70 年代教育改革的"承前启后"性。而这一"承前启后"性同样也体现在道德教育领域中。透过中教审咨询报告中关于"新的人的形成的应有状态"的设

---

① 宫原誠一他『資料日本現代教育史増補』東京：三省堂、1979 年、1 頁。
② ［法］让·托马斯：《世界重大教育问题》，上海师大外教室译，上海师范大学印刷厂1978 年印，第 3 页。

想,不难看出这一点。这一设想归纳起来包括如下几方面内容:

第一,强调在考虑教育问题时,一定要重视人的形成的"多面性与统一性"。认为人的形成的"多面性"源于人具有"作为生活在自然界里的人"、"作为经营社会生活的人"和"作为追求文化价值的主体的人"的"多面性"。"这些方面相互之间有着有机的联系,而真正的人的形成就在于这些方面得到均衡的发展,并且在对自然和生命的热爱与敬畏之念的支撑下统一地发挥作用。"

第二,认为社会环境对真正的人的形成构成挑战。在对人的形成的应有状态有一个基本把握的基础上,报告分析了社会环境对"真正的人的形成"所形成的新的挑战:(一)伴随科学技术的进步和经济的高速增长而出现的自然与人的不协调;(二)社会的都市化、大众化大潮中人们连带意识的衰退和主体性的丧失;(三)由于家庭生活和人际关系的变化而产生的教育功能的低下;(四)在人的寿命的延长的另一面是新的人生设计的未确立;(五)对女性进出、参与社会这一新事态的不适应;(六)随着国际交流和大众媒体的发展而出现的价值观的混乱与动摇等。同时指出,在包含着这些未曾体验的新课题的生活环境中如何实现人的形成的本来面目,是今后社会的最大问题。

第三,认为解决的办法一是确认《理想的日本人》的教育理念,二是采纳终身教育观点。[①] 该咨询报告没有从正面探讨教育理念,但是从整个报告的精神,特别是从其"关于初等、中等教育改革的基本设想"中的一段话,不难发现对《理想的日本人》精神的确认,也可看出其希望通过贯彻《理想的日本人》所体现的精神来应付追求经济高速增长而出现的歪曲人性的矛盾与问题。报告说:"前面第一章所述的人的形成的根本问题表明,当今时代要求每个人都具有更为自主自律地生活的能力。这种能力不只是掌握了各种知识、技术后的产物,而必然等到统合多种素质和能力的主体的人格养成后,才能形成这种能力。造就这种能力的教育所憧憬的目标,是培养能实现以民主社会的规范和民族传统为基础的国民的团结,并能通过创造富有个性和普遍性的文化为世界和平与人类福利作出贡献的健康勇敢的日本人。这种人必须具备自主地经营充实生活的能力、富有实践经验的社会性和创造性地解决课题的能力以及对各种价值观广泛的理解能力。"如果说确认《理想的日本人》的理念体现了咨询报告的"旧"面目的话,那么提出以终身教育

---

① 钟启泉:《日本教育改革》,人民教育出版社 1991 年版,第 448 页。

观点解决矛盾这一点则代表着报告的"新"面孔。报告指出,迄今的教育区分为家庭教育、学校教育和社会教育,但"经常被误解为依据年龄层对教育对象进行区分的",而且"也没有阐明对人的形成所具有的相互补充作用",因此有必要"对教育体系进行综合的再研讨"。报告在确定了学校教育在终身教育体系中的基础地位之同时,也"反省了迄今曾经出现过的、对学校教育寄予过高期望却反而降低了整个教育效果的倾向",从而"强调家庭教育、社会教育必须发挥更重要的作用",特别是在道德培养中发挥更大的作用。比如寄希望于家庭教育承担"让孩子学习基本的生活习惯和行为标准"、培养"对自然、生物的爱情"和"对人的敬爱之念和虔诚之心"以及"形成认真地对待生活和劳动的态度"等职能,赋予了社会教育为"接触自然和优秀的文化遗产"、"接触各种年龄层的人"和"参加具有多种目的的集团活动"创造机会的环境等职能。然而,由于咨询报告把终身教育体系问题托付给今后来进行研究,所以总体上来说仅停留于强调家庭、学校和社会的相互补充作用上。不过报告从人的形成(深度),主要是道德形成的角度,而不是从扩大教育机会的角度(长度与宽度)提出终身教育问题,其意义是极为重大的。应该指出,1971 年的中教审报告的一些改革建议或是由于各种因素的阻碍未能实施,或是在具体推行和贯彻落实中作了某些必要的调整,但是就改革的一些基本精神或原则(其中包括道德教育理念)而言,基本没有变化。

二、20 世纪 80 年代临教审教育改革构想中的道德教育理念

进入 20 世纪 80 年代之后,整个世界特别是发达国家似乎都卷入了一股教育改革的热潮之中。综观发达国家的教育改革,其主要趋向之一就是加强道德教育。日本也不例外,它把 20 世纪 70 年代初所提出的第三次教育改革步伐在 80 年代骤然间加快了,汇入了世界性的改革潮流中去,并把充实、强化道德教育置于教育改革的前沿地位。为 20 世纪 80 年代以来日本进行的面向 21 世纪的教育改革规定基本目标、原则、指导思想的是 1984 年 8 月成立的临教审于 1985~1987 年间相继发表的四次咨询报告。临教审咨询报告将"向终身学习体系过渡"、"重视个性"和"适应变化"三点作为日本教育改革的基本原则。

综观报告的整体内容与精神,可以发现贯穿始终的一个主题就是加强充实道德教育。这一点首先可以从临教审对教育改革意义的认识和确定的基本任务中看出。关于"教育改革的意义",临教审报告表达出这样的认识:第一,通过"第一次教育改革"和"第二次教育改革",日本教育的普及程度有了显著提高,在数量和质量上都取得了很大发展,成为社会经济发展的原动力,并对提高国民生活水平和文化水平起到了极大的推动作用。但是在这种成果的反面,产生了"考试竞争激化","欺侮、逃学、校内暴力、青少年不良行为等教育荒废现象","与此同时,在创造性、尊重个人、高等教育内容、国际化等方面也存在着种种问题","特别是在战后的教育改革中往往存在着否定我国传统文化的特性和长处、轻视德育、权利意识与责任意识不均衡的一面"。第二,"从现在起到21世纪,正值社会向真正的国际化转化,向以信息为中心的文明转化,且由'人生五十'向'人生八十'转换的时期"。新的时期"强烈要求人们重新认识人的生存方式、恢复人性","教育也必须符合时代的这种要求"。第三,基于对历史、现代与未来的综合把握,出于把"亟待解决的课题"与"长远的课题"联系起来考虑并解决的目的,报告指出:"当今重要的是,一方面认真思考表现为教育荒废的种种病理现象及其根本原因;另一方面面向未来,恢复教育世界生机勃勃的活力和创新精神、丰富的人性和人与人心灵的交往。"可见,欺侮、不良行为等狭义的道德教育问题和"心灵"、"人性"之类广义的道德教育问题在临教审问题意识中占据了极为重要的位置。

正是基于对教育改革意义的上述认识,临教审在为自己确定的五项任务中至少有三项是与加强道德教育直接相关的,即"第一,对国民强烈要求解决的教育荒废的病理现象,不仅要采取应急措施,更重要的是深刻挖掘其内在的主要原因,提出综合的、基本的改革思想。"第三,"重新指出以往教育为适应社会的急剧变化而往往忽视的尊重自由与个性、礼仪与自律、对他人的同情心、丰富的情操、个人与集体的协调、对大自然和神灵的敬畏之心等的重要性。"第四,"正视战后未被充分考虑的我国文化、社会的个性,提出培养具有日本人觉悟的模式"。此外,为了突出道德教育的地位,临教审还把以往的"智德体"的顺序改为"德智体"。

那么,临教审加强、充实道德教育所遵循的是什么样的道德教育理念,所追求培养的是什么样的道德素质呢?与1971年中教审报告不同,临教审报告从正面探讨了教育理念与目标问题:既阐述对《教育基本法》精神的理解,又在此基础上提出了面向21世纪的教育目标。从中我们不难把握临教审的道德教育理念。

临教审第二次咨询报告中强调:"这次教育改革,必须以国民广泛的一致意见为基础,进一步使《教育基本法》精神深深扎根于我国的教育土壤之中,面向21世纪,创造性地继承、发展《教育基本法》精神,并在实践中加以具体化。"那么临教审又是如何"创造性地继承、发展"《教育基本法》精神，并使之"具体化"的呢？临教审报告对《教育基本法》精神的理解大体包括三方面内容：第一，对《教育基本法》第一条"教育目的"中"完善人格"这一概念的理解。即"'以完善人格为目标'的'人格'，是与单纯的自然人不同的观念，即理想的人的类型。'完善人格'以理性和自由的存在为基本前提，存在于人的无限地趋向于真、善、美的理想行为之中。'完善人格'作为教育努力的最终目标，正是在于超越整个自然人，永远不断地追求普遍的、理想的、超越性的最终价值的人的行为之中。……重视个性的思想也是以完善这样的人格为目的的"。这一理解与战后初期日本研究部省的正式解释不完全相同，更加接近于田中耕太郎的思想。第二，关于作为"和平国家与社会的建设者"的"身心健康的国民"所应具备的素质，特别强调"努力培养以实现成熟的和平国家、文化国家、民主主义为目标的正确的国家意识，自觉意识到劳动和责任等等的社会责任感，继承创造性发展个性丰富的文化和传统"。这与战后初期最重视真理、和平、民主主义等对每个人来说都有普遍意义的价值并在对这些价值的追求中寻求"和平的国家、社会的建设者"的素质这一本来解释是有所不同的。第三，对"个性"的理解。临教审报告指出，这次教育改革中最重要的就是重视个性的原则，而重视个性的原则又是在"个人尊严、个性尊重、自由与自律、自我负责原则"的意义上加以使用，并且指出对"个人尊严、个性尊重、自由与自律、自我负责"的理解应该包括以下三个方面：（一）"'把个人尊严、个性尊重'的意义恰当地摆在个人、集体、社会、国家、历史正确的均衡关系和相互关系之中"。（二）"个性，不仅指个人的个性，还意味着家庭、学校、社区、企业、国家、文化、时代的个性"。（三）"自由，与放纵、无秩序、无责任、无纪律是完全不同的。自自，伴随着重大的自我责任感。人们生活于选择自由日益扩大的社会，在享受自自的同时，必须具备足以承受自由与责任的巨大能力"。由于"重视个性的思想也是以完善人格为目的"，而且由于个性"不仅限于个人的个性"，而且适用于国家、社会的个性等"更广泛的意义上"，所以通过重视这种"个性"，就可实现"完善人格"与"形成国民"的统一。这就是临教审的基本思路。

基于对《教育基本法》精神的"创造性继承发展"和对日本教育的历史、现状与未来的把握，临教审确定了面向 21 世纪日本的教育目标：

第一，宽广的胸怀、健壮的体魄、丰富的创造力。这一目标主要是出于"克服教育荒废、培养能担负起 21 世纪重任的儿童"的目的而提出的。关于这一目标，报告的解释是:"既然教育的目的在于完善人格,那么实现这一目的的基本,必须是在德智体的协调中,重视培养不断追求真、善、美的'宽广的胸怀'和'健壮的体魄'。它包括理性与感性、逻辑与伦理、对人和自然的慈善与同情心、感恩心理以及丰富的情操、对神灵的敬畏之心等等"。"面向 21 世纪,必须在艺术、科学、技术等所有领域,发挥丰富的创造力的作用。"而"这种创造力,只有在以'宽广的胸怀'和'健壮的体魄'这身心两方面的健康为基础的、坚忍不拔的、旺盛的生命力中,才能创造出来。"其中不难发现临教审对道德教育特别是道德情感、宗教情操教育的极大寄待。

第二,自由、自律与公共的精神。这一目标是临教审向基于对"21 世纪社会的变化、文化的发展、各种领域选择机会的扩大"这一情况的考虑而提出的。所谓"自由、自律的精神"主要指"独立思维、判断、决定,认真负责的主体的能力、愿望和态度等等";而所谓"公共的精神"主要包括"为公而鞠躬尽瘁的精神,对他人的同情心,为社会服务的精神,热爱乡土、社区和国家之心,尊重社会规范和法律秩序的精神,以及对多元文化的宽容之心。"

第三,面向世界的日本人。这是临教审基于日本社会进入新的国际化阶段的认识而提出的。即在国际相互依赖关系日益加深的过程中,为使日本"能作为国际社会一员而继续发挥作用,必须放眼全人类,在各个领域为国际社会作出新的贡献";而为了达到继续生存并贡献于国际社会的目的,必须"培养能真正获得国际社会信赖的日本人,即造就'面向世界的日本人'";而要造就"面向世界的日本人",又必须使学生"对日本历史、传统、文化、社会具有广泛而又深刻的认识和有说服力的自我见解","具有爱国心",同时"使学生深刻理解多元文化,培养学生在国际交往中充分沟通思想的能力",表明了对"爱国心"和文化传统教育的关心和重视。

由以上考察,我们可以看出临教审咨询报告对心灵教育、道德教育的高度重视,同样也不难发现临教审所说的心灵教育、道德教育带有浓厚的新保守主义色彩。事实上,临教审所设计的日本教育改革在整体上充分贯彻了中曾根的思想,体现了新自由主义与新保守主义思想的高度结合,即在教育制度改革上,将市场原理引入教育,尽可能地把国家对公共教育的管制限制到最低程度,推动日本的教育朝着个性化、多样化、自由化、分权化的方向发展,体现了浓厚的新自由主义色彩;而在教育原理、原则方面,又渗透着国家主义、民族主义的思想,强调通过心灵教育、道德教育弘扬民族文化传统，加强国民整合，带有浓厚的新保守主义色彩。关于 20 世纪 80 年代以来日本教育改革中新自由主义与新保守主义的结合，高益民的分析是正确的，日本的"新自由主义虽然一开始就打着消除国家干预的旗号，但它不可避免地要与新保守主义势力相结合，最终走向国家权威统治，这是新自由主义不可克服的内在矛盾。这是因为，新自由主义在消解了原有行政统合力量之后，缺少新的统合力量，它只有靠诉诸国粹主义或民族主义来加强其国家统合力量。"①

三、20 世纪 90 年代中教审教育改革构想告中的道德教育理念

进入 20 世纪 90 年代之后，日本文部省继续沿着临教审报告的路线不断推进教育改革。在临教审解散之后，中教审起到了主导作用。第 14 届中央教育审议会相继于 1990 年和 1991 年发表了题为《关于终身学习的基础整备》和《关于适应新时代的教育各项制度的改革》的两份咨询报告，前者主要涉及的是如何把临教审提出的向终身学习体系过渡原则具体化的建议，②而后者则主要围绕后期中等教育改革提出建议，并表明日本今后的教育改革原理和方向应该是"由量的扩大转向质的充实"、"由形式平等走向实质平等"和"由偏重偏差值转向重视个性、人性"，实际上是对临教审咨询报告提出的中等教育改革建议的具体化。第 15 届中教审所提交的题为《关于展望 21 世纪我国教育的应有状态》的咨询报告（第一次报告提交于 1996 年，第二次报告提交于 1997 年）中，有关因应学校每周授课五日制教育应有的做法以及如何导入中高一贯教育等政策，都是临教审报告书具体化的结果。特别是第一次报告中提出要在"宽松"的环境中培养儿童的生存能力，并正式将"心灵教育"与"生存能力"并列提出。这也可以视为是临教审所提起的心灵教育和道德教育问题的继承和发展。第 16 届中教审于 1998 年提交了题为"关于从幼儿期开始的心灵教育的应有状态"的咨询报告③，主要关注的还是如何充

---

① 高益民：《日本教育改革的新自由主义侧面》，载《清华大学教育研究》2002 年第 6 期，第 45～52 页。

② 1990 年还颁布了《关于整备终身学习振兴推进体制等的法律》，并成立了终身学习审议会以取代原先的社会教育审议会。这些均体现为对临教审咨询报告所提出的"向终身学习体系过渡"原则的贯彻落实。

③ 副标题是"为了培养开拓新时代的心灵——丧失培养后代心灵的危机——"。

实心灵教育的问题。总体来说,20 世纪 90 年代日本教育改革的基本路线与 1971
年中教审报告,特别是 20 世纪 80 年代中期的临教审报告的精神是一脉相承的,
是对此前路线的继承和发展。

在 20 世纪 90 年代中教审所提交的咨询报告中,有两份报告对于我们考察日
本的道德教育理念、方针非常重要。一是第 15 届中教审于 1996 年提交的《关于
展望 21 世纪我国教育的应有状态》,二是第 16 届中教审于 1998 年提交的《关于
从幼儿期开始的心灵教育的应有状态》。"生存能力"和"心灵教育"是这两份咨询
报告中的核心关键词,也是主导 20 世纪 90 年代日本教育界的主导话语。厘清这
三个关键词,就可以把握住 20 世纪 90 年代日本道德教育理念的基本精神。

(一)生存能力

在宽松的环境中培养学生的生存能力,是第 15 届中教审第 1 次报告的基本
思想,也构成 20 世纪 90 年代日本教育改革的重要指导理念。第 15 届中教审第 1
次报告主体共有三大部分组成:第一部分主要根据儿童的生活现状、家庭和社区
的现状以及今后日本社会发展的展望,阐述了今后日本教育发展的总体方向;第
二部分是在第一部分的基础上,阐述了学校教育、家庭教育和社区教育各自的发
展方向以及三者之间的协作方式;第三部分阐述了日本教育应如何适应国际化、
信息化、科学技术发展和环境问题等社会变化。[①] 报告认为,日本今后的教育应
该把在"宽松"的环境中培养学生们的"生存能力"作为根本的发展方向,并强调
"生存能力"是在学校、家庭和社区相互协作中由整个社会来培养的,每个成年人
都应思考如何在社会的各种场合中培养孩子们的生存能力。

咨询报告在第一部分第三节中比较集中地阐释了"生存能力"的内涵。报告
指出:"今后的孩子们所需要的,是无论社会如何变化,都能够自己发现课题、自主
学习、独立思考、主体地作出判断并行动、更好地解决问题的素质能力,并具有自
律、与他人相协调、同情他人之心、感动之心等丰富的人性。不言而喻,为了茁壮
地成长,健康和体力是不可缺少的。我们把这些素质和能力称作为在今后急剧变
化的社会中'生存的能力',均衡地培育它们是很重要的。"

---

① 本书有关第 15 届中教审第 1 次咨询报告的内容,均请参见:中央教育審議会「21 世紀
を展望した我が国の教育の在り方について(第一次答申)」「EB/OL」http://www. mext. go.
jp/b menu/shingi/12/chuuou/toushin/960701. htm. 2000—1—23.

对于"生存能力"的性质和构成要素,报告还作了进一步的解释。报告指出,首先,"生存能力"是人们在今后急剧变化的社会各种场合中都能够与他人协调并自律地经营社会生活所必需的实践能力。因此,它不是单纯的书本知识,而应是生存的"智慧",是以有关文化和社会的知识为基础,并将其实际运用于社会生活中的能力。其次,"生存能力"不单单是过去知识的记忆,而是在遭遇以前未曾出现的场合时,也能够自己发现问题,独立思考并解决问题的素质和能力。伴随今后信息化的进展越来越需要在泛滥的各种信息中选择自己真正需要的信息并主体性地建立自己的思想的能力,也是这种生存能力的重要要素。再次,"生存能力"不单单是理性判断力和合理精神,也包含为美好事物和大自然所感动之心之类纤细感性。而且感铭优良行为、憎恶错误行为的正义感和重视公正性的精神,珍惜生命、尊重人权的精神等基本伦理观,同情他人之心,慈爱之心,能站在对方立场思考、产生共鸣的温良之心,志愿服务等为社会作贡献的精神,也是构成"生存能力"的重要支柱。第四,健康和体力也是支撑"生存能力"的基础,不可缺少。由上可见,报告所说的生存能力包括德、智、体等多方面要素,正如报告自身所指出的那样,是一种全人性能力。报告认为,培养这种"生存能力",既是适应社会变化的需要,也是自我实现性学习需求增大的所谓终身学习社会中尤其重要的课题。

尽管"生存能力"是一种全人性能力,但是根据第16届中教审咨询报告的理解,儿童应该掌握的"生存能力"的核心是"丰富的人性"。关于"丰富的人性"的内涵,第15届中教审第1次咨询报告中正面列举的只是"自律、与他人相协调、同情他人之心、感动之心"等若干要素,但是在对"生存能力"作进一步解释时提到"为美好事物和大自然所感动之心之类纤细感性"和"感铭优良行为、憎恶错误行为的正义感和重视公正性的精神,珍惜生命、尊重人权的精神等基本伦理观·同情他人之心,慈爱之心,能站在对方立场思考、产生共鸣的温良之心,志愿服务等为社会作贡献的精神",从内容上来看属于"丰富的人性"的范畴。而第16届中教审咨询报告不仅凸现了"丰富的人性"的重要地位,而且更具体地阐明了它的内涵,即:1. 为美好事物和自然所感动之心等纤细的感受性;2. 重视正义感和公正性的精神;3. 珍惜生命、尊重人权之心等基本的伦理观;4. 同情他人之心和社会奉献精神;5. 自立心、自制力、责任感;6. 与他人共生和对异质事物的宽容。从内容上来看,"丰富的人性"的核心是道德,但不限于道德,还包括感性的领域。

(二)心灵教育

临教审报告认为,明治以来的日本教育带有一种明显的"追赶型"特征。学校教育的普及为日本的现代化做出了巨大的贡献,但是另一方面由于日本的教育是划一而且被动的,不能发挥儿童的个性和创造性。正是基于这样的认识,临教审报告强调"心灵教育"对日本今后教育发展的重要性。

而真正使日本人痛感"心灵教育"之重要性的,还是1995年发生的阪神大地震和1996年在神户市发生的中学生刺伤儿童事件。前者使日本人深切地感受到志愿者作用之巨大和同情互助之心的重要性,后者则被理解为日本儿童心灵荒废的象征。[①]

正是因为对心灵教育重要性的认识,第15届中教审把"心灵教育"与"生存能力"并列提出。特别值得指出的是,第16届中教审在1998年提交的咨询报告专门阐述心灵教育问题,这在中教审历史上尚属首次。中教审之所以对心灵教育问题给予这么大的关注,是与它深切感到日本社会整体存在严重的道德危机有直接的关系。报告认为,日本成人社会的以下风潮给儿童产生了巨大影响:第一,首先考虑的是个人的利害得失,不考虑整个社会和他人;第二,把责任转嫁给别人,缺乏责任感;第三,首先考虑的是物质、金钱等物质价值和享乐;第四,轻视为实现理想和目标而付诸努力,特别是不愿为使社会更加美好做出诚挚的努力;第五,忘记了宽松舒畅的重要性,只重视便利性和效率性。[②] 报告指出,由于成人社会存在如此道德低下的问题,使得如下之类的成人大幅增加:不和儿童谈对新时代憧憬和开拓未来的重要性的成人;对应该向儿童传授的价值观没有把握的成人;对管教孩子丧失自信,回避努力的成人;对培育儿童缺乏耐心。报告认为日本整个社会正在面临着"丧失培养后代心灵的危机",而这正是日本面临的根本问题。基于以上认识,为了培养儿童"丰富的人性",中教审要求在培养儿童心灵上负有重大责任的成人社会,要正视"丧失培养后代心灵的危机",改变道德低下状况,拿出勇

---

① 新堀通也『志の教育』東京:教育開発研究所、2000年、253～254頁。

② 本书有关第16届中教审1998年提交的咨询报告的内容,均请参见:中央教育審議会「新しい時代を拓く心を育てるために—次世代を育てる心を失う危機—」(答申)。[EB/OL] http://www.mext.go.jp/b menu/shingi/12/chuuou/toushin/980601.htm♯1～4. 2001—4—20.

气和力量建设更加美好的社会,以消除危机。

　　进入 20 世纪 80 年代尤其是进入 90 年代之后,在日本可以说没有人会否定"心灵教育"的必要性和重要性。但是,要回答"心灵教育"到底是什么、如何实施这些问题,就没有那么简单了。因为不仅 20 世纪 80 年代的临教审报告没有正面解释"心灵教育"的具体含义,就连 90 年代的中教审咨询报告也没有正面去界定"心灵教育"的内涵。关于"心灵教育"的内涵,人们并没有取得共识。"心灵教育"概念具有多义性、暧昧性的特征。①

　　尽管如此,还是可以透过审议会咨询报告的字里行间看出"心灵教育"的内容和领域。根据竹田清夫的考察,从临教审咨询报告的宗旨来看,"心灵教育"的领域属于广义的德育,即不仅仅涉及狭义的道德性,而且是包含感性和情感教育的领域。换句话说,是指智育和体育以外的领域的教育,或者还可以说就是"情意的教育"。② 如果作此理解的话,我们就不能说以往日本的教育完全不进行情意方面的教育。因此,重要的是要明确近来所强调的"心灵教育"在情意教育上到底特别强调何种内容。根据竹田清夫的归纳,临教审报告所强调的情意教育的内容主要包括以下几方面:1. 有关情操的内容;2. 有关情感的内容;3. 有关自制精神的内容;4. 有关公德心的内容;5. 有关意志和态度(行动的样态)的内容。③

　　20 世纪 90 年代中教审咨询报告中也没有对"心灵教育"做出正面的解释,但是从报告的宗旨来看,处于临教审报告关于"心灵教育"内涵理解的延长线上。从

---

　　① 新堀通也认为,"心灵教育"这一概念具有如下几个特征:第一,囊括性、多义性。"心灵教育"不是一个严格的学术用语,而是一种通俗的概念。是一个可以做多种解释的多义性概念。这主要由于"心灵"的定义和概念不明确之缘故。理性、意志、感情是"心"的一种,性格、态度、意识也是"心"的一部分。由于"心"概念的广义性,"心灵教育"的概念必然暧昧不清。不仅道德教育、情操教育等可以视为心灵教育,智育也可以视为"心灵教育"的一部分。因此,"心灵教育"可以与全人教育乃至教育一语互换。第二,情绪性、感情性。尽管具有上述的多义性,但是"心灵教育"具有一种情绪性、感情性或文学性的语感。"心灵教育"的主张之所以能够获得共鸣和支持,与"心灵教育"重视感情、感性、情操等有密切关系。第三,内面生和观念性。"心灵教育"重视的是内在的东西,重视动机甚于结果,重视质甚于量,重视理想甚于现实,重视成长甚于成绩。正由于"心灵"是眼睛看不到的,所以"心灵教育"的课程化和评价起来都很困难。参见:新堀通也著『志の教育』東京:教育開発研究所、2000 年、254～256 頁。
　　② 竹田清夫『再考・「心の教育」——情意の教育——』東京:東信堂、1993 年、21 頁。
　　③ 竹田清夫『再考・「心の教育」——情意の教育——』東京:東信堂、1993 年、26～28 頁。

以上中教审报告中关于"丰富的人性"的理解来看,所谓"心灵教育"可以视为培养"丰富的人性"的教育。如此理解的话,"心灵教育"属于"生存能力"教育的核心组成部分。

而在第 16 届中教审 1998 年提交的咨询报告中有"(使学生)掌握'生存能力',培养(他们)开拓新时代的进取心"这样的表述。按此表述的逻辑,"心灵教育"与"生存能力"教育就是目的与手段的关系。关于"心灵教育"与"生存能力"的关系,新堀通也曾作过类似解释。他说:"最近广泛主张的'心灵教育'与'生存能力'是表里一体、密不可分的关系。不把'心灵教育'单纯地限定在情感和个人的意义上,而是将其扩大到实践的、社会的意义上,这可以说就是'生存能力'的主张。"①也就是说,日本主张"心灵教育"的目的不尽仅在于使学生具有内在的丰富心灵,而且还寄希望于其内在的丰富心灵能够转化为外显的具体行为。而由于"心灵"属于内在的、观念性的、主观的层面,所以只有与"力"相结合,才能表现为外在的、具体的客观的行为。所以在此意义上讲,"生存能力"教育就是"心灵教育"的手段。

如此看来,"心灵教育"既是"生存能力"教育的重要组成部分,也是"生存能力"教育的目的。其实如果我们将"心灵教育"和"生存能力"教育两个概念分别置换成"德育"(心灵教育就是广义的德育)和"教育"("生存能力"是需要通过整个教育来培养的),就不难理解其关系了。因为"德育"既是"教育"的重要组成部分,也是"教育"的道德目的。因此,重要的不是"心灵教育"与"生存能力"教育的关系,而是"生存能力"教育的道德目的——"心灵教育"到底具有何种不同于以往道德教育的特征。

20 世纪 90 年代日本加强"心灵教育",一方面有着应对势头不减的教育荒废的当下考虑(对"珍惜生命、尊重人权之心等基本的伦理观"、"为美好事物和自然所感动之心等纤细的感受性"和"同情他人之心"等的强调体现了这方面的考虑),更有配合政府推进"新大国主义"路线的新保守主义战略意图。第 16 届中教审 1998 年提交的咨询报告在第一章一开始就提出"(使学生)掌握'生存能力',培养(他们)开拓新时代的进取心"的建议,并作了如下的解释:

---

① 新堀通也『志の教育』東京:教育開発研究所、2000 年、270 頁。

我国作为自由民主的国家,一直致力于形成国民富裕、安心地生活的社会和为世界和平作出贡献。而且我国具有应该继承的优秀文化和传统价值。诚实与勤勉、相互体贴与协调的"和的精神"、敬畏自然和与自然和谐生存之心以及宗教情操等,在我们的生活中都一直得到珍视。在以我国先人如此杰出的努力、传统和文化为傲的同时,必须培养积极开拓今后新时代的日本人。

可以预想21世纪,伴随科学技术的发展和高度信息化社会的实现,社会面貌将发生巨大变化,地球环境问题、能源问题、粮食问题等威胁人类生存基础的问题将更趋严峻。这不仅意味着21世纪对人类而言是严峻的危机时代,也可以说赋予了我们"改善人类环境,创造人类共享和平和幸福而生存的世界"的充满梦想的重大课题。

立足这样的认识,为了将担负新时代之责的孩子们培养成为胸怀对未来的梦想和目标,积极果敢地参与到创造性地建设充满活力的富裕国家和社会和解决全球问题的行动中,在世界上获得信赖的日本人,社会整体都参与到使孩子们掌握"生存能力"(自己发现课题,自主学习、独立思考的能力,正义感和伦理观等丰富的人性,健康和体力)的行动中来,非常重要。

可见,日本要加强的"心灵教育",意在培养能够弘扬日本文化和传统,并能够做出"国际贡献"的"在世界上获得信赖的日本人",充分体现了日本要培养与日本作为"大国"相适应的日本人的政治意图。

第三节　特设道德教育体制的充实与改善

进入20世纪70年代以来,日本对充实、加强道德教育表现出更大的热情。作为其背景主要有三:以成熟化、信息化、国际化为典型象征的日本社会的急剧变化与全面转型逐渐使日本人意识到日本的道德教育必须适应新的时代要求进行相应的充实与改善;以欺侮、校内暴力、不登校等为主要表现的教育荒废的愈演愈烈迫使日本人通过加强道德教育来收拾局面;学校现场中道德教育没有充分地进行这一状况,增强了日本人充实与改善道德教育的紧迫感。

正是在这场重视、加强道德教育的过程中,日本的特设道德教育体制得到了充实与改善,换句话说,日本加强道德教育的目的是通过充实与改善特设道德教育体制来实现的。充实与完善不仅体现在目标与内容上,而且也贯穿于方法中。当然,由于以上背景本身的变化以及人们认识程度所限,充实与改善也体现为一个过程:20 世纪 70 年代大体上仍处于过渡与摸索阶段,真正的充实与改善还是在进入 80 年代之后。以下主要以 20 世纪 70 年代至 90 年代的三次课程改革为线索,考察一下特设道德教育体制下道德教育内容与方法的变化。

一、20 世纪 70 年代课程改革中的道德教育

尽管 1968 年修订的《学习指导要领》本着精选、压缩教育内容的基本方针,但实际结果却表现为教育内容量的增大和质的深化,从而出现了不能理解学习内容的学生增多、学生间学力差距扩大的严重局面。而另一方面,教育荒废也日趋成为深刻的社会问题,到了不得不予以解决的地步。为了解决这些教育问题,文部省于 1973 年 11 月向教课审提出了《关于修订小学、初中及高中教育课程》的咨询。接受咨询之后,教课审进行了长达 3 年多时间的审议,于 1976 年 12 月向文部大臣提出《关于改善小学、初中及高中教育课程的基准》的最终咨询报告。在这一咨询报告中,作为改善教育课程基准的基本方针,教课审提出要"重视培养具有进行自主思考和正确判断之能力的学生",同时还提出了要达到如下三个目标:1. 培育具有丰富人性的学生;2. 为学生安排宽松而又充实的学校生活;3. 在重视作为国民所必需的基础、基本内容之同时,开展适应学生个性与能力的教育。①根据这一基本方针,文部省对《学习指导要领》进行了修订,于 1977 年 7 月公布了新的小学和初中《学习指导要领》,于 1978 年 8 月公布了新《高中学习指导要领》(通称 1977 年版《学习指导要领》)。新的小学、初中、高中《学习指导要领》,分别从 1980 年、1981 年、1982 年开始全面实施。1977 年版《学习指导要领》在课程领域上照旧,即小学和初中课程由三个领域构成,高中课程由两个领域构成,科目设置也未有太大变动,但从总体来看,与以往的《学习指导要领》相比,具有如下特点:

第一,根据高中升学率超过 90%、高中教育显著普及的实际状况,把包括小学、初中和高中第一年共 10 年的时间作为安排共同必修课程的时间,把高中后两

---

① 教育課程審議会「小学校、中学校及び高等学校の教育課程の基準について」(答申)、1976 年 12 月 18 日。

年用来安排适应学生个性的选修课程的时间,在使小学、初中、高中的学校教育保持一贯性的同时,对课程进行重新编制。

第二,为学生安排宽松的学校生活的观点,对年度的教学时数削减了10％左右,与此同时对各学科的内容也作了大约20～30％程度的删减。由于削减教学时数而产生的时间由各学校用来开展具有创意性的教育活动。

第三,各学科的内容在作了大幅度削减的同时,精选成各学校阶段、学年阶段确实应该掌握的基础、基本内容。

第四,为了培养具有丰富人性的儿童,从着眼于学生智、德、体协调发展的观点,更加重视道德教育和体育。

教课审的教育课程改善原则,同时也就是1977年版《学习指导要领》的特点,归纳起来就一句话:在削减学科课程教学时数之同时,把重心移向道德教育、特别活动及学科外活动等中,以应付"落后生"增多,教育荒废日盛等教育问题。[①]

那么,这次学习指导要领修订的总体宗旨又是如何体现并贯彻于道德教育之中的呢? 或者说,新的《学习指导要领》中,对道德教育是如何规定的呢? 从新《学习指导要领》的总体精神和内容来看,基本沿袭以往的道德教育立场,并在此前提下,对其进行了整理和综合。具体体现在以下几方面:

第一,基本目标与内容大体未变,但有所侧重。在教课审审议的过程中,就把道德教育问题作为"有关学校教育之基本"的问题予以对待,并表示要努力对其进行进一步的充实。审议的结果,得出如下结论:"关于道德教育,作为其基本理念与基准而规定的内容等大体上按照现行不变,但鉴于学校教育所处的现状,尤其要更加重视设法培养尊重日常社会规范的态度,培育在现在的社会状况下特别要进行培养的德性,如自主自律、社会连带、尊重劳动、热爱自然和人与服务的精神、纪律与责任、爱国心与国际理解等,进而还有对超人力量的敬畏之念等。"尽管出于扼制对教育荒废等教育问题的发展势头之目的,对道德教育理念的内容有所侧重,但从总体上来看仍没有摆脱《理想的日本人》的基本框架与精神。在这次修订中,尤为引人注目的一点就是把"君之代"明确规定为日本的国歌。在此前的《学习指导要领》中,对"君之代"只是作了这样的规定,即"在国民的庆祝日等举行仪

---

① 水原克敏『現代日本の教育課程改革──学習指導要領と国民の資質形成──』東京:風間書房、1992年、575頁。

式之场合,希望在使儿童理解这些节日等的意义之同时,升国旗,齐唱《君之代》"。
而在 1977 年版《学习指导要领》中,则改成"希望……齐唱国歌",并规定在小学音
乐课中,"国歌《君之代》要在各学年,根据儿童的发展阶段,进行指导",从而明确
了《君之代》的国歌性质。《君之代》国歌化问题,在前述的教课审中并没有进行审
议,是文部省在修订学习指导要领的最终阶段,将《君之代》改为"国歌"的。对文
部省的这一做法,社会上出现了强烈的反对。日教组等团体联名要求把"国歌"两
字从《学习指导要领》中删除,认为若把《君之代》作为国歌在《学习指导要领》中公
布的话,就是对宪法、《教育基本法》中所规定的教育自主性的破坏,是对教职员、
学生的思想、信条、学术自由加以抑制,进而是对所有国民、所有儿童自由的侵犯。
但是文部省以这一做法代表了大部分国民的感情,以理所应该为由而未作改变,
原样公布了《学习指导要领》。这样,国家的正式文书首次使用了"国歌"来表示
《君之代》。这一做法实际上是保守政府战后一直坚持的爱国心教育路线的继承
与发展。此外,对道德课的内容进行了整理和综合,小学由 32 个项目整成 28 个
项目,初中由 13 个项目增加到 16 个项目。

第二,强调道德实践指导,并因此强调道德课的指导与各学科及特别活动等
中的道德教育之间的合作,进而还有学校与家庭、社会之间的协作。教课审咨询
报告和新学习指导要领的上述规定归纳起来不外乎是要表明两点:一是加强特设
道德教育体制各构成要素之间的有机配合。特设道德教育体制功能的正常有效
的发挥有赖于其构成要素间的有机配合,虽然道德课是其中的核心,但它的作用
的发挥还必须以其他教育活动中道德教育正常有效的进行为前提,因为它的作用
是对其他教育活动中的道德教育进行补充、深化和统合。自 1958 年以来,日本虽
然在原则上仍然维持全面主义原则,但在实践中却多流于形式,而专注于道德课
的教学,结果使学校道德教育的整体效果也受到了很大的影响。因此,这次修订
中表达了要加强其他教育活动中的道德教育,在此基础上实现与道德课的相互支
撑、相互合作。然而要真正达到合作的目的,还必须有一种明确的分工意识,即让
道德课与其他教育活动在各自有效的发挥各自职能的基础上实现合作。因此,新
学习指导要领强调要在学校教育的整体安排,特别是道德课以外的教育活动中加
强道德实践指导,而在道德课中加强道德实践能力的培养,通过道德实践指导和
道德实践能力培养的有机配合,达到充实道德教育的目的。所谓"道德实践能

力",根据文部省的解释,是一个包括道德情感、道德判断力、道德态度和实践意愿的概念,与包含日常生活中的行为化、习惯化的"道德实践"概念不同,"每个儿童(学生)把各种道德价值作为自己的自觉,主体地进行把握,即使在将来遇到的各种场合、状况中均可以为了实现价值选择,践行最适当的行为的内在素质"。[①]

　　二是加强学校与家庭、社区之间的协作。正如道德课的作用在于对学校其他教育活动中的道德教育进行补充、深化和统合一样,在一定意义上也可以说学校道德教育作用亦在于对家庭、社会中的道德教育的补充、深化和统合;正如道德课功能的有效发挥需要其他教育活动中的道德教育作为其基础与前提一样,学校道德教育作用的有效发挥也有赖于家庭、社区教育职能的有效发挥,需要家庭、社区方面的协作。特别是在道德实践指导方面,离开家庭、社区的协作是根本无法进行的。正是基于这一认识,新的学习指导要领强调学校与家庭、社区之间的协作。在《学习指导要领》总则中强调这一点,这还是首次。可以说也正是有着这样的认识,文部省早在1975年度就开始在构筑校内有机协作的道德教育体制之同时,展开地域化道德教育政策,谋求建立学校、家庭、社区三位一体的道德教育体制。其典型体现是建立了"道德教育协同推进校制度",以取代自1963年开始的"道德教育研究校制度"。这一"道德教育协同推进校"制度的具体做法是,文部省指定同一市町村内的若干所小学和初中(各自至少一所以上)组成一组协同推进校,促进在道德教育上小学与初中之间的互相合作以及学校与市町村社区之间的密切配合。文部省还进而于1984年度开始在各都道县设置"道德教育推进校"(学校与家庭协作推进校),在学区内与家庭、社区的协作下研究"学校内外一贯的道德教育应有状态",在这些学校里还设置由教师、家长等组成的"学校家庭协作推进会议"。这一做法与20世纪60年代强调由学校来弥补家庭、社区道德教育职能弱化所带来的不足的态度是有着根本的不同。之所以如此转变,是因为人们认识到,学校教育有所能,亦有所不能;学生道德体验不足等问题是很难由学校来解决的,究其根底有着终身教育的思想。但正如终身教育思想在20世纪70年代的日本尚处于提出和摸索阶段一样,构筑地域化道德教育体制问题也处于提出与摸索阶段,其具体实施只限于部分学校和地区。

---

① 間瀬正次『戦後日本道德教育実践史』東京:明治図書出版、1982年、127~128頁。

二、20 世纪 80 年代课程改革中的道德教育

如前所述,日本第三次教育改革全面、深入的展开是在进入 20 世纪 80 年代中期以后的事,而为其指明方向的是临教审的四次咨询报告。从临教审对教育改革意义的认识、临教审的基本任务乃至临教审报告所确立的面向 21 世纪的日本教育目标中,我们可以看到临教审报告对心灵教育、道德教育是何等的重视。不仅如此,我们还可以从咨询报告中发现诸多关于充实、改善道德教育的建议。而临教审报告关于充实道德教育的建议的总体精神则是"在谋求搞活学校道德教育的同时,通过学校、家庭、社区中的各种活动来培养德性",特别是学校要在"与家庭、社区的协作"下,"通过学校全部教育活动""进一步充实德育"。

临教审的这一精神自然也反映在作为临教审教育改革的重要一环——课程改革中。教课审从 1985 年 9 月开始,以面向 21 世纪构建从幼儿园到高中,具有一贯性、协调性的课程为主要议题进行审议。经过两年多的审议,于 1987 年 12 月 24 日提出最终咨询报告《关于改善幼儿园、小学、初中及高中的教育课程基准》。该咨询报告在其前言中强调,本次教育课程基准的改善"一方面要基于前次教育课程基准改善中谋求向培养自主思考,主体地进行判断、行动之能力的教育的质的转变这一基本观点,另一方面面向 21 世纪,立足于培养生存于国际社会的日本人这一观点,重视作为国民所必需的基础、基本内容,谋求充实发挥个性的教育,同时谋求培养具有自主学习的意愿,可主体地适应社会变化、具有丰富的心灵、坚强地生存的人尤为重要",表明了本次课程基准的修订基本上继承前次修改的基本方针,以教育课程的人性化取向为基调,同时注意适应国际化、信息化等时代变化的需要。基于以上观点,咨询报告提出以下四点作为本次教育课程基准所要达到的目标:(一)谋求培养具有丰富心灵、坚强生存的人;(二)重视培养自主学习的意愿和主体地适应社会变化的能力;(三)重视作为国民所必需的基础、基本内容,谋求充实发挥个性的教育;(四)加深国际理解,重视培养尊重日本研究化与传统的态度。① 从这四点目标来看,有许多是 1958 年、1968 年、1977 年的历次修订中一贯强调的事项,即"充实道德教育"、"重视基础、基本的内容""充实发

---

① 以下凡有关 1987 年教科什咨询报告的内容,均请参见:教育課程審議会「幼稚園、小学校、中学校及び高等学校の教育課程の基準の改善について」(答申)、1987 年 12 月 24 日。

展个性、适应能力和适应性的教育"等;而且亦与临教审关于"改善教育内容"所强调的事项相同。从学习指导要领历次修订中出现共同强调的事项而言,这一方面说明日本教育发展的重点所在,另一方面也证明教育绝非一朝一夕就能实现充实的目的,需要持续不断地朝着既定的理想执著地前进。

根据教课审咨询报告的基本精神与建议,文部省于 1989 年 3 月公布了小学、初中和高中的《学习指导要领》,并规定分别从 1992、1993 和 1994 学年度起全面实施。这次学习指导要领的修订,从总体上来看是以"重视、充实道德教育"为主要支柱的,所重视和充实的内容始自基本生活习惯和礼仪教育直至作为生存于国际社会的日本人的自觉这一作为人的生存方式的教育。着眼于通过整个教育而不是通过零敲碎打的方式来充实道德教育是本次修改的一大特色。因此,这次修订,对于道德教育来说是一次根本的重审,但是在以下几点依然坚持以往的方针:(一)教育课程的领域依然不变,即义务教育阶段由各学科、道德、特别活动三部分构成,高中由两个领域构成;道德课的地位不变;(二)学校道德教育通过学校全部教育活动来进行的原则不变;(三)一周一学时的道德课对全部教育活动中的道德教育进行补充、深化和统合的性质不变。(四)道德教育应从幼儿园、小学、初中至高中一贯地进行这一原则不变。在以上的方针下,对道德教育进行了如下几点的充实与改善。

第一,道德教育目标中加上了"对生命的畏敬之念"和"具有主体性的日本人"两点。新的学习指导要领对小学和初中的道德教育的目标做出下的规定,即"道德教育的目标在于,依据《教育基本法》及《学校教育法》所规定的教育的根本精神,为了培育将尊重人的精神与对生命的畏敬之念运用于家庭、学校及其他具体的社会生活中,努力创造个性丰富的文化和发展民主的社会与国家,进而为和平的国际社会作出贡献的具有主体性的日本人,培养作为其基础的道德性。"这一规定与以往学习指导要领关于道德教育目标的规定基本相同,但具有以下两个特点:(一)在"尊重人的精神"这一目标基础上又加上了"对生命的畏敬之念"。本来"尊重人的精神"中就包含有尊重生命的含义,这次将"对生命的畏敬之念"放在与"尊重人的精神"并列的位置上,据文部省道德指导书的解释,三要有两方面意图:一是深化"尊重人的精神"。即"对生命的畏敬之念"是在深究人的存在本身或生命本身的意义时所要求的基本精神,意味着对生命的宝贵性、重要性的意识,对有生命的东西的怜爱、畏惧、敬重、珍重。由此,可以加深对自己与他人生命的尊贵性和生存之美妙的自觉。二是拓展"尊重人的精神"。即"这里所说的生命,不仅仅是人,还包含所有的生命。由此,可以使(学生)认识到人的生命存在于与一切生命的关系和协调之中,形成对所有有生命的东西的感谢之心,从而通过这些进一步培育丰富的心灵。"[1]同时,正如道德指导书以下一番话所表明的那样,强调"对生命的畏敬之念"具有借此扼制教育荒废的意图,即"考虑到今日越来越凸显的自然环境恶化和儿童自杀、欺侮、非行等问题,就更应该重视对生命的畏敬之念。"[2](二)将以前道德教育目标中的"培养……日本人"改为"培养……具有主体性的日本人"。加上"具有主体性"一词,据文部省方面的解释,主要是为了强调以下几点:(一)培养能够主体地适应社会变化的人;(二)培养能自觉认识到自己在国际社会中的作用与责任,并积极为国际社会作贡献的日本人;(三)培养掌握自律的道德性、具有坚定生活信念的人。如果说教课审所提出的教育课程基准改善的四个目标可以归纳为"培养具有丰富的心灵、具有主体性的日本人",那么新学习指导要领对学校道德教育目标的规定中加上了"对生命的畏敬之念"和"具有主体性的日本人",可以说是将这次教育课程基准修订的意图更加明确化了。

第二,道德课内容的重构与重点化。在以特设道德课为核心的特设道德教育体制下,道德课的教育内容当然也是学校全部教育活动中的道德教育内容。道德课的内容自1958年公布以来,经过1968年和1977年的修订,作了若干的整理和综合,并在文字上也作了某些修改,但基本上没有什么变化。然而,这次根据教课审的咨询报告,对其进行全面的再研究,以谋求其重构与重点化。首先是内容的重构(或重组)。基于教课审咨询报告的精神与建议,新学习指导要领中,"为了明确内容的整体构成及相互间的关联性与发展性",对道德课的内容项目按照以下四个视点进行了分类和整理:(一)主要有关自己自身的内容;(二)主要有关与他人关系的内容;(三)主要有关与大自然和崇高事物的关系的内容;(四)主要有关与集团、社会的关系的内容。之所以作如此分类,是基于这样的认识:人是在各种各样的关系中生存,并在这种关系中发现、学习各种各样的道德,形成人格。正是在这一意义上,视点(一)把自己的存在方式放在与自己自身的关系中进行把握,

---

[1]　文部省『小学校指導書道徳編』東京:大蔵省印刷局、1989年、12頁。

[2]　文部省小学校課、幼稚園課編集『初等教育資料』1988年第11号第44頁。

以谋求形成理想的自我。视点（二）把自己放在与他人的关系中，以求培育理想的人际关系。视点（三）是把自己放在与自然、美好的东西、崇高的东西的关系中，以达到加深作为人的自觉的目的。视点（四）把自己放在与各种各样的社会集团、国家、国际社会的关系中看待，以谋求立足于生存于国际社会中的日本的自觉，养成作为民主的文化的社会和国家成员所必需的道德性。四个视点之间的关系是：由于人是自律的人格，所以视点（一）的内容是其他（三）个视点的内容的基础（或者说是出发点）和归结点；视点（二）的内容是视点（四）内容的基础，视点（四）的内容是视点（二）内容的发展；如果从视点（一）和（二）深究自我的存在方式，视点（三）的内容就尤为重要；从视点（三）来把握视点（四）的内容，就能进一步加深对其的理解。①

其次是内容的重点化。以前的学习指导要领中所规定的内容项目原则上在各学年都必须进行指导，但是在实践中，像"人类爱"、"国际理解"等内容的教育在低年级是很难进行的，所以在新的学习指导要领中，就根据学生的生活技术掌握程度和发展阶段、认识道德价值的能力程度和社会认识的广度等发展特点，把义务教育阶段分成小学低年级（1、2 学年）、中年级（3、4 学年）、高年级（5、6 学年）和初中四个阶段，系统而有重点地安排内容。小学低年级安排 14 个项目，中年级为18 个项目，高年级则安排 22 个项目，初中阶段也将原来的 16 项内容重组为 22项。结果，内容安排就呈现以下三种形态：（一）随学年阶段的上升而逐渐减少的内容，这主要是有关基本生活习惯的内容；（二）随学年阶段上升而逐渐增加的内容，这主要是与社会生活有密切关系的内容，如低年级以家庭以及近邻社会为对象，而随着年级的上升，逐渐扩大到对社区、国家和世界的关心；（三）各学年始终强调的内容，这主要是有关对自己的诚实、有节制的生活态度、诚恳的礼仪、同情他人之心、热爱自然、对美好和崇高事物的虔敬、为公共社会尽力、遵守社会规范、敬爱家族、关心日本研究化和传统等内容。② 当然始终强调的内容并非始终是一个形式，而是有一个由简单到复杂，逐步整合的过程。

第三，强调通过丰富的体验，培养植根于儿童心灵深处的道德性，并因此更加重视加强道德课的指导与全部教育活动中道德教育之间的联系，以及学校与家

---

① 　文部省『小学校指導書道徳編』(1989 年版)、17 頁。
② 　瀬戸真『道徳教育の改善と課題』東京：国土社、1989 年、33～34 頁。

庭、社区之间的协作。新学习指导要领总则中关于道德教育的规定,在以往的内容基础上加上了这样一句话:"必须考虑设法通过丰富的体验培养植根于儿童内部的道德性"。重视体验不仅限于道德教育领域,而且是本次课程基准修订中的一个基本姿态。根据这一思想,道德教育中不仅仅要靠道德课,而且要通过儿童在学校整体教育活动中的体验来培养道德性。用文部省道德指导书的话来说,总则中加上这一句是"出于进一步谋求通过学校教育整体以自然的形式培养自律的道德性的考虑"。应该说,此前的道德教育中也并非无视通过学校教育整体在体验中培养道德性这一点,此前特别是 1977 年版学习指导要领强调通过学校教育全部教育活动中的道德教育加强道德实践指导就是一个例证。这次之所以强调"丰富的体验",是出于对原则上或口头上高唱全面主义道德教育,但在实践中嫌麻烦,而把道德教育重任全部委托于道德课的倾向的反省,意在回到道德课特设时的原点,强调道德教育要同时在道德课与学校全部教育活动中进行,通过二者的相互配合来充实道德教育。①

强调全部教育活动中的道德教育特别体现在这次修订中对特别活动、国语科,此外还有这次小学里新设的生活科,均按照有助于道德教育的思想安排内容上。比如在新学习指导要领中,作为选择国语教材时应该考虑的事项,指出"要有助于培育明朗地生活、坚强正确地生存的意志";"要有助培养尊重生命,同情他人之心";"要有助于培养热爱自然、为美好事物感动之心";"要有助于培养对我国文化与传统的理解与热爱";"要有助于培育以作为日本人的自觉热爱国家,祝愿国家和社会发展的态度";"要有助于理解世界风土与文化等和培养国际协调精神"等。② 这些注意事项本身就充分显示了国语科与道德教育的密切联系。生活科是小学 1、2 年级中为取代理科和社会科而新设的一个科目。之所以取消小学 1、2 年级的理科和社会科而新设生活科,就是为了加强学生的体验学习,加强对学生的基本生活习惯和简单生活技术的教育。生活科的目标是"通过具体的活动与体验,使关心自己与身边的社会和自然的关系,思考自己及自己的生活,同时在此过程中使其掌握生活上必需的习惯与技能,养成自立的基础"。③ 从这一目标来

① 石川佾男、竹の内一郎『小学校新道德の構想と実践』東京:東京書籍、1990 年、20 頁。
② 文部省『小学校学習指導要領』東京:大蔵省印刷局、1989 年、23 頁。
③ 文部省『小学校学習指導要領』東京:大蔵省印刷局、1989 年、69 頁。

看,正如文部省小学道德指导书所说的那样,"与道德教育有着深刻的关系"。

需要指出的是,新学习指导要领重视学校全部教育活动中的道德教育,并不是要回到1958年特设道德课之前的全面主义道德教育状态。强调全部教育活动中的道德教育是为了丰富道德体验;而强调丰富的道德体验终究是为了培养"植根于儿童内部的道德性",即道德实践能力。作为重视"通过丰富的体验培养植根于儿童内部的道德性"的一个重要体现,这次新学习指导要领中关于道德课目标的规定中,把道德实践能力的构成要素间的顺序作了调整,把道德情感放在道德判断力之前。本来这些要素是并列的,不代表它们重要性的顺序,但是在这次修订中突出"道德情感",其意图不外乎就是强调培养植根于儿童心灵深处的道德性。要"通过丰富的体验培养植根于儿童内部的道德性",单靠道德课的指导或全面主义道德教育是不行的,所以新学习指导要领特别重视道德课指导与通过学校教育整体进行的道德教育的联系。以往的学习指导要领中均是要求道德课与各学科及特别活动中的道德教育"保持"密切的联系,而这次则把"保持"改为"谋求",意在进一步突出其必要性。同样,要"通过丰富的体验培养植根于儿童内部的道德性"单靠学校也是不行的,它还需要与家庭、社区的协作。因此,进一步强调学校与家庭、社区之间的协作也是新学习指导要领的一大特色。新学习指导要领的总则中强调"在进行道德教育时……必须考虑谋求与家庭、社区的协作,促进与培养日常生活中的基本生活习惯和理想的人际关系的道德实践"。在制定指导计划时"要根据地区和学校的实际情况等,努力加深与家庭、社区的协作,谋求学校相互间的协作交流"。

新学习指导要领强调道德课与通过学校教育整体进行的道德教育的关系,强调学校与家庭、社区之间的协作的思想,在文部省学科调查官押谷由夫所提倡的综合单元道德学习论之中被进一步地理论化、系统化和深化了,[①]这一理论通过

---

① 参见:饶从满,《主体性与综合性的融合:综合单元性道德学习论解析》,《外国教育研究》2002年第8期。另请参见:押谷由夫著『道德教育新時代——生きる喜びを子どもたちに——』(東京:国土社、1994年);『総合単元的道徳学習論の提唱——その構想と展開』(東京:文溪堂、1995年);『心を育てる学校教育の創造——新しい道徳教育の具体的展開——』(東京:光文書院、1995年);(4)『新しい道徳教育の理念と方法——夢と希望と勇気をはぐくむ——』(東京:東洋館出版、1999年)。

在文部省指定的道德教育研究校的实验,对全国的道德教育理论与实践产生较大影响。

新学习指导要领的一切设想最终要靠学校的道德教育计划来落实,因此,新学习指导要领中规定,各学校必须制定道德教育全面计划和道德课的年度指导计划。也就是说,由此开始,制定道德教育全面计划和道德课的年度指导计划对各校来说已成为义务。

三、20 世纪 90 年代课程改革中的道德教育

基于第15届、第16届中教审发表的有关咨询报告的精神,日本于20世纪90年代末进行了战后第六次基础教育课程改革。1998 年 7 月,教课审发表了题为《关于改善幼儿园、小学校、初级中学、高级中学、盲学校、聋学校和养护学校的教育课程的基准》的咨询报告。这份报告明确指出,教课审充分考虑了第 15 届中教审提出的在"宽松"的环境中培养"生存能力"的观点,也注意到了第 16 届中教审关于充实心灵教育的有关精神。根据中教审有关报告的精神,教课审确定了本次课程改革的四个基本宗旨:(一)培养丰富的人性和社会性以及作为活跃于国际社会的日本人的自觉;(二)养成自主学习、独立思考的能力;(三)在宽松的教育活动中,使学生切实掌握基础知识和基本技能,并充实发展个性的教育;(四)促进各学校能够发挥各自的创意,举办有特色的教育,建设特色学校。[①] 文部省于1998 年 12 月和 1999 年 3 月分别公布了小学、初中和高中学习指导要领,并宣布从 2002 年 4 月的新学年开始,日本中小学开始实施新的学习指导要领。

从教课审咨询报告和依据该咨询报告制定的学习指导要领来看,这次基础教育课程改革主要就是围绕如何在轻松宽裕的教育环境中培养儿童的"生存能力"展开的。从内容上来说,这次课程改革主要有以下几个特点:(一)在课程结构上,从小学三年级开始增设"综合学习时间",作为与各科教学、道德和特别活动相并列的一个独立领域。创设"综合学习时间"的目的在于由各学校开展发挥各自

---

① 有关 1998 年教课审咨询报告的内容,请参见:教育課程審議会「幼稚園、小学校、中学校、高等学校、盲学校、聾学校及び養護学校の教育課程の基準の改善について(答申)」(平成 10 年 7 月 29 日)。〔EB/OL〕http://www. mext. go. jp/b_menu/shingi/12/kyouiku/toushin/980703. htm. 2003-7-01。

创意的有特色的教学活动，进行国际理解、信息、环境、福利、健康等方面的横向的、综合性的学习，以培养自主地、主动地、创造性地思考问题、解决问题的积极态度和能力。（二）为营造宽松的学习环境，在精选和压缩教学内容（将较难理解的内容予以删除，或是移到高年级学习）的基础上，大幅度削减了原有各教学科目的课时（削减幅度大约在 20～30％左右）。（三）注重培养学生良好的道德情操和丰富的心灵。在幼儿园和小学低年级，对基本的行为准则和善恶的判断标准等内容进行反复的、彻底的指导，并充实志愿服务体验、自然体验等充分利用体验活动的学习。（四）加强外语教学和信息教育，以顺应全球化、信息化的时代需求。根据新学习指导要领，小学阶段在综合学习时间中进行英语会话等教学活动，初中和高中阶段把外语列为必修课程；初中阶段的技术·家庭科中把信息基础列为必修内容，高中阶段新设信息必修课。（五）通过增加初中阶段选修课的课时，降低高中阶段必修科目的最低学分标准等措施来扩大学生自主学习的范围。

正如本次课程改革把培养"丰富的人性和社会性以及作为生存于国际社会的日本人的自觉"列为第 1 宗旨所表明的那样，充实道德教育是本次课程改革的重中之重。根据文部省编写的《学习指导要领解说（道德编）》的解释："所谓丰富的人性和社会性，就是作为人和作为社会成员主体地生存的基本素质和能力，也就是丰富的道德性。有计划地、发展地培养这样的道德性，就是道德教育。"[①]根据整个课程改革的宗旨，文部省确立了充实和改善道德教育的三点基本方针：[②]（一）充分利用体验活动等，实施影响学生心灵的道德教育；（二）通过与家庭和社区人士的协作，充实开放的道德教育；（三）推进使学生能够面向未来自主解决课题、共同思考的道德教育。就基本方针的内容来看，前两条主要是针对道德教育方式方法层面而言的，而第三点在主要是针对道德教育目标和内容而言的。

在此方针下，文部省对道德教育进行了如下几方面的调整：

第一，道德教育目标上的调整。小学和初中学习指导要领总则部分对道德教育的总体目标进行了局部调整。调整后的道德教育目标表述是："道德教育的目

---

①　文部省『小学校学習指導要領解説（道徳編）』東京：大蔵省印刷局、1999 年 5 月、4 頁；文部省『中学校学習指導要領解説（道徳編）』東京：大蔵省印刷局、1999 年 9 月、3 頁。

②　文部省『小学校学習指導要領解説（道徳編）』東京：大蔵省印刷局、1999 年 5 月、5～6 頁；文部省『中学校学習指導要領解説（道徳編）』東京：大蔵省印刷局、1999 年 9 月、4 頁。

标在于,依据《教育基本法》和《学校教育法》所规定的教育之根本精神,为了培育将尊重人的精神与对生命的畏敬之念运用于家庭、学校及其他具体社会生活中,具有丰富的心灵,努力创造个性丰富的文化和发展民主的社会与国家,进而为和平的国际社会作出贡献,并具有开拓未来的主体性的日本人,而培养作为其基础的道德性。"可见,与以往道德教育目标的不同之处就在于新加上了"丰富的心灵"和"开拓未来"的表述。之所以做此增加,主要是基于今后的道德教育应该更加重视培养每个儿童丰富的心灵和面向未来开拓人生和社会的实践能力的考虑。

学习指导要领第 3 章第 1 条中对道德教育和道德课的目标规定也作了调整。小学阶段新的目标规定表述为:"道德教育的目标,在于根据第 1 章第 1 条之 2 的规定,通过学校全部教育活动,培养道德情感、判断力、实践意愿和态度等道德性。""道德课中,基于如上的道德教育目标,一面与其他各学科、特别活动及综合学习时间中的道德教育建立密切的联系,一面通过有计划、发展性的指导对其进行补充、深化和整合,以加深道德价值的自觉,培育道德实践能力。"[①]调整主要体现在对道德课目标规定中增加了"加深道德价值的自觉"这一表述,相应地将原先道德课目标规定中的"道德情感、推断力、实践意愿和态度"的记述挪到道德教育总体目标规定中去了。[②] 做此调整的目的就是为了凸显道德课在学校整体道德教育中的枢纽作用和重要性,进一步明确道德课的特质,即道德课就是要让学生学习作为人的存在方式和生存方式之基础的道德价值,加深自觉,培养道德实践能力。

第二,道德教育内容的调整。与 1989 年版学习指导要领同样,1998 年版新学习指导要领继续按照四个视点对道德教育内容进行分类整理,并根据学年阶段进行有重点的安排。但是在内容上有所增减和调整。小学阶段道德内容调整改进的地方主要有以下几个地方:(一) 小学低年级(1～2 年级):基于为了充实学

---

① 文部省『小学校学習指導要領解説(道徳編)』東京:大蔵省印刷局、1999 年 5 月、124 頁。

② 初中阶段的目标规定也作了同样的调整。新的目标规定是:"道德教育的目标,在于根据第 1 章第 1 条之 2 的规定,通过学校全部教育活动,培养道德情感、判断力、实践意愿和态度等道德性。""道德课中,基于如上的道德教育目标,一面与其他各学科、特别活动及综合学习实践中的道德教育建立密切的联系,一面通过有计划、发展性的指导对其进行补充、深化和整合,以加深对道德价值和作为人的生存方式的自觉,培育道德实践能力。"参见:文部省『中学校学習指導要領解説(道徳編)』東京:大蔵省印刷局、1999 年 9 月、125 頁。

校、家庭和社区成为一体的道德教育需要在低年级培养儿童热爱家乡之心的考虑，在视点（四）之下新增加了一个项目："喜爱家乡的文化和生活，并念念不忘"；基于培养能够很好地进行善恶判断的儿童需要从幼儿期和小学低年级就开始对他们反复进行区分好事与坏事的教育，在视点（一）之（3）处增加了"区别好与坏"。另外，为了使学生从小学低年级就能很好地关注自己的生命，感受生存的喜悦，认识到生命的宝贵价值，在视点（三）之（2）处增加了"对生活在这个世界感到喜悦"；为了使学生更主体地建立与集体的关系，在视点（四）之（2）处，新加了"知晓对家庭有用的喜悦"。（二）中年级（3～4年级）：为了培养热爱家乡、日本文化和传统的心灵，同时也基于日本今后国际化趋势的考虑，在视点（四）之（6）处增加了"关心外国的人民和文化"。此外，在语言表达上也作了改进。（三）高年级（5～6年级）：一方面考虑到与初中之间的衔接，另一方面也为了使各教育活动能够更加重视适应儿童的兴趣和爱好，使学生能够带着明确的目的意识学习，在视点（一）之（5）处新加入了"热爱真理"。此外，在语言表达上也作了改进。

初中阶段的内容调整合改进之处主要体现在以下几个方面：（一）对各内容项目都尽可能地以简洁、浅显易懂的语言来表达。此举意在使教师开展道德教学时能够更明确地把握其宗旨。（二）对若干内容项目的表达方式进行了调整：视点（一）之（1）中"有节度和协调的生活"被改为"遵守节度，注意节制、协调地生活"，意在进一步强调生活要有节度和节制；视点（一）之（5）处的"反省自己"被改为"审视自己"，意在强调不仅要反省自己的过去，而且要通过审视现在的自我，进一步加深对自己的理解和接受，提高追求更充实的生存方式的意愿；视点（二）之（4）中"具有健康的异性观"被改为"加深对异性的正确理解"，旨在强调对最重要之异性的正确理解；视点（三）之（1）中的"热爱自然"被改为"爱护自然"，旨在强调不仅要热爱自然，还要保护自然；视点（四）之（5）中加上了勤劳的"意义"，并将"加深服务社会的心情"改为"具有服务的精神"，旨在强调初中生理解勤劳的尊严及其意义的重要性，同时强调不是被动地、在强制下服务社会，而是以志愿服务等形式自己主动地为社会尽力的自发、积极的侧面；视点（四）之（8）中加上了"热爱家乡"，体现了对家乡的历史和文化传统的重视。（三）1989年版的视点（四）之（2）在1998年版中被分成两个内容项目：一是（四）之（2）"理解法律和规则的意义，在遵循恪守律的同时，尊重自己和他人的权利，切实履行自己的义务，努力提高社会的秩序和纪律";二是(四)之(3)"提高公德心和社会连带的自觉,努力实现更好的社会"。这样,1998 年版道德课学习指导要领的道德内容项目数比 1989 年版增加了一个,变成了 23 个。之所以做此调整,主要是基于日本社会整体规范意识下降的现实和加强规范意识教育重要性的认识。

第三,道德教育方式方法上的调整。关于道德课,新学习指导要领强调,必须首先要使道德课发挥道德教育的核心作用;而要使道德课发挥道德教育的核心作用,除了确保道德课的教学时数之外,还必须注意以下两点:一是在继续坚持道德课由班主任教师负责的原则之同时,建立校长、教头参与,其他教师配合的学校道德教育协作体制;二是在道德教学中充分利用志愿服务活动、自然体验活动等,以加深学生对道德价值的认识。关于整个学校道德教育,新学习指导要领在总则中做出了如下规定:"在开展道德教育时,必须要考虑在加深教师与学生以及学生相互之间的关系之同时,加深学生对于人的生存方式的自觉,与家庭和社区建立联系,通过志愿活动和自然体验活动等丰富的体验,培养植根于学生内部的道德性。"①其中特别强调的主要有两点:一是重视班级和学校内人际关系与环境的建设,同时注意在学生的日常生活中为学生提供运用道德学习成果的实践机会。二是在学校、家庭和社区之间建立协作体制,以进一步推进在道德体验活动基础上的道德学习。从学习指导要领关于道德教育方式方法的提示来看,一方面进一步明确了道德课的核心地位及其特质,另一方面强调了加强校内和校外的道德教育协作体制的重要性。总体而言,1998 年版学习指导要领关于道德教育方式方法方面的思想,延续并发展了 20 世纪 70 年代在道德教育领域贯彻体现终身教育(学习)思想的基本思路。

第四节 效果分析

作为战败国,日本战后的经济和社会发展是在比较低的基础上开始的。但是在保守主义现代化战略的有效指导下,经过经济的复兴和高速成长,很快又回到

---

① 文部省『小学校学習指導要領解説(道徳編)』東京:大蔵省印刷局、1999 年 5 月、118 頁;文部省『中学校学習指導要領解説(道徳編)』東京:大蔵省印刷局、1999 年 9 月、120 頁。

世界经济强国行列,成功地实现了追赶型现代化。以追赶型现代化的成果为基础,日本经济和社会进入全面转型的发展时期,即现代化的成熟期。作为现代化成熟期的国家发展方向,日本提出了以新自由主义和新国家主义为主要特征的新保守主义发展战略与政策。这一战略萌芽于20世纪70年代,成型于80年代,全面推进则是在进入90年代之后。

针对日本社会转型所带来的社会生产方式、生活方式和观念形态的变化,作为新国家发展战略的重要一环,新保守主义主张要对战后的教育进行有效的改革,其目标有二:(一)解决应试竞争的过热化和教育荒废现象等令人担忧的事态;(二)适应以国际化、信息化、高龄化等为其典型象征的社会变化。前者是广大日本国民迫切要求尽早解决的紧急课题;后者是日本面向21世纪不得不应对的中长期课题。两个目标之间既有相一致的地方,也有互不相容的部分。相互一致之处在于均要求日本必须摆脱"追赶型教育"模式,实现由划一性教育向个性化教育的转换。因为追赶型现代化背景下形成的划一的注入式教育不仅带来了考试地狱和教育荒废的结果,而且也不能适应结束追赶型现代化后天对培养个性丰富、富有创造性的多样性人才的要求。

但二者之间也存在着不一致之处。这是因为在国民要求的根底里潜藏着这样的思想:日本已追赶上了世界先进国家,甚至可以说在国际竞争中已处于优势地位。因此,没有必要做过多的努力。过分突出的话,会招致外国的嫉妒和反感,从而处于国际孤立地位。而与此相反,"长期展望"却是立足于这样的思想:只满足于目前的繁荣,不考虑将来命运的思想是错误的。享受优雅的斜阳生活也许不坏,但这样的生活不会长久。如果在国际竞争中落伍,经济陷于停滞,生活水准就会立即下降,失业人数就会剧增,国民的不满也就会增大。为了避免这一事态的发生,必须积极地应对长远的课题。"国民的要求"中有着缓和竞争和摆脱竞争主义的热望,而"长期展望"中则对国民的勤勉努力和社会体系的有效运行提出比以往更高的要求。①

由于"国民的要求"与"长期性课题"之间的这一关系,如何在二者之间进行协

---

① 市川昭午『教育改革の理論と構造』(『日本的教育』第6卷)東京:教育開発研究所、1990年、16〜18頁。

调,就成为教育改革成败的关键。新保守主义的抉择是:一方面从国家百年大计的角度把长期课题作为优先重点解决的课题,同时又适当考虑国民的当前要求,并设法尽量在解决优先课题的框架内解决紧急课题。其结果形成这样的教育政策目标:使社会成员具有适应进入后工业社会发展阶段之后日益信息化、国际化和技术化的日本社会发展的能力;在日益个人化和自由化的社会中,塑造新国家主义,从而保证有效的社会整合。前者贯彻着"尊重个性"这一有着"教育自由化"背景的思想,与整个国家发展战略中的新自由主义是相照应的;后者则体现了整体发展战略的新国家主义要求。

塑造新国家主义当然要依靠整个学校教育,但道德教育无疑承担着主体任务。新国家主义道德教育当然是以强调忠于国家、认同民族并为日本实现更高的国家发展目标而献身为其主旨,但是由于社会和国民的压力,开展丰富人性的教育,以解决心灵荒废的问题,也不得不包容其中。

道德教育是一个周期很长的活动,其效果的体现需要很长一段时间,因此,现在就来评判正在进行中的新国家主义道德教育的效果为时尚早。但是,对照新国家主义道德教育的课题,基于对这一课题的分析以及对历史的反思,以下两点是必须指出的。

第一,国际化与国家意识问题。日本国际化形成和发展的历史过程表明,国际化已成为日本政治、经济与社会发展所不可逆转的潮流,并深刻地影响着日本未来的发展。随着日本与国际社会关系的日益紧密,日本能否有效地把握并实现国际化发展已成为决定日本未来发展的关键因素。很显然,日本国际化的最终目标不仅仅在于使日本由一个相对闭锁的国家,发展成为一个"向世界开放的国家",更重要的在于使日本真正成为一个在世界上有影响的大国。也就是说,日本的国际化有着新国家主义即大国主义的背景。但是,无论如何,日本要实现"国际国家日本",就必须放弃以本国为舞台的"一国主义"发展道路,转以国际为舞台,走"世界主义"发展道路。对于当前日本的国际化来说,障碍可以归结为体制和观念两方面。而与体制相比,观念的转变对日本国际化更具意义。而对于观念的转变与发展,特别是大众观念的转变与发展来说,道德教育的作用是不言而喻的。因此,在一定意义上也可以讲,日本道德教育影响着日本国际化甚至日本未来发展的命运。

从历史与现状来看,日本教育担负的转变与发展国民观念的任务至少应该包括两个方面:一是发展国民的国际观念;二是赋予国民以正确的历史观念。日本是一个岛国,而且在近世有两百多年几乎闭关自居的历史,所以国民的闭锁性至今依然很强。加之日本系单一民族国家,有史以来未曾与其他民族共同生活过,也就是说,未曾与拥有不同宗教、思想、习俗、语言的民族对等地生活过。所以在与不同种族、不同习俗的民族接触或交流上,难免有一种不习惯的感觉,这就形成了排他的性格。我们常听到的关于日本是一个"闭锁性的民族,有排他的国民性"的批评就是这个道理。日本要走向国际化,改变这种闭锁的心理和排他的国民性是必不可少的。也正因为如此,新保守主义道德教育改革中特别强调要加强国际理解教育。但是在日本的教育改革中亦可看到这样的思想,即愈向国际化趋向发展,愈需要具备本国文化传统的教养,这样才能得到真正的"国际化"或"国际理解"。因此,学校教育在重视外国历史、文化理解的同时,也需要加深对本国文化与传统的认识,亦即提高"国家意识"或"爱乡、爱国的心情"。日本垄断财团关西经济同友会在 1979 年 10 月的《教育改革的建议》中宣称:面对 21 世纪的挑战,对下一代日本人要进行"开放的爱国心"教育。什么是"开放的爱国心"?该建议认为,当今"国际间的摩擦和误解仍然不断",为此,不能"学战前那样以自己为中心的狭隘的国家主义",但也不是"去除国家观念的天真的国际主义",而是要有善于适应国际社会要求、适应国家新的发展所需要的"爱国心",即所谓"开放的爱国心"。可见,日本教育的国际化是以教育的国家化为前提,日本教育所培养的"国际人",也是以日本教育所一贯强调的"爱国心"为其灵魂的。① 对于这一点我们应该有一个清醒的认识。

与发展国际观念相比,对国民进行真实的历史教育问题更具重要意义。真实的历史教育的核心在于对战前日本在亚洲发动的侵略战争的认识与反省问题。战后日本保守政府从保守主义出发,基于对国家主义和民族主义的强调以及对日本历史的错误认识,一直没有深刻地反省那段历史,并向亚洲受害国家与人民真诚地道歉,相反,对那段历史一直采取回避、掩盖、淡化甚至否认、美化的态度,并

---

① 梁忠义:《论日本教育的国际化》,载《外国教育》1986 年第 2 期。转引自:梁忠义:《梁忠义日本教育文集》,东北师范大学出版社 2001 年版,第 31～42 页。

在靖国神社的参拜和教科书修改等问题上表现出很强的反动倾向。这种历史观不但使亚洲各国很难与日本形成亲和力,而且还会时常引起日本与亚洲各国关系的危机。错误的历史观,虽然能符合一部分人的心理和思想,但却使日本国民背上了沉重的历史包袱,在这个包袱的重压下,积极而健全的国民精神就难以得到有效的发育和成长;同时错误的历史观所反映的强烈的封闭倾向,也使得国民在历史的困惑中,形成矛盾的、闭锁的文化心态。没有心灵开放的国民,也就很难有真正开放的社会,自然也就很难实现国际化发展要求。① 鉴于进入现代化成熟期之后日本政治、社会出现的保守主义倾向,对照战前现代化整合期的形势特点,我们不得不说,当前日本的新国家主义道德教育确实也存在一些令人忧虑的因素,值得我们注意。

第二,教育荒废与道德教育。从战后日本发生的青少年问题来看,战后混乱期至 20 世纪 50 年代,受到舆论和国民关注的主要是青少年适应社会、就业问题和伤害、盗窃等不良行为问题,主要属贫穷社会性质的问题;到了 60 年代,"暴走族"等青少年的越轨行为引起人们重视;然而到了 70 年代中期之后,校内暴力、欺侮、不登校等学校中的问题作为重要的教育问题、青少年问题受到了舆论的广泛关注。与以往的主要是学校外的问题不同,20 世纪 70 年代中期以后出现的问题,正如"学校病理"、"学校荒废"这类表达所表明的那样,其特点在于它是以学校为基础、在学校内发生的问题。伴随日本教育病理的愈演愈烈,"教育荒废"、"学校荒废"、"心灵荒废"和"班级崩溃"、"学校崩溃"、"教育崩溃"等表现教育病理的词汇席卷了日本教育界。一些人士尤其是传媒大声疾呼:日本教育的"荒废"、"崩溃"不久将会引起日本的崩溃。教育病理问题因此超越教育界而成为一个严重的

---

① 林尚立:《政党政治与现代化——日本的历史与现实》,上海人民出版社 1998 年版,第 531～532 页。

社会问题,引起日本社会广泛而又深切的关注。[①]

关于什么原因导致了如此多、如此严重、持久不衰的教育病理,在日本有多种解释。其中一种解释认为,原因主要在于道德教育。比如,有不少人认为,现今日本教育病理的原因在于战后日本学校忽视了心灵教育或道德教育;也有人认为,战后的日本道德教育过于重视权利和自由的教育,而忽视了责任、义务和规范的教育。按照前者的思路,解决教育病理的出路在于加强被弱化的道德教育;遵循后者的逻辑,解决教育病理的方向在于改革西方化的道德教育。事实上,问题绝

---

① 根据日本著名教育社会学家新堀通也的考察,日本的教育病理大体经历了 4 个阶段:第一阶段是"古典"教育病理阶段。之所以称之为"古典",是因为这一阶段出现的病理是从前就已存在的典型病理,拒绝上学和欺侮等是其中最典型的。这些病理通常属于学生世界和学校内的现象,并且通常被看做是特定学生个人的问题。因此,虽然也存在例外,但一般没有发展成为广受人们关注的"事件",至多引起教育有关人员的关心而已。第二阶段是"冲击性"教育病理阶段。所谓"冲击性"教育病理,是指以"古典"教育病理为土壤产生的,主要表现为被大众传媒广泛报道、引起社会强烈反响的事关生命的"事件"和具有很强犯罪性的行为,如暴力、自杀、杀人等。受害者不只限于学生,还发展到校外的成人和校内的教师;犯罪者大部分是初中生。这一阶段出现的比较典型的事件有"因欺侮引起的自杀事件"、"运动垫卷人致死事件"、"杀伤儿童事件"、"杀害女教师事件"和"自杀预告事件",等等。第三阶段是"无差别性"教育病理阶段。与第一、第二阶段教育病理的主人公都是学生,而受害者大多是特定的学生有所不同,第三阶段教育病理的受害者不仅是学生,而且是非特定的学生。与第二阶段一样,这一阶段的教育病理一般都发展成为事件,但几乎都发生在校外;犯罪者一般是成人,他们不直接而是在远处间接地实施犯罪行为,所以很难举出谁是犯罪者。有些学生一不小心就落入了圈套,既成为匿名性犯罪的受害者,或作为加害者实施匿名性犯罪。他们犯罪的手段大多是使用药品、手机等。属于这种教育病理的有"街头贩卖毒品"、"利用因特网贩卖自杀用药品"、"传话电话"、"援助交际"等,它们无差别地以儿童为目标,给儿童带来不小的危害。第四阶段为"风土性"教育病理阶段。这一阶段的教育病理尽管当事人没有加害和被害的意识,而且也无法确定加害者和被害者,但却使教育几乎无法进行,其典型病理形式就是班级崩溃。班级崩溃是指班级里闹哄哄的,正常教学秩序无法维持,教师以教室为场所进行的教育活动无法进行。与前几个阶段的教育病理主要是个人性教育病理不同,班级崩溃是集团性教育病理现象,是席卷、笼罩整个班级所有学生的一种风土、风气。新堀通也特别强调,以上 4 个阶段的区分只是为了说明各种日本教育病理发生、发展的时序性,以及凸显日本教育病理发展的阶段性特征。其实,更准确的情况是,第一阶段的教育病理在第二、第三和第四阶段依然持续存在;在前一阶段的教育病理尚未消解的情况下,新的教育病理又相继出现。而且日本教育病理的发展,从纵向上说,有低龄化的倾向;从横向上说,有广域化的趋势;在程度上,有凶恶化的走向。参见:新堀通也『志の教育』東京:教育開発研究所、2000 年、57～60 頁。

非如此简单。教育病理产生的原因很复杂,既有校内的,也有校外的;既有教育的问题,也有社会的原因;既有制度的因素,也有文化的影响。笔者的基本观点是:道德教育的政治主义、工具主义特征和支撑道德教育的生活文化的贫困化是日本教育病理产生的两个重要原因。[①] 关于日本道德教育的政治主义和工具主义特征,将在第 10 章集中分析,这里不作展开。在这里仅就支撑日本道德教育的生活文化贫困化问题,作一分析。

日本学校中开始频繁发生教育病理问题的 20 世纪 70 年代中期,大致也是战后日本追赶型现代化的完成时期,同时又是进入如"后工业化社会"、"高度信息化社会"、"高度消费化社会"等所表述的后现代社会时期。教育病理的发生时期与日本社会的转型时期的重合是一个值得我们思考的问题。

日本的现代化给日本社会带来了巨大的变化,也对支撑道德教育、赋予道德教育以基础的学生生活文化产生了巨大的影响。对于其影响,我们可以用"过度给予"和"过度剥夺"来加以概括。日本的现代化,特别是战后前所未有的经济高速增长,使日本社会以难以预料的速度达到了富裕化。在这个过程中,孩子们获得了许多东西。正如日本经济学家马场宏二所指出的那样:"(孩子们)所被给予的是丰富的物质、大众娱乐型信息和作为生存目的的考试。这些东西虽然不能说都是无用的、非本质的,但是对于人的存在来说,并不是不可或缺的。它们往往因为过剩而有害。"[②] 对于物质过剩所带来的害处,托夫勒(Toffler, A.)也有过同样的说明。他指出,在被称为"后工业化时代"的现代,心理健康主要受到两个危险发生源的影响。这两个危险发生源就是"刺激的过剩性"和"选择的过剩性"。前者是指由过剩的印象引起的对感觉的过度刺激和由过剩的信息引起的对精神的过度刺激;后者是指由过剩的选择可能性引起的决定能力的过重负担。特别是选择自由的增加必然会引起人格的不确定性、执著精神的欠缺、自我怀疑、自我疏离和认同危机。主导人们生活的因素越细分化、主观化、易变化,共同体的社会统合就会越弱。[③]

其实,随着日本现代化的发展,孩子们在被"过度给予"的同时,也有许多东西

---

① 饶従満「日本における心の荒廃と道徳教育」『道徳教育』2001 年 11 月号。
② 馬場宏二『教育危機の経済学』東京:お茶の水書房、1988 年、3～4 頁。
③ 转引自:ブレツィンカ『信念・道徳・教育』東京:玉川大学出版部、1995 年、155 頁。

被剥夺了。"如果用最简单的形式来概括的话,(孩子们)被剥夺的是自然、劳动和伙伴。"①换言之,在城市化、核家庭化、少子化和考试竞争中,孩子们的生活失去了"时间"、"空间"和"伙伴之间"。这些被剥夺或者失去的东西正是在人的存在中带有本源性的要素。

概而言之,"过度给予"和"过度剥夺"给孩子们带来的本质性影响就是生活文化的贫困化。这是因为生活文化是支撑道德教育进而支撑儿童成长的具有奠基性的东西。"教育繁荣,文化覆灭"这个震撼人心的话语,表明了近代以来世界各国特别是发达国家的教育状况。对此,日本学者石附实指出,进入近代以来,世界的教育以学校为中心,只追求效率至上的合理性,向一元化方向发展,其结果是"有形的教育"与扎根于各国、各地区传统生活的教育,亦即仅从合理性上难以说清的"无形的教育"相脱离。也就是说,学校教育与日常生活文化相脱离的现象愈演愈烈。这种倾向在日本等国家表现得尤为明显。②

生活文化这种"无形的教育"未必有目的、有计划和有组织,但却具有赋予教育特别是道德教育以基础,左右道德教育状态的力量。中国道教中的"无为"与"有为"的辨证思想值得我们思考。因为道德教育与智育不同,不能仅仅以效率的标准来加以衡量。尤其是要在当今高速度、高密度、高紧张度的社会中生活下去,时间上、空间上、精神上的宽松是非常重要的。关于生活文化的贫困化、生活文化对日本(道德)教育的影响,日本学者源了圆的深刻分析值得参考。他说:"日本由于明治以后的现代化而实现了巨大的变革,从封建国家体制转变成集权的现代国家。这一变化虽然令人目眩,但变化并未涉及社会的基层文化。在此期间,我们几乎对日本文化的国民性形成力没有予以关注,只是全神贯注于学校教育的改善。只是到了现在,当伴随战后的社会体制及教育制度的大变动而产生了生活文化上的某些变化时,当即使变化相对微小仍因各种原因丧失了在原有生活文化中形成自我的机会时,我们才意识到,日本人的形成不单是靠了学校教育,更是靠了日本的文化。"③也就是说,当一个国家、社会的青少年道德风尚清新高尚时,我们

---

① 馬場宏二『教育危機の経済学』東京:お茶の水書房、1988 年、4 頁。

② 石附実『教育の比較文化誌』東京:玉川大学出版部、1995 年、1～2 頁。

③ 〔日〕源了圆:《日本文化与日本人性格的形成》,郭连友、漆红译,北京出版社 1992 年版,第 23 页。

不能把全部功劳都归之于学校道德教育;同样,当一个国家、社会的青少年问题丛生时,我们也不能把全部罪过都归咎于学校道德教育。因为,学校道德教育的成败还取决于生活文化的支撑。

也就是说,教育荒废问题虽然是发生在学校内的问题,但它不只是学校本身的问题,也是家庭、社会的问题,时代的问题。从意识到要解决教育荒废问题不仅要依靠学校道德教育而且要通过家庭、学校、社区密切合作来进行这一点来说,可以说日本是抓住了应有的方向。战后日本在构建"道德课"为核心的道德教育体制时,对于"道德课"中的道德教育与学校其他教育活动中的道德教育之间的关系,是这样设计和安排的:"道德课"是学校整个道德教育的核心和枢纽,其主要作用在于对其他教育活动中进行的道德教育加以"补充"、"深化"和"整合"。这个设计同样可以用来说明学校道德教育与家庭、社会中的道德教育之间的关系:学校是核心与枢纽,其主要功能在于对家庭、社会中的道德教育(更多的是道德体验)进行补充、深化和整合。这一设计实际上蕴含两层含义:一是明确了学校道德教育的核心地位;二是意味着学校道德教育必须以家庭、社会道德教育为前提。失去了这一前提,学校道德教育也就失去了补充、深化和整合的对象。在"家庭教育智育化"、"社区教育空洞化"和"学校教育疲惫化"的教育状况下,学校道德教育难以发挥其本来功能也是可以理解的。辩证地理解学校道德教育的地位和功能有助于我们思考目前日本乃至世界道德教育的困境。

第十章

结语

第一节　日本现代化进程中道德教育的特点

　　日本道德教育建立在日本特有的政治、经济、社会、文化基础之上，在西方道德教育的参照系下，它闪烁着东方道德教育的光芒，与亚洲其他民族相比，它又有其自身独特的思想内容、方法和发展规律。从道德教育与现代关系的角度来看，日本道德教育的以下两个特点尤为引人注目。

一、高度的连续性

　　重视连续性，认为只有在连续之中，人才能成为人的观念是日本文化、日本思想的一个重要特征。① 这里所说的"连续（性）"包括横向的连续和纵向的连续两个方面。所谓横向的连续是指现实的社会联系，而纵向的连续则是指历史的、时间上的联系。

　　重视连续的思想同样也体现在日本道德教育之中。在日本的道德教育中，作为重视横向的连续的一个突出体现，就是重视人伦关系伦理。西方道德教育都具有强调个人权利的倾向，把人类社会看做是单个人的机械组合，程度不同地忽视了作为一个有机统一体的社会的实在性和个人的社会义务的正当性。而东方道德教育几乎都不把个人看作是一个个体的存在，而是从更为广大的范围来考察个人，把个人当作家族、社会，甚至宇宙的成员之

---

　　① 　石崎宏平他『道徳の理念と教育実践』東京：酒井書店、1981 年、2 頁。

一,进而对处于不同社会关系中的个人义务作了较为详细、明确的规定,并努力使之渗透到每个人的心灵之中。因此,一般来说,重视人伦关系伦理是东方道德教育的一个重要特征。不过,日本对人伦关系伦理的重视也有着自己的特点。中村元在《比较思想论》中的说明可供我们参考。他说:"与亚洲其他民族相比,日本思想的一个特别显著的倾向是,重视封闭性的人伦组织,一般说来,日本人重视人伦关系,肯定人伦关系相对于个人来说具有优越性,把有限的人伦绝对化了。"①具有上述特性的日本伦理思想,在进入近代社会以后,不仅没有被完全摧毁,反而在许多方面通过道德教育得到了强化和发展。《教学大旨》的提出,特别是《教育敕语》的颁布与实施,使封闭性的人伦关系伦理教育得到了淋漓尽致的体现。在战后,虽然体现下对上、卑对尊的单方面绝对服从的那种人伦关系伦理受到了否定,但是重视人伦关系,强调使儿童在各种社会关系之中发展自己的个性特征的思想依然未变。② 天野贞祐的《国民实践要领》,中教审的《理想的日本人》以及1989年版《学习指导要领道德编》等中关于道德教育内容的安排就突出地体现了这一点。在日本纵式社会结构依然未变的背景下,日本的人伦关系伦理依然有别于亚洲其他民族。

在日本的道德教育中,重视纵向的连续性的首要表现就是对天皇制的执着与拥护。在日本,诸如德国的"日耳曼尼亚"、法国的"高卢尼亚"、英国的"不列颠尼亚"之类的国家象征的角色是由天皇来扮演的,是通过"万世一系"的天皇制来体现的。正如日本著名学者中村元所言:"不管是把天皇与国家当作一回事,还是把天皇解释为国民团结的象征,天皇制是日本所特有的制度,我们必须注意这种制度是不见于其他民族之中的。"③这种"万世一系"的天皇制虽有着传统的意蕴,但也是不断地通过道德教育进行强化的结果。战前的《教育敕语》就是通过向国民灌输国体观念来为天皇制提供支持的。在1945年日本战败以前,天皇崇拜一直是日本最强有力的信仰形式,甚至在战后,天皇作为日本国民统一的象征,仍然有

① 〔日〕中村元:《比较思想论》,吴震译,浙江人民出版社1987年版,第170页。

② Cummings, W. K. et al(Eds.) *The Revival of Values Education in Asia and the West.* p. 87.

③ 〔日〕中村元:《东方民族的思维方法》,林太、马小鹤译,浙江人民出版社1989年版,第301页。

其特殊的地位。1988 年,日本昭和天皇病危的消息传出后,日本各家商店的黑色呢绒和黑色西服的销量急剧上升,甚至出现"断档"。这一现象说明了天皇在日本民族大家庭中,在日本人心目中的地位。而这一现象的产生也与战后道德教育中强调天皇权威教育也是有一定的关系的。日本人着力维护"万世一系"的天皇制,不仅仅是为了强调连续性来显示日本特色,而是借此弘扬民族认同和国家观念。也就是说,天皇崇拜总是与国家主义结合在一起的。在这方面,最突出的例子就是日本国歌。无须赘言,国歌是唤起民族精神,激发民族认同感的重要手段,而从和歌《古今集》中选词,1880 年由宫内省雅乐课的林广宇作曲、由外籍教师埃克特配以和声并加以修改完成的日本国歌《君之代》,一开始就以"吾皇圣明,泽被万载"的歌词和庄严肃穆的旋律,使日本国民在"天皇崇拜"观的指导下,自然而然地产生一种民族认同感。国旗、国歌教育在战前所受重视自不待言,在战后也一直不断地被保守政府所推进,自 1989 年起,升国旗、奏国歌成为各学校必须进行的一项教育工作。

日本道德教育重视纵向的连续性还表现在历次教育内容的修订上注意渐进性,从而使德育的核心要素保持着较高的稳定性和连续性。如在江户时代讲究仁义、真诚、勤俭、奉公、守规;明治、大正、昭和(战前期)时代强调忠诚、勤俭、纪律、正直、勇气、慈善、宽大、健康、家庭、公益、意志坚强、博爱、诚实、振兴产业、进取、自立自主、勤勉、敬师、努力学习、爱国、好日本人等观念;在战后的道德课中也强调要爱惜生命、注意健康,有礼貌、守纪律,勤劳、负责,爱正义、有勇气,亲切待人、互信互助,爱惜公物、遵守公德,敬爱家人、好家庭,自主、负责,爱乡、爱国,好国民、好公民等品质。道德教育核心要素的高度连续性使日本的道德教育可沿着一个相对稳定的方向推进,而且渐进地发展成符合现代化发展的道德规范和伦理原则。

二、高度的融合性

日本文化是一种多元文化。今天,无论我们将日本文化称为"二重文化"、"混血文化"、"混合文化"、"同化混成复合文化",还是称作"杂种文化"、"合金文化"、"飞地文化",本质上都是为了揭示日本文化多元的性格特征。这是日本文化在世界之林中所具有的一种独特的性格特征。日本文化是一种充满矛盾,但又使这些矛盾和谐统一的文化:男权主义的世界和最受崇拜的女神;彬彬有礼与放荡不羁;

墨守成规而又随机应变;天皇与共和;自卑与自尊;"居酒屋"的红灯笼和"斯纳库"(轻食店)的霓虹灯交相辉映;穿着和服,拖着木屐的新郎新娘在门德尔松"婚礼进行曲"的乐曲声中迈出碎步……这些似乎矛盾的事物在日本却并行不悖,和谐共存。这一特点同样也体现在与文化深层结构紧密相连的道德教育中。

纵观近代以来日本道德教育的目的、理念,国家主义和立身出世主义是贯穿其中的两条主线。前者以集团主义为背景,体现的是重整体的精神,后者强调勤勉努力主义,包含激励个体的要素。反过来说,集团主义背后隐藏着"为了国家"的思想,勤勉努力主义背后透示着"为了出人头地"的意图。正是工具主义、功利主义的共同特点使得两个看似相反的道德理念构成了互为表里、相互补充的关系。日本学者黑泽惟昭对1989年版《学习指导要领·道德编》所体现的道德观的分析同样适用于日本整个现代化过程中的道德教育。他说:"现代日本的道德一方面强调与市民社会的物质主义相适应的'自由主义''个人主义'的道德,另一方面又要强制建立在'天皇教'基础上的共同体(国家)道德。如果贯彻前者的话,现在日本的国家就有崩溃的可能性。那样,对当权者来说,连本带利都会赔光。此外,如果过度强调后者的话,会招致青年人的反抗,成为企业活力的障碍。""因此,以这一分离为前提,根据当时的状况强调某一方,并根据需要以另一方来纠正其'过火',我国的道德(教育)就是以这样的方式进行操作的。"①日本道德教育中集团主义与勤勉努力主义之间的互补和融合不仅体现在集团主义的重整体精神与勤勉努力主义的激励个体竞争的要素之间的对立统一上,而且还表现为集团主义内部在强调整体精神的同时也吸收了西方激励个体的要素,注重充分发挥群体中的个体活力,达到群体与个体之间的平衡,从而使群体更显活力;另一方面,勤勉努力主义在激励个体竞争的同时,又将其蒙上集团主义的温情主义色彩,其特点是竞争与协调的融合、群体外的排他性与集团内的尽力协调。对于这一点,在此需稍做分析。

与西方相比较而言,重整体精神是东方道德(教育)的一般特征。这主要在于,东方(道德)教育中的"整体精神",在古代强调个体与整体的合一,在近代则与西方的个人主义道德(教育)泾渭分明。而作为东方道德(教育)一般特征的重整

---

① 黒沢惟昭『国家と道徳·教育——物象化事象を読む——』東京:青弓社、1989年、187～188頁。

体精神在日本民族那里呈现出如下几个特点:(一)强调为整体而忘我献身的忠诚心理。赖肖尔曾指出:"日本人与美国人或西方人的最大差别莫过于日本人那种以牺牲个人为代价强调集体的倾向。"①而正如许多学者所指出的那样,与中国的重整体精神和以仁为基础相对照,日本的整体精神则以"忠诚"为优先,即把个人对整体的"忠诚"视为最根本的美德。正如美国学者杜克所言,日本人无论是在工作、学习,还是在娱乐上,其所表现出的最显著特征之一,就是对集团的忠诚。它超越所有社会阶层,成为"作为日本人"之基础。尽管集团忠诚已成为社会的一个文化要素,但必须系统地代代相传。日本的学校就成为担负这一传授重任的主要工具。②(二)重视协调与竞争相结合的小集团主义意识。日本人认为最重要的美德是"和",因此"和谐"是集团成员共同遵守的准则。但维系集团团结的"和"、"诚"等道德观念,对集团内部是绝对的,而对集团外部或其他集团则是相对的,并非普遍的道德准则。澳大利亚学者克拉克(Clark,G.)在《日本人》一书中把日本人的这种集团意识叫做"小集团主义"。小集团意识使得日本在处理事情时,总要区分内外,在集团内部强调合作、协调,对外则强调竞争。为了能在集团间的激烈竞争中立于不败之地,所以十分强调集团内的和谐、合作。然而,不仅如此,为了在与其他集团竞争中获胜,在集团内部也承认实力和竞争。不过这种竞争完全是为了扩大所属集团的利益,是外向的,不同于个人之间的功利性竞争。日本学者石田雄在《日本的政治文化》一书中对日本集团内外的"协调"与"竞争"的复合方式有过很深入的分析,并认为"日本文化中更有特点的则是集团内的竞争与协调的结合"。集团内是"协调"的"忠诚竞争","忠诚竞争的结果,更加强了忠诚的程度,由此带来更强的协调性;反过来,接着是在这样的协调性中又展开了更为激烈的忠诚竞争。"③也就是说,集团内的竞争与协调也是结合在一起的。(三)日本的整体精神具有变通性。整体、集团的范围既可外推,又可内缩,特别是在外推方面更具特色。与"献身"、"尽命"联在一起的日本的"忠义"观念俾日本人习惯于这样的准则作为超家族集团的国家和其他非亲属集团的利益高于家族本身的利益;而中国儒家伦理中的忠诚观念则使人们往往把家族集团利益看得最重要。近

① [美]埃德温·奥·赖肖尔:《当代日本人》,陈文寿译,商务印书馆1992年版,第107页。
② Duke,B.,*The Japanese School*,New York:Praeger,1986. p.25.
③ [日]石田雄:《日本政治文化》,章秀楣译,吉林人民出版社1990年版,第1～17页。

409

百年来,日本把政治单位由藩镇扩大到国家的事业,证明了在日本把国家利益置于家族利益之上,要比中国容易得多,这与近代以来日本人通过不断的道德教育保持国家高于家庭的伦理不无关系。

正如臼井吉见以下一番话所表明的那样,立身出世主义是我们探讨近代以来日本道德教育时所不可回避的问题。即"立身出世是国民教育的目标,甚至是新道德本身。因此,考虑日本近代的时候,避开立身出世的问题是绝对不行的。"① 其实,不光是考虑近代日本道德教育,即使探讨战后日本的道德教育,若离开对立身出世主义的关注也是不可能获得全面认识的。一般而言,立身出世主义在其本质属性上是一种普遍主义的竞争原理。② 但是,正如川岛武宜所言,由于日本社会并非是以个人为单位,而是以"人际间的关系"为单位构成的,所以立身出世的含义和出世的方法也都受这一"人际间的关系"所规定,因而不得不带有日本的特质。具体而言,日本的立身出世是一方面以"人际间的关系"为背景与其他集团竞争而获得成功,另一方面在"人际间的关系"内部努力向上游,通过获得更高的提拔来实现的。③ 用作田启一的话来讲,日本人立身出世的动机除了个人的野心之外,还有更重要的原因:一是认同以家庭为代表的初级集团的社会期待而萌发的动机,另一个是来自于要求更广泛地全面参与共同体生活秩序的动机。④ 因此,日本立身出世的特色在于期待着通过一身的独立达到与共同体的同一步调和对国家目标的认同与投入。也就是说,日本的立身出世主义虽然一方面鼓励个人的追求与竞争,但是却以个人的追求与集团、国家的兴隆的预定调和、个人的野心追求以国家的兴隆为目标这一思想为其世界观前提的。

作为以这种立身出世为取向的生活态度,日本人强调的是禁欲、勤勉、节俭等品质,而其中勤勉努力主义可以说是日本立身出世主义所蕴含的伦理精神之基础。这一勤勉努力主义中就体现着协调与竞争的融合。正如许多学者所指出的那样,强调勤勉重要性是日本教育的一个重要特征。这突出体现在对"努力"

---

① 門脇厚司「立身出世の社会学」『現代のエスプリ』No. 118(立身出世:学歴社会の心情分析)、1977 年、5～21 頁。

② 見田宗介「日本人の立身出世主義」『現代のエスプリ』No. 118、45～63 頁。

③ 川島武宜「日本の社会と立身出世」『現代のエスプリ』No. 118、23～32 頁。

④ 作田啓一『価値の社会学』東京:岩波書店、1972 年、335 頁。

(gambare)精神的培养上。"努力"精神成为日本社会的一个显著特征,因而有人称日本民族为勤勉努力主义民族。"努力"一词在日本学校中被高频率地用,它的意思是坚持、忍耐、尽力、不要放弃等等。在日本学校中通过学习指导和生活指导总是有意或无意、明示或暗示地传播着"努力"具有很高价值的思想,家庭教育也不例外。关于这一点杜克曾有过描述,他说:"在日本人的一生当中,他们为努力精神所包围、鼓励和促动。它起始于家庭。学校也从孩子进入教室的第一天起就开始进行,并持续到毕业。然后公司又使其兴旺发达。它席卷了社会的每个角落,被运用于工作、学习,甚至娱乐与闲暇中。努力已成为作为一个日本人所必不可少的东西。"[①]正如杜克所说的,"努力也是培养强烈的竞争,特别是集团竞争的一个主要组成部分","努力"精神中体现竞争与协调的结合。即在行使努力的过程中,每个参与者的目标必须通过集团的努力来寻求。"努力"的意思不仅仅是鼓励自己努力工作,而且也鼓励着集团的其他成员。当一个学生灰心丧气的时候,老师总会要求他努力,不只是坚持到完成目标,而且要尽最大努力以使其不扯所在集团的后腿。要获得成功,每个人都必须共同努力。

第二节 日本现代化进程中道德教育的作用

日本现代化的历史,是在成功与失败、发展与牺牲、现代与传统、进步与困境的二重奏中进行的。那么,日本的道德教育在日本现代化的二重性历史中又有何功过呢?

一、日本现代化进程中的道德教育之功

对于日本在实现现代化中所创造的世界奇迹,无论是日本学者还是国外学者,在捕捉其主要原因时,都看到了由忠诚、勤劳、节俭、献身等品格凝结而成的日本伦理精神的作用。这并不是一种偶然巧合,它有力地说明了日本伦理精神与日本现代化的相依并存关系,忽视了这一点,就难以走出日本成功的"迷宫",就会使任何一种阐述日本成功的理论陷于不攻自破的绝境。[②] 从前面的分析中我们亦

---

① Duke,B. *The Japanese School*, New York:Praeger, 1986. pp. 121～148.
② 吴潜涛:《日本伦理思想与日本现代化》,中国人民大学出版社 1994 年版,第 22 页。

已看到，这些伦理精神也就是日本的学校道德教育所着力培养的。

正如本书一开头所说的，揭示日本道德教育对于日本现代化的作用，不能仅满足于描述一些道德教育所着力培养的伦理精神之要素，重要的是要揭示其复合方式，或者说是结构性特征。关于这一点，在此前已有所涉及，这里再做进一步的总结与分析。

关于日本现代化的精神结构或价值观结构，村上泰亮的分析颇具深度。[①] 他认为，支配产业社会（亦即他所说的现代化）的价值观绝非是单纯的、一元的，而是一个价值观群或价值复合体（Value complex）。在这一价值复合体中，价值观之间有着逻辑上的关联，也有对立冲突的可能性。在他看来，支撑西方产业社会的价值复合体是手段能动主义（instrumental activism）与个人主义的组合，而支撑日本产业社会的价值观群则是手段能动主义与集团主义。

所谓手段能动主义是由能动主义（activism）和手段合理主义（instrumental rationalism）复合而成的概念。能动主义是指按照人所思考的一定方式来改变外部世界的一种姿态，相当于社会学上所讲的业绩（achievement）本位的价值观。而手段合理主义是指为了一定的目的而选择最佳结果的手段这一姿态，因为重视手段，所以才叫手段合理主义。在现实中，如果单纯地贯彻手段合理性，就会有可能制造出为了某一单一目的服务的静态秩序并将其固定化，而这并不是产业社会的应有面貌，而是托马斯·阿奎那的世界。此外，单纯的能动主义将会以战争、海盗行为和厚颜无耻的商业活动之类的冒险主义而告终，不可能建立构成产业社会特征的复杂而又巨大的社会结构。正是这两个时而对立的价值观的结合带来了近代西欧产业社会的诞生。这一特异的结合产物即"手段能动主义"。村上泰亮认为，这一"手段能动主义"是所有产业社会产生与发展的必要条件。这是因为手段能动主义的必要性是基于以分工、投资、科学技术为特征的产业社会的一般构造，而非单单基于西欧社会的特征。在日本产业社会以及在今后产生的非西欧产业社会中，手段能动主义作为基本价值观是不可缺少的。也就是说，在具有手段能动主义这一价值观上，所有产业社会是共同的，日本自然也不例外。

但是，手段能动主义，如果不赋予其目标的话，就不会启动；而且如果目标定

---

① 村上泰亮『村上泰亮著作集』（第 3 卷）東京：中央公論社、1992 年、第五章（97～116 页）、第九章（197～236 页）。

得不是无限远大的话,手段能动主义就会成为从属于特定目标的东西,从而也就不具有最高价值。因此,为了发动手段能动主义,必须在每个人的心中树立无限远大的目标。村上泰亮认为设定远大的目标,激发手段能动主义,从而形成支撑产业社会的价值观复合体可采取两条途径:一条是以将上帝与个人相隔绝,同时又使个人直接面对上帝的新教型宗教为媒介,由个人主义激起手段能动主义的途径;另一条即是通过政治体制的力量把整个社会转向产业化方向的集团主义路径。前者是欧美型的价值观结构,日本则属于后一种类型。谈到集团主义,村上泰亮指出,日本的集团主义不是支配型集团主义,而是同族型集团主义;是建立在日本型自然村或拟似自然村基础上的同族型集团主义。而日本的自然村是包纳政治、经济以至宗教功能的一个完结型社会模式,而且由于长期的运营经验,已具有了超越单纯的血缘、地缘而普遍化、扩大化的准备。

　　正如村上泰亮所指出的那样,个人主义路径与集团主义路径均存在着各自的问题,前者以个人为出发点,动机充分,但是存在着由于个人主义的异常增殖而带来的破坏社会统合的潜在可能性;后者则面临着如何把个人的兴趣和热情动员到产业化方向上来的课题。但是在前产业社会中,个人和集团都并不是那么具有可塑性。即使强有力的统治者、领导者,也无法强求一般社会成员与传统价值观正面对立,最强有力、最有效的改造个人的方式当然还是教育。也就是说,要采取集团主义方式,首先必须通过教育把某种价值观渗透到社会成员的脑中。

　　也正因如此,日本现代化进程中的道德教育从一开始就承担了这一重任,从而与日本现代化精神结构的形成建立了联系。我们前面所说的日本道德教育中的国家主义与日本现代化精神结构的同族型集团主义相对应,而立身出世主义与手段能动主义相对应。关于后者,见田宗介曾有过较为全面深入的分析,他认为,如果说西欧现代的主导精神是新教伦理的话,那么在明治以来日本现代化过程中,推动日本型资本主义急速发展的内在动力即是立身出世主义。[①] 日本道德教育正是通过培养这种以同族型集团主义意识和立身出世主义意识的复合为特征的日本现代化精神结构,既为日本现代化发展提供了秩序保证,更通过提供动力支持,从而为日本现代化,特别是经济现代化稳定而又快速发展发挥了巨大作用。

---

　　① 　見田宗介「日本人の立身出世主義」『現代のエスプリ』No. 118(立身出世:学歴社会の心情分析)、1977 年、45～63 頁。

二、日本现代化进程中的道德教育之过

正如美国学者贝拉在其《德川宗教：现代日本的文化渊源》一书中在考察了日本宗教对日本现代化的"功能"之后所说的，"如果我们要给日本的宗教以促进现代日本奇迹般崛起的'荣誉'，那么，我们必须给日本的宗教以助长于 1945 年达到极点的不幸灾难的'责难'。"①同样，如果我们要给日本道德教育以促进日本现代化飞速发展的光环的话，那么我们也应该给予它以助长日本现代化走向中断和困境的批判。

美国学者贝拉（Robert Bellah）认为，坚持以"政治价值"和"目标实现价值"优先的价值体系是日本现代化的特征。这个政治价值又是以"特殊主义"（particularism）和"表现"（performance）为特征的，它关注的中心与其说是生产力和社会体系的维持，毋宁说是集团目标的实现，因此忠诚被认为是第一美德。② 由于日本的现代化坚持的是政治价值优先，所以现代化过程中所重视的（道德）教育是被作为实现现代化这一目的的手段来利用的，其中带有强烈的政治主义、工具主义的特点。也就是说，与培养自律地追求善的人性和人格这一道德教育的本来目的相比，在日本，道德教育的手段价值和工具价值更受到重视。当然，道德教育是一种社会性的活动，它不可能与政治无涉。如果无视政治在道德教育中的存在，恐怕也会把我们引入到错误的方向上去。特别是，对于作为自上而下迅速推进现代化的后发性现代化国家而言，日本重视道德教育的政治价值和功能在某种意义上说是不可避免的。但问题是，日本道德教育的政治主义化表现得过于明显，即便是在已经实现了现代化的当代，这一倾向仍然未能得到及时有效的调整。

政治主义、功利主义的日本道德教育，一方面通过培养以集团主义意识和勤勉努力主义意识的复合为特征的日本现代化精神结构，为日本现代化发展提供秩序保证和动力支持，从而为日本的现代化发挥了巨大作用；另一方面也给日本的现代化和社会发展带来了严重问题。

---

① 〔美〕罗伯特·贝拉：《德川宗教：现代日本的文化渊源》，王晓山，戴茸译，三联书店 1998 年版，第 238～239 页。

② 〔美〕罗伯特·贝拉：《德川宗教：现代日本的文化渊源》，王晓山，戴茸译，三联书店 1998 年版，第 1～14 页。

关于日本战前政治主义（道德）教育的弊端，永井道雄曾这样指出："教育不与政治相分离，教育就不能批评和监督政治。正因为日本人被恩义等观念束缚，在家族国家中有尊卑长幼之分，所以当权者并不畏惧下层的叛逆反抗，百姓造成的危险性很小。正因为如此，明治日本才能够面向国家目标迅速勇往直前。""用罗斯托的比喻讲，又正是因有了它，明治教育对政治失去约束作用，当日本在现代化起飞时，它能起到辅助作用，使坐满日本国民乘客的飞机沿着既定的航路，一往无前地飞行。但是由于没有制动器，所以不能在条件变化的时候改变航路，灵活地飞行，甚至还存在着坠毁的危险。"①由于存在着这样结构上的缺陷，加上后来两次战争特别是日俄战争的胜利与工业革命的成功引起了日本人的骄傲，强国意识使得日本行政失去了当初予以控制的两个闸——对本国后进性的自觉认识和危机意识，变得愈发缺乏透明度，愈发独断专行，终于致使日本教育与政治同时遭到了失败。

永井道雄的这段话告诉我们，在考虑日本战前修身教育失败之处的时候，仅着眼于20世纪30年代以后凸显的军国主义、极端国家主义是不够的，还有必要注意明治时代以来道德教育上的政治主义特征，30年代凸显的军国主义、极端国家主义教育只不过是此前的政治主义、国家主义教育的发展而已，正是由于日本的道德教育中达成目标和特殊主义忠诚凌驾于其他普遍伦理原则如博爱、平等、自由之上，才会导致日本后来的发展结果。

同样，我们在思考战后日本教育病理与道德教育的关系时，只关注战后道德教育上的表面问题是不够的，还必须认识到继续存在于战后道德教育中的政治主义、工具主义的特征。战后日本的社会、教育虽然进行了深刻的变革，但是日本社会的政治价值优先特征和道德教育的政治主义色彩，从根本上来说没有太大变化。日本社会强调"达成目标"的重要性本来就不限于集团的某一些特定目标，而是具有一种把达成目标本身看成首要优先的取向。当然，这种目标也不是完全空洞的，集团目标总是指那些增强集团力量与威望的期望，可以是经济发展，也可以是战争胜利或帝国主义扩张，一句话，是集团的功利目的。由此看来，战后日本社会只是目标的转移，即由"富国强兵"转向单纯的"富国"上了。因此，道德教育中的军国主义教育似乎是见不到了，但是道德教育中重工具理性价值的特点依

---

① ［日］永井道雄：《现代化与教育》，陈晖等译，吉林人民出版社1990年版，第19～20页。

然未变。

在实现了现代化、处于高学历化社会的现代日本，孩子们在不知道为何而努力的状态中，被动地接受着集团主义、勤勉努力主义的道德教育，必然会陷入高度的紧张和压力状态之中，各种问题也就不可避免地爆发出来。就像汽车既需要引擎又需要制动器一样，人既要有激发动机的"进取心"，也要有平衡心态的"平常心"。也就是说，平衡道德教育的目的价值与手段价值，使道德教育恢复其本来面目才是问题得到根本解决的保证。正如日本学者马越彻所指出的，要解决现今日本教育的病理现象，只能是从明治时代即已确立且已构成日本体质的以"国富（公益）"和"立身（私益）"为宗旨的功利主义（道德）教育观中解放出来，实现"心灵"的新陈代谢。① 同时，还有必要从根本上改善儿童周围的环境，特别是生活文化，使道德教育建立在丰富的生活文化基础之上。

---

① 林雄二郎他『ォランソロピーの橋』東京：TBSフリタニカ、2000 年、219～239 頁。

参考文献

一、中文文献

1. 〔日〕源了圆著:《日本文化与日本人性格的形成》,郭连友、漆红译,北京出版社 1992 年版。

2. 盛邦和:《东亚:走向近代的精神历程》,浙江人民出版社 1995 年版。

3. 罗荣渠:《现代化新论》,北京大学出版社 1993 年版。

4. 章开沅:《离异与回归——传统文化与近代化关系试析》,湖南人民出版社 1988 年版。

5. 罗荣渠:《现代化新论续篇》,北京大学出版社 1997 年版。

6. 〔美〕塞缪尔·亨廷顿等著:《现代化理论与历史经验的再探讨》,罗荣渠等译,上海译文出版社 1993 年版。

7. 吴潜涛:《日本伦理思想与日本现代化》,中国人民大学出版社 1994 年版。

8. 林尚立:《政党政治与现代化——日本的历史与现实》,上海人民出版社 1998 年版。

9. 〔美〕罗伯特·贝拉:《德川宗教:现代日本的文化渊源》,王晓山,戴茸译,三联书店 1998 年版。

10. 〔日〕永井道雄:《现代化与教育》,陈晖等译,吉林人民出版社 1990 年版。

11. 李卓:《家族制度与日本的近代化》,天津人民出版社 1997 年版。

12. 王中田:《江户时代日本儒学研究》,中国社会科学出版社 1994 年版。

13. 〔日〕尾关周二:《共生的理想》,卞崇道译,中央编译出版社 1996 年版。

14. 吴廷璆:《日本近代化研究》,商务印书馆 1997 年版。

15. 冯玮:《日本的智慧:大"和"民族的乐章》,浙江人民出版社 1993 年版。

16. 罗荣渠、董正华:《东亚现代化:新模式与新经验》,北京大学出版社 1997 年版。

17. 金明善、徐平:《日本·走向现代化》,辽宁大学出版社 1990 年版。

18. 〔美〕埃德温·奥·赖肖尔:《当代日本人——传统与变革》,陈文寿译,商务印书馆 1992 年版。

19. [日]石田雄:《日本的政治文化》,章秀楣译,吉林人民出版社 1990 年版。

20. 北京大学日本研究化研究所:《日本比较文化论集》,吉林教育出版社 1990 年版。

21. 王家骅:《儒家思想与日本的现代化》,浙江人民出版社 1995 年版。

22. 王家骅:《儒家思想与日本研究化》,浙江人民出版社 1990 年版。

23. [日]丸山惠也:《日本式经营的明和暗》,刘永鸽译,山西经济出版社 1993 年版。

24. 金明善:《日本现代化研究》,辽宁大学出版社 1993 年版。

25. 叶坦、赵光远:《文明的运势》,人民出版社 1992 年版。

26. 罗荣渠:《各国现代化比较研究》,陕西人民出版社 1993 年版。

27. [美]约翰·惠特尼·霍尔:《日本——从史前到现代》,邓懿、周一良译,商务印书馆 1997 年版。

28. 武寅:《近代日本政治体制研究》,中国社会科学出版社 1997 年版。

29. [日]福武直:《日本社会结构》,陈曾文译,广东人民出版社 1982 年版。

30. 李晓:《东亚奇迹与"强政府"》,经济科学出版社 1996 年版。

31. [日]依田憙家:《日中两国现代化比较研究》,卞立强等译,北京大学出版社 1997 年版。

32. [日]色川大吉:《明治的文化》,郑民钦译,吉林人民出版社 1991 年版。

33. 钟启泉:《日本教育改革》,人民教育出版社 1991 年版。

34. 梁忠义:《战后日本教育与经济发展》,人民教育出版社 1981 年版。

35. 梁忠义:《战后日本教育》,吉林教育出版社 1988 年版。

36. 梁忠义:《日本教育发展战略》,吉林教育出版社 1993 年版。

37. 梁忠义:《战后日本教育研究》,江西教育出版社 1993 年版。

38. 梁忠义:《日本教育与经济》,东北师范大学出版社 1989 年版。

39. 梁忠义:《当代日本社会教育》,山西教育出版社 1994 年版。

40. 梁忠义:《世界教育大系》(日本教育卷),吉林教育出版社 2000 年版。

41. 金明善:《现代日本经济论》,辽宁大学出版社 1996 年版。

42. 刘天纯:《日本现代化研究》,东方出版社 1995 年版。

43. [日]稻盛和夫、梅原猛:《回归哲学——探求资本主义新精神》,卞立强译,学林出版社 1996 年版。

44. 〔日〕桥本寿朗:《日本经济论——20 世纪体系和日本经济》,复旦大学日本研究中心译,上海财经大学出版社 1997 年版。

45. 〔美〕西里尔·E. 布莱克等:《日本和俄国的现代化》,周师铭等译,商务印书馆 1994 年版。

46. 钱乘旦、杨豫、陈晓律:《世界现代化进程》,南京大学出版社 1997 年版。

47. 冯昭奎等:《战后日本外交:1945～1955》,中国社会科学出版社 1996 年版。

48. 〔日〕都留重人:《日本的资本主义——以战败为契机的战后经济发展》,复旦大学日本研究中心译,复旦大学出版社 1995 年版。

49. 〔美〕大卫·雷·格里芬:《后现代精神》,王成兵译,中央编译出版社 1998 年版。

50. 〔日〕文部省调查局:《日本的经济发展和教育》,吉林师大外国问题研究所日本教育研究室译,吉林人民出版社 1978 年版。

51. 〔日〕森岛通夫:《日本为什么"成功"》,胡国成译,四川人民出版社 1986 年版。

52. 〔日〕吉田茂:《激荡的百年史》,孔凡等译,世界知识出版社 1980 年版。

53. 宋绍英:《日本崛起论》,东北师范大学出版社 1993 年版。

54. 北京大学日本研究中心:《日本学》第 6 辑,北京大学出版社 1996 年版。

55. 洪祖显:《日本公民道德教育》,五南图书出版公司 1992 年版。

56. 戚万学:《冲突与整合——20 世纪西方道德教育理论》,山东教育出版社 1995 年版。

57. 张琼、马尽举:《道德接受论》,中国社会科学出版社 1995 年版。

58. 〔美〕鲁思·本尼迪克特:《菊与刀》,吕万和、熊达云译,商务印书馆 1996 年版。

59. 韦政通:《伦理思想的突破》,四川人民出版社 1988 年版。

60. 魏英敏:《新伦理学教程》,北京大学出版社 1993 年版。

61. 鲁洁、王逢贤:《德育新论》,江苏教育出版社 1995 年版。

62. 王守华、卜崇道:《日本哲学史教程》,山东大学出版社 1989 年版。

63. 〔日〕丸山真男:《福泽谕吉与日本近代化》,区建英译,学林出版社 1992 年版。

64. 〔日〕樋口清之:《日本人与日本传统文化》,王彦、陈俊杰译,南开大学出版社 1989 年版。

65. 卞崇道:《战后日本哲学思想概论》,中央编译出版社 1996 年版。

66. 〔日〕丸山真男:《日本的思想》,区建英、刘岳兵译,吉林人民出版社 1991 年版。

67. 〔日〕信夫清三郎:《日本政治史》(1~4 卷),吕万和等译,上海译文出版社 1988 年版。

68. 时和兴:《关系、限度、制度——政治发展过程中的国家与社会》,北京大学出版社 1996 年版。

69. 〔日〕源了圆:《义理与人情》,李树果、王建宜译,天津人民出版社 1996 年版。

70. 〔日〕富永健一:《社会结构与社会变迁》,董兴华译,云南人民出版社 1988 年版。

71. 王文元:《樱花与祭》,北京出版社 1993 年版。

72. 〔美〕C. E. 布莱克:《现代化的动力》,段小先译,四川人民出版社 1988 年版。

73. 罗福惠:《国情、民性与近代化》,湖南人民出版社 1998 年版。

74. 〔日〕山本七平:《日本资本主义精神》,莽景石译,三联书店 1995 年版。

75. 〔日〕永田广志:《日本哲学思想史》,陈应年等译,商务印书馆 1983 年版。

76. 〔日〕近代日本思想史研究会:《近代日本思想史》(共 3 卷),马采、李民等译,商务印书馆 1993 年第 2 版。

77. 王新生:《现代日本政治》,经济日报出版社 1997 年版。

78. 郑杭生、李强等:《社会运行导论》,中国人民大学出版社 1993 年版。

79. 〔日〕鹤见俊辅:《战争时期日本人精神史》,高海宽、张义素译,吉林人民出版社 1991 年版。

80. 〔美〕加里·杰里菲、唐纳德·怀曼:《制造奇迹——拉美与东亚工业化的道路》,俞新天等译,上海远东出版社 1996 年版。

81. 〔苏〕韦·普罗宁可夫、伊·拉大诺夫:《日本人》,赵永穆、朱文佩译,中国广播电视出版社 1991 年版。

82. 〔日〕小仓志祥:《伦理学概论》,吴潜涛译,中国社会科学出版社 1992

年版。

83.〔日〕家永三郎:《外来文化摄取史论》,靳丛林等译,吉林教育出版社 1990年版。

84.〔日〕福泽谕吉:《劝学篇》,群力译,商务印书馆 1984 年第 2 版。

85.〔日〕福泽谕吉:《文明论概略》,北京编译社译,商务印书馆 1959 年版。

86.〔日〕川岛武宜:《日本人的法意识》,胡毓文,黄凤英译,吉林人民出版社1991 年版。

87.〔日〕南博:《日本的自我》,王维平译,吉林人民出版社 1991 年版。

88.陈瑛、丸本征雄:《中日实践伦理学讨论会实录》,社会科学文献出版社1993 年版。

89.〔美〕狄百瑞:《东亚文明——五个阶段的对话》,黄水婴译,江苏人民出版社 1996 年版。

90.李秀林等:《中国现代化之哲学探讨》,人民出版社 1990 年版。

91.〔日〕加藤周一:《日本文化的杂种性》,杨铁婴译,吉林人民出版社 1991年版。

92.盛邦和:《内核与外缘——中日文化论》,学林出版社 1988 年版。

93.〔日〕村上重良:《国家神道》,聂长振译,商务印书馆 1990 年版。

94.〔日〕新渡户稻造:《武士道》,张俊彦译,商务印书馆 1993 年版。

95.平献明:《日本人的外向意识》,辽宁人民出版社 1993 年版。

96.〔美〕爱德华·J.贾志:《世界十大宗教》,刘鹏辉译,吉林文史出版社 1991年版。

97.〔日〕依田喜家:《简明日本通史》,卞立强、李天工译,北京大学出版社1989 年版。

98.〔日〕高桥幸八郎、永原庆二、大石嘉一郎:《日本近代史纲要》,谭秉顺译,吉林教育出版社 1988 年版。

99.〔美〕赖肖尔:《近代日本新观》,卞崇道译,三联书店 1992 年版。

100.〔日〕麻生诚、天野郁夫:《教育与日本现代化》,刘付忱译,人民教育出版社 1980 年版。

101.〔日〕堀尾辉久:《当代日本教育思想》,王智新译校,山西教育出版社1994 年版。

102. ［美］西里尔·E.布莱克:《比较现代化》,杨豫、陈祖洲译,上海译文出版社 1996 年版。

103. 陈淮:《日本产业政策研究》,中国人民大学出版社 1991 年版。

104. ［英］安德鲁·韦伯斯特:《发展社会学》,陈一筠译,华夏出版社 1987 年版。

105. 胡格韦尔等:《发展社会学》,白桦丁一凡编译,四川人民出版社 1987 年版。

106. 周昌忠:《生活圈伦理学》,上海社会科学院出版社 1997 年版。

107. ［英］约翰·怀特:《再论教育目的》,李永宏等译,教育科学出版社 1992 年版。

108. ［加］克里夫·贝克:《学会过美好生活——人的价值世界》,詹万生等译,中央编译出版社 1997 年版。

109. 赵中建、顾建民:《比较教育的理论与方法——国外比较教育文选》,人民教育出版社 1994 年版。

110. 武安隆:《文化的抉择与发展——日本吸收外来文化史说》,天津人民出版社 1993 年版。

111. 吴廷璆:《日本史》,南开大学出版社 1994 年版。

112. 万俊人:《伦理学新论》,中国青年出版社 1994 年版。

113. 宋林飞:《西方社会学理论》,南京大学出版社 1997 年版。

114. 袁桂林:《当代西方道德教育理论》,福建教育出版社 1995 年版。

115. ［日］生野重夫:《现代日本经济历程》,朱绍文等校译,中国金融出版社 1993 年版。

116. 联合国教科文组织国际教育发展委员会:《学会生存——教育世界的今天和明天》,华东师范大学比较教育研究所译,上海译文出版社 1979 年版。

117. ［美］吉尔伯特·罗兹曼:《中国的现代化》,陶骅等译,江苏人民出版社 1995 年版。

118. 章开沅、罗福惠:《比较中的审视:中国早期现代化研究》,浙江人民出版社 1993 年版。

119. 国际 21 世纪教育委员会:《教育——财富蕴藏其中》,联合国教科文组织总部中文科译,教育科学出版社 1996 年版。

120. 陈来:《人文主义的视界》,广西教育出版社 1997 年版。

121. [日]中根千枝:《纵向社会的人际关系》,陈成译,商务印书馆 1994 年版。

122. [美]塞缪尔·亨廷顿:《变动社会中的政治秩序》,王冠华译,三联书店 1989 年版。

123. 宋成有:《新编日本近代史》,北京大学出版社 2006 年版。

124. 高增杰:《东亚文明撞击——日本文化的历史与特征》,广西教育出版社 2001 年版。

125. 吴廷璆:《日本近代化研究》,商务印书馆 1997 年版。

126. [日]富永健一:《日本的现代化与社会变迁》,李国庆、刘畅译,商务印书馆 2004 年版。

127. 向卿:《日本近代民族主义(1868~1895)》,社会科学文献出版社 2007 年版。

128. 谢立中、孙立平:《二十世纪西方现代化理论文选》,上海三联书店 2002 年版。

129. 殷燕军:《近代日本政治体制》,社会科学文献出版社 2006 年版。

130. 丁建弘:《发达国家的现代化道路》,北京大学出版社 1999 年版。

131. 周颂伦:《近代日本社会转型期研究》第 186 页,东北师大出版社 1998 年版。

132. [日]升味准之辅:《日本政治史》(4 册),董果良,郭洪茂译,商务印书馆 1997 年版。

133. 杨孝臣:《日本政治现代化》,东北师范大学出版社 1998 年版。

134. [加拿大]诺曼·赫伯特:《明治维新史》,姚曾廙译,吉林出版集团 2008 年版。

二、日文文献

1. 平野武夫『価値葛藤の場と道徳教育——道徳教育学の構想——』名古屋:黎明書房、1967 年。

2. 平野武夫『道徳教育の実践構想——道徳教育の隘路とその打開——』京都:関西道徳教育研究会、1954 年。

3. 稲富栄次郎『人間形成と道徳教育』東京：福村書店、1959 年。

4. 稲富栄次郎『道徳教育論』東京：福村書店、1955 年。

5. 稲富榮次郎『日本の道徳教育』東京：第一法規、1966 年。

6. 稲富栄次郎『明治以降教育目的の変遷』東京：同文書院、1968 年。

7. 上田薫『道徳教育の理論』東京：明治図書、1960 年。

8. 上田薫、平野智美『教育学講座 16・新しい道徳教育の探求』東京：学習研究社、1979 年。

9. 上田薫『道徳教育論』（上田薫著作集 6）名古屋：黎明書房、1993 年。

10. 春田正治、宮坂哲文『今日の道徳教育』東京：誠信書房、1964 年。

11. 宮坂哲文『生活指導と道徳教育』東京：明治図書、1959 年。

12. 宮坂哲文『続生活指導と道徳教育』東京：明治図書、1961 年。

13. 青木孝頼他『新道徳教育事典』東京：第一法規出版、1980 年。

14. 青木孝頼他『特別活動と道徳教育・生徒指導』東京：ぎょうせい、1985 年。

15. 青木孝頼『道徳・特別活動の特質と指導』、東京：明治图书、1985 年。

16. 青木孝頼『授業に生かす価値観の類型』東京：明治图书、1993 年。

17. 青木孝頼『道徳授業の基本構想』東京：文溪堂、1995 年。

18. 青木孝頼『道徳価値の一般化』東京：明治图书、1966 年。

19. 青木孝頼『道徳で心を育てる先生』東京：図書文化、1990 年。

20. 青木孝頼、井沢純、佐藤俊夫『改订小学校学習指導要領の展開・道徳編』東京：明治図書、1977 年。

21. 瀬戸真『道徳教育の改善と課題』東京：国土社、1989 年。

22. 瀬戸真『新道徳教育実践講座』（3 巻）東京：教育開発研究所、1986～1987 年。

23. 瀬戸真『こころの教育——新しい道徳教育の課題——』東京：図書文化、1989 年。

24. 金井肇『こうすれば心が育つ』東京：小学館、2003 年。

25. 金井肇『道徳授業の基本構造理論』東京：明治図書、1996 年。

26. 金井肇『道徳教育の基本原理』東京：第一法規、1992 年。

27. 金井肇『生き生きした構造化方式の道徳授業：小学校』東京：明治図書、

1998 年。

28．金井肇『生き生きした構造化方式の道徳授業：中学校』東京：明治図書、1998 年。

29．押谷由夫『道徳教育新時代：生きる喜びを子どもたちに』東京：国土社、1994 年。

30．押谷由夫『心を育てる学校教育の創造——新しい道徳教育の具体的展開——』東京：光文書院、1995 年。

31．押谷由夫『新しい道徳教育の理念と方法——夢と希望と勇気をはぐくむ——』東京：東洋館出版，1999.1。

32．押谷由夫『「道徳の時間」成立過程に関する研究——道徳教育の新たな展開——』東京：東洋館出版社、2001 年。

33．押谷由夫『総合単元的道徳学習論の提唱——その構想と展開——』、文溪堂、1995 年。

34．押谷由夫、内藤俊史『道徳教育』京都：ミネルヴア書房、1993 年。

35．伊藤啓一『統合的道徳教育の創造——現代アメリカの道徳教育に学ぶ——』東京：明治図書、1991 年。

36．伊藤啓一『「生きる力」をつける道徳授業——小学校統合的プログラムの実践——』東京：明治図書、1996 年。

37．伊藤啓一『「生きる力」をつける道徳授業——中学校統合的プログラムの実践——』東京：明治図書、1996 年。

38．伊藤啓一『「思いやり」の心をはぐくむ道徳授業——小学校における統合的プログラムの展開——』東京：明治図書、1998 年。

39．伊藤啓一『「思いやり」の心をはぐくむ道徳授業——小学校における統合的プログラムの展開——』東京：明治図書、1996 年。

40．荒木紀幸『道徳教育はこうすればおもしろい——コールバーグ理論とその実践——』京都：北大路書房、1988 年。

41．佐野安仁、荒木紀幸『道徳教育の視点 改訂版』京都：晃洋書房、2000 年。

42．諸富祥彦『道徳授業の革新——「価値の明確化」で生きる力を育てる——』東京：明治図書、1997 年。

43．宮田丈夫他『道徳教育の計画』東京：明治図書出版、1965 年。

44．宮田丈夫『道徳教育資料集成』（3巻）東京：第一法規出版、1959年。

45．飯田芳郎『現代道徳教育考――激せず偏せず留まらず――』東京：文教書院、1985年。

46．市川昭午『教育システム的日本特質』東京：教育開発研究所、1988年。

47．市川昭午『教育改革の理論と構造』東京：教育開発研究所、1990年。

48．市川昭午『教育基本法』東京：日本図書センター、2006年。

49．石川二郎『新しい道徳教育とはなにか――新学習指導要領で学校はどうなる――』東京：労働旬報社、1989年。

50．間瀬正次『戦後日本道徳教育実践史』東京：明治図書出版、1982年。

51．間瀬正次『今後の道徳教育を考える』東京：教育開発研究所、1989年。

52．稲垣忠彦『教科書の明治教授理論史研究』東京：評論社、1966年。

53．岩本俊郎他『史料道徳教育の研究 新版』東京：北樹出版、1994年。

54．牛島義友『西欧と日本の人間形成――道徳教育に関する比較教育総合研究心理班報告――』東京：金子書房、1961年。

55．宇田川宏『道徳教育と道徳の授業』東京：同時代社、1989年。

56．大畑荘一『道徳教育の研究――その諸問題――改訂版』東京：大明堂、1963年。

57．大平勝馬『道徳教育の研究 改訂新版』東京：建帛社、1980年。

58．井上治郎『道徳授業から道徳学習へ――道徳授業入門――』東京：明治図書出版、1991年。

59．山田洸『近代日本道徳思想史研究――天皇制イデオロギー批判――』東京：未来社、1972年。

60．奥田眞丈監修『教科教育百年史』東京：建帛社、1985年。

61．奥田眞丈監修『教科教育百年史・資料編』東京：建帛社、1985年。

62．奥田眞丈、熱海則夫『道徳教育』東京：ぎょうせい、1994年。

63．勝部真長、渋川久子『道徳教育の歴史――修身科から「道徳」へ――』東京：玉川大学出版部、1984年。

64．正木正『道徳教育の研究』東京：金子書房、1963年。

65．勝部真長他『新しい道徳教育の探究』東京：東信堂、1987年。

66．村上敏治『道徳教育の構造』東京：明治図書出版、1980年。

67. 武藤孝典、木原孝博『生活主義の道徳教育』東京：明治図書、1978年。

68. 武藤孝典『生活性に根ざす道徳指導』東京：明治図書出版、1991年。

69. 石川佾男、竹の内一郎『小学校新道徳の構想と実践』東京：東京書籍、1990年。

70. 石川佾男、竹の内一郎『心を育てる道徳の授業』東京：国土社、1989年。

71. 木原孝博『道徳教育の基礎理論』東京：明治図書出版、1981年。

72. 倉田侃司、山崎英則『新しい道徳教育——一人ひとりの生き方を問う——』京都：ミネルヴァ書房、1989年。

73. 黒沢惟昭『国家と道徳・教育——物象化事象を読む——』東京：青弓社、1989年。

74. 現代教育科学研究会『道徳教育の原理とその展開』東京：あゆみ出版、1987年。

75. 現代道徳教育研究会『道徳教育の授業理論——十六主張とその展開——』東京：明治図書出版、1981年。

76. 鯵坂真他『道徳教育実践の探求』東京：あゆみ出版、1990年。

77. 沢田慶輔『道徳教育と生活指導』東京：光風出版、1960年。

78. 全国教育研究所連盟『道徳教育に関する基礎的研究』東京：東洋館出版社、1958年。

79. 日本道徳教育学会『道徳教育実践上の諸問題』大阪：大阪教育図書、1958年。

80. 村田昇『道徳教育論』京都：ミネルヴァ書房、1979年。

81. 吉田一郎他『子どもと学ぶ道徳教育』京都：ミネルヴァ書房、1992年。

82. 佐佐木昭『道徳教育の研究と実践』東京：教育開発研究所、1996年。

83. 佐藤正明『善い生き方の教育』東京：玉川大学出版、1983年。

84. 徳永正直、堤正史、宮嶋秀光『対話への道徳教育』京都：ナカニシヤ出版、1997年。

85. 山崎英則『これからの道徳教育を求めて』学術図書出版社、1994年。

86. 宇田川宏『生きる意味を学ぶ道徳教育』東京：同時代社、1998年。

87. 斎藤勉『道徳形成の理論と実践』東京：樹村房、1993年。

88. 江藤恭二、鈴木正幸『道徳教育の研究』東京：福村出版、1982年。

89．平野智美、菅野和俊『人間形成の思想』(教育学講座 2)東京：学習研究社、1979 年。

90．日本教育方法学会『「知育・徳育の構想と生活科の指導』東京：明治図書、1990 年。

91．田浦武雄『道徳教育の構造』東京：福村出版、1978 年。

92．田浦武雄『道徳と教育 新装版』東京：福村出版、1975 年。

93．小野健知郎『新道徳教育读本増补版』東京：大明堂、1982 年。

94．山邊光宏『人間形成の基礎理論』東京：東信堂、1994 年。

95．松下良平『知ることの力──心情主義の道徳教育を超えて──』東京：勁草書房、2002 年。

96．村井実『道徳教育原理』東京：教育出版、1990 年。

97．村井実、遠藤克弥『共にまなぶ道徳教育──その原理と展開──』東京：川島書店、1990 年。

98．村井実『教育改革の思想──国家主義から人間主義へ──』(国土社の教育選書 12)東京：国土社、1987 年。

99．山口和孝『新教育课程と道徳教育』東京：エイデル研究所、1993 年。

100．押谷慶昭『道徳の授業理論』東京：教育開発研究所、1988 年。

101．右島洋介『民主的道徳教育の理論』東京：新評論、1978 年。

102．森川輝紀『国民道徳論の道──「伝統」と「近代化」の相克──』東京：三元社、2003 年。

103．梅根悟監修『世界教育史大系 39・道徳教育史Ⅱ』東京：講談社、1981 年。

104．藤田昌士『道徳教育──その歴史・現状・課題──』東京：エイデル研究所、1985 年。

105．船山謙次『戦後道徳教育論史』(上、下)東京：青木書店、1981 年。

106．船山謙次『戦後日本教育史論争史』東京：東洋館出版、1958 年。

107．古川哲史『日本道徳教育史』東京：角川書店、1973 年。

108．海後宗臣『社会科・道徳教育』(海後宗臣著作集第 6 巻)東京：東京書籍、1981 年。

109．貝塚茂樹『戦後教育改革と道徳教育問題』東京：日本図書センター、

2001 年。

110. 貝塚茂樹『戦後教育のなかの道徳・宗教＜増補版＞』東京：文化書房博分社、2006 年。

111. 海後宗臣『修身』（日本教科書大系近代編第 1 巻、第 2 巻、第 3 巻）東京：講談社、1961〜1962 年。

112. 海后宗臣監修『戦後日本の教育改革』東京：東京大学出版会、1969〜1970 年。

113. 海后宗臣、仲新『教科書でみる近代日本の教育』東京：東京書籍、1979 年。

114. 海後宗臣『臨時教育会議の研究』東京：東京大学出版社、1960 年。

115. 尾形利雄『日本近世教育史の諸問題』東京：校倉書房、1988.12。

116. 尾形利雄『日本戦後教育史の諸問題』東京：早稲田大学出版部、1988 年。

117. 石川謙『日本庶民教育史』東京：玉川大学出版部、1998 年新装版。

118. 唐沢富太郎『教科書の歴史』東京：創文社、1956 年。

119. 井上久雄『明治維新教育史』東京：吉川弘文館、1984 年。

120. 久保義三『日本ファシズム教育政策史』東京：勁草書房、1970 年。

121. 久保義三『天皇制国家の教育政策—その形成過程と枢密院——』東京：勁草書房、1970 年。

122. 池田進、本山幸彦『大正の教育』東京：第一法規、1978 年。

123. 石山修平他『教育文化史大系』（第 1 巻）東京：金子書房、1953 年。

124. 平田宗史『教科書でつづる近代日本教育制度史』京都：北大路書房、1992 年再版。

125. 国立教育研究所『日本近代教育百年史』（第 3 巻）文唱堂、1974 年。

126. 文部省『学制百年史』東京：帝国地方行政学会、1981 年。

127. 教育史編纂会『明治以降教育制度発達史』東京：竜吟社、1938 年。

128. 大田堯『戦後日本教育史』東京：岩波書店、1978 年。

129. H.J.ワンダーリック著、土持ゲーリー法一監訳『占領下日本の教科書改革』東京：玉川大学出版社、1998 年。

130. 熊谷一乗、国祐道広、嶺井正也『転換期の教育政策』東京：八月書館、

1998 年。

131. 中内敏夫『近代日本教育思想史』東京：国土社、1973 年。

132. 教育の戦後史編集委員会『教育の戦後史』東京：三一書房、1986 年。

133. 中野光『大正自由教育の研究』東京：黎明書房、1968 年。

134. 中野光『大正デモクラシーと教育』東京：新評論、1990 修订增补版。

135. 仲新監修『日本近代教育史』東京：講談社、1973 年。

136. 堀松武一『日本教育史』東京：国土社、1985 年。

137. 稲富栄次郎『明治以降　教育目的の変遷』東京：同文書院、1968 年。

138. 伊ヶ崎暁生『わたしたちの教育戦後史』東京：新日本出版社、1991 年。

139. 寺崎昌男、戦時下教育研究会『総力戦体制と教育』東京：東京大学出版社、1987 年。

140. 黒崎勲：『現代日本の教育と能力主義―共通教育から新しい多様化へ』東京：岩波書店、1995 年。

141. 鎌倉孝夫『教育改革を撃つ――教育と国家 1――』東京：緑風出版、1987 年。

142. 鎌倉孝夫『自由と統制――教育と国家 2――』東京：緑風出版、1988 年。

143. 土持ゲーリー法一『米国教育使節団の研究』東京：玉川出版部、1991 年。

144. 『戦後教育の総合評価』刊行委員会『戦後教育の総合評価――戦後教育改革の実像――』東京：図書刊行会、1999 年。

145. 浪本勝年『戦後教育改革の精神と現実』東京：北樹出版、1993 年。

146. 河原美耶子『日本近代思想と教育』東京：成文堂、1994 年。

147. 清水義弘監修『日本の教育を考える』（共 3 巻）、東京：有信堂、1985 年。

148. 堀尾輝久『天皇制国家と教育――近代日本教育思想史研究――』東京：青木書店、1987 年。

149. 堀尾輝久『日本の教育』東京：東京大学出版会、1994 年。

150. 堀尾輝久『教育の理念と目的』東京：学陽書房、1977 年。

151. マーク・T・オア著、土持ゲーリー法一訳『占領下日本の教育改革政策』東京：玉川大学出版部、1993 年。

152. 明星大学戦後教育史研究センター『戦後教育改革通史』京京：明星大学出版社、1993 年。

153. 安川寿之輔『十五年戦争と教育』東京：新日本出版社、1986 年。

154. 山本冬彦編『教育の戦後思想――その批判と継承――』東京：農山漁村文化協会.、1995 年。

155. 小林一男他『近代日本教育の歩み－歴史社会学的考察』東京：理想社、1960 年。

156. 安川寿之輔『日本近代教育の思想構造――福沢諭吉の教育思想研究――増補版』東京：新評論、2002 年。

157. 鈴木英一『日本占領と教育改革』東京：勁草書房、1983 年。

158. 鈴木英一、平原春好『資料教育基本法 50 年史』東京：勁草書房、1998 年。

159. 鈴木英一『現代日本の教育法』東京：勁草書房、1979 年。

160. 戦後日本教育史料集成編集委員会『戦後日本教育史料集成』東京：三一書房、1982〜1984 年。

161. 宮原誠一他『資料日本現代教育史』東京：三省堂、1974〜1979 年。

162. 宮原誠一他『資料日本現代教育史 増補』東京：三省堂、1979 年。

163. 平原春好『教育と教育基本法』東京：勁草書房、1996 年。

164. 日本教育法学会『「教育改革」と教育基本法制』(『日本教育法学会年報』第 31 号) 東京：有斐閣、2002 年。

165. 杉原誠四郎『教育基本法――その制定過程と解釈――増補版』東京：文化書房博文社、2002 年。

166. 杉原誠四郎『教育基本法の成立――「人格の完成」をめぐって――』東京：文化書房博文社、2003 年。

167. 佐藤秀夫『教育：御真影と教育勅語(続・現代史資料 8〜9)』東京：みすず書房、1994 年。

168. 高嶋伸欣『教育勅語と学校教育――思想統制に果した役割――』東京：岩波書店、1990 年。

169. 副田義也『教育勅語の社会史――ナショナリズムの創出と挫折――』東京：有信堂、1997 年。

170. 山住正己『教育勅語』東京：朝日新聞社、1980 年。

171. 加藤地三、中野新之祐『教育敕語を読む』東京：三修社、1984 年。

172. 川合章『近代日本教育方法史』東京：青木書店、1985 年。

173. 龍谷次郎『近代日本における教育と国家の思想』京都：阿吽社、1994 年。

174. 藤田英典『教育改革：共生時代の学校づくり』東京：岩波書店、1997 年。

175. 水原克敏『現代日本の教育課程改革——学習指導要領と国民の資質形成——』東京：風間書房、1992 年。

176. 村山英雄、高木英明『教育行政要説』東京：ぎょうせい、1978 年。

177. 新堀通也、青井和夫『日本教育の力学』東京：東信堂、1983 年。

178. 新堀通也『日本の教育』東京：有信堂、1981 年。

179. 新堀通也『道徳教育』東京：福村出版、1977 年。

180. 三枝孝弘、田畑治『現代の児童観と教育』東京：福村出版、1982 年。

181. 大橋精夫『戦後日本の教育思想』（上、下册）東京：明治図書、1990 年。

182. 柳久雄、川合章『現代日本の教育思想』（戦後編）東京：黎明書房、1962 年。

183. 坂田吉雄『明治前半期のナショナリズム』東京：未来社、1958 年。

184. 栄沢幸二『近代日本のナショナリズム』神奈川：青山社、2001 年。

185. 南原一博『近代日本精神史——福沢諭吉から丸山真男まで——』岡山：大学教育出版、2006 年。

186. 田村栄一郎『日本の教育と民族主義』東京：明石書店、1988 年。

187. 見田宗介『現代日本の精神構造』東京：弘文堂、1984 年新版。

188. 藤田省三『天皇制国家の支配原理』東京：未来社、1987 年。

189. 竹内洋『立身出世主義増補版』京都：世界思想社、2005 年。

190. E. H. キンモンス著、広田照幸他訳『立身出世の社会史——サムライからサラリーマンへ——』東京：玉川大学出版部、1995 年。

191. 山根祥雄『教科教授の理論的系譜』東京：東信堂、1989 年。

192. 小川利夫、柿沼肇『戦後日本の教育理論』（上、下）東京：ミネルヴア書房、1985 年。

193. 細谷俊夫『教授理論総説』東京：明治図書、1981 年。

194. 大石慎三郎他『江戸時代と近代化』東京：筑摩書房、1980年。

195. 麻生誠『近代化と教育』東京：第一法規、1982年。

196. ハーバート・パッシン著、国弘正雄訳『日本近代化与教育』東京：サイマル出版会、1980年。

197. 佐藤英一郎『日本の現代化と教育改革』東京：金子書房、1987年版。

198. 木原健太郎、松原治郎『現代社会の人間形成』東京：東京大学出版会、1976年。

199. 長尾彰夫、池田寛『学校文化』東京：東信堂、1990年。

200. 中谷彪『風土と学校文化』京都：北樹出版、1992年。

201. 竹内常一『生活指導の理論』東京：明治図書刊、1976年。

202. 乾彰夫『日本の教育と企業社会』東京：大月书店、1990年。

203. 天野郁夫『教育と選抜』東京：第一法規、1982年。

204. 天野郁夫『日本の教育システム——構造と変動——』東京：東京大学出版会、1996年。

205. 天野郁夫『教育と近代化』東京：玉川大学出版部、1997年。

206. 新井郁男『学校と塾や地域との間』東京：ぎょうせい、1990年。

207. 伊藤茂樹『いじめ・不登校』東京：日本図書センター、2007年。

208. 広田照幸『子育て・しつけ』東京：日本図書センター、2006年。

209. 永井憲一『政治教育・宗教教育』東京：学陽書房、1977年。

210. 义江彰夫、水林彪、宮地正人『日本通史』（共3巻）東京：山川出版社、1987年。

211. 竹中治堅『戦前における民主化の挫折——民主化途上体制崩壊の分析——』東京：木鐸社、2002年。

212. 川田稔『原敬 転換期の構想——国際社会と日本——』東京：未来社、1995年。

213. 佐々木寛司『近代日本経済の歩み』東京：吉川弘文館、1995年。

214. 香西泰、寺西重郎『戦後日本の経済改革』東京：東京大学出版会、1993年。

215. 渡辺治『企業支配と国家』東京：青木書店、1990年。

216. 作田啓一『价値の社会学』東京：岩波書店、1972年。

217. 村上泰亮『村上泰亮著作集』(第 3、4、5 集)東京：中央公論社、1997 年。

218. 東京大学社会科学研究所『現代日本社会』(7 巻)東京：东京大学出版会、1991～1992 年。

219. 堀一郎『日本の宗教』東京：大明堂、1985 年。

220. 青木保『「日本文化論」の変容』東京：中央公論社、1990 年。

221. 南博『日本人論：明治から今日まで』東京：岩波書店、1994 年。

222. 濱口惠俊『日本型モデルとは何か——国際化時代におけるメリットとデメリット——』. 東京：新曜社、1993 年。

223. 安丸良夫『日本の近代化と民衆思想』東京：青木書店、1974 年。

224. 岩田龍子『学歴主義の発展構造』東京：日本評論社、1981 年。

225. 恒吉僚子『人間形成の日米比較——かくれたカリキュラム——』東京：中央公論社、1992 年。

226. 外山茂『日本人の勤勉・貯蓄観』東京：東洋経済新報社、1987 年。

227. 東洋『日本人のしつけと教育』東京：東京大学出版会、1994 年。

228. 柴野昌山『しつけの社会学』東京：世界思想社、1989 年。

229. 日本民間教育研究団体連絡会『日本の社会科三十年』東京：民衆社、1977 年。

230. 熊谷一乘『公民科教育——理論・歴史・展開——』東京：学文社、1992 年。

231. 社会認識教育学会『公民科教育』東京：学芸図書出版、1996 年。

232. 佐藤照雄『社会科教育—課題と方法』東京：建帛社、1987 年。

233. 文部省『小学校指導書・道徳編』東京：大蔵省印刷局、1989 年。

234. 文部省『中学校指導書・道徳編』東京：大蔵省印刷局、1989 年。

235. 小沢宣弘、金井肇『中学校指導要領の展開・道徳編』東京：明治図書、1997 年。

236. 西島建男『学校再考』東京：新泉社、1976 年。

237. 堀井丈男『生徒の実態と道徳教育の検討展開・校則の刷新』：東京：教育開発研究所、1989 年。

238. 川崎賢一『情報社会と現代日本文化』東京：東京大学出版会、1994 年。

239. NHK 放送輿論調査所『現代日本人の意識構造』東京：日本放送出版協

会、1979 年。

240. 千石保、飯長喜一郎『日本の小学生——国際比較でみる——』日本放送出版協会、1979 年。

三、英文文献

1. International Society for Educational information, Inc. , *Moral Education in Japan*(Understanding Japan No. 55）, 1989.

2. Cummings, W. K. , Gopinathan, S. & Tomoda, Y. (Eds.), *The Revival of Values Education in Asia and the West*, New York: Pergamon Press, 1988.

3. Elias, J. L. , *Moral Education-Secular and Religious.* Florida: Robert E. Krieger Publishing Company, 1989.

4. Morris, P. & Sweeting, A. (Eds.), *Education and Development in East Asia*, New York: Garland Publishing, Inc. , 1995.

5. Dore, R. P. , *Education in Tokugawa Japan*, London: Routledge and Kegan Paul,1965.

6. Duke, B. , *The Japanese School: Lessons for Industrial America*, New York: Praeger, 1986.

7. Duke, B. C. *Ten Great Educators of Modern Japan: A Japanese Perspective.* Tokyo: University of Tokyo Press, 1989.

8. Cummings W. K. , *Education and Equality in Japan*, NJ: Princeton University Press,1980.

9. Cummings, W. K. & Altbach, P. G. (Eds.), *The Challenges of Eastern Asian Education: Implications for America.* New York: State University of New York Press,1997.

10. Shimahara, N. K. , *Adaptation and Education in Japan*, New York: Praeger,1979.

11. International Society for Educational information, Inc. , *Modernization of Japanese Education*(2 Vols）, 1986.

12. Khan, Y. *Japanese Moral Education: Past and Present.* London: Associated University Presses. 1997.

13. Marshall, B. K. , *Learning to be Modern: Japanese Political Discourse on Education*, Boulder: Westview Press, 1994.

14. Burks, A. W. , *Japan: A Postindustrial Power*, Boulder: Westview press, 1984.

15. Feinberg, W. , *Japan and Pursuit of a New America Identity: Work and Education in a Multicultural Age*, London: Routledge, 1993.

16. Stevenson, H. , Azuma, H. & Hakuta, K. (Eds), *Child Development and Education in Japan*, New York: W. H. Freeman and Company, 1985.

17. Finkelstein, B. , Imamura, A. & Tobin, J. (Eds), *Transcending Stereotypes: Discovering Japanese Culture and Education*, Maine: Intercultural Press, Inc. , 1991.

18. Shields, Jr. , J. J. (Ed.), *Japanese Schooling: Patterns of Socialization, Equanlity, and Political Control*, University Park, PA: The Pensylvania State University Press, 1989.

19. Jansen, M. B. *The Making of Modern Japan.* Cambridge: the Belknap Press of Harvard University Press, 2000.

20. Lincolme, M. E. , *Principle, Praxis, and Politics of Educational Reform in Meiji Japan*, Honolulu: University of Hawai'I Press, 1995.

21. Schoppa, L. J. , *Education Reform in Japan: A Case of Immobilist Politics*, London: Routledge, 1991.

22. Shively, D. H. (Ed.), *Tradition and Modernization in Japanese Culture*, Princeton: Princeton University Press, 1971.

23. Tsuchimochi, G. H. , *Education Reform in Postwar Japan: The 1946 U. S. Education Mission*, Tokyo: University of Tokyo Press, 1993.

24. Horio, T. , *Educational Thought and Ideology in Modern Japan: State Authority and Intellectual Freedom*, Tokyo: University of Tokyo Press, 1988.

25. Takafusa, N. , *Lectures on Modern Japanese Economic History*, LTCB International Library Foundation, 1986.

26. Emiko, O. , *The Japanese Family System in Transition*, LTCB International

Library Foundation,1994.

27. Beauchamp, E. R. (Ed.) *Learning to be Japanese: Selected Readings on Japanese Society and Education*, CT: Linet Books,1978.

28. Beauchamp, E. R. (Ed.) *Windows on Japanese Education*, Westport, CT: Greenwood Press,1991.

29. Wary, H. , 'Change and Continuity in Modern Japanese Educational History: Allied Occupational Reforms Forty Years Later,' *Comparative Education Review*, Vol. 35, No. 3, 1991.

30. Lincolme, M. , 'Focus on Internationalization of Japanese Education: Nationalism, Internationalization and the Dilema of Educational Reform in Japan,' *Comparative Education Review*, Vol. 37, No. 2, 1993.

31. Luhmer SJ, K. , 'Moral Education in Japan,' *Journal of Moral Education*, Vol. 19, No. 3, 1990.

后 记

　　本书是在我博士论文的基础上进一步修改、扩充而成的,呈现的是我多年来关于日本道德教育的思考成果。尽管是修改和扩充,但在思路和观点上基本维持原先博士论文的面貌。同时需要指出的是,本书的部分内容也是我承担的全国教育科学规划基金课题《全球化背景下东亚国家教育改革与发展比较研究》(项目编号:DDA070173)的阶段成果。

　　选取道德教育作为自己治学的方向,也许是自己始所未料的兴趣所在。研究日本道德教育与现代化的关系这个想法最初源于 1989 年至 1992 年跟随梁忠义先生攻读硕士学位期间。不过,由于语言、资料及学力所限,当时只是以"日本道德教育的变迁"为题对日本现代化进程中道德教育发展的基本脉络作了一个粗线条的梳理。这是我对日本道德教育与现代化关系研究的一个初步尝试,也算是一项前期准备工作。

　　1992 年取得硕士学位后,留在东北师大比较教育研究所工作。由于进行了一些其他课题的研究,关于日本道德教育的研究不得不暂时中断。然而,对于这个问题的浓厚兴趣促使我一直关注学界这一方面的研究动态,并且通过各种手段,从国内外多方面收集相关资料,这也是我研究资料的积累过程。

　　1995 年 9 月,有幸获得在梁忠义先生指导下攻读博士学位的机会。在攻读博士学位期间,毫不犹豫地把日本道德教育与现代化关系问题作为自己的论文选题。但是随着研究的逐步展开和深入,我才发现工作量和难度之大超出我的预期。再加上是在职攻读博士学位,其中的艰辛一言难尽。不过,现在回想起来,这个苦闷与快乐并存的时期也是我人生中一笔重要财富。作为三年半的研究成果,1998 年底,提交了题为"现代化进程中的日本道德教育"的博士论文,获得了教育学博士学位。答辩中也得到了答辩委员会的各位老师的鼓励和支持,特别是我的导师梁忠义先生一直督促我抓紧完善博士论文,尽早出版。然而,由于我觉得有必要留出一段时间,通过实地考察日本道德教育来检验自己的观点,所以没有马上修改、扩充成书。

　　1998 年 2 月~5 月期间,有幸获得日本国际交流基金的资助,赴日本国际交流基金关西国际中心研修日本语言和文化,使我的日语水平特别是口语水平有了

很大的提升，也使我对日本文化有了一些感性认识。2000 年 10 月～2002 年 9
月，又有幸获得日本文部省奖学金，赴日本名古屋大学跟随马越彻先生从事博士
后研究。其间，主要在马越先生的指导下，围绕战后日本道德教学理论进行了一
些思考和研究，并获得了实地考察日本学校道德教育以及与金井肇、荒木纪幸等
日本道德教育研究专家进行深度交流的机会。金井肇先生不仅在中学从事过伦
理科的教学，在大妻女子大学从事过道德教育教学和研究，而且在东京都教育委
员会担任过指导主事（负责课程和学习指导等工作，类似于中国的教研员），
1976～1988 年期间在文部省担任过初等中等教育局课程调查官（负责道德教育）
和视学官。丰富的经历使得他对于战后日本道德教育的政策、理论和实践都有着
深刻的理解和独到的见解。与他的频繁交流使得我对日本道德教育有了更立体
的了解，而且在他的鼓励和引荐下，我将自己关于日本道德教育与现代化关系的
一些思考以"道德教育与现代化"为总标题、以连载的形式发表在日本明治图书出
版株式会社出版的《道德教育》杂志 2001 年第 9～12 期上。这也算是把我的观点
放在在日本本土接受检验的机会。荒木纪幸先生长期从事科尔伯格道德教育的
研究与实践，与他的交流使我更多地感受到学者们对于日本道德教育的理解。在
他的引荐下，我加入了日本道德性发展实践学会，并应邀在该学会 2001 年的年度
大会上做了题为"中国道德教育的现状与课题"的主题报告。这个学会是由大学
研究者和中小学教师等共同组成的一个民间学会，通过与他们的交流，我切身感
受到日本有一大批对道德教育充满热情的教师存在。

　　2006 年 11 月～2007 年 5 月期间，我应邀担任东京学艺大学教员养成课程开
发研究中心客座教授。虽然其间主要从事教师教育方面的研究与交流，但是也获
得了不少实地观察日本道德教学的机会。

　　多次的实地考察，广泛的、多层面的交流，使得我对日本道德教育的认识更为
立体，对日本道德教育背后的文化背景有了更深刻的感受。这些都为我在博士论
文基础上完善关于日本道德教育与现代化的关系的观点，奠定了坚实的基础。不
过，直到目前为止，我仍然坚持我当初在博士论文中阐述的观点。当然这只是我
个人根据多年的观察和检验所做出的判断，是否经得起推敲还要留待同行和广大
读者去评判。

　　虽然书稿已经完成，但是这并不代表本书已经没有任何遗憾了。直到书稿完
稿时，我依然没有感觉心情有多么轻松。只是觉得学术研究不完全是研究者的独

自探索,同时也是研究者相互之间交流、碰撞的过程。把自己不够成熟的研究成果呈现出来,也是为了尽早接受同行的批评指正,以便将来更好地完善。

此刻最大的遗憾莫过于无法将该书交到已经仙逝的授业恩师梁忠义先生的手中。我是半路出家学教育的。20年前踏入东北师大校门的时候,对于教育的了解极其肤浅,对日语更是一窍不通。是梁忠义先生严格而又耐心的指导把我一步一步地引入比较教育和日本教育研究的殿堂,使我一步一个脚印地成长起来。从他那里感受到的那种清心淡泊、严于律己的生活方式,也令我受用无穷。对先生的感激,无以言表。谨以此书献给先生!

在博士论文和本书的写作过程中,得到了很多人的指导和帮助。在此我要感谢既是师母又是老师的罗正华教授,作为老师,以其严格、认真的治学态度有形、无形地激励着我在学业、研究上扬鞭奋进,不敢停滞;作为师母,又以慈母般的胸怀给予我无微不至的关怀。我还要感谢王逢贤教授,感谢他对我的一直关注,感谢他不时以其充满智慧火花的思想给予我灵感和启发;感谢车文博教授、王长纯教授、柳海民教授、孙启林教授、袁桂林教授等先生的教诲,他们的指导使我获益不少。

对于比较教育研究者来说,第一手的研究资料是必不可少的前提。在博士论文写作及此后的研究过程中,有幸获得日本庆应义塾大学和大东文化大学名誉教授村井实先生,冈山大学名誉教授木原孝博先生,曾任文部省初等中等教育局课程调查官、视学官的全井肇先生,曾任文部省初等中等教育局主任视学官的青木孝赖先生,曾任文部省课程调查官、现为昭和女子大学教授的押谷由夫先生,原上越教育大学教授押谷庆昭先生,原东京学艺大学教授黑泽惟昭先生,新泻大学教授斋藤勉先生,原兵库教育大学教授、现为神户亲和女子大学教授的荒木纪幸先生,高知大学教授伊藤启一先生,安田女子大学教授山边光宏先生等赠予著作、资料。特别需要指出的,日本原国民教育研究所所长伊崎晓生教授在访问东北师大期间,得知我在从事日本道德教育研究,回国后以最快的速度将其珍藏多年的有关日本道德教育的宝贵资料全部惠赠予我。在我从名古屋大学留学归国之前不久,马越彻先生将自己积攒多年的研究资料惠赠予我。正是他们的友好热情的支持,使我对日本道德教育的研究有了坚强的后盾;也正是他们的友好与热情,使我感受到了郑重道德道同此理,善良之心心同此仁。

还有许许多多的人以直接或间接的方式关心、支持着我的学习、研究和工作,无法在此一一列举。他们的关心使我深切地感受到了人世间真诚的温暖。我常想:在人世间,还有什么比真诚更珍贵的呢? 在此一并对他们表示衷心的感谢!

本书得以出版,首先要感谢山东师范大学副校长戚万学教授.感谢他将本书纳入其主编的"现代西方道德教育研究丛书"。同样也要衷心感谢山东人民出版社对道德教育研究事业的鼎力支持,感谢王晓晖编辑细致认真的工作。

最后,我要特别感谢我的妻子刘万云女士,她对家庭和孩子的照顾使得我可以心无旁骛。我也要感谢我的女儿,她的懂事与自立,也使得我可以埋头于自己的工作和学习。即使在其人生考验(中考和高考)的重要之年,也没有让我们觉得与平时有任何不同。

人生就是由无数个点所构成的。每一个点都是一个阶段的终点,也是下一个阶段的起点。本书也是我研究日本道德教育过程中的一个点。希望这个点也能够成为我新的更高的起点。期待同行与广大读者的批评和指正!

饶从满

2009 年 6 月 1 日于东北师范大学

图书在版编目（CIP）数据

日本现代化进程中的道德教育/饶从满著．—济南：
山东人民出版社，2010.9
（现代西方道德教育研究丛书）
ISBN 978-7-209-05433-1

Ⅰ.①日… Ⅱ.①饶… Ⅲ.①德育—研究—日本—现代
Ⅳ.①G41

中国版本图书馆CIP数据核字(2010)第138996号

责任编辑：王晓晖
封面设计：武　斌

日本现代化进程中的道德教育

饶从满　著

山东出版集团
山东人民出版社出版发行

社　　　址：济南市经九路胜利大街39号　邮政编码：250001
网　　　址：http://www.sd-book.com.cn
发 行 部：(0531)82098027 82098028
新华书店经销
三河市华东印刷有限公司

规　　格　16开（170mm×230mm）
印　　张　28.25
字　　数　460千字
版　　次　2010年9月第1版
印　　次　2018年2月第2次
书　　号　ISBN 978-7-209-05433-1
定　　价　52.00元